Maria Taroutina

•

The Icon and the Square

Russian Modernism and the Russo-Byzantine Revival

The Pennsylvania State University Press
University Park, Pennsylvania
2018

Мария Тарутина

•

Икона и квадрат

Русский модернизм и русско-византийское возрождение

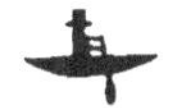

Academic Studies Press

Бостон

2023

УДК 7.036(47)``1860/1920
ББК 85.103(2)
Т22

Перевод с английского Ксении Тверьянович

Серийное оформление и оформление обложки Ивана Граве

Тарутина, Мария

Т22 Икона и квадрат. Русский модернизм и русско-византийское возрождение ; [пер. с англ. К. Тверьянович]. — Бостон: Academic Studies Press, 2023. — 427 с.: 14 цв. илл. — (Серия «Современная западная русистика» = «Contemporary Western Rusistika»).

ISBN 9798897837854 (Academic Studies Press)

В своей книге Мария Тарутина показывает, как русско-византийская художественная традиция заново открывалась деятелями искусства 1860–1920 годов, и исследует связь между византийским возрождением и модернистскими экспериментами, которые оказали значительное и продолжительное влияние на авангардные движения двадцатого века.

УДК 7.036(47)``1860/1920
ББК 85.103(2)

ISBN 9798897837854

Благодарности

Издание этой книги удалось осуществить благодаря искренней поддержке многих людей и целого ряда учреждений. Как часто случается с первыми публикациями, работу над этой монографией я начала, учась в аспирантуре искусствоведческого факультета Йельского университета. Соответственно, я признательна преподавателям и студентам этого факультета за ту серьезную, живую, интеллектуально богатую среду, в которой я замыслила этот проект и начала его реализовывать. Я бесконечно обязана двум научным руководителям моей диссертации — Тиму Барринджеру и Дэвиду Джослиту, чьими великодушием, вниманием и постоянной поддержкой я пользовалась, причем не только во время, но и после учёбы в университете. Также я в большом долгу перед Робертом Нельсоном — за его мудрое руководство, исключительно ценные советы и неизменное внимание к моей работе. Особенно я благодарна ему за вдумчивое чтение всей рукописи в последней редакции и конструктивные предложения по ее улучшению. Очень вдохновляли меня беседы с Молли Брансон, она была прекрасным гидом и наставником в области русского искусства как в аспирантский период, так и позже. Наконец, я должна поблагодарить двух анонимных рецензентов моей рукописи: их справедливые и проницательные замечания помогли мне сделать эту работу разностороннее и глубже.

Я имела честь быть членом маленького международного сообщества чрезвычайно одарённых и творчески мыслящих исследователей русского искусства, их общий интерес к моей работе и отзывы на нее помогли мне развить свои идеи и начать поиск в новых, чрезвычайно интересных направлениях. Отдельно мне хотелось бы упомянуть Розалинду Полли Блейксли, Венди Салмонд, Джейн Шарп, Галину Мардилович, Маргарет Шаму, Аглаю Глебову, Кристин Ромберг, Марию Милееву, Элисон Хилтон, Луизу Хардиман, Николу Козичаров, Мирославу Мудрак, Эллисон Ли и Марию Гоф. Также мне посчастливилось обрести благодатную академическую среду в Сингапуре — в Колледже Йельского университета при Национальном университете Сингапура, где несколько внимательных коллег помогали мне советами и оказывали поддержку в период написания этой книги. Особенно я благодарна Мире Сео, Джессике Хэнсер, Робину Хемли, Николасу Толвински, Саре Вейс, Эндрю Хуи, Нозоми Наой, Паттараторну Чираправати и Радживу Патке.

Я благодарна следующим российским организациям, которые оказали мне содействие в исследовательской работе: Государственной Третьяковской галерее, Государственному музею изобразительных искусств имени Пушкина, Государственному историческому музею, Государственному Эрмитажу, Государственному Русскому музею, Российскому государственному архиву литературы и искусства, Российской государственной библиотеке и Федеральному государственному учреждению культуры — историко-художественному и литературному музею-заповеднику «Абрамцево». Отдельной благодарности заслуживают Марина Иванова, Вера Кессених, Жанна Эцина, Этери Цуладзе, Вячеслав Корниенко, Марта Кошельняк и Джулия Леали.

Также я хочу выразить признательность сотрудникам издательства Пенсильванского государственного университета — за их неизменную помощь на протяжении всего процесса подготовки издания. Элинор Гудман, выпускающий редактор, с самого начала активно поддерживала этот проект на всех этапах, и сотрудничать с ней было большим удовольствием. Кэли Бакли и Ханна Хеберт очень помогали уже непосредственно в процессе публикации. Кроме того, я безмерно благодарна Киту Монли за тщательный, внимательный и чуткий подход к редактуре моей рукописи, а также Мэтью Уилльямсу — за его высокий профессионализм в том, что касается дизайна и печати. Завершить и опубликовать книгу было бы невозможно без щедрой финансовой поддержки со стороны Фонда Эндрю Меллона, Траста

Джорджетт Чен и Колледжа Йельского университета при Национальном университете Сингапура.

Материалы этой книги частично были опубликованы прежде в следующих моих работах: Byzantium / Modernism: The Byzantine as Method in Modernity / Ed. by Roland Betancourt and Maria Taroutina. Leiden: Brill, 2015; Taroutina M. From Angels to Demons: Mikhail Vrubel and the Search for a Modernist Idiom // Modernism and the Spiritual in Russian Art / Ed. by Louise Hardiman and Nicola Kozicharow. Cambridge: Open Book, 2017; Taroutina M. Second Rome or Seat of Savagery: The Case of Byzantium in Nineteenth-Century European Imaginaries // Civilisation and Nineteenth-Century Art: A European Concept in Global Context / Ed. by David O'Brien. Manchester: Manchester University Press, 2016; а также Taroutina M. Iconic Encounters: Vasily Kandinsky's and Pavel Florensky's «Mystic Productivism» // Postmedieval: A Journal of Medieval Cultural Studies. 2016. March. Vol. 7, № 1. P. 55–65.

Выражаю самую сердечную признательность чудесному кругу моих верных и преданных друзей, которые на протяжении всех лет, что я трудилась над этой книгой, наполняли мою жизнь светом, добротой и теплом, в особенности же Саре Кармазин, Джин-Мари Джексон, Татьяне Журавлевой, Лорен Тернер, Ванессе Сервантес, Роланду Бетанкуру, Хорхе Гомесу-Техаде, Томасу Сергеюку и Марте Хершкопф.

Наконец, что особенно важно, я должна поблагодарить своих родных. Без их любви, безусловного доверия и моральной поддержки я никогда бы не написала эту книгу. Я признательна моим свекру и свекрови, Дени и Гилен Питард, за поддержку и искренний интерес к моей работе. Моя необыкновенно энергичная бабушка Антонина Анатольевна Рогайлина не только разыскивала редкие книги и рукописи в России, но и обращалась для меня к архивным работникам и музейным хранителям, тем самым посодействовав моей работе настолько, что, вероятно, редкая внучка может похвастаться столь значительной помощью своей бабушки. Хочу также упомянуть здесь своих покойных бабушку и дедушек — Аллу Тарутину, Владимира Конько и Михаила Рогайлина: их страстная любовь к искусству до сих пор подпитывает мой собственный интерес к изучению истории искусств. Но прежде всего я благодарю своих родителей, Игоря и Евгению Тарутиных, которым я обязана не только жизнью, но и разнообразными успехами — профессиональными и личными. Невозможно выразить словами мою глубокую признательность за их бесконечное терпение, любовь, понимание и настоящее самопожертвование ради того, чтобы я смогла достичь своих целей в науке и осуществить то, к чему стремилась. Наконец, я благодарю мужа Жосслена, сына Мишеля и домашнюю любимицу Хуану, которые никогда не принимают меня слишком серьезно и наполняют мою жизнь солнечным светом, теплом и нескончаемым смехом. Моя семья снова и снова напоминает мне о том, что писать надо для более широкой аудитории, а не только для ученых, так что книга эта посвящается ей.

Примечание о транслитерации, переводе и датировках

Даты создания произведений искусства, проведения выставок, даты важных исторических событий и периоды правления правителей приводятся в скобках при первом упоминании, как и даты рождения и смерти важнейших персон. Все даты даются по послереволюционному, григорианскому календарю. Все переводы с французского языка выполнены мной, если не указано иное. Цитируя существующие переводы, я порой вносила в них незначительные изменения, чтобы достичь большей ясности и точности.

Введение

В 1910 году русский художник, критик и историк искусства А. Н. Бенуа (1870–1960) объявил, что «все новые художники так или иначе грешат византизмом», — по его мнению, эта тенденция не была ни единичной, ни локальной, но стала «отправным пунктом целого движения» в художественной культуре начала XX века. Выделив Анри Матисса как одного из главных зачинателей «византизма», Бенуа писал: «Матисс возводит ошибки и промахи в систему, в теорию... Уже возврата к "правильному" рисунку, к "верной" краске для него не может быть. Всякий такой возврат был бы компромиссом...» Для Бенуа термин «византизм» обозначал не только определённый набор изобразительных ценностей модернизма, которые он определил как «искания упрощённого стиля, монументальной примитивной декоративности», но также и новую теорию искусства, решительно отвергающую малейшие намёки на изобразительный иллюзионизм как форму эстетического «компромисса» [Бенуа 2006: 431]. Использование слова «византизм» у Бенуа можно трактовать двояко: либо как удобную метафору или историческую аналогию «модернизма», либо как искреннее (не)понимание задач Византии и её эстетики как несвоевременно «протомодернистских». В любом случае он был не одинок, когда приравнивал «византизм» к живописи модернизма. Всего двумя годами ранее Роджер Фрай подобным же образом описал импрессионистские работы Синьяка, Гогена, Ван Гога и Сезанна как «протовизантийские» и сформулировал циклическую (в противовес телеологической) теорию художественного развития. Он утверждал следующее:

> Импрессионизм существовал и прежде, в искусстве римлян времён империи, и за ним также последовало (полагаю, что с неизбежностью) движение, подобное тому, которое наблюдается у неоимпрессионистов, — для удобства его можно назвать византизмом. В мозаиках Санта-Мария-Маджоре <...> отчасти видна эта трансформация из импрессионизма в оригинальном произведении в византизм при последующих реставрациях. Возможно, ошибочно будет полагать, как это делается обычно, что византизм возник в результате утраты технической способности к реализму, ставшей следствием варварских вторжений. В Восточной империи технические навыки утрачены не были; и правда, мастерство византийских ремесленников во многих случаях остается непревзойденным. Византизм стал естественным результатом импрессионизма, естественной и неизбежной реакцией на него [Fry 1996: 73].

Таким образом, Бенуа и Фрай понимали современное искусство как безусловно неовизантийское возрождение, которое преднамеренно изменило изобразительную парадигму, во многом подобно тому, как само византийское искусство сделало это много веков назад.

Такое определение модернизма существенно отличается от общепринятого понимания, господствующего в значительной мере и по сей день. Согласно этим понятиям, в 1860–1870-х годах Эдуард Мане и импрессионисты ввели особый, новый стиль живописи, возникший как непосредственная реакция на изменение реальностей повседневной жизни и в особенности условий городского быта и форм досуга представителей среднего класса. Отличительной чертой этого нового современного искусства стало все более осознанное внимание к собственной материальности и к двухмерности холста. По известному утверждению Клемента Гринберга,

> первыми модернистскими картинами оказались работы Мане — вследствие той откровенности, с какой [в них] была подчёркнута плоская поверхность, на которой они были написаны. Импрессионисты, идя по стопам Мане,

> отбросили подмалёвок и лессировки, дабы у глаза не осталось ни малейшего сомнения в том, что используемые художниками цвета были сделаны из краски, а та извлекалась из тюбиков или горшков. <...> Итак, именно подчёркивание неизбежной плоской поверхности оказалось более фундаментальным свойством, чем что-либо другое, в том процессе, где живописное искусство критиковало и определяло само себя в условиях модернизма [Гринберг 2007: 548].

Русские же теоретики начала XX века — Н. Н. Пунин (1888–1953) и Н. М. Тарабукин (1889–1956), напротив, утверждали, что Мане и импрессионисты своей деятельностью отметили «конец... всех традиций европейского искусства», а вовсе не положили новое начало, поскольку их работа все равно неизбежно основана на натуралистическом изображении внешнего мира в соответствии с традицией, заложенной в период итальянского Возрождения [Пунин 1994: 33–34]. Для них «Олимпия» Мане была не более чем модернистским переосмыслением «Венеры Урбинской» Тициана, а вовсе не полным отрицанием этой изобразительной парадигмы. В 1913 году, отмечая, что традиция Возрождения себя изжила, Пунин пессимистично утверждал: «...с тех пор как пала Византийская империя... европейская живопись медленно и постепенно склонялась к своему упадку... Манэ, Монэ, Дэга, Ренуа... вся эта интернациональная масса художников, вся эта школа последователей — огромная вереница мертвых...» [Пунин 1913г: 55–56]. Одно из возможных объяснений столь негативного взгляда может быть связано с тем, что исторически в России не было Возрождения, а значит, национальным художникам и критикам необходимо было найти какой-то другой «золотой век» искусства, который они могли бы считать своим культурным наследием. Более того, внешние проявления общих перемен, которых в Париже после османизации было множество, в Москве и Петербурге были гораздо менее распространены. К концу XIX столетия Россия оказалась гораздо менее развита в промышленном отношении, чем другие великие державы. Население страны по-прежнему составляли в основном крестьяне, и, несмотря на ускорение темпов роста городов, развитие Москвы и Петербурга не шло ни в какое сравнение с головокружительным ростом торговых пассажей, универсальных магазинов, уличных кафе, баров и кабаре, наводнивших другие европейские столицы.

В результате некоторые исследователи охарактеризовали русский модернизм как показательный случай «альтернативной эпохи модерна», который не противостоял современному миру и не отступал от него, а перекроил его «в новый век духовности» [Kelly 2016: 17–20][1]. Так, например, в своей работе о поэзии Серебряного века Марта Келли проницательно замечает, что «в случае России модернизм часто принимает вид неорелигиозной модели современности», и в произведениях поэтов, таких как А. А. Блок, М. А. Кузмин и А. А. Ахматова, «наследие западных гуманитарных наук» активно сплавляется с «ритуалом и прозрением» русского православия, в результате чего возникает сочетание, которое, по мнению этих авторов, могло «восстановить раздробленное тело современного общества» [Kelly 2016: 17–18]. В мире визуальных искусств такие критики, как Бенуа, Пунин и Тарабукин, в равной мере рассматривали и Византию, и православное наследие России в качестве моделей визуальности и систем мышления, составляющих альтернативу культурному наследию Западной Европы и отличных от него, — моделей, которые, по их убеждению, способны были вдохнуть новую жизнь в мир затёртых, устаревших образов современности. Для молодых русских художников византийское и русское средневековое искусство не только составляло в изобразительном плане альтернативу вездесущей салонной живописи, которую продолжали повсюду насаждать европейские академии, — оно также предлагало формальную и концептуальную генеалогию, отличную от генеалогии расцветающего французского модернизма, и это, в свою очередь, позволило нарождающемуся русскому авангарду претендовать на исключительную оригинальность и независимость от своих европейских современников, а также — в более широком смысле — избежать убийственного обвинения во вторичности. В самом

---

[1] См. также [Gatrall 2010; Gaonkar 2001].

деле, после того, как в 1911 году Матисс посетил Москву, русские обозреватели неоднократно заявляли, будто бы этот француз приезжал в Россию, чтобы больше узнать о модернизме — особенно через знакомство с русским средневековым искусством, — а вовсе не для того, чтобы разъяснять или проповедовать модернистские методы русской аудитории [Hilton 1969–1970; Rusakov 1975]. Что ещё более важно, византийская визуальная традиция предоставляла художникам, помимо чисто изобразительных ориентиров, также и новые онтологические, феноменологические и философские возможности для создания современных произведений искусства. Соответственно, книга «Икона и квадрат: русский модернизм и русско-византийское возрождение» не ограничивается рассмотрением сугубо стилистического влияния или исторических тенденций в искусстве — в ней анализируется тесное сплетение теологических, политических, эстетических и возрожденческих идей и мотиваций, а также порождённых ими дискурсивных пространств и художественных практик.

Термин «русско-византийский» уже сам по себе является культурной конструкцией и потому выглядит изменчиво и неопределённо. В конце XIX века такие учёные, как Н. П. Кондаков (1844–1925) и Д. В. Айналов (1862–1939), использовали его в отношении того типа средневекового искусства и архитектуры, который сформировался на русской почве, но в котором «господствовал византийский стиль» [Кондаков 2009а: 77]. Соответственно, в различных своих публикациях Кондаков всеми силами стремился подчеркнуть различие между «византийскими», «русско-византийскими» и чисто «русскими» художественными формами, тщательно отслеживая малейшие вариации стиля и иконографии.

В период правления Николая I (1825–1855) термин «русско-византийский», напротив, использовался применительно к эклектичному возрожденческому стилю в архитектуре и дизайне XIX века, в котором соединились одновременно византийские и древнерусские черты. Этот стиль популяризовали архитекторы, например К. А. Тон (1794–1881), и художники, такие как Т. А. Нефф и Ф. Г. Солнцев (1801–1892), и на протяжении всей второй половины XIX века в его отношении принято было использовать названия «византийский», «неовизантийский», «русско-византийский» и даже «неорусский» и «псевдорусский» как взаимозаменяемые, что демонстрирует взаимопроникновение этих категорий. В более общем смысле можно сказать, что повторное открытие Византии и Древней Руси составляет две стороны одной медали и может быть отнесено к более широкой межнациональной категории романтического средневекового возрождения, которое распространилось по всей Европе после Наполеоновских войн. В результате во многих случаях интерес к Византии мог провоцировать и подогревать интерес к Древней Руси, и наоборот[2].

Однако к первым десятилетиям XX века и в значительной мере благодаря новаторской работе Н. П. Кондакова и его учеников критики всё чаще стали различать «византийское» и «древнерусское», а также «неовизантийское» и «неорусское» как отдельные культурные, исторические и эстетические категории. Помимо научных успехов в области археологии и истории искусств, распространение национализма сыграло значительную роль в идеологическом переосмыслении иконы как средневекового «шедевра» и воплощения специфически «русского» художественного гения, особенно после Русско-японской войны (1904–1905), а также в ответ на рост напряжённости в международных отношениях накануне Первой мировой войны.

На протяжении последних сорока лет термин «русско-византийский» использовался и применительно к русскому искусству и архитектуре Раннего Средневековья, которые развивались под опекой Византии, и применительно к последующим возрожденческим проектам середины и конца XIX столетия [Лазарев 1973; Brumfield 2004: 394–399; Корнилова 2009; Лисовский 2000; Савельев 2005; Савельев 2008]. Что ещё важнее, это обозначение стали использовать как более общее или упрощённое наименование восточно-православного эстетического канона, включающего в себя множество различных стилей, школ и иконографий, но по большому счету восходящего к традициям средневековой

---

2 Подробный обзор, посвященный этой теме, см. в [Salmond, Whittaker 2010].

Византии и выражающего примерно те же духовные, материальные и орнаментальные ценности [Gray 1986: 100; Sharp 2006: 187]. В настоящей книге мной используется термин «русско-византийский» в этом последнем, расширенном смысле, чтобы обозначить особую эстетическую, теологическую и философскую традицию, которая возникла в Византии и впоследствии получила развитие в России и на прилегающих к ней территориях особняком от тех практик, что преобладали в Западной Европе. Таким образом, я опираюсь одновременно на труды ряда теоретиков начала XX века, в том числе Н. М. Тарабукина, и современных учёных, таких как Джейн Шарп, ибо все они использовали термин «русско-византийский» одинаковым образом. При этом я, тем не менее, провожу различие между «византийским» и «древнерусским» в тех случаях, когда критики того времени сознательно подчёркивали различие этих художественных категорий.

Определения требует и ещё одно понятие, которое используется в этой книге — это термин «возрождение». Нет нужды говорить, что соборы в духе русско-византийского возрождения, построенные в XIX веке, строго говоря, не были плодами «реконструкции» средневековых прототипов. Они были в большой мере обусловлены эстетикой, вкусами и идеями той эпохи. Даже на первый взгляд ответственные в историческом отношении проекты реставрации нередко обнаруживали тенденцию к «художественному» переосмыслению средневековых памятников в рамках собственной образной системы, свойственной XIX веку[3]. Русско-византийское «возрождение» как таковое не было всего лишь невинным воскрешением утраченной художественной традиции — в этом явлении выразилась корыстная заинтересованность, устремлённость к определённой цели, расчёт. Это и не удивительно, учитывая более широкий общеевропейский интерес к воскрешению художественных достижений прошедших эпох для реализации новых эстетических целей, удовлетворения культурных и политических потребностей. «Долгий» XIX век во

---

[3] Подробный анализ этой проблемы см. в [Pevny 2010].

многом можно охарактеризовать как последовательность сменяющих друг друга возрожденческих движений в искусстве и архитектуре, из которых самые известные — Жак-Луи Давид и неоклассицизм, немецкие и английские романтики и готическое возрождение, наконец, движения эстетизма и символизма и возвращение интереса к эллинизму. Впрочем, многие из этих движений не были консервативными или ретроградными и не стремились к «возвращению» прежних традиций и стилей — это были радикальные протесты против преобладающих вкусов и эстетических практик определённого периода. Иначе говоря, ревивализм часто использовался как авангардная стратегия осуществления перемен и внедрения инноваций в области визуального и декоративно-прикладного искусства.

В России, как и повсюду в Европе, имелось множество разных древностей на выбор: и Древняя Греция и Рим, и Египет, и Скифия, и даже Персия [Kalb 2008; Панова 2006; Kunichika 2015; Шевеленко 2005; Нильссон 2000]. Однако чаще всего увлечение всеми этими цивилизациями следовало моде и капризам Западной Европы. Более того, нередко эти увлечения подвергались воздействию центробежных сил, возникающих в результате всё возрастающего интереса к Византии и к наследию допетровской Руси. Так, Л. Г. Панова в своём фундаментальном исследовании русской египтомании отмечает, что это было неимоверно запоздалое явление, возникшее во многом под влиянием западного европейского увлечения экзотическим, древним «Востоком» [Панова 2006: 39]. Более того, Панова пишет, что первоначальный импульс к увлечению Египтом в России дали паломники, посещавшие монастырь Святой Екатерины на горе Синай — одну из самых древних и неприступных цитаделей православной веры. Иными словами, интерес к «монашескому Египту» раннехристианской эпохи предвосхитил и предопределил последующее, возникшее на рубеже веков увлечение экзотическим Египтом Клеопатры и древних фараонов [Панова 2006: 438–450]. Подобным же образом и Джудит Кальб в своей книге «Третий Рим: имперские видения, мессианские грезы, 1890–1940» настаивает на том, что интерес к Древнему Риму в России сложился в значительной степени под влиянием идеологии «Третьего Рима», в которой Византия как Второй Рим играла важнейшую роль в обосновании претензий Московского государства на звание Третьего Рима (эта популярная теория рассматривается более подробно во второй главе настоящей книги) [Кальб 2022].

Как показывают эти примеры, ко второй половине XIX века увлечение различными древними цивилизациями в России стало активно кристаллизоваться в более глубокое и пристальное внимание к Византии — явление, которое можно описать как фундаментальный переход от отстранённого изучения «чужого» в плане культуры и религии к более пристальному исследованию своего «я» в тех же аспектах. Византийцев всё чаще рассматривали как родственные души и как непосредственных предков современных русских людей, в отличие от древних римлян и египтян, в которых видели «других» — латинян и народ Востока. Более того, отголоски византийской культуры в форме религиозных ритуалов и публичных обрядов, теологической мысли и православного искусства и архитектуры сохранились в России вплоть до Нового времени как живые, неугасшие традиции. Как указывает Вера Шевцова, накануне большевистской революции в России существовала одна из крупнейших христианских культур Нового времени, в одной только европейской части России официально насчитывалось более восьмидесяти миллионов православных христиан, что составляло около 85 % населения [Shevzov 2007: 6]. Соответственно, многие художники, учёные, коллекционеры, хранители и критики, упоминаемые в этой книге, были практикующими православными верующими, и даже те, кто считал себя атеистом или агностиком, тем не менее выросли в окружении православной культуры и были прекрасно знакомы с её догматами, изображениями и образами, представленными на иконах. В этом смысле русско-византийское возрождение было не столько внезапным открытием забытой, отдалённой по времени и «мёртвой» цивилизации, из которой можно извлечь литературное, художественное или театральное содержание, сколько постоянным, развивающимся и углублённым изучением истоков русской религиозной, философской и визуальной культуры и тех путей, которыми она могла формировать и современную жизнь, и будущие события. Таким образом, зародившись в виде академического, исторического и империалистического импульса, русско-византийское возрождение быстро переросло в мощный катализатор модернистского экспериментаторства и в средство выражения авангардной теории и эстетики, имевшей долгосрочные последствия для художественной практики XX века.

Наконец, некоторых разъяснений требуют термины «икона» и «иконический», которые используются в их изначальном, средневековом смысле, а не только в отношении переносной иконы, написанной на доске, как это принято в наши дни. В греческом языке слово εἰκών (eikōn), или «икона», могло использоваться в отношении любого религиозного изображения, будь то фреска, мозаика, иллюминированная рукопись, резное изображение на дереве или слоновой кости, эмаль или переносная икона, написанная на доске. Вот почему в этой книге я рассматриваю самые разнообразные средства, стремясь показать, что, создавая «иконы», художники применяли целый ряд различных материалов и изобразительных стратегий. Кроме того, здесь важно отметить, что русское слово «иконопись» происходит от слова «писать», а не «рисовать»[4]. То есть икону не «рисуют», а «пишут», и таким образом с теологической точки зрения визуальный образ приравнивается к произнесённому слову. Получается, что икона свидетельствует о присутствии Бога в той же мере, что и слово, и оба они участвуют в деле воплощения: «В начале было Слово, и Слово было у Бога, и Слово было Бог. <...> И Слово стало плотью, и обитало с нами...» (Ин. 1: 1–14). Следовательно, помимо эстетических проблем, с иконой были связаны важные семиологические вопросы — о присутствии, изображении и обозначении посредством знака, а также о её диалектической функции в теоретическом обосновании современных произведений ис-

---

4 Это разграничение присутствует и в оригинальном греческом термине, от которого русское слово является производным. «Иконография» буквально значит «иконописание». Подробнее об этом см. [Cormack 1985].

кусства и идеи «иконичности». Более того, в русском языке существует смысловое различие между иконописью, или религиозным изображением, и живописью, то есть светским изображением, которое дословно «воспроизводит жизнь». Первое из этих двух понятий подразумевает воспроизведение метафизической реальности, а второе прочно коренится в физической, видимой реальности. Это разграничение очень важно, поскольку на протяжении XIX века связь «истины» с эмпирическим видением становилась все слабее. Как отмечает Д. П. Корбетт, выдвижение новых научных теорий способствовало расшатыванию представлений о прочной, устойчивой и *зрительно воспринимаемой* реальности и подогревало общественный интерес к сверхъестественному, потустороннему и божественному:

> ...научные открытия XIX века... спровоцировали переключение внимания с видимого на невидимые миры. В противоположность аналитическому подходу естественных наук, направленному на познание самых глубоких, потаённых уровней реальности, визуальное всё больше казалось направленным на поверхностное, на чисто внешние проявления. Казалось, будто реальность... существует глубже и скрыта под тем, что доступно зрению, в движении невидимых, но всепроникающих частиц, проницающих Вселенную, и процесс этот слишком глубок для зрительного восприятия, которое стало всего лишь одним из зыбких проявлений на обманчивой поверхности этого мира [Corbett 2004: 9–10].

Подобные аргументы выдвигали в 1910-х годах такие мыслители, как П. А. Флоренский (1882–1937) и Н. М. Тарабукин, которые утверждали, что средневековые концептуальные и визуальные представления о Вселенной, основанные на «символическом» и «абстрактном», на самом деле ближе к этосу современной науки и эпистемологии XX века, чем позитивистские идеи и способы изображения, получившие распространение в веке девятнадцатом. Так, в статье 1913 года «Напластования эгейской культуры» Флоренский говорит, что

> невидимые артерии и нервы общества получают питание и возбуждение от считавшейся, ещё не так давно, бесповоротно погребённой мысли средневековой.
> ...И самая работа по систематизации накопленных знаний, самое стремление создать справочники по всем отраслям и ветвям науки, самое закрепление приобретённого — все это разве не есть подведение итогов прошедшей культуры... Все эти энциклопедии, справочники и словари — они разве не предсмертные распоряжения той культуры, которая возродилась в XIV веке?.. Чтобы понять жизнепонимание будущего, надо обратиться к корням его, к жизнепониманию средневековому, Средневековья Западного и, в особенности, Восточного; чтобы понять философию Нового времени, — надо обратиться к философии античной [Флоренский 1913 (1917): 92–93].

Подобным же образом русско-византийское возрождение было многим обязано позитивизму XIX века, в значительной мере зиждившемуся на неизбежных процессах модернизации, таких как распространение светской учёности и новых методов очистки и реставрации, без которых открытие древнерусского художественного наследия для общественности было бы невозможно. Соответственно, в пяти главах книги «Икона и квадрат» речь идёт о продуктивной коллизии / продуктивном столкновении / продуктивном противоречии между ностальгией, традиционализмом и национализмом, с одной стороны, и технологическим прогрессом, радикализмом и авангардизмом — с другой, и это позволяет показать, что русско-византийское возрождение было одновременно и манифестом современности, и реакцией на её наступление. В этой книге внимание уделяется не только преемственности, но и нарушающим ее, диссонирующим с ней элементам; таким образом, автор уходит от устойчивого телеологического изложения, уделяя внимание огромному разнообразию художественных реакций, которыми было отмечено это культурное явление.

Для того чтобы этого достичь, я рассматриваю работы четырёх очень разных художников: М. А. Врубеля (1856–1910), В. В. Кандинского (1866–1944), К. С. Малевича (1878–1935) и В. Е. Татлина (1885–1953), — уделяя особое внимание их отчётливо различающимся подходам и устремлениям и в то же время размышляя о том, каким образом их личная причастность к русско-византийскому искусству подталкивала каждого из этих художников к выходу за пределы его художественной и интеллектуальной среды. При этом художники не только видоизменяли собственные творческие методы, но и вызывали более общие парадигматические сдвиги путей развития русского и современного европейского искусства. Стремясь более отчётливо обозначить такие сдвиги, я анализирую художественные и теоретические произведения каждого из выбранных мастеров, рассматривая их в свете трудов выдающихся критиков XX века, которые сыграли значительную роль в развитии как новой трактовки древнерусского искусства, так и теорий едва возникшего тогда авангарда. Работы Михаила Врубеля интерпретируются параллельно с произведениями Николая Тарабукина; труды Кандинского анализируются в их отношении к философии Павла Флоренского; а проекты Владимира Татлина и Казимира Малевича рассматриваются сквозь призму высказываний Николая Пунина.

В то же время я наглядно показываю, что переход между девятнадцатым веком и двадцатым в том, что касается художественных методов, был не просто прорывом и революцией. Советский авангардный проект часто рассматривался как радикальный разрыв с предыдущим периодом — и в сфере искусства, и в сфере критики; я все же считаю, что одно без другого было бы невозможно. Как ни парадоксально это звучит, но возрожденческий импульс девятнадцатого века в большой мере спровоцировал увлечение формальным и концептуальным новаторством, столь свойственным веку двадцатому. Опираясь на важнейшие труды старшего поколения учёных, таких как К. Грэй, Дж. Боулт и Д. В. Сарабьянов, в книге «Икона и квадрат» я стремлюсь перенести дату зарождения русского модернизма с начала двадцатого века на последние десятилетия девятнадцатого[5]. Аналогич-

[5] В своих выдающихся трудах Грей, Боулт и Сарабьянов ставят под сомнение широко распространенное мнение о том, что среди художников-модернистов наибольших высот достигли именно те, кто воспринял исключительно футуристическое мировоззрение, тем самым освободив себя от гнета прошло-

ным образом, я не предлагаю новую линейную телеологию, а допускаю, что выдвинутая мною траектория развития может вновь замкнуться на саму себя, и показываю, как более поздние теоретики и критики авангарда заново присваивали художников XIX века, таких как Врубель, с тем чтобы создать миф об истоках собственного творчества или обнаружить для себя точку отсчёта в недрах родной культуры. Таким образом, я выстраиваю циклический нарратив, отражающий одновременно и сложность, и симбиотическую природу взаимоотношений между двумя последними десятилетиями девятнадцатого века и первыми двумя десятилетиями века двадцатого. При этом я предлагаю иной методологический подход, который будет иметь значительные последствия для изучения русской художественной культуры за пределами русско-византийского возрождения.

Важно подчеркнуть, что эта книга не претендует на статус исчерпывающей, учитывая масштабность, сложность и широту её темы. Обширная литература того времени, посвящённая данному предмету, даёт множество примеров и потенциальных возможностей для исследования, поэтому представленное здесь описание неизбежно является избирательным. Определённым художникам, теоретикам, писателям, коллекционерам и учёным отдаётся предпочтение перед другими, но я надеюсь, что настоящее исследование даст толчок к дальнейшему изучению этого культурного явления и прольёт больше света на тех деятелей, на те события и институты, которые я упоминаю лишь мимоходом. В самом деле, изучение связей между средневековом ревивализмом и модернизмом в последние годы заметно набирает обороты. В целом ряде замечательных работ уже рассматривалась проблема столкновения Средневековья и модернизма в широком понимании, например в работах «Medieval / Modern: Art Out of Time»

го и его изобразительных традиций. Эти ученые убедительно показали, что русская модернистская программа многим была обязана богатой культурной и интеллектуальной среде так называемого Серебряного века, чье искусство, литература и философия продолжали определять развитие полемики вокруг авангарда вплоть до 1920-х годов [Gray 1986; Bowlt 2008; Bowlt 2000; Bowlt 1976b; Сарабьянов 2001; Sarabianov 1990; Сарабьянов 1971; Сарабьянов 1973].

(2012) Александра Нэйгала, «Premodern Condition: Medievalism and the Making of Theory» (2005) Брюса Холсингера и «Depositions: Scenes from the Late Medieval Church and the Modern Museum» (2012) Эми Найт, что свидетельствует о взлёте общественного интереса к вопросам ревивализма и художественной практики модернизма и постмодернизма. В работах Роберта Нельсона «Hagia Sophia, 1850–1950: Holy Wisdom Modern Monument» (2004), Дж. Б. Баллена «Byzantium Rediscovered» (2003), а также в сборнике «Byzantium / Modernism» (2015) рассматриваются схожие вопросы, и в центре внимания везде оказываются византийское искусство и его всеобъемлющее влияние на европейскую и американскую художественную продукцию XIX — начала XX века. С опорой на подобные взгляды в книге «Икона и квадрат» анализируются уникальные исторические взаимоотношения России с Византией и то, как в России понималась Византия и её визуальная культура. Таким образом мы выходим за рамки таких обобщающих понятий, как «средневековое», «христианское» и «религиозное» искусство, с одной стороны, и общеевропейское искусство — с другой. В данной книге, подобно названным выше исследованиям, таким же образом исследуются идеи столкновения различных эпох и анахронии как допустимых моделей критического осмысления и искусствоведческого анализа.

Для замысла этой книги очень важны были две работы, посвящённые вопросу об апроприации модернистами иконописной традиции в России, — это «Avant-Garde Icon: Russian Avant-Garde Art and the Icon Painting Tradition» (2008) Эндрю Спиры и «Alter Icons: The Russian Icon and Modernity» (2010) Джефферсона Гатралла и Дугласа Гринфилда. В обеих работах задействован обширный художественный материал, от известнейших шедевров авангарда до творений, прежде неизвестных. Тщательно анализируется множество модернистских цитат из православной иконографии и формы, а также основные изменения в процессах создания, распространения и использования русской иконы начиная с века Просвещения и до постсоветской эпохи. В частности, представлен прекрасный и изящный с теоретической точки зрения обзор многочисленных противоречий и хитросплетений в процессе возрождения интереса к иконе. Однако в обеих книгах основное внимание уделяется XX веку, и рассуждения в большинстве своём тематически ограничены, поскольку сосредоточены на переносной иконе, написанной на доске, и не затрагивают ни более ранних периодов, ни прочих форм иконической репрезентации. В «Иконе и квадрате», напротив, предпринимается попытка представить связную картину долгого и многогранного процесса исторического развития, неразрывно связанного с переоценкой средневекового образа. Помимо отдельно взятых художников, критиков и учёных, в настоящем исследовании рассматриваются важнейшие учреждения культуры и ассоциации, такие как Императорская академия художеств, Археологический институт в Константинополе, Эрмитаж, Румянцевский, Императорский русский исторический и Русский музеи, а также их научная деятельность на протяжении нескольких десятилетий. Таким образом, в этой книге анализируется не просто ряд разрозненных исторических эпизодов или показательных примеров, но живое взаимодействие между разными поколениями живописцев, архитекторов, хранителей, археологов, коллекционеров и теоретиков как в пределах тех или иных учреждений, так и между ними. Предпринимается попытка представить расширенную картину существовавших культурных тенденций, и в то же время проводится тщательный, глубинный анализ их влияния на художественную деятельность крупнейших фигур авангарда, которое в конце концов видоизменяло их. При этом в книге применяются одновременно и макро-, и микроподход к русско-византийскому возрождению: в ней показывается, как на первый взгляд консервативные интересы и устремления традиционных институтов, таких как монархия, церковь и Императорская академия художеств, на некоторое время приходили в соответствие интересам и устремлениям радикального левого, а затем и послереволюционного авангарда. Тем самым предпринимается попытка переосмыслить противопоставляемые друг другу бинарные понятия авангардизма и ревивализма, историзма и новаторства, светскости и религиозности, современности и традиционализма, а также регионализма и интернационализации в том виде, в каком они до сих пор применялись для описания развития современного искусства как в России, так и в Европе.

Из числа работ по этой теме заслуживают внимания также следующие: «Arts and Crafts in Late Imperial Russia» (1996) Венди Салмонд, «Icon and Devotion: Sacred Spaces in Imperial Russia» (2002) Олега Тарасова и сборник «Visualizing Russia: Fedor Solntsev and Crafting a National Past» (2010). Все эти работы посвящены развитию специфически русской национальной эстетики. В них убедительно прослеживаются те замысловатые пути, которыми шла принципиальная трансформация визуальной культуры XIX века в этой стране, особенно в области дизайна, общепринятых методов иконописи, фольклорных традиций и церковных практик. Опираясь на эти исследования, Дж. Шарп и С. Уоррен изучили схожие проблемы применительно к авангарду начала XX века в своих монографиях о Н. С. Гончаровой (1881–1962) и М. Ф. Ларионове (1881–1964) соответственно [Sharp 2006; Warren 2013]. Представленное в книге Шарп всестороннее описание замысловатой стратегии культурной апроприации у Гончаровой, сочетавшей икону и плакат, копию и оригинал, высокое и низкое, а также восточные и западные эстетические традиции, представляет для настоящей работы особую ценность, поскольку даёт убедительное обоснование существования «иной системы модернистского искусства» [Sharp 2006: 3].

Наконец, важно упомянуть такие работы, как «“Византийский стиль” в архитектуре России: Вторая половина XIX — начало XX века» (2005) Ю. Р. Савельева, а также «История открытия и изучения русской средневековой живописи: XIX век» (1986) и «Реставрация и наука: Очерки по истории открытия и изучения древнерусской живописи» (2006) Г. И. Вздорнова. Все три названные работы в большой мере способствовали углублению понимания сути русско-византийского возрождения, поскольку в них были собраны важные архивные материалы, первоисточники и фотографии того времени. Опираясь на эти работы, «Икона и квадрат» систематично и методично исследует не только русско-византийское возрождение, начиная с первых этапов его развития в середине XIX века вплоть до Октябрьской революции, а также рассматривает его связь и влияние на произведения художников, вошедших в модернистский канон, таких как Кандинский, Малевич и Татлин; при этом в книге принимается во внимание и большое историческое, формальное и философское значение этого явления.

Открывает книгу общий обзор периода позднего Просвещения, где рассматривается вопрос о том, как и почему наиболее выдающиеся мыслители того времени как в Европе, так и в России недооценивали значение Византии. В первой главе с опорой на широкий круг пересечений в имеющейся историографии прослеживается постепенный сдвиг от преимущественно отрицательного отношения к Византии в XVIII веке к активному восприятию неовизантийского и русско-византийского стилей в конце XIX века и, наконец, к их трансформации в ходе полемики радикального авангарда раннесоветского времени. В частности, предложен анализ деятельности и публикаций ряда ключевых фигур, таких как князь Г. Г. Гагарин (1810–1893), Н. П. Кондаков и А. В. Прахов (1846–1916), сыгравших важную роль по руководству многосторонней деятельностью в области археологических раскопок, сохранению и реставрации, которая осуществлялась на протяжении всей второй половины XIX века. Поскольку в этих мероприятиях участвовали многие художники того времени, увлечение византийским искусством — как в греческом его варианте, так и в русском — быстро распространилось за пределы узких академических и археологических кругов. Завершает главу обзор сочинений, написанных в XX веке П. А. Флоренским, Н. Н. Пуниным и Н. М. Тарабукиным, которые утверждали, что художественное взаимодействие с византийским наследием России в конечном счёте стало катализатором развития осознанного модернистского движения в области изобразительного искусства.

На основе этих тем и идей во второй главе рассматривается вопрос о том, как византийское, а затем и древнерусское искусство виделось и представлялось в период 1860–1915 годов более широкой московской и петербургской публике, посещающей музеи. С этой целью в главе исследуются процессы формирования, институционализации и публичной демонстрации важнейших коллекций XIX века, а также анализируются изменения методов каталогизации и экспонирования, двигавшихся от этнографической организационной логики к искусствоведческой. Если говорить конкретнее, прослеживается отчётливое изменение в понимании произведений русско-византийского искусства: сначала в них видели просто археологические диковины, а затем — художественные шедевры в полном смысле слова. Глава завершается подробным анализом состоявшейся в 1913 году выставки древнерусского искусства, о которой многие критики и искусствоведы говорили как о «начале нового художественного сознания в России» и которая ознаменовала собой кульминацию тройного взаимодействия сил модернизма, византизма и авангардизма [Маковский 1913: 38].

Преобразование канонических русско-византийских форм на одном из важнейших перекрёстков истории составляет главную тему третьей главы, в которой рассматривается творчество Михаила Врубеля. Основной период его деятельности пришёлся на конец XIX века, и он считал, что русско-византийское искусство является важным предшественником народной антиреалистической, протоабстрактной живописной традиции, предвосхищающей его собственные модернистские инновации. Порывая с принципом фотографической точности, присущим господствующей реалистической школе, Врубель подчёркивал материальность краски и плоскость холста, создавая характерный для модернизма визуальный эффект, близкий к Полю Сезанну. Также в данной главе речь пойдёт о том, каким образом произошедшее в конце 1880-х — начале 1890-х годов изменение иконографии у Врубеля выражало характерный для состояния *fin de siècle* специфический опыт духовного нездоровья и неустойчивости личности перед лицом религиозного кризиса, вызванного всеобъемлющей секуляризацией. Завершает главу изучение разнообразных работ, в которых более поздняя художественная критика левого толка «назначала» Врубеля мифическим предшественником советского авангардного проекта, заявляя, что он не только предвосхитил, но и сделал возможными многие формальные и концептуальные новшества XX века.

В последних двух главах рассматривается основополагающее и устойчивое влияние русско-византийского возрождения на творческую продукцию художников, вошедших в канон XX столетия. В главе четвертой прослеживается зарождение у Кандинского интереса к искусству иконы накануне его перехода к беспредметности. В результате подробного анализа нескольких его картин, написанных в начале 1910-х годов, наряду со сложной философией иконы, которую исповедовал его современник и коллега по ВХУТЕМАСу и РАХН Павел Флоренский, в этой главе предлагается новый взгляд на художественную эволюцию Кандинского[6]. Учитывая его известное определение нового духовного искусства, выразившегося в форме абстракции, и поместив это искусство в область православной теологии и эстетики, книга «Икона и квадрат» предлагает совершенно новый комплекс ещё не исследованных возможностей для интерпретации его творчества. Точнее, теоретические взгляды Кандинского на искусство рассматриваются в ней в контексте нового религиозного пыла, в полной мере выраженного в сборнике «Вехи» 1909 года, исповедующего твёрдую приверженность прогрессивному христианскому гуманизму — в противоположность кризису духовности, обозначившемуся на рубеже веков [Бердяев и др. 1909].

Завершается книга анализом прошедшей в Санкт-Петербурге «Последней футуристической выставки картин “0,10”», где Малевич и Татлин представили свои конкурирующие друг с другом версии авангардного «нового реализма», который, с моей точки зрения, опирался на уникальный онтологический статус иконы как «представления», а не «воспроизведения» незримой метафизической реальности. Намеренно преобразуя икону в новую абстрактную идиому, в своих «Угловых контррельефах» Татлин

---

6 ВХУТЕМАС — это советская аббревиатура, обозначающая московские Высшие художественно-технические мастерские, а РАХН — сокращенное название Российской академии художественных наук, которая находилась также в Москве.

вводит новую феноменологию произведения искусства через приятие «реального пространства», тогда как Малевич в «Чёрном квадрате» реализовал мощную и прочную иконичность, за счёт который он стал «сам священным образом в рамках модернистского канона» [Fer 1997: 7]. Исследователи неоднократно отмечали в произведениях Татлина и Малевича переклички с иконой, однако такие переклички до сих пор не рассматривались в контексте всего долгого пути русско-византийского возрождения — недостаточно изученного, но крайне важного исторического явления, привносящего новые нюансы и смыслы в понимание шедевров модернизма, созданных этими и другими великими художниками того времени. Таким образом, вписывая русско-византийское возрождение в более общую историю русского современного искусства, книга «Икона и квадрат» предлагает новую систему культурных координат для дальнейшего рассмотрения как внутренних механизмов, так и теоретических предпосылок русского модернизма, а также его значительного влияния на искусство XX века.

Глава 1
Переосмысление Византии

Возрождение, авангардизм и новая художественная критика

За прошедшие века долгие и сложные взаимоотношения России с Византией и ее культурным и художественным наследием неоднократно претерпевали различные изменения: от бурного восторга и слепого подражания до откровенного презрения и отрицания, и, наконец, повторного открытия и переосмысления. Ко второй половине XIX века в академических и художественных кругах стал зарождаться новый интерес к Византии и к русскому Средневековью, чему содействовали и выдающиеся общественные деятели, такие как князь Г. Г. Гагарин, Ф. Г. Солнцев, Н. П. Кондаков и А. В. Прахов. Соответственно, в этой главе рассматривается вопрос о том, каким образом ряд крупных искусствоведов, философов, теоретиков, художественных критиков и художников испытали на себе глубочайшее воздействие открытия этого прежде презираемого художественного наследия, что не только определило пути дальнейшего развития истории русского искусства, но, возможно, стало решающим условием для активного участия России в международном авангарде.

Согласно «Повести временных лет», именно неповторимое эстетическое впечатление от византийского искусства и ритуалов заставило послов князя Владимира в Константинополе решить, что Киевская Русь должна принять в качестве своей официальной религии именно православие. Посетив литургию в Софийском соборе, они заявили:

> И пришли мы в Греческую землю, и ввели нас туда, где служат они Богу своему — и не знали, на небе или на земле мы: ибо нет на земле такого зрелища и красоты такой, и не знаем, как и рассказать об этом, — знаем мы только, что пребывает там Бог с людьми и служба их лучше, чем во всех других странах [ПВЛ 1993: 97].

Позднее, после того, как в 988 году Киевская Русь обратилась в православие, она стала одним из крупнейших центров монументального искусства и архитектуры, причем новые традиции были очевидным образом основаны на византийских образцах. На протяжении XII–XIII столетий ремесленные мастерские процветали в таких городах, как Киев, Новгород, Псков, Владимир, Суздаль и Москва, где ежедневно создавались разнообразные иконы, иллюминированные рукописи и изделия из металлов. Однако к последним десятилетиям XVIII века это богатое художественное наследие Средневековья лишилось былой славы и практически было предано забвению. Особенно ярким примером решительного разрыва с византийскими традициями стало правление Петра Великого (1682–1725), который ориентировался на Запад. Патриаршество он заменил Священным синодом, который превратил в государственный департамент, и это значительно ослабило духовный авторитет церкви, так что в результате в вопросах эстетики мирские вкусы стали всё заметнее брать верх над религиозной догмой.

В новой, основанной Петром столице Санкт-Петербурге любимыми архитектурными стилями стали вариации на тему французского, итальянского и немецкого барокко, в то время как Императорская академия художеств, созданная в 1757 году, пропагандировала утонченный, академический стиль живописи, с опорой на западноевропейские образцы. К середине XVIII века средневековое искусство была настолько не в чести, что даже самые почитаемые древние иконы были переписаны в более натуралистичной, предметно-изобразительной манере.

Сравнительный анализ иконы Андрея Рублева (1360–1430) «Троица ветхозаветная» (рис. 1), написанной в XV веке, и более позднего варианта того же сюжета (рис. 2), созданного в XVII веке

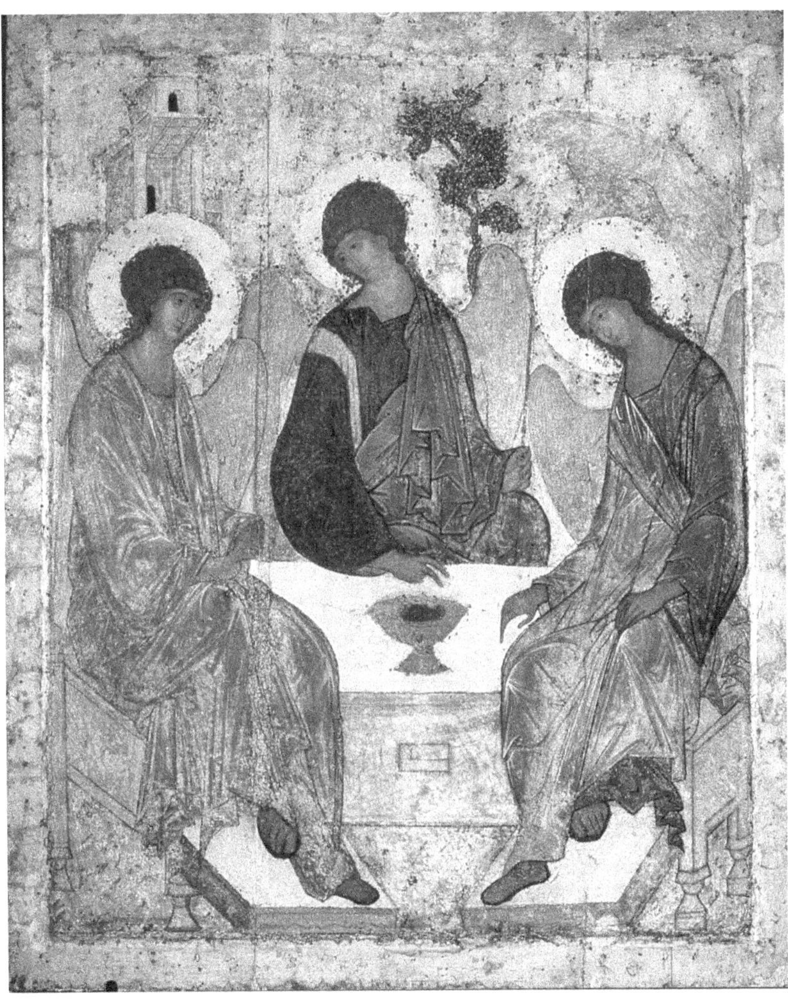

Рис. 1. Андрей Рублев. Троица ветхозаветная. 1425–1427. Дерево, темпера. 141,5 × 114 см. Происходит из Троицкого собора Троице-Сергиева монастыря в Сергиевом Посаде. Хранится в Государственной Третьяковской галерее (Москва)

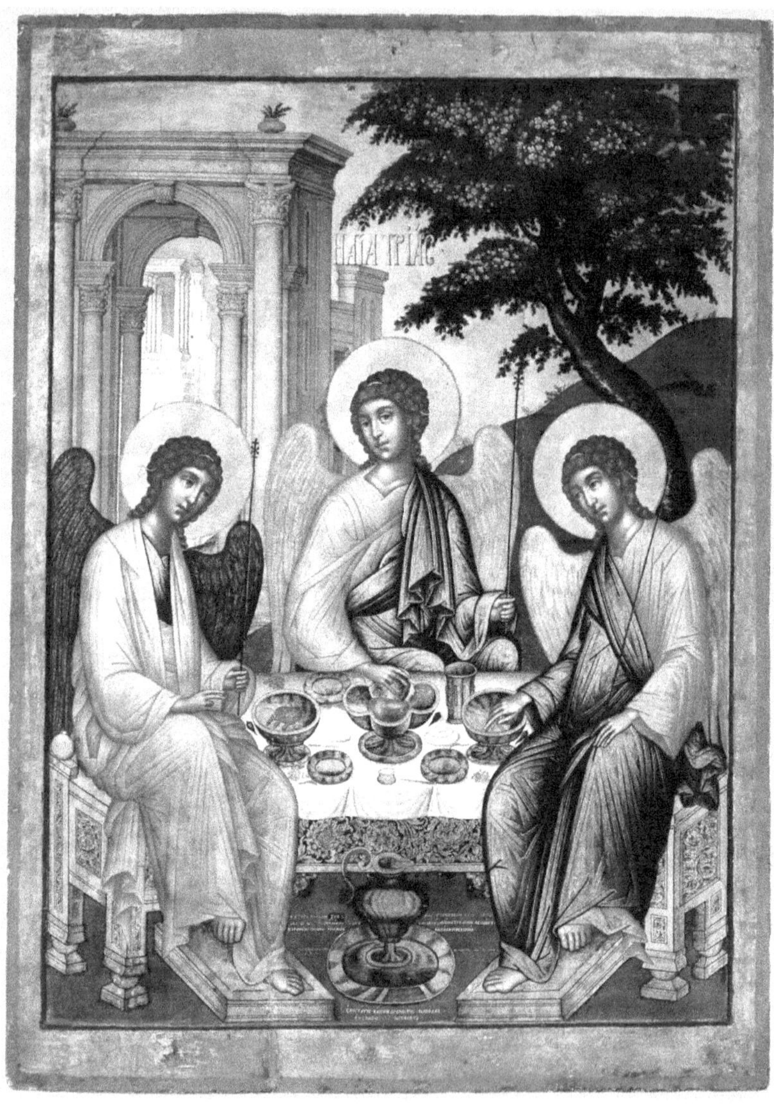

Рис. 2. Симон Ушаков. Троица ветхозаветная. 1671. Дерево, темпера. 126 × 90,2 см. Хранится в Государственном Русском музее (Санкт-Петербург). Ранее — в церкви Воздвижения Креста Господня в Таврическом дворце в Санкт-Петербурге

Симоном Ушаковым (1626–1686), ясно показывает, сколь радикальные изменения художественного вкуса произошли за два столетия. Там, где у Рублева мы видим ярко-синие, красные и зеленые тона, Ушаков использовал гораздо более приглушенную палитру из преимущественно мягких пастельных и бледно-охристых оттенков. Во времена Рублева иконописцы редко смешивали краски или использовали тональные переходы. Они предпочитали задействовать единственный пигмент, затем лишь добавляя к нему акценты белилами или золотом, чтобы подчеркнуть определенные формальные элементы изображения, например складки одежды или очертания человеческих тел. Ушаков же, напротив, пытался создать впечатление объемных форм и трехмерного, иллюзорного пространства. В его варианте «Троицы» складки на одеянии ангелов тщательно проработаны для передачи трехмерности, и на место линеарности и плоскостности, свойственных рублевскому изображению, здесь приходят контрастные светотеневые эффекты. Кроме того, у Ушакова лица ангелов гораздо более округлены и натуралистично проработаны с использованием тональных переходов и теней — таким образом он отходит от более строгой и стилизованной византийской манеры рублевской физиогномики.

И мебель, и стоящие на столе предметы в «Троице» Ушакова также проработаны гораздо более тщательно и детально, чем у Рублева. Ножки стола и стульев, на которых сидят ангелы, изящно украшены резьбой и цветочными мотивами.

При этом белоснежная скатерть, собранная в отбрасывающие тени реалистичные складки, покрывает стол, на котором стоят различные богато украшенные золотые и серебряные сосуды. Создается впечатление, что Ушаков рад был возможности запечатлеть самые разные текстуры и бликующие металлические поверхности и тем самым продемонстрировать свое художественное мастерство.

Даже в выборе фоновых мотивов Ушаков радикально отходит от средневекового образца и вместо скромного здания в верхнем левом углу, как у Рублева, помещает там импозантную классическую триумфальную арку с колоннами коринфского ордера. Сквозь арку просматривается еще одно сооружение греко-римского типа, напоминающее римскую католическую базилику, увенчанную сияющим золотым куполом. Этот архитектурный ансамбль не только вводит в изображение перспективное отдаление и глубину, на которые нет и намека в иконе Рублева, но также служит обрамляющим элементом для центральной сцены, расположенной на первом плане, выделению которой способствует и стратегическое решение о включении в композицию с противоположной, правой стороны крупного дерева, которое рифмуется с архитектурными мотивами и дополняет их. Такие шаблонные методы обрамления часто встречаются у европейских художников эпохи барокко, например у Николя Пуссена (1594–1665) и Клода Лоррена (1600–1682), непосредственных современников Ушакова. Члены царской семьи, а также русские аристократы с жадностью скупали поэтические пейзажи этих мастеров для своих коллекций на протяжении всей эпохи Просвещения. Несмотря на то что Ушаков скопировал композицию Рублева, изобразив трех ангелов, сидящих вокруг стола, роскошные детали и новаторские изобразительные приемы, которые он вводит в свой вариант «Троицы», с очевидностью говорят о его знакомстве со стилями итальянского ренессанса и барокко, которым он несомненно подражал. Неудивительно, что некоторые представители консервативно настроенного духовенства, в том числе протопоп Аввакум, осуждали его за излишнее насаждение западных норм и идеалов, за «неподобные образы» «толстоты плотской» [Аввакум 1934: 209–214].

Русская церковная архитектура того времени также искала вдохновения у Западной Европы, особенно у Италии и Франции. Так, например, Казанский собор в Санкт-Петербурге, строившийся с 1801 по 1818 год, сочетает в себе элементы итальянского барокко и французского неоклассицизма. Этот собор был спроектирован А. Н. Воронихиным (1759–1814) и представляет собой импозантное здание с куполом, более 71,5 метра в высоту, с затейливой полуциркульной колоннадой, включающей 136 колонн из пудожского камня[1]. Считается, что Воронихин ориентировал-

---

[1] Мои основные источники в данном случае: [Красноцветов 2001; Шурыгин 1964; Аплаксин 1911].

ся на базилику Святого Петра в Риме, и, хотя Казанский собор был построен специально для хранения древнерусской Казанской иконы Божьей Матери, в архитектурном плане он радикально отошел от своих русско-византийских предшественников и был устроен по образцу католической базилики с центральным проходом и тремя нефами [Толмачева 2004: 85]. Главный вход в собор был создан по образцу греческого храма с классическим антаблементом, карнизом и треугольным фронтоном. А главные двери были скопированы с бронзовых дверей баптистерия Санта-Мария-дель-Фьоре во Флоренции, выполненных Лоренцо Гиберти, и отлиты В. П. Екимовым (1758–1837), одним из лучших мастеров литейного дела в Санкт-Петербургской Императорской академии художеств.

И внешний, и внутренний декор собора имеет мало общего с православными каноническими традициями. Хорошо известно, что существующий в православной церкви запрет на «телесность» и «истуканов» препятствует использованию каких-либо трехмерных скульптурных изображений, особенно если они несут в себе ассоциации эллинистические или с языческими идолами. Соответственно, декор православной церкви был строго ограничен иконами, мозаиками и фресками. Вопреки этому фасад Казанского собора украшают 14 скульптурных рельефов с библейскими сценами, выполненные академическими скульпторами И. П. Мартосом (1754–1835), И. П. Прокофьевым (1758–1828), Ф. Г. Гордеевым (1744–1810), С. С. Пименовым (1784–1833), В. И. Демут-Малиновским (1779–1846) и Ж.-Д. Рашеттом (1744–1809). Кроме того, с северной стороны собора расположены четыре пилястра с отдельно стоящими бронзовыми скульптурами, изображающими русских святых князей Владимира и Александра Невского, работы скульптора Пименова, а также скульптуры святого Иоанна Крестителя и апостола Андрея, Мартоса и Демут-Малиновского соответственно.

Интерьер собора также украшен статуями, барельефами, скульптурными фризами, и все эти элементы в большей степени отражают пристрастие того времени к неоклассическому стилю, нежели приверженность православному художественному канону.

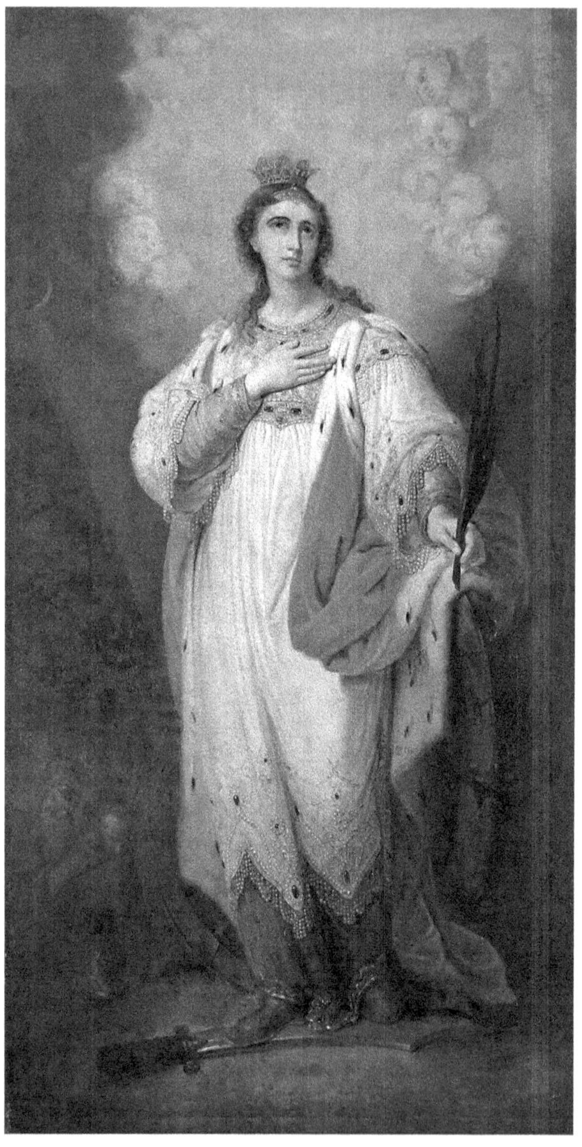

Рис. 3. В. Л. Боровиковский. Святая Екатерина. 1804–1809. Прессованный картон, масло. 176 × 91 см. Государственный Русский музей (Санкт-Петербург). Ранее — Казанский собор (Санкт-Петербург)

Наконец, стены Казанского собора покрывают не монументальные фрески и мозаики, характерные для византийской традиции, а масштабные живописные полотна, созданные виднейшими художниками — членами Санкт-Петербургской Императорской академии художеств, такими как В. Л. Боровиковский (1757–1825), В. К. Шебуев (1777–1855), Ф. А. Бруни (1801–1875), Г. И. Угрюмов (1764–1823), О. А. Кипренский (1782–1836) и К. П. Брюллов (1799–1852).

Эти работы выполнены в изысканном академическом стиле и более соответствуют эстетике религиозной живописи постренессансной эпохи, которая преобладала тогда в европейских художественных академиях, чем традиционным аскетическим формам православной иконописи. Так, например, изображение святой Екатерины (1804–1809) (рис. 3) у Боровиковского имеет больше общего с его же портретами русских царей и аристократии, чем с византийской иконой. Святая Екатерина, изображенная в трехмерном иллюзионистическом пространстве, представлена стоящей перед египетской пирамидой, а дальний план заполняет толпа зевак, уходящая вглубь картины — в скудно освещенный вечерний пейзаж. Святая Екатерина с богато украшенной короной на голове облачена в роскошное одеяние, подбитое мехом, расшитое жемчугом и самоцветами; она устремляет тоскующий, задумчивый взгляд в небеса, где прямо над ее головой расступились легкие облака, и из них полукругом выступил хор херувимов, образуя подобие нимба. Благодаря пристальному вниманию Боровиковского к различным текстурам и поверхностям одеяния святой Екатерины, а также благодаря тому, что он столь натуралистично моделирует формы, передает богатое разнообразие тональностей, таинственность освещения, глубину теней, его картина стала одной из вершин русской академической живописи и при этом ознаменовала собой радикальный отход от традиционной иконографии этой святой.

Подобным же образом и Карл Брюллов создал для центральной части бокового алтаря этого собора картину на сюжет успения Богородицы (1836–1842) (рис. 4) в стиле, близком традиции европейского барокко.

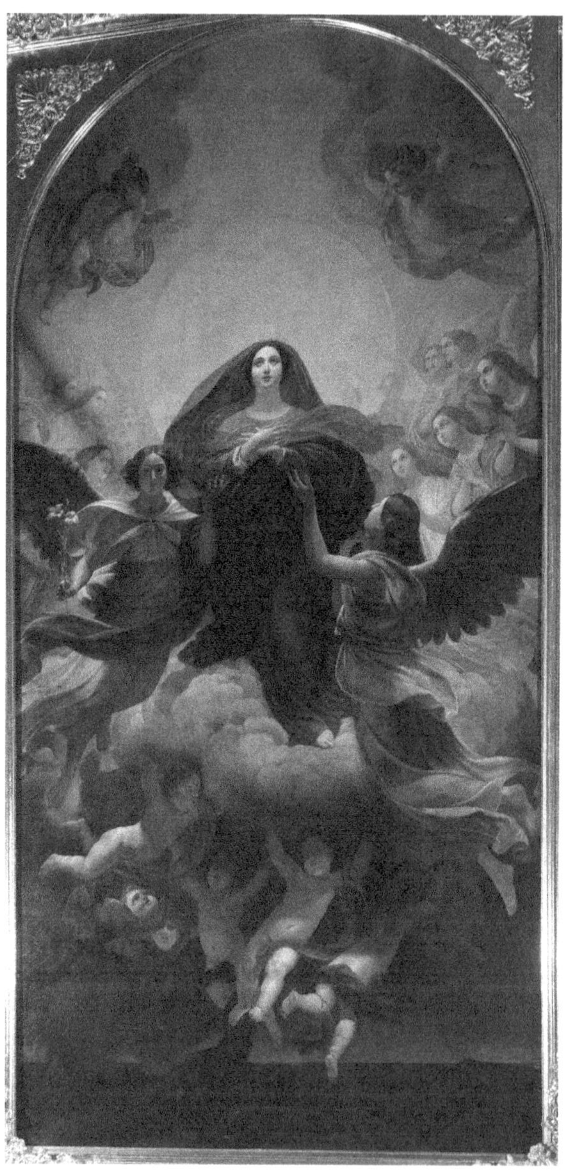

Рис. 4. Карл Брюллов. Вознесение Богородицы. 1836–1842. Холст, масло. 568 × 286 см. Государственный Русский музей (Санкт-Петербург). Ранее — Казанский собор (Санкт-Петербург)

Брюллов написал этот холст вскоре после своего возвращения из Италии, где он прожил более десяти лет, и тут очень заметно влияние религиозной живописи итальянских мастеров, таких как Гвидо Рени, Аннибале Карраччи и Карло Маратта. Богоматерь представлена стоящей на плотных, объемных облаках, ее одежда и покров развеваются по ветру, между тем как два ангела и группа пухлых херувимов возносят ее на небо, где ее приветствует большой хор поющих и молящихся ангелов. Круг света, сияющий за ее головой, подчеркивает ее божественную природу, а еще два херувима в самом верху раздвигают небеса в стороны, как две занавеси. Богатая палитра, глубокие тени и театральное освещение, а также развевающиеся ткани и волнистые линии — всё это служит углублению драматического эффекта всей сцены. Иллюзорный барьер у нижнего края картины, через который прямо на зрителя словно вываливаются херувимы, служит дальнейшему усилению иллюзионистического эффекта изображения за счет сознательного размывания границы между пространством картины и реальностью. Традиционные византийские изображения успения Богородицы, известные в православии также под греческим названием «Koimesis», напротив, обычно представляют Богоматерь распростертой на смертном одре, в окружении двенадцати апостолов, которые в разной степени охвачены горем, как, например, в Успении из Кипрской церкви XII века Панагии Форвиотиссы. В этой фреске Христос показан принимающим на руки душу своей матери, представленную в виде спеленатого младенца, а двое ангелов спускаются с небес, чтобы вознести душу Богоматери к Богу. Увидев картину Брюллова, славянофил Ф. В. Чижов даже задался таким вопросом:

> В самом деле, неужели кто-нибудь может принять за образ картину Брюллова — Вознесения Божией Матери, празднуемого нашею Православною Церковью под именем и значением Успения Божией Матери... Пред образом мы молимся лику Владычицы... пред Вознесением Брюллова, простите, но согласитесь, что истинно думаем о полной, прекрасной женщине и... тем, что должно бы призывать к молитве, уничтожаем святую молитву [Чижов 1846: 118].

Даже на Царских вратах, которые символически выполняют функцию входа в самую священную часть храма, вместо традиционных православных икон помещены станковые картины Боровиковского с изображениями Христа, Богоматери и евангелистов. Как и «Святая Екатерина», эти работы выполнены в академическом стиле, фигуры представлены в ракурсе три четверти и помещены в трехмерное иллюзионистическое пространство. Несмотря на то что это безусловные шедевры живописи, впоследствии их критиковали такие мыслители, как П. А. Флоренский и Л. А. Успенский, считавшие, подобно Чижову, сомнительной их принадлежность к числу православных икон: они полагали, что натурализм изображения не соответствует символическому, онтологическому статусу иконы как таинственного образа Божественной сущности [Успенский 1997: 515–518]. Кроме того, критики тех времен нередко приравнивали обмирщение иконописных образов к общему упадку религиозности, общественных нравов, православной соборности и духовности, причину которого они видели в повсеместной модернизации. Таким образом, споры о месте и функциях натурализма в создании священных образов выходили далеко за пределы эстетической области и затрагивали более общие вопросы о разложении нации, о дезинтеграции и духовном упадке (эти темы подробнее рассматриваются в заключительной части настоящей главы)[2].

Одна из главных причин преобладания в конструкции и декоре Казанского собора начала XIX века неоклассической эстетики в ущерб эстетике средневековой состоит в широком распространении представления о том, что византийская художественная культура была грубой, примитивной и подражания недостойной. В самом деле, в русском интеллектуальном дискурсе XVIII и начала XIX столетия господствовали идеи выдающихся мыслителей эпохи Просвещения, таких как Вольтер, Монтескье и Дидро, и под их влиянием в обществе складывалось ироническое отношение к Византии — а заодно и к средневековому прошлому самой

---

[2] Подробный анализ тех многочисленных трудностей, с которыми православной церкви пришлось столкнуться в России предреволюционного времени, см. в [Shevzov 2007].

России. В 1734 году Монтескье объявил, что «история Греческой империи... есть не что иное, как непрерывная цепь возмущений, мятежей и предательств», а Вольтер утверждал, что «ее недостойный сборник содержит лишь декламацию и чудеса и является позором человеческого ума» [Монтескье 2002: 373; Voltaire 1829: 54]. Гегель в своих «Лекциях по философии истории» высказался о Византийском государстве следующим образом:

> ...оно представляет отвратительную картину слабости, причем жалкие и даже нелепые страсти не допускали появления великих мыслей, дел и личностей. Восстания полководцев, свержение императоров полководцами или интригами придворных, умерщвление императоров их собственными супругами или сыновьями путем отравления или иными способами, бесстыдство женщин, предававшихся всевозможным порокам, — таковы те сцены, которые изображает нам здесь история... [Гегель 1993: 357].

Однако самым значительным текстом, формировавшим мнение общественности о Византийской империи, стала весьма популярная «История упадка и разрушения Римской империи» Эдуарда Гиббона, опубликованная в 1776 году и на несколько десятилетий ставшая самым авторитетным источником сведений о Византии. На русский язык ее впервые перевел В. Н. Неведомский в 1883 году, однако к первым десятилетиям XIX века она была уже хорошо известна русским интеллектуалам благодаря французскому переводу, выполненному в 1788–1790 годах Леклерком де Сет-Шеном[3]. В самом деле, даже в начале 1900-х годов

---

[3] Н. М. Карамзин: «Больно, но должно по справедливости сказать, что у нас до сего времени нет хорошей российской истории, то есть писанной с философским умом, с критикою, с благородным красноречием. Тацит, Юм, Робертсон, Гиббон — вот образцы!» [Карамзин 2013: 582]. См. также в «Евгении Онегине» А. С. Пушкина: «Стал вновь читать он без разбора. / Прочел он Гиббона, Руссо, / Манзони, Гердера, Шамфора, / Madame de Stael, Биша, Тиссо, // Прочел скептического Беля, / Прочел творенья Фонтенеля, / Прочел из наших кой-кого, / Не отвергая ничего: / И альманахи, и журналы, / Где поученья нам твердят, / Где нынче так меня бранят / И где такие мадригалы / Себе встречал я иногда: / E sempre bene, господа» (гл. VIII, с. XXXV) [Пушкин 1954: 153].

такие исследователи, как знаменитый византолог Н. П. Кондаков, еще говорили о «тенденциозных нападках» Гиббона [Кондаков 2006: 30] и его «предвзятых взглядах» на Византию [Кондаков 1904: 45], а значит, для русской публики труд Гиббона все еще представлял собой важный источник по византийской истории и культуре. У Гиббона Византия показана как отсталая азиатская деспотия, полностью лишенная всех положительных качеств латинского Запада и не оставившая наследникам ничего такого, что было бы достойно восхищения и подражания. В описании самого знаменитого памятника архитектуры в Константинополе, собора Святой Софии, у Гиббона сквозит лишь одно чувство — презрение: «На зрителя производит неприятное впечатление несимметричность его полукуполов и идущих откосом сводов; западному фасаду... недостает простоты и великолепия <...> ...Как глупо это искусство и как ничтожна эта работа...» [Гиббон 2008: 364–367]. Даже в тех случаях, когда в России XVIII столетия художники обращались к византийским памятникам, они делали это по причинам политическим или идеологическим и, парадоксальным образом, переосмысливали их с опорой на классические или ренессансные прототипы, поскольку византийские образцы считались эстетически менее достойными[4]. Так, например, Софийский собор (1782) в Царском Селе под Петербургом был задуман как миниатюрная копия Святой Софии Константинопольской, однако на самом деле в основе проекта Чарльза Камерона в большей мере лежали базилика Максенция, а также Пантеон и другие римские памятники, нежели византийский оригинал. Как отмечает Антони Катлер,

> внутренний четырехугольник с небольшими нишами напрямую восходит к архитектуре римских терм... С другой стороны, внешнее убранство обнаруживает такие несоответствия, как колонны и пилястры тосканского ордера... и при этом неоклассическая лепнина, акротерии и розетки, —

---

[4] Подробнее о Софийском соборе см. [Cutler 1992].

все эти архитектурные особенности были совершенно чужды византийским памятникам, однако в глазах зрителей XVIII века служили «улучшению» византийского стиля [Cutler 1992: 893]. Софийский собор, возведенный под непосредственным руководством Екатерины II, должен был послужить утверждению территориальных притязаний России на Константинополь после первой Русско-турецкой войны (1768–1774), целью которой было воссоздание греческой империи с Екатериной во главе. Лишь в середине XIX века внук Екатерины Николай I поставит реальные византийские образцы на службу своей захватнической политике.

В самом деле, свойственное Гиббону и прочим авторам эпохи Просвещения презрительное отношение к консервативной и религиозной Византийской империи возымело столь продолжительное воздействие на восприятие российской публикой ее собственного византийского наследия, что выдающиеся мыслители и философы XIX века, такие как А. И. Герцен (1812–1870) и П. Я. Чаадаев (1794–1856), возлагали на византийское прошлое вину за все политические и исторические недуги России. В 1829 году Чаадаев писал:

> По воле роковой судьбы мы обратились за нравственным учением, которое должно было нас воспитать, к растленной Византии, к предмету глубокого презрения этих народов. <...> Выделенные по странной воле судьбы из всеобщего движения человечества, не восприняли мы и традиционных идей человеческого рода [Чаадаев 1991: 231].

Почти двумя десятилетиями позднее Герцен выразил столь же негативное отношение к Византии:

> Древняя Греция изжила свою жизнь, когда римское владычество накрыло ее и спасло, как лава и пепел спасли Помпею и Геркуланум. Византийский период поднял гробовую крышу, и мертвый остался мертвым, им завладели попы и монахи, как всякой могилой, им распоряжались евнухи, совершенно на месте как представители бесплодности. <...>

> Византия могла жить, но делать ей было нечего; а историю вообще только народы и занимают, пока они на сцене, то есть пока они что-нибудь делают [Герцен 1987: 409].

Лишь в середине XIX столетия это устоявшееся отрицательное отношение к византийской истории, искусству и культуре стало меняться как в Европе, так и в России.

С Востока на Запад: византийское возрождение в Европе

Как убедительно показали Роберт Нельсон и Дж. Б. Баллен, в середине XIX века во всей Западной Европе происходил устойчивый рост общественного интереса к Византии [Nelson 2004; Bullen 2003]. С расцветом романтического движения ценности Просвещения все чаще стали подвергаться пересмотру в пользу иных источников знания, особенно связанных с Востоком и со средневековым прошлым. Византия как воплощение «восточного Средневековья» стала наконец привлекать серьёзное внимание. Сочувственные описания венето-византийской архитектуры в знаменитой книге Джона Раскина 1851–1853 годов «Камни Венеции» вызвали в Англии поворот в сторону положительного восприятия византийской истории и культурного наследия. Тогда же Георг Финлей выпустил свой двухтомник «История Византийской империи» (1853), а в предшествующие этому годы в английской печати появились два важных исследования, посвященных византийскому искусству и архитектуре: «Очерки истории христианского искусства» (1847) лорда Линдси и «История архитектуры» (1849) Эдуарда Фримана. Во Франции архитектор Андре Кушо напечатал книгу «Подборка византийских церквей в Греции» («Choix d'églises byzantines en Grèce», 1841) — одну из первых посвященных исключительно византийской архитектуре. В 1845 году Адольф Дидрон и Поль Дюран совместно опубликовали «Наставление в живописном искусстве» Дионисия Фурноаграфиота со множеством иллюстраций, изображающих ряд важнейших византийских церквей, — эта книга оставалась одним из основных источников информации о византийской живописи на протяжении всей второй половины XIX века [Nelson 2004: 6]. В 1851 году археолог и историк Феликс де Верней выпустил еще одно важнейшее исследование византийской архитектуры, в котором утверждалось, что церковная архитектура Франции очень многим обязана византийским образцам [Verneilh 1851]. Наконец, в Германии благодаря публикации в 1854 году книги Вильгельма Зальцберга «Древнехристианская архитектура в Константинополе V–XII веков» («Alt-christliche Baudenkmale von Constantinopel vom V. bis XII. Jahrhundert») впервые были представлены византийские мозаики Святой Софии Константинопольской, обнаруженные в 1847 и 1849 годах в Константинополе братьями Фоссати.

Однако, несмотря на возрастающий интерес к Византии, многие европейские ученые и широкая публика по-прежнему видели в Византийской империи воплощение варварства и Востока — «чужака», чье «примитивное» искусство и архитектура стояли на более низкой ступени развития, нежели более изысканные и сложные формы готического стиля[5]. Так, например, Раскин связывал применение полихромии в византийской архитектуре с некой вневременной «восточной» тенденцией [Ruskin 1853: 92], тогда как Эдуард Фриман в «Истории архитектуры» отметил следующее:

> Как особая форма искусства [византийское искусство] не может претендовать на равенство с западноевропейским. <...> ...Нам не придется здесь говорить о греках и римлянах, кельтах и тевтонцах... Это характер твердый, сдержанный и неизменный: не персидский и не арабский, даже не кавказский и не монгольский; он не древний, не современный, не средневековый; но обозначается словом, независимым от эпохи и расы, — он *восточный* [Freeman 1849: 164–165].

Согласно Фриману, византийские памятники практически не изменялись со времен прототипов V–VI веков на протяжении четырнадцати столетий, на основании чего он заключил, что

---

[5] Углубленный разбор этих взглядов см. в [Taroutina 2016].

«постройки, и по сей день возводимые магометанами в Индии, демонстрируют гораздо меньше отклонений от типа Святой Софии, чем существует различий между базиликой Святого Климента и собором в Старом Саруме» [Freeman 1849: 165–166]. Иными словами, в Византии видели особую, иную цивилизацию, для которой были характерны статика и догматизм — в противовес прогрессивной, постоянно развивающейся художественной культуре Западной Европы.

Такое понимание (или, скорее, непонимание) Византии сохранялось вплоть до конца XIX века, о чем свидетельствует уничижительное описание, данное Уильямом Эдуардом Хартполом Леки, по словам которого Византийская империя представляет собой «самую презренную и низшую форму, какую когда-либо принимала цивилизация… полностью лишенную каких-либо видов и признаков величия» [Lecky 1870: 13–14]. Написанная Леки «История европейской морали от Августа до Шарлеманя» была издана в 1870 году, однако в ней все еще слышатся отголоски просветительской критики Вольтера и Монтескье, представлявших Византию примитивной и порочной восточной деспотией. В самом деле, живописные полотна, подобные картине Жан-Жозефа Бенжамена-Констана «Императрица Феодора в Колизее» (1889) (рис. 5), точно передают эти представления. Правительница Византии представлена в образе сонной декадентской принцессы, которая наслаждается варварским развлечением. На среднем плане с правой стороны картины тигр склонился над двумя распростертыми и неподвижными человеческими телами. Такая трагическая судьба бывала обычно уготована христианским мученикам в Древнем Риме на заре христианства. Однако в VI веке, когда у власти находились Юстиниан и Феодора, подобная сцена была бы немыслима. Феодора могла в лучшем случае посетить гонки колесниц на константинопольском ипподроме, но гладиаторские бои, как и бои животных, были запрещены еще при Константине I, видевшем в них пережитки язычества, несовместимые с христианской доктриной. Тем не менее на полотне Бенжамена-Констана бесчеловечные

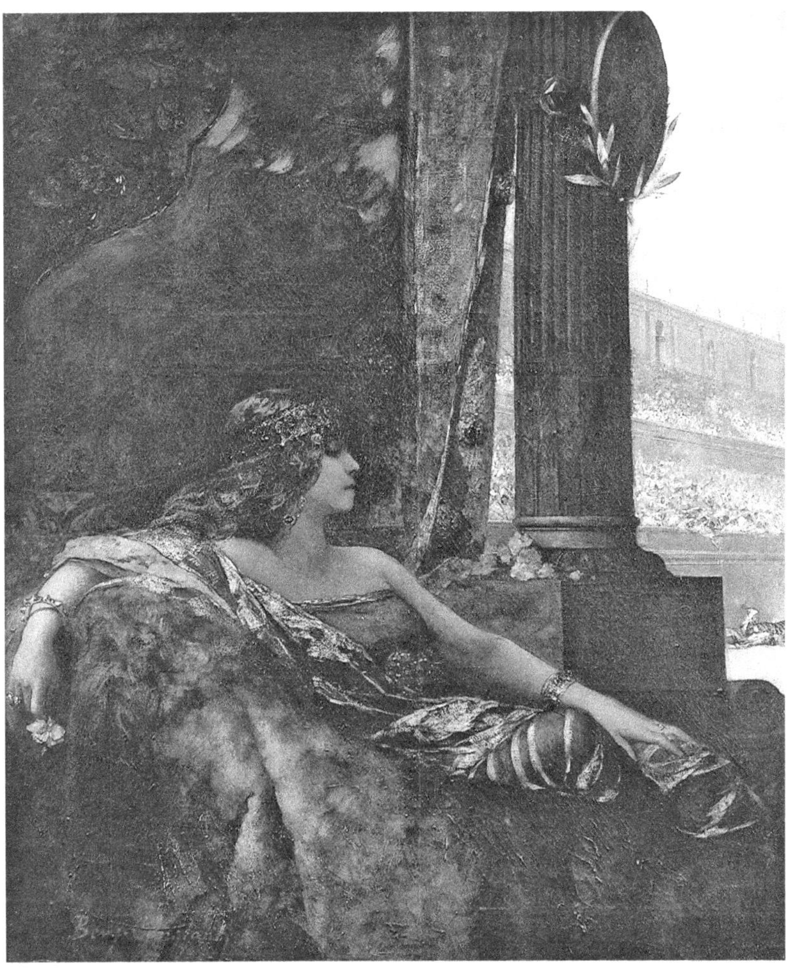

Рис. 5. Жан-Жозеф Бенжамен-Констан. Императрица Феодора в Колизее. 1889. Холст, масло. 157,48 × 133,35 см. Частная коллекция

обычаи, свойственные культуре, которую обычно считали цивилизованной и высокоорганизованной, — древнеримской, — без стеснения приписаны Византии, которая стала вполне правдоподобной декорацией для столь варварских ритуалов.

Визуальная риторика этой картины также способствует успешному переносу нарратива. Например, струящаяся алая ткань за спиной императрицы и общая палитра с преобладанием красного подчеркивают кровавую сцену, развернувшуюся на арене, а спокойное и безмятежное выражение лица Феодоры выдает ее жестокий, развращенный нрав, поскольку она с безразличием смотрит на человеческие страдания. Работа Бенжамена-Констана, этот триумф лощеного академического искусства, эксплуатирует все обычные стереотипы живописи ориентализма. Эротизированная, полулежащая Феодора, в окружении ярких цветов, пышных мехов и роскошных тканей, заставляет вспомнить популярные изображения одалисок в гареме. Широкий диапазон глубоких, богатых оттенков пунцового, каштанового, охры, красно-коричневого и мерцающей позолоты создает настоящий пир цвета. Между тем роскошные текстуры мраморной колонны, бархатных драпировок, мехового покрывала и шелковых одеяний Феодоры — всё это делает образы соблазнительно-тактильными, что еще более усугубляется нежной, гладкой, змееподобной фигурой императрицы, чью шелковистую персиковую кожу оттеняют переливающиеся самоцветы. Сталкивая декаданс с варварством, эта картина обольщает / соблазняет зрителя и тематически, и стилистически. Полностью отвергая историческую точность, Бенжамен-Констан создал чисто фантастический образ — далекий и чуждый мир необузданной роскоши, жестокости и разврата.

Другое полотно, созданное в том же году, но русским художником, представляет совершенно иной взгляд на Византию. На картине В. С. Смирнова «Утренний выход византийской царицы к гробницам своих предков» (1889) (цв. илл. 1) императрица представлена как правительница добродетельная и скромная.

Ее день начинается с того, что она выказывает уважение своим предкам, и при дворе ее процветают порядок, умеренность и уважение к традициям. В отличие от Бенжамена-Констана, Смирнов выбрал в качестве антуража для своего сюжета подлинный памятник раннего христианства — мавзолей Галлы Плацидии в Равенне. Учитывая характер мероприятия, совершенно логично, что действие происходит в известном древнем мавзолее. Однако, как уже мною обсуждалось в другом издании, анализ пространственной структуры и декора мавзолея свидетельствует о том, что Смирнов приложил большие усилия, чтобы добиться в своем изображении археологической точности [Taroutina 2016]. Во время своего пребывания в Италии в 1884–1887 годах художник сделал множество эскизов и набросков с памятников византийского искусства и архитектуры, которые затем использовал в своих картинах[6]. Например, в арочном проеме прямо над головами византийских придворных узнается образ святого Лаврентия из мавзолея Галлы Плацидии: святой представлен стоящим возле железной решетки с пылающими угольями, где он принял муки. Над ним видны ноги двух апостолов и два белых голубя возле источника жизни. Эти изображения представляют собой практически точные копии оригинальных византийских мозаик, украшающих стены мавзолея Галлы Плацидии. Чтобы добиться абсолютного сходства с оригиналом, Смирнов самым скрупулезным образом воспроизвел даже отдельные мозаические изразцы с помощью масляных красок.

Византийские придворные на картине Смирнова также радикальным образом отличаются от Феодоры Бенжамена-Констана. Они представлены стоящими, в длинных одеяниях, с благоговейно склоненными головами, в строгих, почтительных позах и не имеют ничего общего с томной и праздной Феодорой. Сама же императрица облачена в порфиру, расшитую по подолу золотом — ее Смирнов скопировал непосредственно с византийской мозаики VI века, изображающей императрицу Феодору и украшающей базилику Сан-Витале в Равенне (рис. 6 и 7).

---

6 В 1884 году Санкт-Петербургская Императорская академия художеств наградила Смирнова поездкой в Италию, где в качестве пенсионера академии он жил и учился в течение трех лет. См. [Брук, Иовлева 2006, II: 312–315].

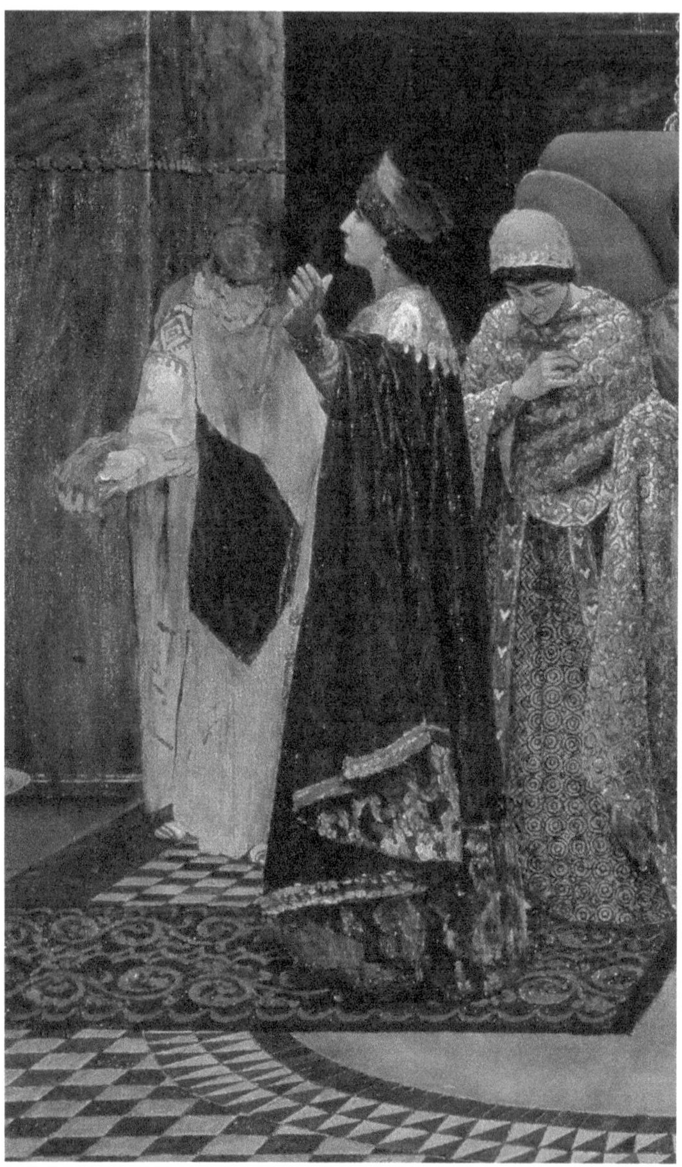

Рис. 6. В. С. Смирнов. Утренний выход византийской царицы к гробницам своих предков. 1889. Фрагмент. Государственная Третьяковская галерея (Москва)

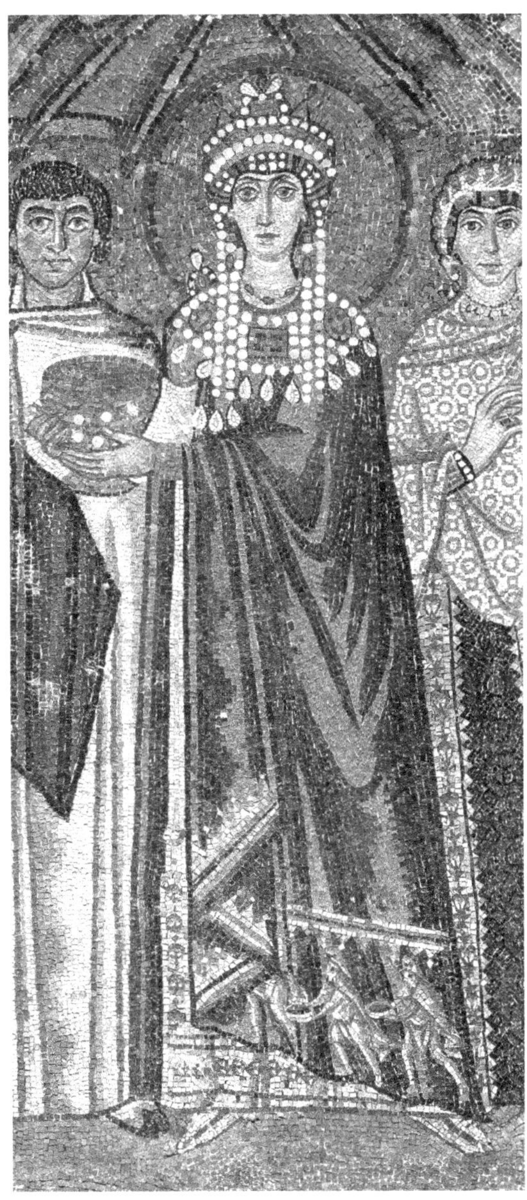

Рис. 7. Императрица Феодора в окружении придворных. VI в. Фрагмент. Базилика Сан-Витале (Равенна)

В названии картины Смирнова имя императрицы не упомянуто, однако, поскольку она изображена в одеянии Феодоры, нет причин сомневаться, что изображена там именно эта знаменитая византийская императрица. Кроме того, украшения, расцветка и узоры на одежде присутствующих очень похожи на те, что представлены на мозаике в базилике Сан-Витале, и это также позволяет видеть в императрице у Смирнова именно Феодору.

Образ Византии, представленный на картине Смирнова, отнюдь не варварский и не декадентский: она предстает древней цивилизацией с собственными обычаями, традициями и культурой, и художник стремится показать, что все это достойно уважения и восхищения. В противоположность фантастической, чарующей восточной атмосфере, которую воссоздает Бенжамен-Констан, у Смирнова очевидна попытка добиться предельной археологической точности и стремление воссоздать в духе реализма исторически правдоподобную сцену. Столь существенные различия в манере изображения и в тематике легко можно было бы посчитать логическим следствием несовпадения темпераментов, стилей, художественных задач разных авторов. Я, однако, полагаю, что они являются более широким отражением политики в сфере культуры, демонстрирующей явные различия между Россией и ее европейскими соседями в том, как менялось у них отношение к Византии. Пример Смирнова не единичный и не исключительный — его изображение Византии отражает представления, преобладавшие среди образованного класса в России на рубеже веков и ставшие следствием переориентации политической, интеллектуальной и культурной жизни страны.

Меняющиеся времена, меняющиеся ценности

Переоценка византийского искусства и культуры в России началась примерно в то же время, что и в Западной Европе, — в 1840–1850-е годы, — но далее развивалась по совершенно иным траекториям. В русском контексте переосмысление Византии оказалось теснейшим образом связано с распространением национализма, с ростом имперских амбиций государства, а также с возникновением «восточного вопроса»[7]. Наполеоновские войны и особенно Крымская война подтолкнули широкую прослойку русской интеллигенции к пересмотру как византийских корней России, так и ее тогдашних взаимоотношений с Западной Европой. При этом важно подчеркнуть, что даже в эпоху Просвещения некоторые отступники демонстрировали скептическое отношение к преклонению перед культурой Запада и к стремлению ее перенять[8]. Например, историк Н. М. Карамзин весьма негативно высказывался по поводу радикальных реформ Петра I и его стремления искоренить средневековую русско-византийскую культуру; известно его выражение: «Мы стали гражданами мира, но перестали быть, в некоторых случаях, гражданами России» [Карамзин 2003: 723]. Точно так же и князь М. М. Щербатов неодобрительно отозвался о том, в чем усматривал признаки всеобщего нравственного разложения и «сластолюбия», происходящих от сближения России с Западом. Впрочем, вплоть до воцарения Николая I подобные взгляды и высказывания вытеснялись на периферию в пользу рационалистического, антиклерикального и прозападного подхода, поддерживаемого государством. Страстные критические выпады Щербатова были опубликованы лишь в середине XIX века; «...в XVIII столетии, — проницательно замечает Анджей Валицкий, — старая Россия еще недостаточно отошла в прошлое, и преимущества европеизации были слишком очевидны с точки зрения общих интересов просвещенного класса» [Walicki 1975: 22]. Однако к началу 1840-х годов активное распространение славянофильских идей спровоцировало возрастание интереса к допетровскому прошлому России. Крымская война (1853–1856), в которой противниками России оказались Великобритания, Франция и Османская империя, привела к возникновению особенно болезненного разлада в отношениях с Западной Европой и к усугублению переориен-

---

[7] Пол Стивенсон утверждает, что византийское возрождение в Европе невозможно изучать, не вникая во все конфликты и противоречия, связанные с так называемым «восточным вопросом». См. [Stephenson 2010].

[8] См. первые две главы книги [Walicki 1975], а также [Levitt 2009].

тации на Восток. И в официальной политике государства, и в творческой деятельности общества политическое и культурное наследие Византии всё чаще связывалось с современной Россией. Выдающиеся мыслители-славянофилы, в том числе А. С. Хомяков (1804–1869), И. В. Киреевский (1806–1856) и К. С. Аксаков (1817–1860), заявляли о том, что византийское прошлое России является скорее источником ее национальной силы, чем ее слабостью. Они считали, что именно благодаря этому византийскому наследству Россия выработала религиозную, политическую, философскую и эстетическую систему ценностей, идущую вразрез со стерильным материализмом и рационализмом западной культуры, которые привели к катастрофическим событиям Французской революции. В 1850 году историк Т. Н. Грановский (1813–1855) опубликовал красноречивую апологию Византии и призыв к началу серьезных научных исследований в области византинистики:

> Нужно ли говорить о важности византийской истории для нас, русских? Мы приняли от Царьграда лучшую часть народного достояния нашего, т. е. религиозные верования и начатки образования. Восточная империя ввела молодую Русь в среду христианских народов. Но кроме этих отношений, нас связывает с судьбой Византии уже то, что мы славяне. Последнее обстоятельство не было, да и не могло быть по достоинству оценено иностранными учеными. На нас лежит некоторого рода обязанность оценить явление, которому мы так многим обязаны [Грановский 1900: 378–379].

В византийской эпохе все чаще стали видеть не позорное клеймо российской истории, а период расцвета культуры и ключевой исток спасения России, оберегающий нацию от политических и религиозных неурядиц, с которыми ассоциировалась католическая церковь, как, например, Крестовые походы, Реформация и инквизиция. В 1859 году Хомяков заявил, что «говорить о Византии с пренебрежением — значит расписываться в невежестве» [Хомяков 1900: 366]. К середине 1860-х представление о византийском Востоке как о символе варварства, невежества и отсталости стало заметно сдавать позиции новому пониманию

Византии как источника истинного христианства, цивилизации и культуры. Если перефразировать высказывание философа и поэта В. С. Соловьева (1853–1900), в Византии стали видеть уже не Восток Ксеркса, а Восток Христа.

Идеологическую и культурную переоценку Византии в таком ключе стимулировала официальная политика государства, и к концу Крымской войны такая переоценка приобрела отчетливо политический оттенок. Государственная система и общественное устройство Византии, основанные на безусловном авторитете монарха в сочетании с благоговейной приверженностью православной церкви, дали Николаю I идеальный исторический пример для создания собственной идеологической формулы «Православие, самодержавие, народность»[9]. Соответственно этой формуле 25 марта 1841 года был издан указ, требующий, чтобы «преимущественно и по возможности сохраняем был вкус древнего Византийского Зодчества»[10]. Считается, что самому Николаю I византийский стиль не нравился, однако из-за политических и идеологических соображений он поощрял его использование. И. В. Штром (1823–1888), один из создателей построенного в неовизантийском духе собора Святого Владимира в Киеве, вспоминал, что Николай однажды сказал: «Терпеть не могу этого стиля, но не в пример прочим разрешаю» [Савельев 2005: 28].

Так, например, новый храм Христа Спасителя в Москве (1837–1862) был построен в очень характерном русско-византийском стиле и в этом смысле ознаменовал собой радикальный отход от неоклассической модели Казанского собора, достроенного лишь за два десятилетия до закладки храма Христа Спасителя. Этот московский храм, созданный по проекту К. А. Тона, должен был напоминать Софийский собор в Константинополе —

---

9 Эта тема подробно рассматривается в [Wortman 2006: 120–142].

10 О сохранении при построении православных церквей вкуса древней византийской архитектуры // РГИА. Ф. 797. Оп. 11. Д. 28479. 23. 3.1841–2.5.1841. URL: https://cyberleninka.ru/article/n/stilisticheskie-osobennosti-hramostroitelstva-v-1830-1870-e-gody-v-rossii-stolitsa-i-natsionalnye-okrainy/viewer (дата обращения: 08.08.2020). Имеется в виду статья 218 «Строительного устава», которая цитируется в [Wortman 2003: 102].

и по масштабам, и по монументальности[11]. В отличие от Казанского собора, он был построен по греческой модели крестово-купольного храма и увенчан пятью куполами; стилистически он напоминает Успенские соборы во Владимире (1158–1161) и Москве (1475–1479). Неоклассическим портикам и колоннам Тон предпочел золоченые луковичные купола, кокошники, ажурный декор и иконы на фасаде.

Внутреннее убранство храма Христа Спасителя также должно было соответствовать русско-византийскому эстетическому канону[12]. Вместо скульптуры и произведений станковой живописи стены собора должны были украсить монументальные фрески на библейские сюжеты, а также сцены из раннехристианской и российской истории. Таким образом, наглядно представлялся определенный политический нарратив, согласно которому «Святая Русь» изображалась как прямой потомок и полноправная наследница Византии и раннехристианского Рима, тем самым она претендовала на роль хранителя православной веры в современном мире. Возглавляемая Христом, Богоматерью и апостолами, эта версия христианской истории представлялась как воплощение некоего всеобъемлющего божественного замысла. Изначально для украшения интерьера собора были отобраны художники академической школы, такие как Ф. А. Бруни (1801–1875), А. Т. Марков (1802–1878) и П. В. Басин (1793–1877), однако созданные ими настенные росписи должны были в гораздо большей степени соответствовать православному изобразительному канону, чем живопись Казанского собора[13]. Сам Нико-

---

[11] Подробное описание истории и процесса строительства этого собора см. в [Akinsha, Kozlov 2007].

[12] Поскольку строительство и украшение собора продолжалось более четырех десятилетий, во время правления Александра II в проект было внесено несколько серьезных изменений, которые не соответствовали замыслу Тона и Николая I.

[13] После того как Николай I скончался в 1855 году, его наследник Александр II передал заказ на выполнение работ молодому поколению художников-реалистов, так называемым передвижникам, которые выполнили фрески в более натуралистическом европейском стиле, чем изначально предполагал Николай I.

лай настаивал на том, чтобы интерьер собора украсили фресками, написанными на восточный, а не на западный манер[14].

Проект живописного убранства храма Христа Спасителя свидетельствует о том, что стратегическое применение нового византийско-возрожденческого стиля, помимо легитимизации внутренней политики Николая I, имело также и важные международные последствия. Этот стиль символизировал исторические связи Константинополя и Киевской Руси, что, в свою очередь, должно было служить оправданием для захватнической политики России в Восточной и Центральной Европе. Славянофил Н. Я. Данилевский (1822–1885) в своей книге «Россия и Европа» 1869 года, которая пользовалась большой популярностью у читателей, четко сформулировал эти претензии России, утверждая, что только она имеет исключительные права на Константинополь и что ее историческая миссия состоит в восстановлении Восточной Римской империи точно так же, как франки восстановили Западную Римскую империю. Он выступал сторонником образования славянской федерации со столицей в Константинополе, под политическим руководством России, куда должны были войти славянские страны, Греция, Румыния и Венгрия [Данилевский 1889: 398–473]. В самом этом превознесении Византии крылось глубокое противоречие: в ней видели нечто отличное и обособленное от латинского «Запада» и в то же время не «Восток», не варварство, не примитив. Напротив, в российском дискурсе именно Византия, а не Римская империя становилась законной наследницей классической Греции — и, как следствие, гарантом существования классической цивилизации. После балканских восстаний (1875–1876) и Русско-турецкой войны (1877–1878) вопрос о «сохранении» византийского наследия и «освобождении» православных народов из-под османского ига стал еще более насущным, о чем свидетельствует, в частности, утверждение С. А. Жигарева, согласно которому России совершенно необходимо

---

[14] Цит. по: [Akinsha, Kozlov 2007: 76].

> помочь своим восточным единоверцам и единоплеменникам в борьбе с мусульманством за национальное и религиозное самосохранение, вывести их из турецкого порабощения и ввести в семью европейских народов, не нарушая законных интересов и прав, как остальных независимых держав Европы, так и самих турецких христиан [Жигарев 1896: 49].

Эта страстная полемика подпитывала русско-византийское возрождение в искусстве и архитектуре, и не случайно на окраинах Российской империи отдавали предпочтение именно специфически византийским мотивам. Памятники в русско-византийском стиле стали появляться по всей территории Центральной Азии, Северного Кавказа, в Причерноморье, вдоль Транссибирской железнодорожной магистрали. На недавно завоеванных территориях впечатляющий размах и богатый декор таких свежепостроенных соборов в русско-византийском стиле служили для местного населения наглядным напоминанием о мощи и богатстве царской России — особенно в тех регионах, где сохранялись местные традиции, например в Польше и прибалтийских провинциях, где, как отмечает Ричард Уортман, эти «новые церкви и соборы не позволяли местным жителям забыть, кто правит их землей» [Wortman 2003: 103]. Так, например, в Ревеле (Таллинне) на холме Тоомемяги (Домберге), в самой значимой части города, был построен огромный собор Святого Александра Невского (1894–1900), причем таким образом, чтобы он возвышался над многочисленными лютеранскими церквями и занимал «красивое, самое заметное место, подобающее православному храму в Российском государстве»[15].

Кроме того, в результате побед империи на Балканах и в Центральной Азии под влияние России подпали бывшие византийские земли, а это значило, что древние византийские памятники можно было теперь изучить ближе, детальнее и дать архитекторам-ревивалистам новые образцы. Это, в свою очередь, «положило начало своего рода обратной археологии: памятники

---

[15] По вопросу о строительстве собора в г. Ревеле, Эстляндской губернии // РГИА. Ф. 797. Оп. 91. Л. 6. Цит. по: [Wortman 2003: 110].

строили для того, чтобы воскресить некое невидимое национальное прошлое, особенно в тех регионах, где, как считалось, это следовало сделать в качестве предостережения и в назидание» [Wortman 2003: 110]. Таким образом, Византию все чаще рассматривали в националистическом контексте, а концепцию «восточного чужака» экстраполировали на мусульманское население Центральной Азии и Кавказа, тогда как византийскому прошлому отводилась совершенно иная сфера воображения. В Киевской Руси всё чаще стали видеть процветающий центр византийской культуры и учености, безвременно уничтоженный кровожадными монгольскими «ордами». Согласно этим представлениям, Византию все больше воспринимали как высокоразвитую цивилизацию в противовес более поздним варварским, примитивным племенам, пришедшим с Востока.

Подобные идеи получили широкое распространение еще в середине XIX века, о чем свидетельствует живописное полотно кисти Я. Ф. Капкова, написанное в 1840 году, под названием «Исцеление Митрополитом Алексеем Тайдулы, жены Чанибека, Хана Золотой Орды» (рис. 8). Согласно Никоновской летописи, в 1357 году хан Чанибек призвал митрополита Алексия в Золотую Орду, чтобы тот помолился о здравии его больной жены Тайдулы, которая страдала мучительной болезнью глаз. После исцеления татарской царицы хан наградил митрополита щедрыми дарами и «многими почестями», также были сделаны особые уступки в пользу православной церкви [ПСР 1885: 229]. Композиция Капкова, по всей видимости, основана на одной из сцен хорошо известной житийной иконы XV века, представляющей митрополита Алексия. Ее происхождение обычно связывают с мастерской знаменитого иконописца Дионисия, и вплоть до 1945 года она хранилась в Успенском соборе Московского Кремля (рис. 9) [Лазарев 1971: 66]. На иконе служанка помогает страждущей Тайдуле приподняться на кровати, а Алексий окропляет ее святой водой из чаши, которую держит один из его помощников. Несмотря на то что Капков был художником академической школы, он, кажется, использовал этот средневековый образ как первичный источник для последующего воссоздания соответствующего историче-

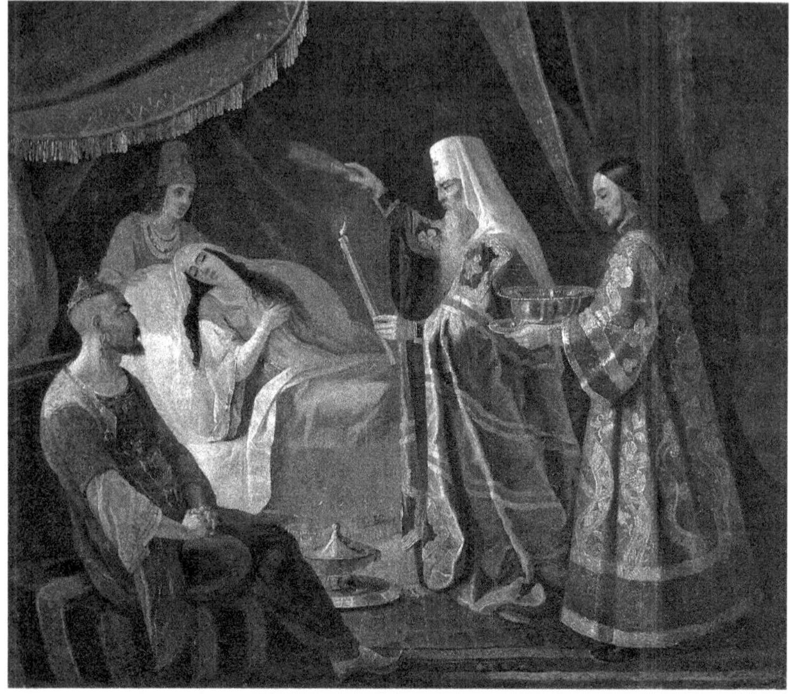

Рис. 8. Я. Ф. Капков. Исцеление Митрополитом Алексеем Тайдулы, жены Чанибека, Хана Золотой Орды. 1840. Холст, масло. 57 × 67 см. Государственная Третьяковская галерея (Москва)

ского эпизода. В целом он воспроизводит структуру и композицию иконописного образа, но вносит два значительных новшества. Во-первых, он вводит в число участников самого Чанибека и помещает его на затененный передний план картины: хан пассивно наблюдает за происходящим, сложив руки на коленях.

Второе важное новшество по сравнению с иконой — помещенная в центре композиции свеча, которую держит Алексий и которая служит на картине главным источником света. Сама по себе визуальная риторика этой работы метафорически представляет ряд символических противоположностей: тьма противопоставлена свету, слепота — зрению, невежество — учености, а бессилие — действию. Митрополит Алексий, как представитель православной церкви, чудесным образом спасает язычников-монголов от «тьмы» варварства и обращает их к «свету» русско-византийской веры и цивилизации. Чанибеку остается лишь пассивно наблюдать за Алексием, пока тот своими действиями несет облегчение и спасение.

Следует отметить, что примерно в то же время, в середине XIX века, в Императорской академии художеств иконопись впервые стали рассматривать как достойный предмет изучения. Иконописный класс, устроенный деятельным князем Гагариным, был предназначен для обучения художников техническим приемам и художественным методам иконописи. До своего назначения в 1859 году на должность вице-президента академии Гагарин служил на дипломатическом посту в Европе. В конце 1820-х — начале 1830-х годов он довольно много времени провел в Константинополе и своими глазами видел там выдающиеся византийские памятники, включая Софийский собор и монастырь в Хоре [Савельев 2005: 30]. В 1840-е годы Гагарин путешествовал по Кавказу, и там его особенно восхитили средневековые армянские и грузинские храмы, так что он даже опубликовал обширный исследовательский труд, посвященный этим церквям, под заглавием «Le Caucase pittoresque», со множеством репродукций своих собственных набросков и архитектурных рисунков [Gagarin 1847].

Гагарин считал, что для участия в новых масштабных архитектурных проектах, осуществляемых государством, таких как строительство Исаакиевского собора в Санкт-Петербурге (1818–1858) и храма Христа Спасителя в Москве, необходимы художники, обученные профессиональному применению методов и приемов иконописи и монументальной живописи, то есть обладающие теми навыками, которых традиционное академическое образование не давало. Соответственно, Гагарин приложил большие усилия, чтобы получить финансирование в объеме 4000 рублей ежегодно для обеспечения потребностей иконописного класса [Корнилова 2001: 193]. Одной из главных трудностей, с которыми он столкнулся в академии, стало отсутствие примеров русско-византийского искусства, подходящих для использования студентами в качестве

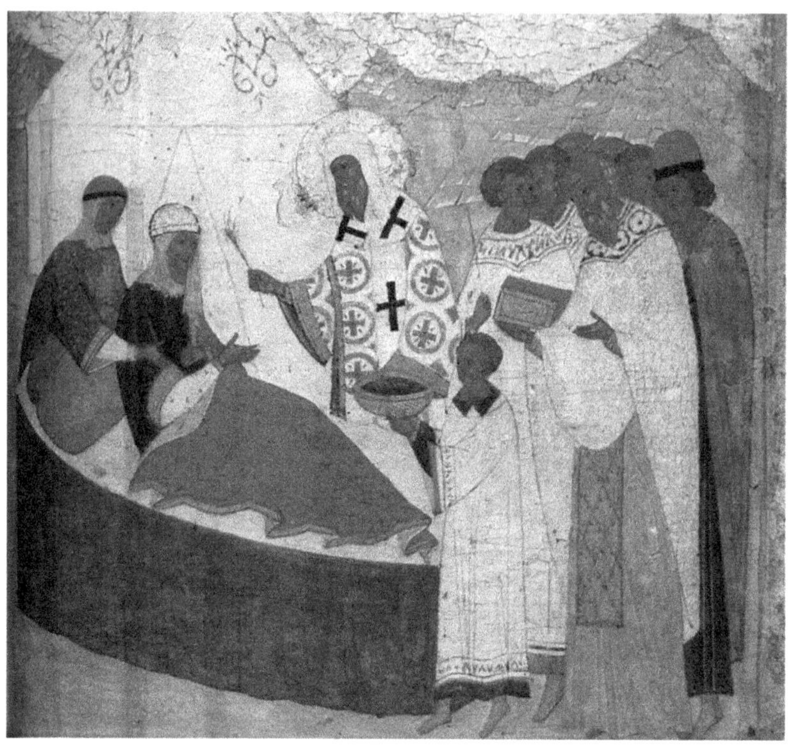

Рис. 9. Дионисий и мастерская. Митрополит Алексий исцеляет татарскую царицу Тайдулу от слепоты. Святой митрополит Алексий с житием (фрагмент). 1480. Дерево, темпера. 197 × 152 см. Государственная Третьяковская галерея (Москва)

образцов. Давно установившаяся академическая традиция обучения на основе копирования греко-римских гипсовых слепков, при которой студенты оттачивали свои навыки рисования фигуры человека, была близка и Гагарину: он считал, что иконописному классу для тех же целей необходимо обширное собрание предметов русско-византийского искусства. Для его создания Гагарин в 1856 году взялся организовать в академии музей христианских древностей и лично надзирал за приобретением средневековых византийских и русских икон, фрагментов фресок и мозаик, факсимильных копий иллюминированных рукописей, а также цветных репродукций внутреннего декора целого ряда важнейших византийских и древнерусских памятников, таких как Софийский собор в Константинополе, церковь Спаса на Нередице XII века, церковь Феодора Стратилата в Новгороде и монастыри Бетания и Гелатский в Грузии.

Коллекция музея значительно пополнилась в 1860 году за счет крупного пожертвования от археолога и коллекционера П. И. Севастьянова (1811–1867). Вернувшись в Россию из экспедиции на гору Афон, длившейся 14 месяцев, Севастьянов привез с собой множество византийских предметов искусства, в том числе 150 икон XII–XIV веков, некоторое количество фрагментов фресок из монастырей Пантократор и Филофей, 200 архитектурных рисунков и 1200 репродукций икон, мозаик, фресок и иллюминированных рукописей[16]. В том же году музей получил еще два важных дара, благодаря которым его коллекция значительно увеличилась. Первый состоял из множества предметов прикладного искусства из новгородского Софийского собора XI века, в том числе таких редких, как софийский амвон XVI века и деревянная конная скульптура святого Георгия XV века [Плешанова, Лихачева 1985: 200]. Второй дар включал как оригинальные произведения искусства, так и факсимильные копии икон высокого качества, Царские врата и предметы церковного обихода из нескольких древнерусских монастырей и храмов Пскова, Новгорода и Старой Ладоги. Благодаря этим и другим пожертвованиям к концу 1860 года академический музей получил более полутора тысяч новых предметов византийского и древнерусского искусства [Шалина 2009: 10–11].

На следующий год Гагарин назначил хранителем этой коллекции В. А. Прохорова, который в 1862 году стал издавать богато иллюстрированный журнал под названием «Христианские древности и археология», где коллекция музея публиковалась и таким образом привлекала внимание широкой публики [Вздорнов 1986: 119]. Вплоть до 1898 года, когда был основан Русский

---

[16] Подробное описание экспедиций Севастьянова на гору Афон и его коллекции византийского искусства см. в [Пятницкий 1991a].

музей Его Императорского Величества Александра III, академический Музей христианских древностей представлял в Санкт-Петербурге единственную крупную коллекцию древнерусского и византийского искусства (не считая коллекции Эрмитажа) и таким образом играл очень важную роль в возрождении этого искусства, даже в большей степени, чем действовавший совсем недолго иконописный класс, который закрылся в 1859 году. Сама идея создания этого класса с самого начала вызвала активный протест со стороны более консервативных членов академии, которые считали, что возврат к русско-византийским изобразительным традициям приведет к упадку художественной культуры в России [Корнилова 2001: 193]. Гагарин вспоминал, что стоит сказать коллегам о важности изучения византийского искусства, как «у большого числа слушателей непременно явится улыбка пренебрежения и иронии» и «вам наговорят бездну остроумных замечаний о безобразии пропорций, об угловатости форм, о неуклюжести поз, о неловкости и дикости в композиции — и все это с гримасами, чтобы выразительнее изобразить уродливость отвергаемой живописи» [Гагарин 1856: IV–V].

Однако, несмотря на все неудачи, усилия Гагарина и Прохорова все-таки привели к тому, что в 1873 году в академии был объявлен постоянный курс лекций по истории древнерусского искусства. Читал этот курс Прохоров, а посещать его могли не только студенты и преподаватели академии, но и вольнослушатели. Помимо того что подобный курс был первым в России, в 1876 году он стал обязательным для всех студентов академии. Дополнительно, к 1870–1880-м годам появление нового поколения ученых-специалистов и профессиональных реставраторов в области русско-византийского искусства стало вызывать глубокие перемены в отношении к этому искусству как со стороны Императорской академии художеств, так и со стороны широкой публики. Знаменитый художественный критик В. В. Стасов непосредственно связывал эти перемены с деятельностью Гагарина, которая, как он считал, возымела продолжительное воздействие на процесс русско-византийского возрождения. В 1885 году Стасов писал, что

> благодаря кн. Гагарину и его настойчивым стремлениям, стали проводиться в практику «монументального» религиозного искусства такие требования и понятия, которые прежде вовсе не были у нас в ходу. Теперь стали требоваться от художника археологические, исторические, костюмные, вообще разные научные знания и подробности, о которых прежде совершенно было забываемо. Начали с изучения Византии, а кончили изучением всего русского и славянского [Стасов 1894: 434].

К концу пребывания Гагарина в должности вице-президента академии, в 1872 году, Музей христианских древностей обладал одним из обширнейших в стране собраний византийского и древнерусского искусства. Когда в 1898 году коллекцию официально передали Русскому музею Его Императорского Величества Александра III, она включала «1616 древних икон, 3346 различных деревянных предметов, 141 — резьбы, венцов, предметов церковного обихода» [Шалина 2009: 12]. Между тем решительная борьба Гагарина за сохранение древних русско-византийских памятников и за возрождение русско-византийского стиля в современной архитектуре привела к возникновению нескольких крупных реставрационных и возрожденческих проектов. Например, были отреставрированы и очищены от поздних наслоений Софийские соборы в Киеве и Новгороде, а также Успенский собор в Москве. Кроме того, в эти годы были построены в духе русско-византийского возрождения Владимирские соборы в Киеве (1862–1882), Севастополе (1862–1888) и Херсонесе (1861–1891), а также церковь Святого Димитрия Солунского (1861–1866) в Санкт-Петербурге.

Реставрация, археология и наука

Важнейшую роль в проведении реставрационных работ 1870–1880-х годов играл археолог и искусствовед А. В. Прахов. Профессор Санкт-Петербургского университета и ведущий член Императорского русского археологического общества, он иницировал целый ряд важных проектов, среди которых особого внимания заслуживают проекты по реставрации старейших в Российской империи средневековых памятников: Софийского собора, Кирилловской церкви и Михайловского Златоверхого монастыря в Киеве. В 1869–1873 годах Прахов много путешествовал по Европе, по Восточному Средиземноморью и Ближнему Востоку, посетил много стран, в том числе Францию, Германию, Италию, Грецию, Турцию, Египет, Палестину и Сирию, и всюду старался посетить как можно больше мест, связанных с историей раннего христианства. В результате этих странствий он собрал огромную коллекцию рисунков, набросков, фотографий и хромолитографий большого числа значительных раннехристианских и византийских памятников. Он был страстным любителем византийского искусства и архитектуры и предложил Императорскому русскому археологическому обществу профинансировать экспедицию с целью изучения средневековых храмов Греции, а также для копирования мозаик и фресок в Дафни, Осиос-Лукасе, Метеоре и Мистрасе [Вздорнов 1986: 132]. К сожалению, этот многообещающий проект так и не осуществился, а Прахов сосредоточил свое внимание на изучении и сохранении менее удаленных памятников архитектуры.

В 1880 году он выхлопотал у государства 10 000 рублей на очистку и реставрацию фресок XII века из Кирилловской церкви в Киеве; по словам Прахова, этот проект стал примером «первого крупного археологического труда, предпринятого в благополучное царствование Государя Императора» [Прахов 1883: 1]. При участии художников из Рисовальной школы Мурашко Прахов снял более поздние живописные слои XVII века и укрепил оригинальные средневековые фрески с помощью терпентина, воска, белой смолы и очищенного масла [Прахов 1883: 7]. Хорошо сохранившиеся фрески оставляли практически нетронутыми, тогда как сохранившиеся частично были отреставрированы с минимальными дополнениями. В тех местах, где оригинальная роспись была утрачена полностью, Прахов заказал художнику Михаилу Врубелю выполнить новую в стиле, близком к стилю оригиналов XII века (подробнее об этом стиле речь пойдет в третьей главе). Помимо реставрации фресок, Прахов также спроектировал для церкви новый иконостас. В 1884 году он обнаружил в апсиде алтаря цикл фресок XII века, представляющих житие святого Кирилла Александрийского, в честь которого эта церковь была освящена. Однако эти фрески были совершенно скрыты под барочным иконостасом XVII века [Прахов 1883: 9]. Чтобы исправить ситуацию, Прахов предложил соорудить новое одноярусное тябло из мрамора, над которым были бы видны оригинальные фрески. Он сам создал проект нового иконостаса и заказал Врубелю написать четыре большие панельные иконы с изображениями Христа, Богоматери с Младенцем, а также святых Кирилла и Афанасия.

Два года спустя Прахов принял участие в масштабных реставрационных работах в Софийском соборе, где собственноручно открыл четыре прежде скрытые византийские мозаики, изображавшие Христа Вседержителя, архангела и апостола Павла в центральном куполе храма, а также фигуру Аарона на триумфальной арке. Кроме того, Прахов обнаружил фрески XII века с изображениями святых Адриана и Наталии Никомидийских, святых мучеников Домна и Филиппола, сцены крещения Христа, а также фреску XI века с изображением сорока севастийских мучеников в апсиде баптистерия [Вздорнов 1986: 134]. Наконец, в 1888 году Прахову предложили очистить и отреставрировать мозаики и фрески XII века в Михайловском Златоверхом монастыре, и он согласился. Важной составляющей реставрационной работы Прахова было создание высококачественных копий всех фресок и мозаик, подлежащих восстановлению, в технике масляной живописи, в натуральную величину — этим методом он пользовался и в Киеве, и в других украинских городах, например во Владимире-Волынском и Чернигове [Прахов 1883: 5]. Также он полностью задокументировал весь реставрационный процесс, фотографируя каждый этап. В 1883 году в Санкт-Петербурге, а на следующий год и в Одессе почти две сотни таких полноразмерных цветных копий были выставлены для широкой публики; к выставке был издан полный каталог с подробными описаниями всех изображений и соответствующими пояснениями [Прахов 1882].

Прахова как известного знатока русско-византийского искусства неоднократно назначали руководителем нескольких возрожденческих проектов в русско-византийском стиле из них самый значительный — создание внутреннего декора для Владимирского собора в 1885–1896 годах (рис. 10).

Для этого проекта Прахов пригласил целый ряд выдающихся современных художников из Санкт-Петербургской Императорской академии художеств, в том числе В. М. Васнецова (1848–1926), М. В. Нестерова (1862–1942), П. А. Сведомского (1849–1904) и М. А. Врубеля, а также нескольких менее известных польских и украинских художников, в том числе В. А. Котарбинского, Н. К. Пимоненко, В. Д. Замирайло, Т. А. Сафонова и С. П. Костенко[17]. Прахов хотел, чтобы этот собор отражал в своем облике религиозные, этические и эстетические идеалы того времени, а потому предоставил художникам значительную степень стилистической и иконографической свободы в исполнении фресок и мозаик. В результате одной из ярких особенностей нового собора стало преобладание стилизованного орнамента в виде абстрактных геометрических узоров, а также замысловатых растительных и цветочных мотивов, напоминающих интернациональный стиль ар-нуво, или модерн, как его называли в России на рубеже XX века[18]. Соответственно, как будет показано в этой книге, русско-византийское возрождение оказалось теснейшим образом связано с художественной экспрессией модернизма и с приходом новых стилей, выражающих настроения *fin de siècle*. Иными словами, каждый из таких новых возрождённых памятников становился эстетическим микрокосмом, отражающим в целом российскую реакцию на современность, сочетая в себе ностальгию, традиционализм, историзм и национализм, с одной стороны, и технологический прогресс, художественные новации и авангардную экспериментальность — с другой.

---

[17] О декоре Владимирского собора см. [Киркевич 2004: 26–177].

[18] Подробнее о взаимосвязи между ревивалистской архитектурой, иконописью и распространением стиля модерн см. [Tarasov 2001; Salmond 2000; Salmond 2001].

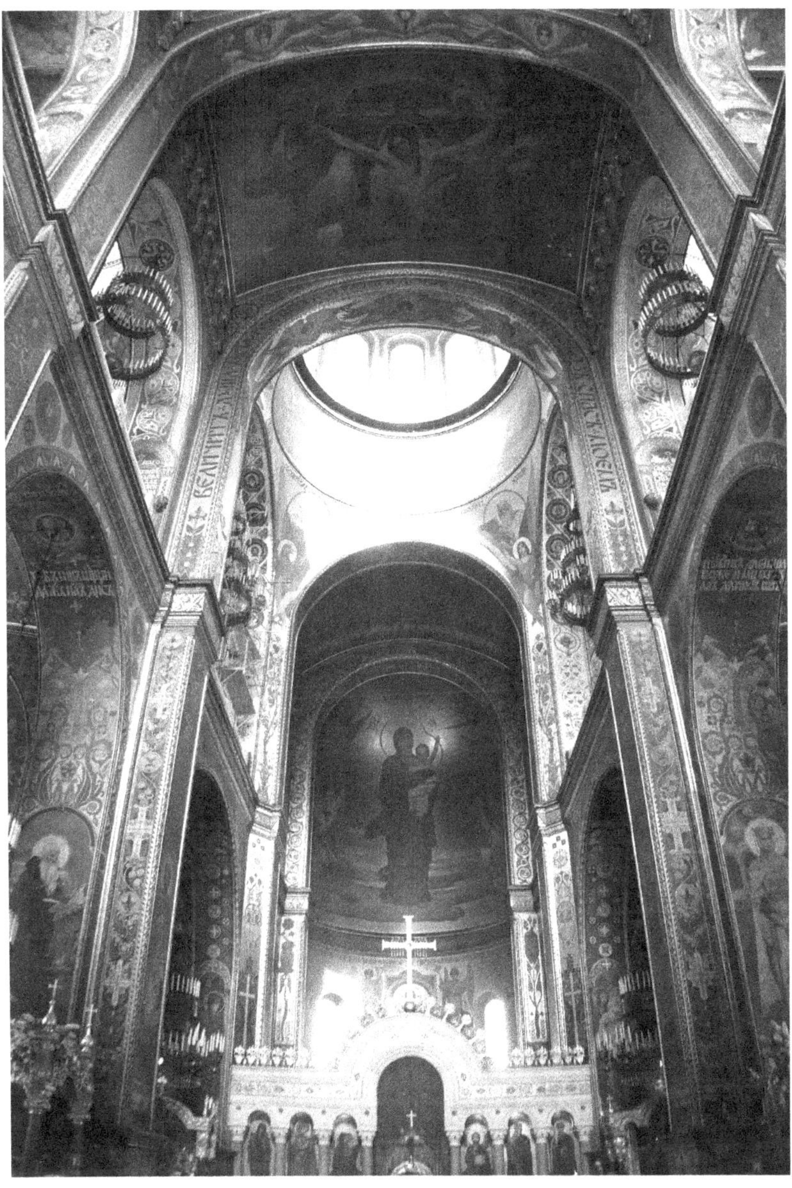

Рис. 10. Внутренний вид Владимирского собора в Киеве. 1862–1882

Возможно, важнейшей фигурой в истории русско-византийского возрождения стал искусствовед и археолог Н. П. Кондаков, ныне известный как один из главных зачинателей изучения византийского искусства в современной науке как в России, так и за рубежом[19]. Он учился у знаменитого лингвиста и филолога-слависта Ф. И. Буслаева, однако вскоре обратился к еще только зарождавшейся тогда дисциплине — истории византийского искусства и занялся исследованием широкого круга художественных техник и материалов, включая фрески и мозаики, миниатюры и иконы, архитектуру и декоративно-прикладное искусство. Его докторская диссертация «История византийского искусства и иконографии по миниатюрам греческих рукописей» сначала была опубликована в 1876 году в Одессе, а затем, в 1886 году, вышло расширенное французское издание [Кондаков 1876; Kondakov 1886–1891]. В этой смелой работе была поставлена под сомнение справедливость представлений о «застывшей» и «неизменной» византийской изобразительной традиции. Автор прослеживал эволюцию стиля и иконографии в византийском искусстве на протяжении нескольких столетий. Кондаков также провёл параллели между византийским, каролингским и ренессансным искусством, утверждая, что Византия принимала участие в более широком культурном и художественном обмене, а вовсе не была изолирована и отрезана от остальных, как это было принято считать прежде. В некоторых более поздних своих публикациях, например в книге «Византийские церкви и памятники Константинополя» (1886) [Кондаков 1886: 77], Кондаков даже утверждал, что крестовые походы стимулировали обновление художественных методов на Западе, поскольку европейцы напрямую соприкоснулись с искусством и архитектурой Византии. Ученый считал, что именно благодаря этой судьбоносной встрече были посеяны семена итальянского Возрождения.

Кондаков опубликовал целый ряд новаторских работ: «Древняя архитектура Грузии» (1876), «Миниатюры греческой рукописи

---

19 Мои основные источники в данном случае: [Кондаков 2002; Кызласова 2004; Кызласова 1985; Вздорнов 1986].

Псалтири IX века из собрания А. И. Хлудова в Москве» (1878), «Мозаики мечети Кахрие-Джамиси (Μονή της Χώρας) в Константинополе» (1881) и «Путешествие на Синай» (1882). Благодаря этому он получил должность профессора Санкт-Петербургского университета (1888–1897) и пост старшего хранителя Отделения Средних веков и Возрождения в Императорском Эрмитаже (1888–1893). Занимая должность хранителя, Кондаков часто имел дело с предметами византийского декоративно-прикладного искусства, и это подпитывало в нем интерес к данному виду искусства, в результате чего он создал свой знаменитый труд 1892 года о византийских эмалях, который был опубликован одновременно на французском и немецком языках [Кондаков 1892; Kondakov 1892a; Kondakov 1892b]. И в российской, и в зарубежной печати рецензии на его труды были положительные, в том числе от ведущих европейских византологов Чарльза Диля и Пола Вебера, так что международная репутация Кондакова еще более упрочнилась. Он не только получил золотую медаль Императорского русского археологического общества, но также стал почетным членом Европейского археологического общества в Италии и был награжден французским орденом Почетного легиона [Савина 1991].

В те же годы Кондаков стал одним из основателей Русского археологического института в Константинополе. Задуманный в 1887 году, тот был открыт 26 февраля 1895 года [Пятницкий 1991б: 28]. Этот институт во главе с Ф. И. Успенским пользовался активной поддержкой со стороны русского посла в Константинополе А. И. Нелидова, который живо интересовался деятельностью учреждения и содействовал всем его начинаниям. Главной целью института как ведущего научного центра стало исследование искусства, архитектуры, истории и культуры Византии. За время его существования в нем была собрана обширная библиотека, осуществлялся надзор за целым рядом важных экспедиций и раскопок на всей территории Османской империи, в том числе в Болгарии, Македонии, Сирии, Палестине и на горе Афон, в результате чего в рамках института был создан Кабинет древностей. Со временем этот кабинет постепенно расширился до масштабов небольшого музея, в коллекции которого вошли многие важные византийские артефакты и произведения искусства, в том числе икона XIV века с изображением святой Анастасии Узорешительницы и икона XVI века с горы Афон, изображающая Христа Вседержителя (обе они теперь хранятся в Эрмитаже), а также архитектурные фрагменты и рельефы из Кахрие-Джами, ипподрома и Халкопратийской церкви [Пятницкий 1991б: 31]. Институт был открыт для всех исследователей Византии, как русских, так и иностранцев, и под его патронажем были опубликованы 16 томов «Известий РАИК», где печатались статьи о новейших открытиях и достижениях института. О результатах работы института регулярно сообщалось и в издании «Византийский временник» — одном из ведущих научных журналов в области византологии, который был основан в 1894 году и выходил под эгидой Императорской академии наук. Помимо чисто исследовательской деятельности, на протяжении многих лет Русский археологический институт также активно занимался практическим сохранением и восстановлением уцелевших памятников византийской древности, которыми османские власти не интересовались на протяжении многих веков.

От Константинополя к Московии

Как отметил Стасов еще в 1885 году, первоначальный интерес специалистов и широкой публики к Византии постепенно распространился и на художественное наследие Древней Руси. Некоторые работы по изучению русского искусства появились еще в середине XIX века, например «Древности Российского государства» (1849–1853) Ф. Г. Солнцева, «Исследования о русском иконописании» (1849) И. П. Сахарова и «История русских школ иконописания до конца XVII века» (1856) Д. А. Ровинского, тем не менее это были единичные начинания отдельных энтузиастов [Солнцев 1849–1853; Сахаров 1849; Ровинский 1856]. Тщательное и систематическое изучение древнерусского искусства как особая область научных изысканий возникло лишь в конце 1880-х годов в значительной мере благодаря Кондакову и его ученикам, которых всё больше занимали черты различия и сходства между древнерусским искусством и его византийскими прототипами. В 1888–1889 годах Кондаков лично участвовал в археологических раскопках в Херсонесе и там имел возможность непосредственно ознакомиться с сохранившимися памятниками и артефактами из древнегреческих, византийских и древнерусских поселений на территории Крымского полуострова. В результате он увлекся изучением постепенной эволюции греческих и византийских художественных форм и их преобразования в узнаваемую, характерную русскую иконописную традицию. Так, например, в 1888 году Кондаков опубликовал ряд небольших исследований, посвященных русско-византийским памятникам Киева и Феодосии. В годы, непосредственно предшествующие этим публикациям, Прахов впервые очистил и отреставрировал фрески и мозаики Софийского собора, Кирилловской церкви и Михайловского Златоверхого монастыря, а также организовал сопутствующие выставки полноразмерных копий этих памятников монументального искусства в Санкт-Петербурге и Одессе и тем самым привлек к ним внимание публики и специалистов, в том числе Кондакова.

К середине 1890-х годов Кондаков практически полностью сосредоточился на изучении ранневизантийского влияния на памятники и искусство Киева, Владимира, Новгорода и Пскова [Кондаков 1888а; Кондаков 1888б]. Особенно ярко эти новые интересы отразились в книге «Русские клады: Исследование древностей великокняжеского периода» (1896), а также в авторитетной шеститомной энциклопедии «Русские древности в памятниках искусства» (1889–1899), в которой соавтором Кондакова выступил граф И. И. Толстой, вице-президент Императорской академии художеств [Кондаков 1896; Кондаков, Толстой 1889–1899]. Эта энциклопедия давала чрезвычайно широкий обзор произведений искусства, созданных на территории Киевской Руси, начиная со скифского периода и заканчивая XIV веком, — это было первое всеобъемлющее историческое описание древнерусского искусства. В энциклопедию вошло более тысячи иллюстраций, а в 1891 году она была переведена на французский язык и таким образом стала доступна для более широкой аудитории в других странах [Kondakov, Tolstoy 1891].

В этом издании Кондаков приложил значительные усилия к тому, чтобы провести различие между «византийским», «русско-византийским» и чисто «русским» изобразительным искусством. Так, например, он указал на существование отчетливых художественных изменений, знаменующих собой переход от «греческих» мозаик и фресок Софии Киевской к тем, что были обнаружены в Михайловском Златоверхом монастыре: с его точки зрения, удлиненные пропорции и нарочитые позы фигур на изображениях из монастыря обнаруживают очевидный отход от более статичной и стилизованной монументальности софийских изображений. Кондаков сделал вывод о том, что эти изменения были связаны с участием русских ремесленников, которых, должно быть, привлекли к созданию внутреннего декора монастыря в помощь византийским мастерам. Кроме того, Кондаков считал, что произведения монументального искусства во Владимире, Новгороде и Пскове значительно отошли от узнаваемой византийской, или «греческой», изобразительной манеры киевских памятников и содержат чисто русские изобразительные элементы. Этот новаторский методологический подход к анализу и классификации русского средневекового искусства и архитектуры ознаменовал собой важное изменение по сравнению с пониманием (или, скорее, непониманием) этих памятников в начале и середине XIX века. Как указывает Ю. Р. Савельев, термины «византийский», «русско-византийский», «византо-русский» и «допетровский» применялись беспорядочно в отношении множества раннехристианских и средневековых памятников на всей территории Российской империи, при этом их индивидуальным и изобразительным особенностям не уделялось должного внимания [Савельев 2006: 36–37]. Соответственно, во многих русских изданиях XIX века термин «византийский» использовался расширительно: для описания всей средневековой архитектуры, которую нельзя было однозначно определить как «готическую» или «романскую».

Таким образом, научные изыскания Кондакова существенно способствовали возникновению нового понимания древнерусского художественного наследия и изменению оценок в академических кругах и среди широкой публики. Вслед за ним следующее поколение ученых, таких как Д. В. Айналов (1862–1939), Е. К. Редин (1863–1908), Д. К. Тренев (1867–?) и А. И. Успенский (1873–1938), стало активно интересоваться этой темой, и на рубеже XX века вышло в свет много научных трудов по искусству Древней Руси, в том числе «Киевско-Софийский собор: Исследование древней мозаической и фресковой живописи собора», «Древние памятники искусства Киева», «Иконостас Смоленского собора Московского Новодевичьего монастыря» и «История стенописи Успенского собора в Москве», а также другие [Айналов, Редин 1889; Айналов, Редин 1899; Тренев 1902; Успенский 1902]. Все эти новые публикации непосредственно способствовали созданию первых значимых государственных и частных коллекций византийского и древнерусского искусства, которые были представлены публике в рамках целого ряда выставок, отметивших собой начало новой эпохи (подробнее об этом см. в главе второй). Так, например, в 1885 году Эрмитаж приобрел обширную коллекцию А. П. Базилевского (1829–1899), в которую вошли предметы раннехристианского и византийского искусства, а в 1880-х и 1890-х годах Н. П. Лихачев (1862–1936) приступил к собиранию того, что стало впоследствии одной из крупнейших и самых значительных частных коллекций византийских и русских икон во всей Европе.

Эти коллекции и выставки не только показали богатое художественное прошлое России, но также привлекли интерес широкой общественности к проблемам сохранения и восстановления этой эстетической традиции, которая тогда считалась отмирающей. Многие оригинальные работы были утрачены в процессе вестернизации России, поэтому стало усиливаться понимание того, что сохранившиеся древние фрески и иконы необходимо срочно спасать для потомков, и правительство организовало несколько проектов в области консервации и реставрации памятников. К 1890 году государство увеличило ежегодную субсидию Императорскому археологическому обществу, выделив ему 45 000 рублей вместо прежних семнадцати. Аналогичным образом в 1886 и 1888 годах правительство предоставило 25 000 рублей и дополнительную ежегодную субсидию в объеме 5000 рублей Императорскому московскому археологическому обществу [Савельев 2006: 146]. Эти средства были предназначены для поддержки целого ряда различных программ в области консервации памятников на всей территории Российской империи. К концу XIX века очень многие средневековые памятники были очищены и восстановлены, в том числе Десятинная церковь в Киеве, Успенский и Дмитриевский соборы во Владимире, церковь Спаса на Нередице, Георгиевский собор в Юрьеве-Польском, Преображенский собор Мирожского монастыря в Пскове, а также ряд других [Савельев 2006: 147]. Наконец, при Александре II государство профинансировало создание целого ряда мастерских для очистки и реставрации древних икон.

Все эти мероприятия, направленные на консервацию, дали толчок к открытию забытых произведений искусства — открытию в буквальном смысле слова, ибо только после снятия множества слоев лака и подновлений появилась возможность в полной мере оценить значимость этих произведений. Помимо восстановления старого искусства, правительство также стало содействовать изучению современных методов иконописи, которые, как считалось, развились непосредственно на основе древних. Основная идея состояла в том, что в результате наблюдения за уцелевшими кое-где современными практиками в русских деревнях и древних центрах иконописи, таких как Владимир и Новгород, можно будет хотя бы отчасти возродить эту утраченную традицию. В 1902–1903 годах в рамках такой инициативы Кондаков отправился в экспедицию по сельским районам России, с тем чтобы изучить современные методы иконописи, и был сильно обеспокоен плачевным, по его мнению, состоянием этого искусства, которое находилось на грани полного исчезновения.

В результате Кондаков основал Комитет попечительства о русской иконописи[20]. Эта организация помогала открывать школы для более качественного обучения мастеров, хранивших иконописную традицию со Средних веков, но оказавшихся теперь в условиях жёсткой конкуренции из-за появления хромолитографии — метода, позволявшего производить большое количество более дешевых икон.

Тем не менее, несмотря на значительное влияние научной деятельности Кондакова на художественные круги Москвы и Санкт-Петербурга, сам он мало интересовался современными художественными течениями. Он практически не догадывался о связи между его трудами и зарождающимися чаяниями нового поколения художников-авангардистов, которые стали воспринимать русско-византийское искусство как особую форму творчества и достойную альтернативу преобладавшему в XIX веке натурализму, который исповедовала Императорская академия художеств в Санкт-Петербурге, а также Московское училище живописи, ваяния и зодчества. Кондаков был прежде всего археологом и искусствоведом, область его интересов составляли произведения византийского и русского искусства как отголоски прошлого, а не как источники вдохновения для более широкого культурного возрождения. Несмотря на то что Кондаков был очень дружен с В. В. Стасовым — чрезвычайно влиятельным критиком, выступавшим с националистических позиций, — и тот постоянно отмечал работу Кондакова в печати, сам ученый не разделял яростных призывов Стасова к художественному возрождению на основе средневековой русско-византийской традиции. Обширное научное наследие Кондакова, безусловно, содействовало тому, что византийское и древнерусское искусство заняло новое место в национальном самосознании и культуре в целом, однако сам он терпеть не мог новой «моды» на иконы, возникшей к 1910-м годам во многом благодаря его собственным трудам. Он не испытывал ничего, кроме презрения, к «эстетам» и «дилетан-

---

[20] Подробный рассказ о возникновении и деятельности Комитета попечительства о русской иконописи см. в [Tarasov 2001].

там», которые рвались теперь собирать огромные коллекции икон и средневекового искусства.

Кроме того, хотя Кондаков не был убежденным западником, славянофильские идеи его не слишком интересовали. Столь ценимое им византийское и древнерусское искусство было для него в первую очередь не прибежищем художественного духа нации, а скорее важнейшим хранилищем эллинистических форм, существовавших со времен Античности. Кондаков считал, что Византия, как истинная наследница Древней Греции, стала центром развития *всего* средневекового искусства — как западного, так и восточного. Таким образом, итальянское Возрождение и русская иконописная традиция вовсе не противоположны друг другу, а представляют собой две разные ветви одного византийского дерева. Более того, Кондаков не превозносил аскетизм и абстрактность русско-византийского искусства, а утверждал, что самые успешные представители этой художественной традиции были неразрывно связаны с живописью итальянского Треченто или с эллинистическими надгробными портретами. Эти утверждения вызвали яростную полемику среди представителей молодого поколения ученых и искусствоведов, которые в последующие десятилетия высказывались о его наследии крайне скептически.

Новая критика и современное искусство

Несмотря на значительные достижения в научной сфере, а также в том, что касается выставочных и реставрационных методов, многие мыслители и критики XX века все же считали, что в конце XIX столетия русско-византийскую изобразительную традицию значительно недооценивали с эстетической точки зрения. В 1923 году искусствовед Павел Муратов (1881–1950) писал следующее:

> В конце XIX столетия у древнего русского искусства еще не было своего зрителя, который мог бы принять это искусство как некий специфически художественный феномен; не

было своей публики, своей сочувствующей и соответствующей среды. Около 1910 года этот зритель появился, эта публика нашлась, эта среда сложилась.

Далее, несомненно имея в виду Кондакова, Муратов продолжал:

> Нет оснований... обвинять русских ученых, русских археологов — всех, кто занимался русскими древностями на протяжении прошлого века, в том, что они «проглядели» величие и красоту старого русского искусства и ничего не поведали о нем Европе. На те же вещи люди прошлого века по необходимости глядели иными глазами. В своих суждениях они прибегали к иным критериям оценки: воображению их предвносился всегда другой эстетический идеал [Муратов 2005: 28].

Эту недооценку древнерусского искусства Муратов связывал с преобладанием в XIX веке пристрастия к иллюзионистическому и натуралистическому изображению. Он утверждал, что исключительно благодаря знакомству русской публики с произведениями современного французского искусства из коллекций С. И. Щукина (1854–1936) и И. А. Морозова (1871–1921), а также тому, что публика высоко оценила эти произведения, она смогла наконец по-настоящему воспринять и надлежащим образом оценить формальную сложность и художественную глубину русско-византийских изображений: «Мане, импрессионисты, Сезанн были не только великими мастерами в своем искусстве, но и великими цивилизаторами, в смысле укрепления исторических связей европейского человечества, великими перевоспитателями нашего глаза и нашего чувства» [Муратов 2005: 27]. У Муратова параллель между русско-византийской визуальностью и современным европейским искусством возникла не случайно и не была исключением. В отличие от Кондакова и его современников, последующее поколение искусствоведов, в том числе Н. Н. Пунин (1888–1953), Н. М. Тарабукин (1889–1956), Я. А. Тугендхольд (1892–1928), И. Э. Грабарь (1871–1960), В. Марков (1877–1914) и А. В. Грищенко (1883–1977), а также многие другие, были живо озабочены вопросами современного им и будущего развития русского искусства. Их интерес к древней русско-византийской традиции питали не только любознательность и общий интерес к истории, но также стремление изменить современный мир искусства. Обращаясь к собственному поколению художественных критиков и искусствоведов, Муратов напоминал им, что «работа теоретика должна... соединиться с работой искателя» [Муратов 1914а: 8].

Многие из этих мыслителей полагали, что современное русское искусство находится в состояние кризиса и застоя, поскольку его развитие шло по трем тупиковым путям: по пути давно изжившего себя натурализма передвижников, бессмысленного декаданса мирискусников или бездумного рабского подражания французскому авангарду, — и ни один из этих путей не привел к созданию оригинальных или новаторских произведений. В 1913 году искусствовед и критик Н. Н. Пунин пессимистически заключил, что русское искусство «потеряло свое значение», что оно теперь «не нужно», оно «умерло» для большинства зрителей [Пунин 1913г: 55]. Художник А. В. Грищенко в том же духе утверждал, что миру русского искусства на тот момент были свойственны «полное бездорожье и растерянность, полное вырождение живописных форм и оторванность от подлинных идеалов русской живописи» [Грищенко 1913: 69]. По мнению Грищенко, европейское искусство «в... годы, самые темные для западного искусства», спас «новаторский гений Сезанна, давший толчок всему новому движению Пикассо и группы кубистов» [Грищенко 1913: 7]. Однако, поскольку в России такого спасителя не нашлось, то молодым русским художникам, желающим внести значимый вклад в международное искусство модерна, оставалось лишь обратиться «к лучшему прошлому родного искусства» и встать «на широкую дорогу могучих живописных форм» [Грищенко 1913: 89].

Пунин и Тарабукин дальше развили доводы Грищенко, утверждая, что европейское искусство также находится в состоянии чудовищного упадка и движется навстречу холодному, рациональному и пустому формализму, так что художники готовы хвалить себя «за удачное сочетание цветовых пятен на заду изображенной проститутки» [Тарабукин 1999: 41][21]. Соответственно, Пунин и Тарабукин считали, что эстетическая и идейная переоценка русско-византийской традиции не только приведет к возрождению современного русского искусства, но, возможно, проложит путь для международной художественной революции:

> ...мы верим, что икона в своей великой и глубоко-жизненной красоте направит современное творчество по пути иных достижений, чем те, какими европейское искусство жило последние десятилетия. <...> ...мы ищем иных ценностей, иного вдохновения, иного искусства... [Пунин 1913д: 50].

Как было отмечено выше, столь частые параллели между русско-византийским искусством и европейским модернизмом были не случайны и не исключительны: они были связаны с целым рядом событий, произошедших в 1910–1913 годах. Первым таким событием стал приезд в Москву Анри Матисса в октябре 1911 года. Художник остановился у своего постоянного заказчика С. И. Щукина, выдающегося коллекционера, и был очень тепло принят в высших художественных и интеллектуальных кругах Москвы. К моменту приезда Матисса и сам он, и его работы были достаточно хорошо известны в российском художественном мире. Более 30 его картин находились в московских коллекциях, из них 25 — в коллекции Щукина, которая была открыта для широкой публики начиная с 1907 года и включала в себя такие шедевры модернизма, как «Статуэтка и вазы на восточном ковре» (1908), «Красная комната» («Гармония в красном») (1908), «Испанка с бубном» (1909), «Голубая скатерть» (1909), а также панно «Танец» и «Музыка» (1910)[22]. В 1908–1910 годах

---

21 Хотя оригинальная рукопись была закончена в 1916 году, первая публикация состоялась только в 1999 году.

22 «Теперь уже достаточно хорошо известно, что Матисс приезжал в Россию осенью 1911 г. по приглашению С. И. Щукина и жил в Москве в его доме в Знаменском переулке» [Русаков 2000: 57]. «К моменту приезда Матисса в московских собраниях было, очевидно, 32–33 его работы (ныне в Эрмитаже и ГМИИ хранятся 54 картины Матисса). <...> Собрание С. И. Щукина насчитывало к осени 1911 г. 25 работ Матисса (эту цифру называют в своих

репродукции работ Матисса широко публиковали в различных художественных журналах, а в 1909 году в шестом выпуске журнала «Золотое руно» даже напечатали переводы из его знаменитых «Заметок живописца» [Hilton 1969–1970: 166]. Именно в этом контексте Бенуа впервые назвал Матисса византинистом, а его творчество — «византинизмом нашего времени». Бенуа подчеркнул, что мало кому из современных художников удалось при жизни достичь столь широкой известности и признания, как Матиссу, и при этом «целая школа работает в Петербурге в этом наступательном движении» [Бенуа 2006: 430–431].

Таким образом, когда Матисс приехал в Россию, он был там уже настолько знаменит, что привлек значительное внимание прессы, и его пребывание в стране было подробно отражено в таких периодических изданиях, как «Русские ведомости», «Утро России», «Раннее утро», «Против течения» и «Зеркало», равно как и в других крупнейших газетах. Особое внимание привлекали высказывания Матисса о современном искусстве и его реакция на ранневизантийские и русские иконы, которые он увидел впервые. Многократно цитировались его похвальные отзывы об эстетических свойствах икон и об их превосходстве над западной художественной традицией:

> Я видел вчера коллекцию старых русских икон. Вот истинное большое искусство. Я влюблен в их трогательную простоту, которая для меня ближе и дороже картин Фра Анджелико. В этих иконах, как мистический цветок, раскрывается душа художников, писавших их. И у них нам нужно учиться пониманию искусства [Русаков 2000: 65].

> Русские и не подозревают, какими художественными богатствами они владеют, — сказал он нашему сотруднику. — Я знаком с церковным творчеством нескольких стран,

---

статьях тех дней журналисты), среди них такие шедевры, как “Статуэтка и вазы на восточном ковре” (1908), “Красная комната” (1908), “Испанка с бубном” (1909), “Голубая скатерть” (1909), панно “Танец” и “Музыка” (1910), “Испанский” и “Севильский” натюрморты (1911)» [Русаков 2000: 60].

> и нигде мне не приходилось видеть столько выявленного чувства, мистического настроения, иногда религиозного страха...
> Ваша учащаяся молодежь имеет здесь, у себя дома, несравненно лучшие образцы искусства (поскольку это касается иконной живописи), чем за границей. Французские художники должны ездить учиться в Россию. Италия в этой области дает меньше [Русаков 2000: 68].

27 октября 1911 года Матисс посетил Третьяковскую галерею и осмотрел специальную экспозицию, посвященную древней иконописи. На другой день газета «Утро России» сообщила следующее:

> Вчера французский художник Генри Матисс посетил Третьяковскую галерею, где знакомился с произведениями русских иконных живописцев. <...> На французского художника картины, по-видимому, произвели большое впечатление. <...> Матисс решительно отдает предпочтение русскому иконописному творчеству перед церковной живописью эпохи итальянского Возрождения [Русаков 2000: 68].

Положительные отзывы Матисса о древнерусском искусстве, несомненно преувеличенные в русской печати, упрочили в сознании современников связи между путями развития современного искусства и традициями иконописи — связи, на существование которых уже намекал Бенуа в своей статье 1910 года, написанной для журнала «Речь»[23]. В глазах русской публики одобрение выдающегося французского художника свидетельствовало о том, что восхищение иконами не просто результат местного регионального шовинизма или сентиментального стремления к русскому возрождению, но следствие их международной значимости. Вдруг оказалось, что русская иконописная традиция, которой так долго пренебрегали, на самом деле проложила путь для самых радикальных новаций модернизма,

---

[23] Об интересе Матисса к византийскому искусству подробнее см. [Antliff 1999; Nelson 2015].

причем не только в Москве, но и в Париже. Грищенко в своей публикации 1917 года «Русская икона как искусство живописи» даже заявил, что Матисс, вернувшись из Москвы в Париж, был настолько разочарован в собственных цветовых решениях, что уничтожил несколько своих работ [Грищенко 1917: 242]. Подобные заявления стали особенно частыми после Выставки древнерусского искусства 1913 года (подробнее о ней см. в следующей главе). Эта выставка была устроена Московским археологическим институтом в рамках празднования трехсотлетия дома Романовых и действовала пять месяцев, на ней было представлено большое разнообразие икон, иллюминированных рукописей, металлических изделий и вышивки. Выставка широко освещалась в российской печати, а выдающиеся искусствоведы и критики, такие как Д. В. Айналов, А. Н. Бенуа, П. П. Муратов, Н. Н. Пунин и Я. А. Тугендхольд, писали о ней хвалебные отзывы:

> Нынешняя московская выставка является еще новым шагом вперед, знакомя с искусством иконописи широкие круги русского общества. Конечно, не успеет пройти три-четыре года, как о подобной выставке будет мечтать Европа и как русская иконопись войдет почетной гостьей в западные музеи... [Муратов 2005: 276].

Как раз во время этой выставки Сергей Щукин в сотрудничестве с искусствоведом Яковом Тугендхольдом готовил важную публикацию с полным описанием своей коллекции произведений современного французского искусства и особое внимание уделил недавно приобретенным кубистическим картинам кисти Пикассо[24]. Это сочетание выставки древних икон с публикацией щукинского каталога современного искусства не прошло незамеченным и подтолкнуло интеллектуалов к самым разным интерпретациям и сравнениям древнего и современного. В журнале Муратова «София» разгорелся спор, вызванный противопоставлением статьи искусствоведа А. И. Анисимова (1877–1937) о средневеко-

---

[24] Подробнее об этой публикации см. в [Florensky 2002: 58–62].

вых новгородских иконах и критической статьи Н. А. Бердяева (1874–1948) о Пикассо, где Бердяев отзывается об этом художнике как о «ярком» и «гениальном выразителе», чье творчество символизирует глубинный кризис модернизма, в котором всё движется в сторону «декристаллизации, дематериализации и развоплощения» [Бердяев 1914: 60]. Философ, теолог и ученый Павел Флоренский отреагировал на этот спор своей публикацией 1914 года «Смысл идеализма», где горячо осудил Пикассо за холодный и отстраненный рационализм, с которым художник разнимает объекты на части, полностью лишая искусство связности и духовности. В результате, с точки зрения Флоренского, в натюрмортах Пикассо с музыкальными инструментами, написанных в 1912–1913 годах, «отравленной душе большого художника преподносятся образы четырехмерного восприятия и в которых, однако, не чувствуется подлинной жизни» [Флоренский 1914: 45]. Средневековые иконы Флоренский, напротив, считал идеальной формой искусства, противостоящей «мертвым» картинам Пикассо как с точки зрения формальной структуры, так и в плане трансцендентного содержания. В том же духе и С. Н. Булгаков (1871–1944) в своей статье «Труп красоты» говорил о кубистических работах Пикассо как о «черных иконах», свидетельствующих о кризисе западной цивилизации и зловеще предвещающих трагедию Первой мировой войны [Булгаков 1915].

Впрочем, далеко не всегда при сравнении выставки икон и кубистических картин Пикассо в печатных публикациях того времени предпочтение отдавалось иконам — встречались и безоговорочно хвалебные отзывы в адрес Пикассо. Например, Грищенко утверждал, что «Париж XX века странным образом перекликается с варварской Московией» [Грищенко 1913: 26], и подчеркивал, что видит между ними важные переклички: «И замечательно, что в некоторых иконах московских писем, напр., “Деисус” № 125–127, разрешена задача определенных трех цветов, которая не так давно интересовала П. Пикассо в его известном портрете “Дама с веером” из собрания С. И. Щукина» [Грищенко 1913: 17]. Также и Бенуа опубликовал две статьи в журнале «Речь»: «Художественные письма. Иконы и новое искусство» и «Русские иконы и Запад», — в которых, подобно Муратову, отдавал должное Пикассо и его современникам за то, что они открыли публике глаза на эстетические достоинства икон:

> Мало того, какой-нибудь «Никола Чудотворец» или какое-либо «Рождество Богородицы» XIV века помогает нам понять Матисса, Пикассо, Лефоконье или Гончарову. И, в свою очередь, через Матисса, Пикассо, Лефоконье и Гончарову мы гораздо лучше чувствуем громадную красоту этих «византийских» картин, то, что в них есть юного, мощного и живительного [Бенуа 1913: 2].

Более того, Бенуа утверждал, что, помимо формального сходства между современным французским искусством и средневековыми иконами, им также была свойственна глубокая внутренняя параллель, сообщающая кроме чисто визуального значения, еще и метафизическое:

> При изучении произведений кубистов так же, как и перед иконами, кончаются «*советы благоразумия*», а начинается безумная мечта, *логика ирреального* — искусству возвращается полностью его мистический смысл. <...>
> ...То, чем мы сейчас любуемся в иконах, — не только просто их яркие краски, их изумительная графичность, их ни с чем не сравнимая техника, но — и это главным образом — *глубина духовной жизни,* в них отразившаяся. <...>
> *...но чтобы искусство наших дней сделалось таким же по существу,* как их искусство, — для этого нужна душевная метаморфоза и не только отдельных личностей, но всего художественного творчества в целом [Бенуа 1913: 2].

В этой «в высшей степени знаменательной встрече» двух, казалось бы, чуждых друг другу изобразительных традиций Бенуа усматривал исторический императив. Он говорил о «вмешательстве судьбы» и «одном из... роковых “предопределенных” совпадений» и утверждал, что русско-византийское возрождение окажется важнейшим катализатором обновления современного искусства как в России, так и в Европе, поскольку благодаря ему «самые пламенные и дерзкие новаторы увидали ценнейшие для себя указания в том, что только что казалось безнадежно отжившим» [Бенуа 1913: 2].

Флоренский, Пунин, Тарабукин и смысл иконы

К 1915 году и специалисты, и широкая публика в равной мере видели в русско-византийской художественной традиции плод национального творческого гения, который может соперничать с традицией итальянского ренессанса. Однако П. А. Флоренский, Н. Н. Пунин и Н. М. Тарабукин пошли в своих сочинениях еще дальше, утверждая, что русско-византийское искусство значительно превосходит и итальянское искусство эпохи Ренессанса, и европейскую живопись последующих эпох, поскольку опирается на высшую трансцендентную и идейную основу. Рассматривая икону прежде всего как отражение альтернативной реальности, эти три автора пытались анализировать ее роль не просто как визуального образа, но как универсального символа, имеющего большое метафизическое, утилитарное, эстетическое и культурное значение. Таким образом, они представили икону как бесценный инструмент, с помощью которого общество могло бы выработать новое философское и духовное сознание и противостоять постоянному напору современности, неустойчивости и распаду. Эти идеи в значительной мере сформировались под влиянием религиозного гуманизма и романтического национализма, которые процветали в России на рубеже XX века и впоследствии получили название русского религиозного ренессанса[25]. Основу этого дискурса составили труды В. С. Соловьева, философа и поэта XIX века, а также участников сборника «Вехи» (1909) (о котором подробнее пойдет речь в главе четвертой).

[25] Первым эту фразу придумал Н. М. Зёрнов, посвятивший соответствующему явлению свою фундаментальную работу: [Zernov 1963]. В этой работе Зёрнов прослеживает возрождение интереса к православной мысли и философии, охватившее широкие круги русской интеллигенции в первое десятилетие XX века.

Соловьев, которого принято считать отцом русской софиологии, верил в одухотворенность материи и в присутствие божественной премудрости во всем творении[26]. Кроме того, он утверждал, что у России особая историческая миссия — соединить традицию западной рационалистической философии с духовной мудростью Востока [Соловьев 1966]. Соловьев во многом был наследником славянофилов середины XIX века и преобразовывал их историко-политические доводы в философско-теологические. Он утверждал, что некогда процветавшая европейская школа философии в современную эпоху изжила себя, «разложившись» на множество разных и более узких дисциплин, таких как метафизика, этика и эстетика, и призывал к реинтеграции материалистических, интеллектуальных, духовных и религиозных сторон человеческой мысли в одно динамическое целое, которое он именовал «цельной жизнью» [Соловьев 1911: 101]. Соловьев заявлял, что духовное познание стоит намного выше аналитического рационализма, и писал, что

> истина не заключается ни в логической форме познания, ни в эмпирическом его содержании, вообще она не принадлежит к теоретическому знанию в его отдельности или исключительности — такое знание не есть истинное. Знание же истины есть лишь то, которое соответствует воле блага и чувству красоты [Соловьев 1911: 804].

Поскольку красота была центральным понятием в философии Соловьева, он полагал, что художники «опять должны стать жрецами и пророками»[27]. Он решительно отвергал идею «искусства для искусства» и призывал современное искусство стать

---

[26] Об убеждениях Соловьева подробнее см. [Smith 2011].

[27] Вячеслав Иванов цитирует «Три речи в память Достоевского» Соловьева: «В этом смысле говорил Соловьев в речах о Достоевском: “Художники и поэты опять должны стать жрецами и пророками, но уже в другом, но еще более важном и возвышенном смысле: не только религиозная идея будет владеть ими, но они сами будут владеть ею и сознательно управлять ее земными воплощениями”» [Иванов 1994: 160].

инструментом для достижения Царства Божьего на Земле [Walicki 1979: 392]. Иными словами, искусство способно обнаруживать фундаментальную духовную сущность мира и проницать всю материальную реальность, тем самым помогая человечеству достигнуть истинно просвещенного современного сознания через сочетание религии и философии, разума и веры, а также светского и духовного. Иконописные изображения как источники теофании, или божественного присутствия, представляют собой непостижимое взаимопроникновение божественного и материального. Эта тема занимала Соловьева на протяжении всей его деятельности [Kornblatt 2009: 104]. Поскольку иконы причастны одновременно к мирам физическому и духовному, вещественному и символическому, то они напрямую свидетельствуют о божественном творении — а следовательно, и об абсолютной истине — и таким образом могут действовать как носители всеобщего спасения, помогая человечеству достигнуть теозиса, или обожения, — полного единения с божественной силой Творца.

Как тонко отметил Анджей Валицки, учение Соловьева «стало своеобразным мостом, по которому либеральная интеллигенция могла перейти от "легального марксизма" к славянофильскому изводу православия», и тем самым он проторил путь для следующего поколения мыслителей — сторонников религиозного гуманизма [Walicki 1975: 578]. В своей работе «Русская идея» Н. А. Бердяев отмечает, что Соловьев имел «огромное влияние... позже на духовный ренессанс начала XX в., когда в части русской интеллигенции произошел духовный кризис» [Бердяев 2001: 175–176]. Воздействие его масштабных теорий можно проследить в целом ряде различных философских, теологических, литературных и искусствоведческих текстов XX века, и в том числе в работах Флоренского, Пунина и Тарабукина. Пунин и Тарабукин в особенности использовали идеи Соловьева, в частности, для создания новой теории искусства XX столетия, и теперь многие считают их основателями современной традиции русской художественной критики, основанной на тщательном анализе. Мария Гоф говорит о них как о двух «самых решительных защитниках авангарда», которые прославились работами о беспредметном, конструктивистском и производственном искусстве [Gough 1999: 38]. Точно так же все эстетические и теологические разыскания Флоренского основывались на твердой приверженности научному знанию — на его стремлении к логическому, математическому и рациональному. Теории иконы, разработанные Пуниным, Тарабукиным и Флоренским, во многом символически воплощали одну из основных тем, по сей день занимающих историков русского искусства: сосуществования трансцендентного мышления и исторического материализма в современном искусстве на протяжении всех 1910-х годов и даже в 1920-х, что, по мнению некоторых ученых, даже послужило источником диалектической идеологии социалистического реализма.

Отец Павел Флоренский был рукоположенным священником Русской православной церкви и одним из самых влиятельных мыслителей своего времени. Он был исключительно сведущ во многих областях знаний, включая биологию, физику, математику, психологию, теологию, философию, литературу и историю искусств; публиковал работы самой разной тематики, от мнимых чисел в геометрии до имяславия в философии. Флоренский не имел искусствоведческого образования, однако был чрезвычайно эрудирован в области археологии, истории искусств, современной искусствоведческой историографии и критики. Как отмечает Николетта Мислер, в его трудах по истории искусств обнаруживается удивительное сходство с самыми прогрессивными европейскими исследованиями:

> В его анализе пространственности видно близкое сходство с теориями Эрнста Кассирера, Эрвина Панофски и Алоиза Ригля; его исследования иконографии и антропологии заставляют вспомнить заключения Фрица Заксля и Аби Варбурга, между тем как его собственные разработки в области, которую можно назвать формалистской методологией, указывают на явное знакомство с работами Конрада Фидлера, Генриха Вёльфлина и Вильгельма Воррингера [Misler 2002a: 31].

Фактически его знания об искусстве — в особенности византийском и древнерусском — были настолько обширны, что в 1920 году его пригласили преподавать соответствующие курсы в МИИХИМе (Московском институте историко-художественных изысканий и музееведения), а затем, в 1921–1924 годах, во ВХУТЕМАСе [Misler 2002a: 23–24].

Согласно Мислер, «Флоренский считал, что его поколение выработало новую, посткантианскую концепцию жизни и искусства, которая более соответствовала представлениям Древнего мира и Средневековья, нежели Европы после эпохи Возрождения» [Misler 2002a: 72]. Для Флоренского Средневековье было эпохой «созерцательно-творческой» в противовес «хищно-механической» современности, в особенности эпохи конца XIX века [Флоренский 2008: 46]. Именно в этот период утверждения индустриализации, урбанизации, секуляризации позитивистское мировидение породило культ «ложного» реализма, под которым Флоренский понимал иллюзионизм натурализма XIX столетия. «Ложный» реализм ознаменовал собою «субъективизм нового человека», поскольку живописный образ в этом случае выполнялся с единственной, преобладающей точки зрения художника / зрителя[28]. Икона же, напротив, объективна, коллективна и универсальна. В ней не только задействованы обратная перспектива и полицентризм, но она к тому же создается «в сотрудничестве», поскольку «в прежние времена, при большей сплоченности и соборности людей, культурная работа вообще производилась сообща...» [Флоренский 1996a: 462]. Таким образом, икона представляет собой истинно реалистическое произведение искусства, поскольку следует трансцендентной и объективной истине:

> Очевидно, во всяком случае реализм есть такое направление, которое утверждает в мире и в культуре, в частности в искусстве какие-то *realia*, реалии или реальности, проти-

---

[28] «Субъективизму нового человека свойственен иллюзионизм; напротив, нет ничего столь далекого от намерений и мыслей человека средневекового (а корни его в античности), как творчество подобий и жизнь среди подобий» [Флоренский 2008: 44].

> вополагаемые иллюзиям. Подлинно существующее противостоит в реализме только кажущемуся; онтологически плотное — призрачному, существенное и устойчивое — рассеиваемому скоплению случайных встреч. <...>
> Иллюзия, наиболее похожая на действительность, наиболее далека от нее в существе дела. «Хочется потрогать рукою», когда пред нами плоский холст, — этот триумф натурализма не есть ли обман, временно удавшийся и показывающий то, чего нет на самом деле. <...> Иллюзионистическое искусство хочет равняться, только равняться с чувственной действительностью, но при всех своих кунштюках никогда действительности не достигает, а в лучшем случае если бы достигло, то стало бы ненужным как искусство. Оно лишь пытается обмануть, что сравнялось с действительностью [Флоренский 1996б: 528–530].

Соответственно, для Флоренского идеальная форма творческого выражения реализована в средневековом искусстве и особенно в православной иконе, а не в натуралистической станковой живописи. В двух своих самых известных работах, «Обратная перспектива» (1920) и «Иконостас» (1922)[29], он рассуждает об изяществе и сложности средневековых образов, прослеживая развитие искусства с Античности до современности и утверждая, что в своем стремлении к изобразительному иллюзионизму «религиозная живопись Запада, начиная с Возрождения, была сплошь художественной неправдой...» [Флоренский 1996а: 446], а вовсе не объективным воспроизведением действительности. Анализируя разные шедевры, созданные выдающимися художниками, в том числе Леонардо да Винчи, Рафаэлем, Микеланджело, Рубенсом и Рембрандтом, Флоренский заключает, что практически во *всех* произведениях искусства, в которых, казалось бы, используется перспектива, на самом деле нарушаются мате-

[29] «Иконостас» был завершен летом 1922 года, однако первая публикация состоялась посмертно, спустя многие годы после смерти Флоренского. Впервые текст был опубликован с сокращениями в теологическом журнале «Богословские труды» (М. 1977. № 17). Первый полный перевод на английский язык, выполненный Дональдом Шиханом и Ольгой Андреевой, вышел в издательстве «St. Vladimir's Seminary Press» в 1996 году.

матические законы перспективы и задействованы различные точки зрения, противоречащие друг другу системы координат и элементы обратной перспективы. Поэтому он приходит к следующему выводу:

> Изображение есть *символ*, всегда, всякое изображение, и перспективное и неперспективное, какое бы оно ни было, и образы искусств изобразительных отличаются друг от друга не тем, что одни — символичны, другие же якобы натуралистичны, а тем, что, будучи равно не натуралистичными, они суть символы *разных* сторон вещи, *разных* мировосприятий, *разных* степеней синтетичности. Различные способы изображения отличаются друг от друга не так, как вещь от ее изображения, а — в плоскости символической. Одни более, другие менее грубы; одни более, другие менее совершенны; одни более, другие менее общечеловечны. Но природа всех — символична [Флоренский 2008: 65–66].

Эта идея очень напоминает некоторые концепции, сформулированные Эрвином Панофски в его знаменитой статье «Перспектива как символическая форма», хотя «Обратная перспектива» Флоренского была написана раньше нее на четыре года [Panofsky 1927].

Кроме того, Флоренский отвергает идею о том, что русско-византийское «мировосприятие» «наивно» или «примитивно», а также что отсутствие прямой линейной перспективы в иконописных изображениях говорит о невежестве или недостатке художественных способностей. Напротив, он утверждает, что чем выше было мастерство иконописца, тем более решительно он «нарушал» линейную перспективу:

> Тут может возникнуть предположение, что нравится, собственно, *не* способ изображения как таковой, а наивность и примитивность искусства, еще детски-беззаботного по части художественной грамотности: бывают же любители, склонные объявить иконы милым детским лепетом. Но нет, принадлежность икон с сильным нарушением правил перспективы именно высоким мастерам, тогда как меньшее

> нарушение этих самых правил свойственно преимущественно мастерам второго и третьего разряда, побуждает обдумать, *не наивно ли самое суждение о наивности икон*. С другой стороны, эти нарушения правил перспективы так настойчивы и часты, так, я бы сказал, систематичны, и притом упорно систематичны, что невольно рождается мысль о *не* случайности этих нарушений, об *особой* системе изображения и восприятия действительности, на иконах изображаемой [Флоренский 2008: 29–30].

Прибегая к языку отрицания, революции и «нарушений правил», характерному для полемики авангарда, Флоренский продолжает утверждать, что русско-византийское искусство сознательно отвергало линейную перспективу — предположительно, даже после того, как в XV веке она была открыта и стала активно использоваться, — с тем чтобы передать некую идею, более сложную и менее очевидную, чем воспроизведние внешнего мира:

> ...зато в других случаях все школьные правила опрокидываются с такою смелостью и столь властно подчеркивается их нарушение, а соответственная икона так много говорит о себе, о своих художественных достижениях, непосредственному художественному вкусу, что не остается никакого сомнения: «неправильные» и взаимно противоречивые подробности рисунка представляют собой сложный художественный *расчет*, который, если угодно, можно называть дерзким, но — никак не наивным [Флоренский 2008: 31].

Наконец, Флоренский напоминает нам о том, что смысл иконописи состоял вовсе не в простом копировании реальности и искусство это заботилось не о внешней эстетике; эту роль искусство ошибочно взяло на себя в эпоху Ренессанса, что привело его к неизбежному упадку. Иными словами, *религиозное* искусство — такое, какое создавалось в эпоху Ренессанса, — принципиально отличалось от *сакрального* искусства, воплощенного в иконописи. Поэтому ее следует рассматривать как зримую теологию или как Слово Божие, материализовавшееся в образах, истинная функция которых состояла в артикуляции того, что Флоренский именовал «божественной реальностью». Притом что «современный эмпирический позитивизм» «недооценивает» икону, усматривая в ней «чистое искусство», которому современность приписывает ничтожную роль культурной диковины или развлечения, на самом деле икона представляет собой «энергию», дающую людям возможность «духовного восхождения от образа к первообразу» [Флоренский 1996а: 447]. Эта концепция иконного изображения восходит к учению древних отцов церкви, таких как святой Иоанн Дамаскин (675–753) и святой Феодор Студит (759–826), которые именно так обсуждали иконописные образы:

> Ибо не природа плоти сделалась Божеством, но как Слово, оставшись тем, чем Оно было, не испытав изменения, сделалось плотью, так и плоть сделалась Словом, не потерявши того, что она есть, лучше же сказать: будучи единою со Словом по ипостаси. Поэтому смело изображаю Бога невидимого не как невидимого, но как сделавшегося ради нас видимым через участие и в плоти, и в крови [Дамаскин 1913: 349].

> ...так и материальные предметы сами по себе непокланяемые, делаются по мере веры участниками благодати, если изображенный был исполнен благодати [Дамаскин 1913: 363].

> ...этому и подобному воздаю почитание и поклоняюсь, и всякому святому Божию храму, и всякому [месту], на котором произносится имя Бога. Не из-за природы их поклоняюсь, но потому, что они суть вместилища божественной деятельности, и потому, что через них и в них соблаговолил Бог совершить наше спасение [Дамаскин 1913: 407–408].

Таким образом, Флоренский был убежден, что иконы уцелели столетиями не просто как предметы, окруженные суевериями, имеющие применение исключительно в рамках церковного ритуала, — своим долгожительством они обязаны мощному целительному воздействию на человеческую душу и способности превосходить пространство и время. Он утверждал, что вечность должна быть засвидетельствована в иконе и через икону; и в течение XVII–XIX веков именно эта трансцендентальность оказалась беспечно утрачена искусством, решившим довольствоваться лишь собственной «вещностью»[30]. Такой ход рассуждений заставляет вспомнить более ранние труды Соловьева, где тот говорит о метафизической роли и важнейшей духовной функции искусства в обществе, и можно сказать, что совместно они составляют новую теологическую иконологию, которая сосуществовала с более известными формальными описаниями русско-византийского искусства, которые создавались авторами вроде А. Н. Бенуа, С. К. Маковского и П. П. Муратова.

Н. Н. Пунин и Н. М. Тарабукин в своих публикациях также в значительной мере сочетали теологические и формальные интерпретации иконы и, что еще более важно, связывали их с современными художественными методами и с развитием русских авангардных течений. Оба они разделяли идеи Флоренского об особой природе и значимости иконописного искусства. Тарабукин в своей работе «Смысл иконы» отмечал исключительное влияние Флоренского на собственные мысли по данному вопросу и прямо цитировал в своем обзоре его сочинения [Тарабукин 1999: 44–45]. Подобно Флоренскому, Пунин и Тарабукин выступали против явлений, в которых усматривали затянувшееся господство натурализма и утверждение в русском художественном мире лозунга «искусство для искусства». Пунин, учившийся в Санкт-Петербургском университете у Д. В. Айналова, который был, в свою очередь, учеником Кондакова, великолепно разбирался в истории и развитии русско-византийского искусства, и его первые публикации были посвящены исключительно этой теме. Впрочем, его глубокий интерес к современному искусству привел к тому, что вскоре он отошел от чисто акаде-

---

30 «Нетрудно за вышеизложенными математическими соображениями услышать найденные, независимо от математики, левыми течениями искусства “принципы” дивизионизма, комплементаризма и т. п., при помощи которых левое искусство разрушало форму и организацию пространства, принося их в жертву объему и вещности» [Флоренский 2008: 70].

мических изысканий, направленных на изучение художественных традиций прошлого, предпочитая анализировать новейшие тенденции и новшества в искусстве своего времени. В нескольких статьях, вышедших в 1913 году в журнале «Аполлон», он выделил две главные идеи, которые затем определили характер его последующих научных трудов в области современного искусства [Пунин 1913б; Пунин 1913г; Пунин 1913д]. Первая идея состояла в том, что современное искусство оказалось в состоянии упадка, поскольку долгое время опиралось либо на натурализм XIX века, либо на порожденный им под влиянием Запада формализм:

> И вот — странное явление — натуралистическое искусство возвращает нас прошлому, после пяти веков исканий приводит к источникам, на берегах которых оно застыло, постоянно любуясь своим отражением. Натурализм становится для нас периодом уже минувшего искусства и периодом упадка... [Пунин 1913б: 25].

> Но если даже оставить в покое эти все же великолепные века, что такое искусство второй половины XIX века, импрессионизм! — в нем все мертвое, все формальное, все внешнее получило свое увенчание, свое лучшее выражение. Никогда раньше искусство не являлось таким холодным и таким суетным, каким оно стало с того времени, как импрессионизм получил права общеобязательной художественной школы [Пунин 1913г: 56].

> Можно ли после этого сомневаться в том, что русская иконопись является для нас жизненным и глубоко-важным историческим фактом, к которому мы в течение многих лет принуждены будем возвращаться? <...> Или истощение, формализм искусства, или возрождение его через возрождение забытых традиций... [Пунин 1913д: 50].

Пунин утверждал, что начиная с эпохи Возрождения европейское искусство стремилось исключительно к элегантности, равновесию и красоте и что одержимость формой и эстетикой в ущерб всему остальному проявилась и в салонной живописи, и в импрессионизме, и даже в кубизме. Последний он считал скорее завершением художественной традиции, нежели отправной точкой для развития нового искусства. С точки зрения Пунина, новое искусство могло родиться только на основе русско-византийского наследия, обладавшего как символической цельностью, так и духовным динамизмом в дополнение к чисто изобразительным достижениям. Фреска и икона не только дали образцы для современного искусства, великолепные в эстетическом отношении, но они также указывают на то, как важно обращаться не только к чувствам и разуму, но и воздействовать на человеческое сознание на гораздо более глубоком духовно-психологическом уровне:

> На стенах церквей Равенны, Венеции, в Палермо, в Константинополе, в Фокиде, мы увидели, как истекают на протяжении десяти веков те идеи, или те состояния души, которые позже были восприняты и, следовательно, изменены в русской иконописи и которые мы хотим видеть в исканиях современных [Пунин 1913б: 17].

> Чтобы, однако, определенно развить свои доказательства, мы должны заранее отказаться от мысли видеть в иконе только чисто живописные качества, — как то краски, стиль, рисунок. <...> В данном случае нас не интересует эстетика иконописи, икона для нас не столько художественное произведение, сколько живой организм, сосуд каких-то особых духовных ценностей, облеченных в форму столь же прекрасную, как и выразительную. Не писать и не рисовать лучше — учат нас памятники древнерусской иконописи, но лучше мыслить, иначе видеть художественный замысел и другими путями идти к его выполнению [Пунин 1913д: 46].

Вторая идея Пунина, крайне для него важная, состояла в фундаментальном противопоставлении индивидуализма и субъективности западной художественной культуры — коллективной анонимности византийской и русской иконописи. Он особенно подчеркивал, что современное искусство оторвано от масс, и утверждал, что по-настоящему живое искусство должно быть доступным и понятным для всех: «[В Византии] искусство не казалось только достоянием замкнутых и оторванных кругов, оно было доступно всем» [Пунин 1913б: 23]. Согласно Пунину, универсальный, метафизический символизм икон противоположен «личной фантазии» современного искусства русского символизма, представленного группами «Мир искусства» и «Голубая роза» [Пунин 1913д: 47]. В отличие от творчества этих групп, в иконописных изображениях используется символизм, никому не чуждый и понятный всем зрителям вне зависимости от уровня образования и социального класса: «В этой мудрой и в этой жизненной символизации не было ничего субъективного, ничего одинокого, ничего отчужденного» [Пунин 1913д: 47].

Практически те же мысли высказывал и Н. М. Тарабукин в своей работе «Смысл иконы», написанной тремя годами позже, в 1916-м, то есть в том же году, когда он переехал в Санкт-Петербург и целиком посвятил себя изучению истории и теории искусства. Одновременно Тарабукин познакомился с Пуниным, который, как и Флоренский, оказал значительное влияние на его искусствоведческие теории [Вздорнов, Дунаев 1999: 9]. Подобно Пунину и Флоренскому, Тарабукин был убежден в следующем:

> Гениальным становится произведение не в силу своих художественных, то есть в конечном счете, формальных качеств, а в силу проявленной в нем широты и глубины мировоззрения, то есть благодаря признакам религиозно-философского порядка. Гениален автор не как мастер, а как философ. Как мастер он может обладать большей или меньшей долей технической одаренности. Гениальность есть категория философская, талантливость — техническая.
> <...>
> ...художественному мастерству, можно научиться. Поэтому законно существование художественных училищ [Тарабукин 1999: 43, 49].

Восприняв мысль Гегеля о том, что «истинно прекрасное... есть получившая свою форму духовность» [Гегель 1998: 151], Тарабукин считал, что высшей целью искусства является выражение духовного в материальной форме[31]. Однако, по мнению Тарабукина, начиная с эпохи Возрождения красоту всё чаще стали приравнивать к формальной, то есть «внешней» гармонии. Такие мыслители, как Кант, Шиллер и Винкельманн, видели прекрасное в выражении физического совершенства и таким образом проложили путь для формалистской и позитивистской теории эстетики, и это, в свою очередь, дало Тарабукину повод заключить, что

> эпоха Ренессанса и последующие века несут уже признаки постепенного вырождения, приводящего искусство к окончательному оскудению и со стороны содержания, и со стороны формы. <...> Искусство XX века ничтожно потому, что лишено значительного содержания [Тарабукин 1999: 44–45].

Тарабукин считал, что сведение прекрасного исключительно к эстетике (концепция, возникшая в Западной Европе в эпоху Просвещения) составило прямую противоположность Античности, где красота была неотделима от нравственности, этики и религии, о чем свидетельствуют сочинения Платона. Христианские мыслители и писатели Византии унаследовали греческую традицию, которую затем передали Древней Руси. Тарабукин проследил эту традицию вплоть до Ф. М. Достоевского и В. С. Соловьева, чьи теории о теургических свойствах искусства и их способности изменить общество были очень близки к собственным взглядам Тарабукина. В соответствии с этим он заключил, что «Средневековье создало произведения непревзойденной ценности и в смысле глубины содержания, и в отношении мастерства формы». Ссылаясь на мозаики базилики Сан-Витале в Равенне, Софийского собора и Кахрие-Джами в Константинополе, Софийского собора в Киеве, на фрески церкви Спаса на Нередице, фрески Феофана Грека (1340–1410) и Дионисия

---

[31] «Не искусство само по себе представляет значение духовной ценности, а оно приобретает таковую в зависимости от того, каким духовным содержанием оно питается» [Тарабукин 1999: 44–45].

(1440–1502) и, наконец, на иконы Владимирской Божьей Матери и «Троицы ветхозаветной» Андрея Рублева, Тарабукин утверждал, что это «великое» искусство, созданное мощным религиозным духом былого времени и на тот момент никем из новых художников не превзойденное [Тарабукин 1999: 44]. Тем не менее важно подчеркнуть, что, несмотря на приведенные выше примеры, Тарабукин не стал ограничивать свое определение «истинного» искусства исключительно религиозной сферой. Он утверждал, что любое искусство должно заключать в себе глубинный философский и метафизический «идеал», несводимый к декларации «искусства для искусства».

Как и Флоренский, Тарабукин полностью отрицал «примитивистскую» интерпретацию русско-византийского искусства. Он приложил значительные усилия, чтобы продемонстрировать формальную сложность и изощренность пространственной структуры и композиции икон. Тарабукин заявлял, что вопреки расхожим представлениям пространство иконы не плоское, а сферическое:

> Что касается вопроса о «плоскостном» стиле в иконописи, то этот вопрос не представляется столь очевидным, как его изображают историки древнего искусства. Иконописец совсем иначе относится к плоскости, чем, например, египетский живописец или греческий вазописец. Плоскость для иконописца не самодовлеющая ценность, а лишь исходный момент, который в известной лишь мере определяет пространственные особенности композиции. Иконописец мыслит изображаемое им пространство не только трехмерным, но и, так сказать, «четырехмерным». И тем не менее в своих построениях он исходит из плоскости, считается с условиями плоскости. Но язык его изобразительности отнюдь не плоскостной, как у египетского живописца. Последний трехмерную фигуру человека переводит на язык двухмерности. Иконописец, мысля «четырехмерно», строит концепцию своеобразного «сферического» пространства, пользуясь двухмерной плоскостью, как основанием. Различие здесь не формальное, а по существу. Пояснить это можно ссылкой на архитектурные чертежи. Ведь никто не

> станет утверждать, что пространственная концепция архитектора плоскостная. Тем не менее его сооружение в проекционных чертежах все выражено в плоскости [Тарабукин 1999: 131].

Опираясь на «Мнимости в геометрии» Флоренского, на неэвклидову гиперболическую геометрию Лобачевского и на теорию относительности Эйнштейна, Тарабукин утверждал, что новейшие открытия европейской науки — не «позитистски-ограниченной» ее разновидности, как в XIX веке, а скорее «новой науки» начала XX века — подтверждают правильность «религиозного взгляда на структуру вселенной» как одновременно конечную и бесконечную. Такие представления были впервые интуитивно сформулированы в Средние века [Тарабукин 1999: 124–125]. Как конечный микрокосм, содержащий в себе бесконечный макрокосм, иконописный образ оказывается тем самым более «современным» и «конкретным» в своем представлении о мире, нежели искусство, распространившееся позднее, в период Ренессанса и в последующие столетия. В значительной мере как и Флоренский, Тарабукин пришел к заключению, что

> в противовес общепринятой терминологии, можно сказать, что иконописец, как художник и мыслитель, куда более реалист, чем все светское искусство западноевропейской культуры, начиная с Ренессанса и до текущих дней, обычно именуемое «реалистичным» и даже натуралистичным. Бытие, изображаемое натуралистической живописью, — призрачно <...>. Мир же религиозного сознания, выражаемый иконописцем, реален [Тарабукин 1999: 131–132].

Два года спустя после завершения «Смысла иконы» Тарабукин написал еще один теоретический трактат об иконописи — «Происхождение и развитие иконостаса». Тогда же он создал и работы «О современной живописи: язык форм» и «Опыт теории живописи», которые продемонстрировали взаимосвязанность его интересов в области средневекового и современного искусства и предопределили последующее обращение к теории производственного искусства, интерес к которой отразился в работах «От мольберта к машине» (1923) и «Искусство дня» (1925). После большевистской революции Тарабукин, как и Пунин, больше не возвращался к теме русско-византийского искусства, что отчасти объясняется антирелигиозной атмосферой первых советских лет. Тем не менее и в случае Пунина, и в случае Тарабукина философские и теоретические изучения русско-византийской художественной традиции оказали глубокое влияние на их мысли и труды, посвященные авангарду и беспредметному искусству конца 1910-х — начала 1920-х годов. Вероятно, что именно в период написания работ и размышлений на тему русско-византийского искусства Пунин и Тарабукин сформулировали некоторые свои наиболее радикальные и новаторские теории нового советского искусства.

В начале 1920-х годов и Пунин, и Тарабукин принимали участие в новых революционных объединениях, таких как Пролеткульт (Пролетарская культура), ВХУТЕМАС и ИНХУК (Институт художественной культуры). Наряду с другими теоретиками, они разработали новый, аналитический подход к искусству, который подразумевал отказ от повествовательности, от литературной традиции художественной критики в пользу другого подхода — формального, ориентированного на средства выражения. Переосмысливая свои концепции иконы в пользу нового, секулярного контекста, эти два мыслителя использовали ее как дискурсивный инструмент для решения идеологических, практических и утилитарных задач. Выходя за пределы чисто формального и эстетического, новый объект искусства в советском авангарде был призван расширять эрудицию пролетариата и формировать новое, советское сознание, подобно тому как иконописный образ использовался в свое время в качестве средства для формирования нового философского и духовного сознания. Флоренский говорил об иконе как об «истинно» реалистическом произведении искусства, и точно так же новое искусство конструктивизма должно было стать примером «нового реализма» — «честного» пролетарского искусства, запросто демонстрирующего свою материальную структуру, вместо того чтобы лукавить иллюзионизмом. Наконец, такие понятия, как анонимность создателя и общность коммунального потребления, связанные с иконописью и монументальным религиозным искусством, непосредственно заключают в себе этос производственного искусства — искусства, созданного коллективом и для коллектива. В заключение можно сказать, что новое советское искусство было функциональным, межличностным, ясным и идеологизированным. Всё это заставляет вспомнить данную Флоренским характеристику иконы как произведения объективного, коллективного и универсального. Есть некая ирония в том, что икона составила идеальную концептуальную модель для нового советского искусства (подробнее этот новый этап рассматривается в последующих главах)[32].

---

[32] Вопрос о том, каким образом большевики использовали иконописные образы и церковную архитектуру в качестве образцов для коммунистической политической пропаганды, см. [Spira 2008: 168–208; Clark 2003; Bonnell 1999: 1–19, 20–35]. Анализ более широкой проблемы — сакрализации политики в Советской России — см. в [Gregor 2012; Gentile 2006].

Глава 2

От Константинополя — до Москвы и Санкт-Петербурга

Музеи, выставки и частные коллекции

Исследователи русского авангарда часто рассматривали Выставку древнерусского искусства в 1913 году как первое крупное мероприятие, в рамках которого широкой публике представили средневековые иконописные произведения и предметы церковного искусства[1]. Однако, как показал российский искусствовед Г. И. Вздорнов, ранее, в XIX веке, уже состоялись несколько крупных выставочных мероприятий [Вздорнов 1986: 204–205]. В самом деле, коллекционирование, институционализация и выставочная деятельность в области средневекового искусства начались ещё в 1840-е и 1850-е годы, а пик этой деятельности пришелся на начало 1910-х годов. Такие меценаты, как Н. П. Румянцев (1754–1826), А. П. Базилевский, П. И. Севастьянов и Н. П. Лихачев, еще до конца века собрали значительные коллекции предметов византийского и древнерусского искусства, составившие затем основу для целого ряда музейных отделов, например в Эрмитаже, в Московском публичном и Румянцевском музеуме, в Русском музее Его Императорского Величества Александра III и в Импе-

[1] Выставка древнерусского искусства была организована в феврале 1913 года Императорским археологическим институтом в Москве в ознаменование трехсотлетия дома Романовых.

раторском российском историческом музее. В ряде случаев известные ученые и критики, такие как Н. П. Кондаков, А. С. Уваров (1825–1884), И. Е. Забелин (1820–1908), П. П. Муратов и Н. Н. Пунин, принимали непосредственное участие в систематизации, каталогизации и организации соответствующих коллекций. Это привело к переосмыслению широкими слоями общества представленных произведений как самодостаточных художественных шедевров, а не археологических диковин или церковных реликвий. Как отметил искусствовед начала XX века Н. П. Сычев, широкая публика долгое время пребывала в том убеждении, что русское иконописание напрямую восходило к византийскому, и «о древнерусской иконописи всегда думали как о византийском наследии, перенятом <...> вместе с религией и церковными обрядами; наследии, не нашедшем <...> благотворной почвы для дальнейшего развития, быстро огрубевшем в провинциальных мастерских» [Сычев 1916: 4]. Однако к концу столетия подобные представления стали меняться, поскольку в новых музейных экспозициях подчеркивались динамичные взаимоотношения между византийской и русской иконописью, а также эволюция последней, ее уход от рабского подражания византийским прообразам и стремление к новым способам художественного выражения. И отдельные работы, и даже целые школы больше не воспринимались как предметы массового производства, изготовленные группами безымянных ремесленников и словно сошедшие с конвейера — они все чаще стали связываться с именами конкретных мастеров, таких как Андрей Рублев, Феофан Грек, Дионисий и Симон Ушаков. Вслед за Кондаковым все больше и больше искусствоведов и художественных критиков стали называть золотым веком русского изобразительного искусства период XIV–XV веков и сравнивать его с итальянским и германским Возрождением того же времени [Тугендхольд 1913а: 217–218; Муратов 1913: 34–35; Бенуа 1913а: 2; Пунин 1913а: 40]. Взлет национального самосознания в период правления Александра III (1881–1894) указывает на то, что те категории, которые изначально рассматривались как исключительно эстетические, все активнее стали претворяться в идеологические понятия, включающие в себя представления о национальном происхождении и духовном превосходстве, и в результате стилистические различия между византийской и древнерусской школами иконописи приобрели целый комплекс новых культурных, исторических и политических смыслов. Сам факт создания новых музеев, посвященных исключительно национальному искусству и национальной истории, указывает на то, что и официальные, и частные лица в равной мере и все более активно стремились собирать и наглядно представлять публике физически осязаемые предметы, способствующие, как кажется, популяризации доктрины «Третьего Рима», вновь возрожденной в 1870-е годы, в преддверии Балканского кризиса и Русско-турецкой войны[2]. Эта формула возникла в начале XVI века и впервые встречается в письме псковского монаха Филофея, прославившегося тем, что он написал великому князю Московскому: «Два Рима пали, третий стоит, а четвертому не бывать»[3]. Эта формула подразумевает, что после падения Константинополя под натиском турок-османов в 1453 году ведущая роль в православном мире естественным образом перешла к России, истинной и законной преемнице Византии, наследнице ее религии и культуры, ее политического и общественного порядка. Впрочем, тот факт, что четвертому Риму «не бывать», подразумевал, помимо прочего, мессианскую роль России, которой предназначалось сохранить православие для будущих поколений, а потому она не могла позволить себе роковых ошибок, подобных тем, что совершила Византия. Россия, таким образом, представала как более молодая и стойкая православная нация, не тронутая тем тленом, который сгубил Византию, чуждая ее развращенности и слабости и потому избежавшая трагической судьбы, постигшей древнюю империю. Благодаря своим особенным свойствам — духовным, нравственным и гражданским, — которые характеризовали Россию как высшую нацию и, согласно мнению многих, кто писал об этом на рубеже веков, непосредственно выражались в русском искусстве и архитектуре Позднего Средневековья.

---

[2] Анализ доктрины «Третьего Рима» см. в [Синицына 1998].

[3] Цит. по: [Wolf 1959: 291].

На самом же деле культурные и художественные связи между Византией и средневековой Россией не так-то легко отделить друг от друга[4]. Как пишет Робин Кормак,

> на протяжении [нескольких] столетий монументальное искусство русских земель было не столько ответом на византийское влияние, сколько продолжением деятельности византийских мастеров, которые регулярно приезжали работать на Русь вплоть до XV века [Cormack 2000: 181].

Выставка 1991 года «Византия. Балканы. Русь. Иконы конца XIII — первой половины XV в.», организованная Государственной Третьяковской галереей в Москве и оказавшаяся чрезвычайно востребованной, представила публике похожее понимание, согласно которому, по словам О. С. Поповой,

> все средневековое русское искусство рассматривалось как часть византийской культуры. Каждое русское произведение, независимо от его содержания, его качества и даже места его возникновения, трактовалось как отражение византийских идей. <...> В результате вся русская живопись рассматривалась просто как византийская [Popova 1992: 45].

Такая интерпретация подкрепляется целым рядом ранних летописей, свидетельствующих о том, что в XI веке византийские строители возвели и украсили Софийские соборы в Киеве и Новгороде. Кроме того, в 1344 году византийские художники выполнили весь внутренний декор в церкви Божией Матери в Москве, а в 1348 году князь Василий поручил Исайе Гречину расписать церковь Входа в Иерусалим в Новгороде [Cormack 2000: 181; Lowden 1997: 418]. Феофан Грек, византийский художник, который учился в Константинополе, а в 1370 году перебрался в Новгород, создал убранство целого ряда церквей и соборов, в том числе церкви Рождества Богородицы, Архангельского собора

---

[4] Хороший обзор связей между Византией и средневековой Россией см. в [Popova 1992].

и Благовещенского собора в Московском Кремле, а также церкви Спаса Преображения в Новгороде. К его кисти относят и несколько станковых икон, например икону Преображения (1403) и двустороннюю икону, на одной стороне которой представлена Богоматерь Донская, а на другой — Успение Богоматери (1390-е годы). Возможно, гораздо важнее другое: в начале 1400-х годов Андрей Рублев, самый выдающийся пример собственно древнерусского гения, в течение нескольких лет учился и работал вместе с Феофаном. Подобным же образом многие станковые иконы, написанные на дереве в домонгольский период, восходят к византийским источникам, и даже самая значимая и почитаемая в России Владимирская икона Божьей Матери была написана в Константинополе и привезена в город Владимир в 1160-х годах. И в раннекиевский период (1000–1200-е годы), и после падения Константинополя в 1453 году многие византийские художники, архитекторы и другие мастера селились на русских землях и сочетали свои художественные техники, приемы и предпочтения с местными привычками и обычаями. Разумеется, такое продуктивное сочетание часто порождало новые виды иконографии и художественные формы, что выражалось в возникновении оригинальных орнаментальных стилей и новых декоративных традиций. Впрочем, хотя точное определение понятий и строгое разграничение чисто «византийской» и чисто «русской» изобразительных манер по-прежнему представляют предмет научной полемики среди византинистов и исследователей древнерусского искусства, ни то ни другое не является основной целью данного исследования. В гораздо большей степени я стремлюсь показать, как публика XIX и начала XX века понимала, выстраивала и применяла эти классификации в контексте культуры того времени и для выработки методов современного искусства. Особенно хорошо резюмировал это Джон Лоуден:

> Искусство России или венецианского Крита невозможно представить себе без вклада византийских художников. Но в какой момент такое искусство и художники, его созидавшие, становились «русскими», «критскими» или «венеци-

> анскими» и уже не «византийскими»? Над этим вопросом стоит подумать, но лучше оставить его открытым [Lowden 1997: 420].

Параллельно с достижениями современной археологии, а также исследований в области византийского и древнерусского искусства, о которых сказано выше, не менее важную роль в художественной переоценке этой изобразительной традиции сыграли новейшие принципы музейного хранения, экспозиции и монтажа. В первое десятилетие XX века возникла также широкая инициатива по очистке старинных переносных икон, писанных на доске и хранящихся как в музейных, так и в частных коллекциях, — наряду с монументальными реставрационными проектами, о которых шла речь в предыдущей главе. В рамках этой инициативы, например, в 1904–1906 годах впервые была очищена икона Андрея Рублева «Троица ветхозаветная» (рис. 1). На протяжении XVII и XVIII столетий ее многократно переписывали в соответствии с новыми вкусами, которые все более склонялись к иллюзионизму [Gatrall 2010: 4]. Более того, сохранившиеся черно-белые фотографии этой иконы до реставрации (рис. 11 и 12) свидетельствуют о том, что ее покрывал золоченый металлический оклад, который скрывал всю ее красочную поверхность, за исключением лиц, рук и ступней ангелов. Таким образом, хотя эта икона и была хорошо известна, большинство зрителей не имели возможности увидеть ее во всем живописном великолепии вплоть до 1906 года. Группа реставраторов под руководством знаменитого московского иконописца В. П. Гурьянова удалила верхние слои краски и олифы, наложенные на протяжении нескольких столетий, и обнажила оригинальную яркую живопись Рублева и его новаторскую композицию. Вместо тускло-коричневых и блекло-желтых тонов более позднего времени глазам публики впервые открылись рублевские цвета: лазурно-синий, глубокий коралловый, ярко-зеленый и разнообразные оттенки охры, — и это была своего рода сенсация. В российской печати появилось множество статей, посвященных этому неожиданному открытию великого мастера, так долго пребывавшего в забвении.

В 1908–1910 годах под влиянием столь великого успеха было решено очистить большое количество древних икон из различных музейных отделов, а также из обширных частных коллекций И. С. Остроухова (1858–1929), С. П. Рябушинского (1874–1942) и Лихачева. В ходе этих реставрационных мероприятий были впервые обнаружены более ранние стили иконописи XIII, XIV и XV веков, и это в значительной мере способствовало переосмыслению иконописи как искусства «высокого», а отнюдь не «низкого». Рассуждая о недавно очищенной коллекции икон Русского музея Его Императорского Величества Александра III, Сычев отметил, что впервые увидевшие «замечательную красочность древних икон, очищенных от вековой грязи, копоти и потемневшей олифы, утверждают, что теперь древние иконы переписывают заново» [Сычев 1916: 4]. В самом деле, и свойственная этим иконам значительная степень «абстрактности», и крупные пятна открытых, чистых цветов, и структура пространства, чуждая иллюзионизму, — все это многими воспринималось как чересчур «современное», как явный анахронизм.

Более того, в повседневной работе крупнейших музеев, в том числе Московского публичного и Румянцевского, а также Русского музея Его Императорского Величества Александра III в Санкт-Петербурге, принимали непосредственное участие исследователи современного искусства и молодые художественные критики левого толка, в том числе Муратов и Пунин, и, соответственно, собрания икон из этих музеев регулярно упоминались на страницах популярных журналов того времени, посвященных искусству, таких как «Аполлон», «Весы», «Старые годы» и «Золотое руно»[5]. В этих журналах и византийское, и древнерусское искусство постоянно рассматривалось в его отношении к новейшим течениям в русской и европейской живописи. В результате музейные отделы средневекового искусства все чаще восприни-

---

5 Пунин сотрудничал в Отделении памятников русской иконописи и церковной утвари в Русском музее Его Императорского Величества Александра III в Санкт-Петербурге с 1913 по 1916 год; Муратов был помощником Н. И. Романова в Московском публичном и Румянцевском музеях с 1910 по 1913 год.

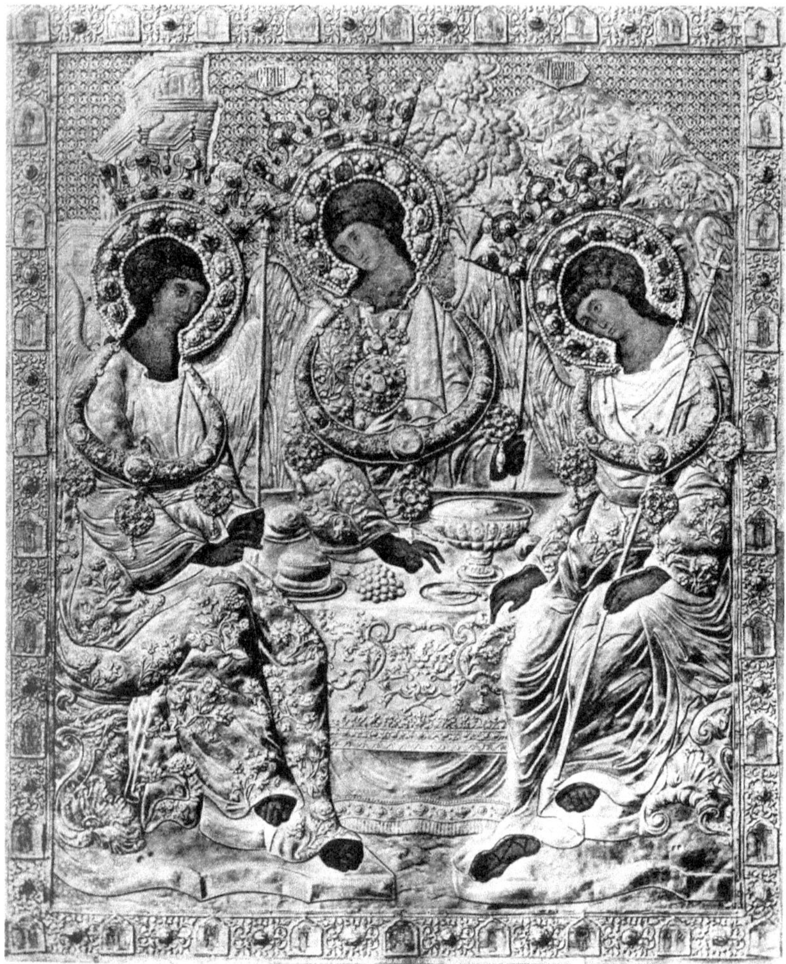

Рис. 11. Фотография «Троицы ветхозаветной» Андрея Рублева в окладе времен правления Бориса Годунова (1551–1601). 1904. Приводится по изд. [Гурьянов 1906]

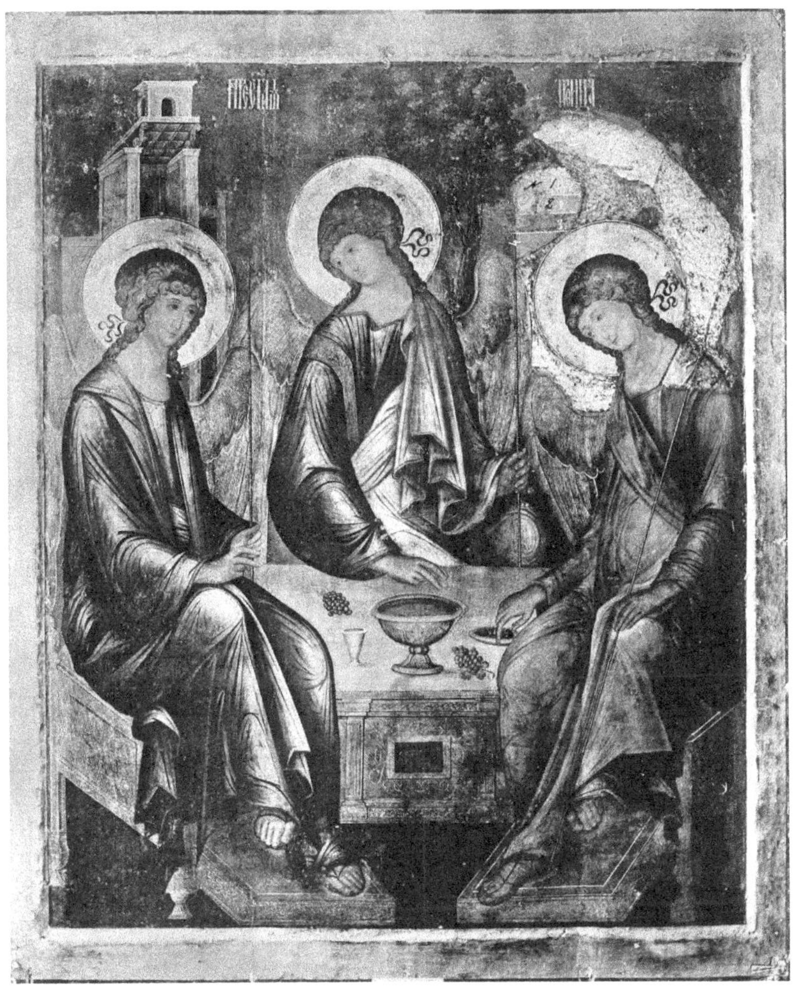

Рис. 12. Фотография «Троицы ветхозаветной» Андрея Рублева без оклада, до удаления поздних красочных слоев. Приводится по изд. [Гурьянов 1906]

мались не как собрания древностей, давно устаревших реликвий далекого и недоступного прошлого, но как «храм[ы] новых художественных откровений для [современных] художников», ожившие для современных зрителей давно забытую художественную традицию [Сычев 1916: 7].

В этой связи в настоящей главе рассматривается роль музеев, частных коллекций и временных выставок в ознакомлении широкой публики в Москве и Санкт-Петербурге на протяжении 1860–1913 годов с византийским и древнерусским искусством и культурой. В частности, будет показано, что на рубеже веков и еще до наступления эпохи авангарда широкая общественность имела хорошее представление об этих, прежде презиравшихся, изобразительных традициях, высоко их ценила и все лучше понимала их значимость для развития современного русского искусства.

Византия на Неве: Эрмитаж и Русский музей Его Императорского Величества Александра III

Первые византийские артефакты в собрании Эрмитажа были приобретены в годы правления Екатерины Великой (1762–1796). Императрица очень интересовалась греко-романскими и средневековыми камеями и инталиями и купила несколько значительных коллекций из разных стран Европы, в частности коллекции барона де Бретейля (1782), лорда Беверли (1786), герцога Орлеанского (1787) и Джованни Баттисты Казановы (1792)[6]. К концу правления Екатерины Эрмитажу принадлежали более 10 000 камей, а в письме, адресованном французскому дипломату барону Фридриху Мельхиору Гримму, императрица хвалилась, что «все кабинеты Европы — лишь детские забавы в сравнении с нашим»[7]. Значительную часть этой коллекции составили византийские камеи VI–XIII веков, в том числе и столь выдающиеся произведения, как «Благовещение» и погрудный образ Христа

---

6 Подробнее о коллекции камей в Эрмитаже см. [Банк 1959; Захарова 1991: 5–7].

7 Письмо Екатерины Фридриху Мельхиору Гримму, 1795 [Сборник 1878: 638].

Эммануила VI века, изображение святого Василия Великого и святых Георгия и Димитрия X века, камеи «Иисус Христос милостивый» и «Богоматерь Оранта» XI века, а также реплика XIII века «Даниила в яме со львами»[8]. Многие из этих произведений были тщательно каталогизированы еще при жизни Екатерины — этим занимался ее придворный библиотекарь А. И. Лужков, — и коллекция продолжала расширяться на протяжении всей первой половины XIX века [Захарова 1991: 5].

Множество редких и ценных артефактов поступило в Эрмитаж в результате археологических находок в Сибири и Крыму, особенно на территории легендарного города Херсонеса, где раскопки начались при государственном финансировании еще в 1820-е годы. Среди обнаруженных предметов были оружие, драгоценности, серебряные блюда и чаши, напрестольные кресты и реликварии, иконы, ценные монеты, античная керамика, фрагменты зданий, рельефы и остатки древних фресок. Так, например, в 1853 году граф Уваров обнаружил остатки византийской базилики VI века, в центральном нефе которой сохранились фрагменты оригинального мозаичного пола. Уваров приказал всю мозаику снять и перевезти в Петербург; там ее поместили в Эрмитаж, где она пребывает и по сей день. Еще один примечательный предмет монументального искусства Византии, примерно тогда же пополнивший собой эрмитажную коллекцию, — это фрагмент мозаики VI века из Равенны с изображением апостола Петра: его получил в дар Николай I. Кроме того, в 1854 году в этот музей из Херсонеса от графа С. Г. Строганова поступила большая коллекция серебряных брошей и пряжек IV–VII веков, а также различных серебряных блюд и чаш VI–VII веков [Залесская 1991б: 25]. Наконец, Императорское русское археологическое общество пожертвовало значительное число византийских и древнерусских артефактов, обнаруженных в ходе различных раскопок, которые оно проводило на протяжении 1850-х и 1860-х годов на юге России и в западной Сибири, в частности в Керченской, Пермской и Вятской губерниях.

---

[8] См. [Захарова 1991: 6; Piatnitskii et al. 2000: 54 (№ B12), 81 (№ B55, B56)].

Однако самым значительным приобретением — приобретением, полностью преобразившим эрмитажное собрание средневекового искусства, — стала покупка в декабре 1884 года ценнейшей коллекции А. П. Базилевского. Этот русский дипломат, служивший в Вене и затем в Париже, еще в 1850-е годы начал собирать средневековые артефакты со всей Европы. В период с 1860 по 1875 год он приобрел в числе прочих коллекции Альбера Жермо, Ашиля Фульда, Алессандро Кастеллани, Петра Салтыкова и графа Джеймса-Александра де Пурталеса. К 1878 году его коллекция насчитывала целых 550 предметов искусства, относящихся к эпохам Средневековья и Возрождения [Darcel, Basilewsky 1874]. На акварели 1870 года, изображающей парижскую резиденцию Василевского (цв. илл. 2), выполненной знаменитым художником В. В. Верещагиным, представлено широкое собрание средневековых шлемов, распятий, реликвариев, чаш, кубков, золоченых и серебряных блюд, деревянной скульптуры, диптихов слоновой кости, икон-эмалей, майолики и венецианского стекла эпохи Возрождения. Составившие это собрание предметы охватывали несколько столетий христианского искусства, от Античности и до Позднего Возрождения, и представляли очень широкую географию. Наибольшую ценность в собрании Базилевского представляла обширная коллекция византийских предметов слоновой кости, датируемых VI–XIV веками; несколько фрагментов древних мозаик, например мозаичное изображение ангела VI века из церкви Святого Михаила в Равенне; а также ряд редких эмалевых и мозаичных икон XIII–XIV веков, например «Святой Феодор Драконоборец» и «Святой Феодор Стратилат»[9]. Помимо различных раннехристианских и византийских артефактов, в коллекцию Базилевского вошли ярчайшие образцы романского, готского, венецианского, коптского и сирийского искусства.

Эта коллекция была целиком приобретена российским правительством и перевезена в Санкт-Петербург, а 14 января 1885 года официально открыта для публики [Залесская 1991а: 12]. Сначала она временно экспонировалась на втором этаже Старого Эрми-

---

[9] См. [Piatnitskii et al. 2000: 89 (№ B64), 145 (№ B123)].

тажа, но в 1888 году ее переместили на первый этаж и заново смонтировали в 20 недавно отреставрированных выставочных залах. Руководил перемещением Кондаков, назначенный ранее, в том же году, главным хранителем Отделения Средних веков и эпохи Возрождения. Кондаков полностью изменил логику экспозиции — и визуальную, и хронологическую, — отдав предпочтение логике географической и исторической взамен чисто «декоративной». В письме князю Сергею Трубецкому Кондаков объяснял, что изначальная структура выставки его не удовлетворила, потому что в ней присутствовали

> и пробелы и скачки и смешение вещей ради декоративных целей. Рядом с древнехристианскими памятниками первых веков нашей эры помещен был без всякого перехода отдел древностей IX–XIII вв. под названием «Византия на Руси», затем непосредственно шли предметы русской и польской старины прошлого и нынешнего века. Но что еще важнее: в помещении оказывались соединения самых разновременных, вполне разнохарактерных и не совместимых друг с другом предметов. <...> ...достоинство Императорского Эрмитажа требовало упорядочения предметов, исторической и стилистической группировки, а потому удаления одних предметов и замены их аналогичными [Савина 1991: 35–36].

Кондаков организовал экспозицию таким образом, чтобы показать всю сложность и весь характер эволюции христианского искусства от Античности до Раннего Возрождения в целом ряде различных регионов, в том числе России, Европы и Ближнего Востока. Экспозицию открывал зал «христианских древностей восьми первых веков новой эры», в котором были представлены преимущественно произведения византийского искусства, в том числе серебряная церковная утварь, фрагменты мозаик и иконы. Коллекция предметов резной слоновой кости из собрания Базилевского была выставлена в особом зале, за которым следовала экспозиция ранних лиможских эмалей. За ними в свою очередь шли залы с «византийскими памятниками латинского

Запада», «искусством византийской и послевизантийской Италии» и «русские древности до монгольского нашествия» [Савина 1991: 36]. Такое расположение предметов экспозиции отражало собственные представления Кондакова о том, что византийское искусство сыграло ведущую роль в последующем развитии как русской, так и западноевропейской изобразительных традиций. Эту идею Кондаков ясно выразил в своем важнейшем исследовании 1886 года «Византийские церкви и памятники Константинополя»:

> Мы уверены, что изучение древней византийской столицы со временем станет наравне с наукою языческого и древнехристианского Рима и по плодотворности своих результатов займет одно из важнейших мест в науке средневековой древности вообще и христианского Востока в частности [Кондаков 2006: 16].

Эту идею он развил и в своем каталоге 1891 года, составленном для собрания Отделения Средних веков и эпохи Возрождения. Он объясняет, что в общем плане Эрмитажа залы, представляющие искусство Средних веков и эпохи Возрождения, были специально устроены таким образом, чтобы они следовали за залами искусства Востока и предшествовали залам западноевропейской живописи. Такая логика организации экспозиции должна была в целом отражать распространение определенных представлений о влиянии Востока на Запад, а следовательно, и показывать большое значение средневековой Византии и Ближнего Востока как проводников эллинистической мысли и культуры в Западную Европу:

> Такое распределение отделов вполне отвечает исторической роли Востока, начиная со времени падения Западной Римской Империи и кончая крестовыми походами. Уже эпоха переселения народов есть передвижение народов и культуры с Востока на Запад. <...> Начавшееся ныне изучение средневековья приводит все ближе к восточным оригиналам [Кондаков 1891: 19].

Богатство, разнообразие, а также географический и хронологический охват коллекции Базилевского позволили Кондакову наконец в полной мере через музейные экспозиции познакомить широкую публику с новаторскими и оригинальными способами восприятия и осмысления средневекового и ренессансного искусства в целом и византийского искусства в частности. В эрмитажном каталоге Кондаков делает заключение о том, что выдающаяся коллекция Базилевского позволила Отделению Средних веков и эпохи Возрождения встать наконец на один уровень с соответствующими коллекциями Лувра, Кенсингтонского и Берлинского музеев[10].

В период с 1888 по 1913 год эрмитажное собрание византийского и древнерусского искусства продолжало расширяться как за счет частных, так и за счет институциональных пожертвований. В. Г. Бок, графиня М. Г. Щербатова и семья Строгановых, а также Императорская археологическая комиссия и Русский археологический институт в Константинополе передали Эрмитажу целый ряд редких и ценных предметов искусства. Среди прочего, например, два блюда VI века: одно — с изображением сцены кормления змеи, другое — с двумя ангелами по сторонам креста; обширная коллекция предметов ювелирного искусства VI и VII веков из Мерсина; кадило VII века с изображением Христа, Девы Марии, ангелов и апостолов; эмалевая икона-реликварий XI века с изображением распятия, святых и эпизодов Божественной литургии; чаша XII века с рельефными изображениями сцен пира императрицы; мраморные рельефы XII века, представляющие апостолов Петра и Павла; а также две бронзовые иконы Воскресения и Богоматери с Младенцем[11]. Таким образом, к первому десятилетию XX века Санкт-Петербург обладал одним

---

[10] «В этом отношении новый отдел Императорского Эрмитажа становится в ряду и наравне с Музеями Лувра, Кенсингтонским и Берлинским, тогда как прочие европейские средневековые собрания представляют или специально местный характер, или культурно-историческое и бытовое, а не художественное содержание» [Кондаков 1891: 5].

[11] См. [Piatnitskii et al. 2000: 51 (№ B6), 55–56 (№ B13), 67 (№ B32), 88 (№ B63), 91 (№ B67), 100 (№ B82)].

из самых разнообразных и обширных во всем мире собраний византийского, а также средневекового европейского и древнерусского искусства. Хранил это собрание — бережно и со знанием дела — один из ведущих специалистов в своей области, а деятельность его отражала новейшие и даже революционные взгляды и подходы в сфере медиевистики и византинистики. В дополнение к этому уникальному собранию в 1898 году был открыт Русский музей Его Императорского Величества Александра III (далее — Русский музей).

Замысел создания в столице империи такого музея, посвящённого исключительно русскому искусству, принадлежал царю Александру III (1845–1894). Он был славянофилом, страстным поборником русско-византийского возрождения и — во многом вслед за Николаем I — был убежден в крайней важности установления и поддержания на всей территории Российской империи прочного национального и религиозного самосознания. С учетом всего этого он активно поощрял и финансировал строительство новых церковных зданий в русско-византийском стиле и предпочитал отечественное искусство западноевропейскому. Вообще говоря, за время своего царствования Александр III успел собрать весьма значительную коллекцию русской живописи, скульптуры, а также иконописного и декоративно-прикладного искусства — коллекцию, которая в конечном итоге и составила основу фондов Русского музея. Царь высказал мысль о необходимости создания музея национального искусства еще в 1889 году, однако умер он, так и не воплотив мечту всей своей жизни. Стать основателем Русского музея довелось старшему сыну Александра, царю Николаю II (1868–1918), который издал 13 апреля 1895 года указ следующего содержания:

> Незабвенный Родитель Наш, в мудрой заботливости о развитии и процветании отечественного искусства, предуказал необходимость образования в С.-Петербурге обширного музея, в коем были бы сосредоточены выдающиеся произведения русской живописи и ваяния. Такому высокополезному намерению почившего Монарха не суждено было, однако, осуществиться при Его жизни. Ныне, отвечая ду-

> шевной потребности неотложно исполнить означенную волю покойного Государя, признали Мы за благо учредить особое установление под названием «Русского Музея Императора Александра III», с возложением главного заведывания оным на одного из Членов Императорского Дома по Нашему избранию, с присвоением Ему звания Управляющего упомянутым Музеем [Полное собрание 1899: 189].

Царским указом было также определено, что новый музей должен располагаться в Михайловском дворце (1819–1825) на Михайловской площади (ныне площадь Искусств), в самом центре Санкт-Петербурга, между Инженерной и Итальянской улицами. Собрание музея должно было отражать возникновение и развитие русской художественной культуры от Раннего Средневековья и до конца XIX века. Сформировано оно было на основе самых разных источников, включая Императорскую академию художеств, Эрмитаж, а также Александровский и Аничков дворцы. Наряду со множеством живописных произведений XVIII и XIX веков, академия передала новому музею в полном объеме коллекцию Музея христианских древностей, которую перенесли в Русский музей в 1897 году. Крупные пожертвования поступили также и от частных благотворителей, в том числе от В. А. Прохорова, от князя А. Б. Лобанова-Ростовского, а также от княгини М. К. Тенешевой. К тому моменту, когда музей официально открыл двери для публики, то есть к 7 марта 1898 года, в нем хранились 445 живописных полотен, 111 скульптур, 981 графическая работа и более 5000 произведений византийского и древнерусского искусства, в том числе икон, церковной утвари и предметов декоративно-прикладного искусства [Гусев 1995: 8].

Музейное собрание экспонировалось в 37 просторных залах, — в частности, Музей христианских древностей занимал четыре больших помещения на первом этаже дворца (рис. 13). К ним непосредственно примыкал зал, в котором были представлены работы М. В. Нестерова и В. М. Васнецова в духе религиозного ревивализма, в том числе монументальная фреска

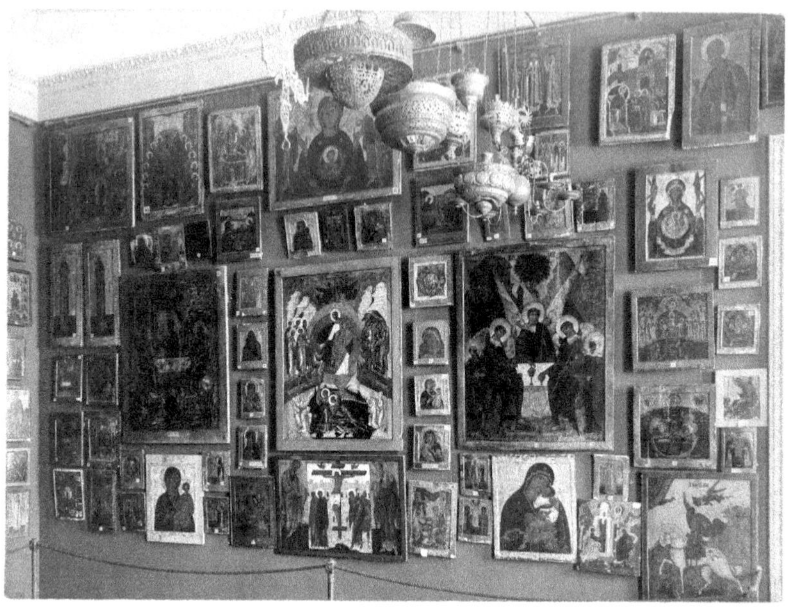

Рис. 13. Вид экспозиции христианских древностей в Русском музее Его Императорского Величества Александра III. 1898 год

Васнецова «Положение во гроб» (1896), изначально созданная для Владимирского собора в Киеве [Баснер 1995: 32]. Для публики рубежа веков такое «сопоставление подлинной старины с новейшим возрождением византийских традиций на почве новых условий техники» подчеркивало важность музея не просто как статичного хранилища произведений искусства прежних эпох, но и как динамического катализатора для современной художественной практики [Половцов 1900: 26]. Многие выражали надежду на то, что соприкосновение с многовековым наследием русско-византийской художественной культуры подтолкнет следующее поколение художников к поискам в новых направлениях взамен пассивному подражанию новейшим тенденциям в западноевропейской живописи. Например, один из критиков с воодушевлением отметил, что новый музей станет

> тем пунктом, где мы окончательно полюбим нашу старину, где мы не перестанем открывать новые прелести в нашем родном, где наши художники будут черпать вдохновение и, опираясь на старое, будут творить новое, не отступающее от народных, национальных начал, но являющееся только их развитием в применении к новым условиям. Наконец, нам остается надеяться, что настоящий музей явится и первым пунктом к распространению такой любви к искусству <...> в тех широких кругах, куда не проникла еще эта любовь и сознание своей связи с родной стариной [Карасик, Петрова 1995: 33].

Подобные комментарии ясно показывают, что Русский музей начиная со времени своего создания привлекал значительное внимание как со стороны органов периодической печати, так и со стороны широкой публики. Так, один из критиков написал, что это учреждение «будет иметь для России такое же высоко-культурное значение, какое для Франции и Англии имеют Национальный музей в Париже и Британский — в Лондоне» [Военский 1898: 19]. В самом деле, уже в первый год после открытия этот музей посетило более 100 000 человек, а к 1915 году этот показатель увеличился более чем в два раза [Гусев 1995: 8; Асеев 1995: 38].

За это время музею также удалось расширить свое собрание почти вдвое, особенно значительно в части средневекового искусства, и Кондаков даже отметил, что эта последняя коллекция выросла в «большой христианский музей <...> подобного которому не знает и не имеет почти ни одна европейская страна»[12]. Коллекция эта охватывала несколько веков художественного творчества в самых разных техниках и включала ряд прославленных шедевров византийского и древнерусского искусства. К числу самых ценных византийских памятников принадлежали иконы XII века с изображениями Святой Троицы, Воскресения Христова, святого Григория Чудотворца, святых воинов Георгия,

---

[12] Кондаков Н. Report of the Russian Museum of His Imperial Majesty Alexander III for the Year 1913. Ведомости архива Государственного русского музея. Оп. 1. Д. 310. Л. 100. Цит. в [Шалина 2009: 17].

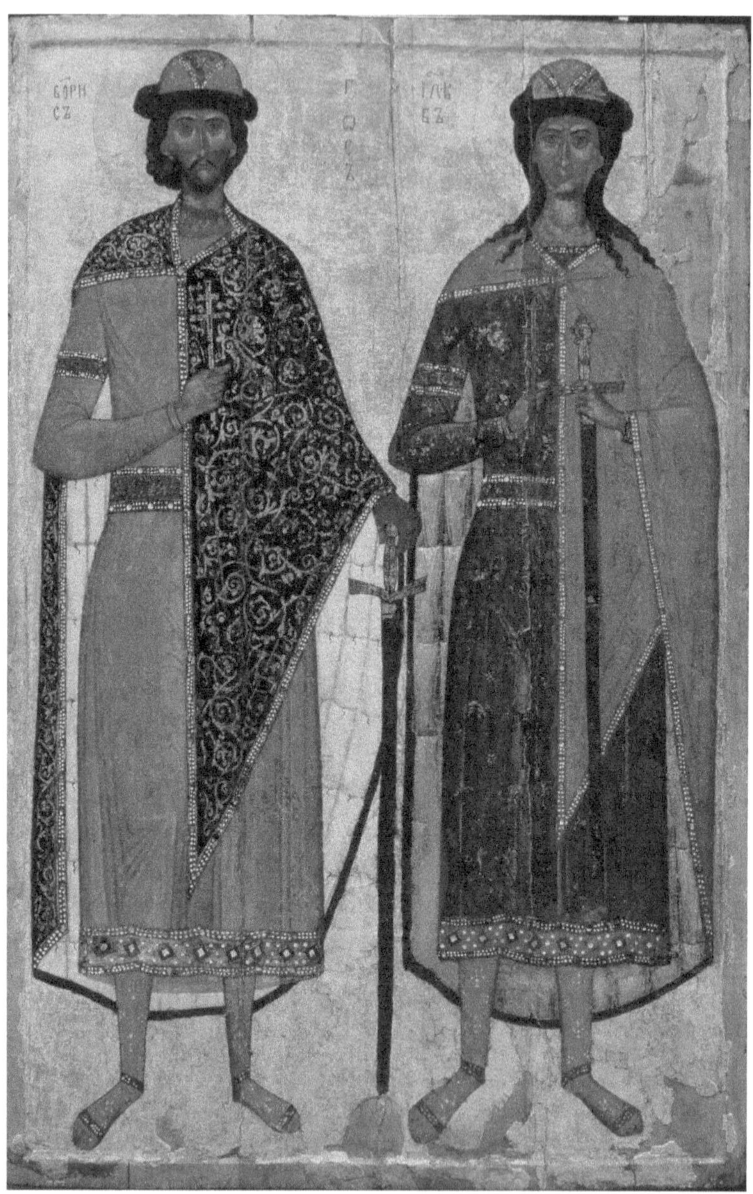

Рис. 14. Святые Борис и Глеб. XIV век. Дерево, темпера, 142,5 × 94,5 см. Государственный Русский музей, Санкт-Петербург

Феодора и Димитрия; иконы XIII века с изображениями святого Маманта и архангела Михаила; и, наконец, величественный образ Христа Вседержителя (1363), а также фрагменты фрески XIV века из монастыря Пантократор на горе Афон[13]. Принадлежавшие музею предметы древнерусского искусства отличались еще большим разнообразием и представляли целый ряд разных регионов, материалов и изобразительных школ. К 1910 году в музее хранились такие уникальные произведения, как икона «Чудо о святом Георгии» XIV века и «Божья Матерь Владимирская» XV века, приписываемая Андрею Рублеву; ряд резных и живописных икон на дереве, в том числе «Явление Божией Матери преподобному Сергию Радонежскому» и «Чудо святого Георгия о змие» (1500-е); различные крупномасштабные житийные иконы и Царские врата из Новгорода, Пскова и Ярославля; и, наконец, шедевры декоративно-прикладного искусства, такие как вышитая икона «Святой Николай Чудотворец» (1400-е), «Корсунское паникадило» (1400-е) и напольный светильник (1600-е) из Архангельска[14].

Одно из наиболее значимых приобретений в области византийского и древнерусского искусства было сделано музеем в 1913 году из знаменитой коллекции Лихачева, которая насчитывала 1431 икону и 34 произведения декоративно-прикладного искусства [Шалина 2009: 17]. Наряду с виднейшими шедеврами русской иконописи из Новгорода, Владимира, Суздаля и Москвы, такими как икона XIV века «Святые Борис и Глеб» (рис. 14), а также «Воскресение» и «Деисус», коллекция Лихачева включала в себя множество выдающихся византийских и греко-итальянских икон, в том числе образы архидиакона Стефана XI века, святого Феодора Стратилата XIII века, святого Иоанна Крестителя XIV века, Ветхозаветной Троицы XV века, а также «Богома-

---

[13] См. [Piatnitskii et al. 2000: 101 (№ B85), 104–105 (B87), 108–109 (№ B89), 137 (№ B113), 140–141 (№ B117), 148–149 (B125)].

[14] См. [Петрова, Киблицкий 1995: 152–153 (№ 85), 348 (№ 239); Петрова 2009: 57 (рис. 1), 59 (рис. 4), 12 (рис. 9); Плешанова, Лихачева 1985: 196–197 (№ 36); Соловьева, Булкин 2006: 118–119 (№ 40), 180 (№ 71), 190–191 (№ 76)].

терь Страстную» Андреаса Ритцоса (1450-е), «Святое семейство» Анджело Бизамано (1532), «Распятие» Эммануила Лампардоса (1600-е) и «Богоматерь из Деисуса» Эммануила Цанеса (1681)[15].

Пополнение этой обширной коллекции повлекло за собой полную реорганизацию отделов средневекового искусства в этом музее, которая прошла под руководством П. И. Нерадовского (1875–1962), в 1909 году назначенного главным хранителем [Асеев 1995: 34]. В результате в 1913–1914 годах залы средневекового искусства были переустроены таким образом, чтобы наглядно демонстрировать поступательное историческое развитие русской изобразительной традиции, от преимущественно византийских стилей и техник к собственно русским способам художественного выражения, причем особое внимание уделялось стилистическим и иконографическим различиям между региональными школами, например в Москве, Новгороде, Пскове, Владимире, Суздале, Старой Ладоге, Вологде и Ярославле. Эти различия акцентировались за счет того, что экспозицию открывали древнейшие образчики византийского искусства из коллекций Севастьянова и Лихачева, а далее в хронологическом порядке следовали ранние предметы русско-византийского искусства, времен Киевской Руси (988–1240), примеры различных иконописных традиций монгольского и послемонгольского периодов феодальной раздробленности (1240–1547) и, наконец, иконопись Строгановской школы XVI и XVII веков [Сычев 1916: 7]. В числе жемчужин новой экспозиции следует упомянуть так называемый Зал новгородской иконы (рис. 15), где в мельчайших подробностях был воссоздан интерьер древнерусской православной церкви— даже с иконостасом, который помещался вдоль восточной стены, с аналоем, паникадилом и высокими витринами со множеством больших и малых икон, среди которых были образы святых Бориса и Глеба, Спаса Нерукотворного и Божией Матери Одигитрии. По свидетельству Н. П. Сычева, в этом зале зритель

---

[15] См. [Лазарев 2000: 82–83 (№ 84), 77 (№ 74); Большаков, Климанов 1993: 134–135 (№ 339); Piatnitskii et al. 2000: 112–113 (№ B91), 113–114 (№ B92), 158–159 (№ B132), 168–169 (№ B142), 173–174 (№ B147), 184–185 (№ B164), 188 (№ B168)].

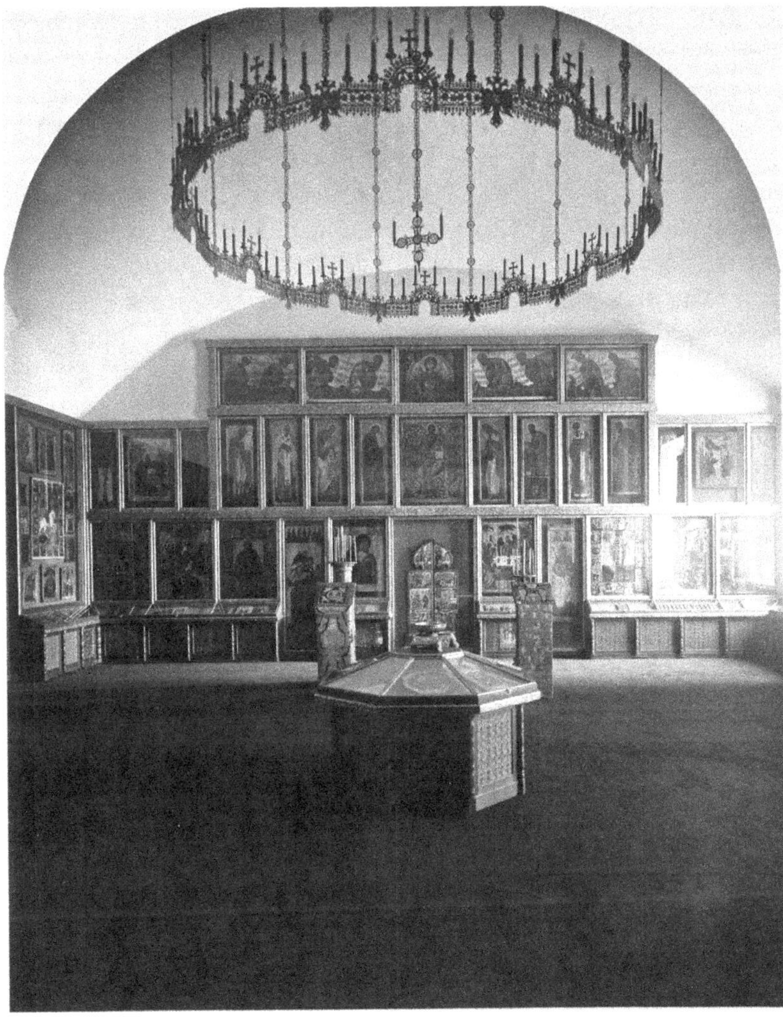

Рис. 15. Вид экспозиции Зала новгородской иконы в Русском музее Его Императорского Величества Александра III. 1914 год

«вступает в иной мир, более близкий сердцу русского человека, мир — более богатый разнообразием и красотой памятников древней живописи» [Сычев 1916: 11]. Как хранитель Нерадовский стремился к созданию впечатления непрерывной органической связи между произведениями в экспозиции и их непосредственным окружением, а также пытался интегрировать предметы изобразительного и декоративно-прикладного искусства в единые, целостные композиции. Он приглашал ведущих медиевистов, в частности Кондакова, А. И. Соболевского и архитектора-ревивалиста А. В. Щусева, для консультаций по вопросам классификации и реорганизации экспозиции предметов средневекового искусства, чтобы она соответствовала самым высоким научным стандартам [Вздорнов 2006: 299].

В то же время в недавно переименованном Отделении памятников русской иконописи и церковной утвари была создана специальная исследовательская группа во главе с Сычевым и Пуниным, перед которой была поставлена задача каталогизации коллекции Лихачева.

Сычев являлся видным медиевистом, его учителями в Санкт-Петербургском университете были Айналов и Кондаков, причем последнего он сопровождал в нескольких научных экспедициях [Асеев 1995: 35–36]. Пунин тоже недавно окончил Санкт-Петербургский университет и к 1915 году успел уже заслужить серьезную репутацию в науке благодаря целому ряду своих публикаций начала 1910-х годов. В их числе были и статьи о византийском и древнерусском искусстве, и основательная монография об Андрее Рублеве, и множество очерков о современном искусстве Нового времени, а также объемные обзоры коллекций икон, принадлежавших Лихачеву, Остроухову и Рябушинскому. Кроме того, он был активным членом редакционного совета журнала «Русская икона», секретарем Общества древнерусского искусства и регулярно писал для популярных журналов в области культуры «Аполлон» и «Северные записки». Благодаря участию Пунина в этих двух печатных органах произведения из музейных коллекций становились известны более широкой аудитории, поскольку о них регулярно говорили на страницах популярных журналов.

Как уже было сказано в первой главе, теоретические взгляды Пунина в области искусства сложились преимущественно под влиянием его интереса к русско-византийской изобразительной традиции, участию в развитии авангардных движений в начале XX века, а также его музейной и исследовательской деятельности. Следовательно, вряд ли можно счесть случайным тот факт, что сразу после большевистской революции, простояв закрытым более года, в 1918 году Русский музей открыл для публики только два своих отдела — это были залы средневекового искусства и только что собранные залы современной живописи, где были выставлены в числе прочих работы В. В. Кандинского, В. Е. Татлина, К. С. Малевича, М. Ф. Ларионова, Н. С. Гончаровой и М. З. Шагала [Асеев 1995: 10–41]. Пунин непосредственно отвечал за организацию этой новой экспозиции: в феврале 1918 года он был назначен комиссаром Русского музея [Асеев 1995: 39]. Место произведений XIX века в духе ревивализма, созданных Васнецовым и Нестеровым, которые изначально, в первые десятилетия существования музея, помещались рядом с залами средневекового искусства, к 1920 году заняли радикально экспериментальные работы самых передовых авангардистов, которые, как считалось, непосредственно перекликались с эстетическими и концептуальными традициями средневековой иконописи.

В отличие от Эрмитажа, где основное внимание по-прежнему уделялось искусству Западной Европы, или от Третьяковской галереи в Москве, где в 1860–1870-х годах господствовала реалистичная живопись передвижников, Русский музей попытался выстроить насыщенный и сложно организованный нарратив о пути художественного развития России, и средневековому искусству в этом нарративе отводилась важная, даже организующая роль. В результате к моменту падения царской власти в Русском музее хранились 6100 произведений прикладного церковного искусства и 3141 икона, из которых в любой конкретный момент экспонировалась 1841 [Шалина 2009: 18]. По большому счету это была одна из самых обширных и значительных коллекций византийского и древнерусского искусства во всей стране, а также единственная такая коллекция, легкодоступная для широкой публики.

От «Второго Рима» к «Третьему Риму»: Московский публичный и Румянцевский музеи, Императорский российский исторический музей

Как и в Санкт-Петербурге, в Москве во второй половине XIX века также были созданы несколько значительных публичных музеев и галерей, в том числе Румянцевский музей (1862), Императорский российский исторический музей (1883) и Третьяковская галерея (1893). Первый из них, Румянцевский, заслуживает особого внимания как один из первых в городе публичных музеев, к тому же он стал важным хранилищем именно византийского и древнерусского искусства.

Основой собрания стала личная библиотека и художественная коллекция графа Н. П. Румянцева, выдающегося государственного деятеля, российского министра иностранных дел и государственного канцлера в 1808–1812 годах. На момент его смерти в 1826 году библиотека Румянцева насчитывала более 29 000 томов[16]. Среди них было 76 средневековых рукописей, датируемых различными периодами с XII по XV век, в том числе и очень известные, например иллюминированное Добрилово Евангелие (1164) и Зарайское Евангелие (1401), а также 190 факсимиле[17]. Кроме того, Румянцев собрал множество старопечатных книг и карт XVI и XVII веков со всей Европы и Российской империи, а также обширную коллекцию редких монет, этнографических памятников, эстампов, слепков и минералов [Пятидесятилетие 1913: 184–185; Иванова 2010: 22–23]. Все это Румянцев в полном объеме передал государству, и 22 марта 1828 года царь Николай I подписал указ об учреждении в Санкт-Петербурге Румянцевского музея. В 1831 году коллекция Румянцева была официально открыта для публики. Помещалась она в его особняке на Английской набережной и формально относилась к Императорской Публичной библиотеке.

---

[16] Мои основные источники: [Кестнер 1882; Пятидесятилетие 1913; Отчеты 1864–1917; Иванова 2010].

[17] См. [Пятидесятилетие 1913: 45; Вздорнов 1980: 328 (№ 50)].

Однако из-за недостаточности финансирования к 1860 году музей пришел в упадок и оказался в весьма плачевном состоянии. В этой связи по инициативе выдающегося государственного деятеля и попечителя Московского учебного округа Н. В. Исакова (1821–1891) правительство приняло решение перенести этот музей из Санкт-Петербурга в Москву. Там он должен был расположиться в изысканном здании дома Пашкова на Моховой улице, постройки XVIII века, неподалеку от Кремля. Различные государственные учреждения и частные лица предложили для этой инициативы финансовую поддержку. Например, в январе 1861 года московский генерал-губернатор П. А. Тучков пообещал выделять в пользу музея ежегодную выплату в сумме 3000 рублей из городской казны [Иванова 2010: 17]. А. И. Кошелев, богатый аристократ, также согласился пожертвовать 25 000 рублей в течение десяти лет; предприниматель и коллекционер К. Т. Солдатенков выделил 3000 рублей на начальном этапе обустройства музея и еще дополнительно 1000 рублей ежегодно до самой своей смерти; купец Н. Н. Харичков взял на себя все расходы по переносу музейных коллекций из Санкт-Петербурга в Москву [Пятидесятилетие 1913: 11]. Благодаря столь щедрым пожертвованиям этот музей, переименованный в Московский публичный и Румянцевский музей (далее — Румянцевский музей), официально открылся для публики 6 мая 1862 года.

Вскоре после открытия собрание музея расширилось за счет нескольких значительных пожертвований от Императорской академии художеств, от Московского университета, от Эрмитажа, от царской семьи, а также от ряда частных меценатов. В результате, хотя на момент учреждения музея на новом месте в Москве ему принадлежало лишь 54 160 предметов, за первые полтора года после его повторного открытия коллекции музея пополнились еще 116 617 предметами искусства и артефактами, принесенными в дар, а также 109 225 предметами, переданными на длительное хранение [Иванова 2010: 28]. Таким образом, к 1864 году в Румянцевском музее хранились уже 280 000 предметов, которые распределялись по семи разным отделениям:

редких книг и рукописей, изобразительного искусства и классических древностей, христианских и русских древностей, плюс этнографический отдел, минералогический и зоологический кабинеты, а также Публичная библиотека [Пятидесятилетие 1913: 12–13]. В последующие десятилетия благодаря постоянному притоку пожертвований, даров и приобретений к своему 50-летию в 1913 году музей увеличил изначальную коллекцию почти вчетверо. В частности, она пополнилась множеством произведений византийского и древнерусского искусства.

Собрание отдела редкой книги и рукописей, насчитывавшее в 1864 году 2295 предметов, к 1913 году, благодаря приобретению коллекций В. М. Ундольского и А. С. Норова, включало уже 9723 предмета, в том числе несколько исключительно ценных византийских и древнерусских, болгарских, сербских и молдавских иллюминированных рукописей, датируемых разными периодами с IX до XVII век [Пятидесятилетие 1913: 12–17]. Соответственно, к началу XX века этому музею принадлежали столь ценные произведения, как Мариинское и Архангельское Евангелия XI века, Норовская Псалтырь XIV века, Московский Апостол (1564) и Острожская Библия (1581)[18]. Тем временем к 1872 году Отделению христианских и русских древностей удалось собрать целых 22 150 предметов, в том числе фрагментов мозаик и фресок, византийских и древнерусских икон, произведений декоративно-прикладного и народного искусства, предметов культа и церковного облачения [Материалы 1872: 15]. В 1862 году П. И. Севастьянов сделал одно из крупнейших и самых важных пожертвований в истории музея — в значительной мере это были византийские произведения, привезенные им в Россию из экспедиций 1858–1860 годов на гору Афон. По его инициативе сначала эти предметы экспонировались в рамках временной выставки, на которой были представлены как оригинальные произведения искусства, так и множество цветных копий, прорисовок, слепков и фотографических репродукций. Севастьянов прочел несколько публичных лекций и провел ряд экскурсий по

[18] См. [Shkurko et al. 2006: 133, 136, 140 (№ 3), 157 (№ 26)].

этой выставке, имевшей, как принято считать, большой успех, получившей широкий резонанс в периодической печати и привлекшей значительное общественное внимание [Важская 2010: 421]. Три года спустя Севастьянов окончательно передал музею всю свою коллекцию, включавшую, помимо произведений с Афона, также выдающиеся образцы древнерусского, греко-итальянского и ближневосточного искусства. Согласно музейным архивам, от Севастьянова поступило в общей сложности

> древних икон афонского письма, к сожалению, большею частью поврежденных, 55, греко-итальянского письма 15, греко-русского 30, болгаро-молдавского письма 10 и арабского 5. В копиях, в виде раскрашенных прописей, 8. Оригинальных произведений итальянской религиозной живописи на мраморе, меди и дереве 5 [Отчет 1865: 101].

Кроме того, музей получил почти 18 000 принадлежавших Севастьянову репродукций и факсимиле фресок, мозаик и иллюминированных рукописей, а также архитектурных чертежей и отливок [Отчет 1865: 174].

В число ценнейших шедевров этой коллекции вошли три мозаичных фрагмента из базилики Святого Петра в Риме, датируемых VIII–XIII веками, а также иконы Христа Эммануила и Божьей Матери «Утоли моя печали» XIII века. В числе других значительных произведений можно назвать иконы Успения Богоматери, Богоматери с Младенцем и святого Иоанна Крестителя XIV века, а также житийную икону Богоматери на престоле с Младенцем Христом XIII века, в итальянском стиле, которую относят к мастерской Коппо ди Марковальдо[19]. Помимо дара Севастьянова, значительные пожертвования византийских и древнерусских артефактов поступили и от других коллекционеров, например от А. Раевской, Е. В. Барсова, Г. Д. Филимонова, Л. В. Даля, М. П. Погодина, А. Муравьева, а также от Московского синода и Кремлевской оружейной палаты.

---

[19] См. [Кызласова 1988: 164 (№ 94), 165 (№ 95), 166 (№ 96); Богемская, Вздорнов 2010: 422 (инв. 2857), 423 (инв. 2700), 424 (инв. 2852, 2861)].

Отделение христианских и русских древностей систематизировало все принадлежащие ему предметы по трем разным категориям: доисторические древности, христианские древности и русские древности. Экспонаты при этом располагались в хронологическом порядке и по географическому принципу: разделяясь по векам, регионам и местам раскопок. Наряду с произведениями византийского и древнерусского искусства, к Отделению христианских и русских древностей было также отнесено некоторое количество готских, романских и других средневековых европейских артефактов, что отражало ту же самую не вполне последовательную логику организации экспозиции, которая применялась и в Эрмитаже. Однако, хотя средневековое искусство латинского Запада помещалось в том же отделе, в экспозиции оно было представлено как принципиально отличное от византийского и древнерусского, которые понимались как часть некой культурно-исторической и единой изобразительной традиции. Соответственно, византийские и древнерусские артефакты были расположены таким образом, чтобы демонстрировать их взаимное концептуальное, стилистическое и иконографическое сходство. Согласно публикации 1913 года «Пятидесятилетие Румянцевского музея в Москве», одной из главных целей музея начиная с первого года его существования было содействие «развитию истории византийского искусства и неразрывно с ней связанной истории русской иконописи» [Пятидесятилетие 1913: 20–21].

Для достижения этой цели Отделение христианских и русских древностей учредило ряд важных издательских проектов, призванных задокументировать, систематизировать и популяризовать произведения византийского и древнерусского искусства из музейных коллекций. Первый такой проект осуществлялся под руководством палеографа А. Е. Викторова (1827–1883) и был связан с созданием фотографических репродукций миниатюр из византийских иллюминированных рукописей, хранившихся в ряде московских коллекций. В результате в период с 1862 по 1865 год последовательно были выпущены три тома, в которые вошли 150 репродукций [Пятидесятилетие 1913: 21]. Кроме того, с 1871 по 1881 год музей опубликовал несколько научных исследований, посвященных иллюминированным рукописям из коллекций Ундольского, Д. В. Пискарева, В. И. Григоровича, Федора Беляева и Севастьянова [Викторов 1871; Собрание 1879; Собрание 1881б; Собрание 1881а; Ундольский 1870]. Наконец, с 1901 по 1906 год Отделение христианских и русских древностей выпустило четыре обширных научных каталога, в которых были описаны все принадлежащие ему произведения русско-византийского искусства [Пятидесятилетие 1913: 21, xxxv–xlii].

Общество древнерусского искусства, созданное в 1864 году под эгидой Румянцевского музея, непосредственно руководило подготовкой многих публикаций и курировало исследовательскую работу и пополнение коллекций отдела. Членами этого общества были выдающиеся ученые — специалисты в области византийской и древнерусской истории, искусства и культуры, такие как Буслаев, Кондаков, Викторов, Забелин, Д. А. Ровинский, Севастьянов и Солдатенков [Пятидесятилетие 1913: 193]. В уставе общества были названы три его главные цели: первая — «собирание и научная разработка памятников русской древности и древнерусского церковного и народного искусства во всех его отраслях»; вторая — развитие «археологии, преимущественно Византийской, на сколько она может способствовать разработке археологии отечественной»; и третья — «распространение научных и практических сведений о древне-русской иконописи и древне-русском пении вообще, и на приведении в известность памятников этих обеих отраслей древне-русского искусства» [Устав 1864: 3–4]. Таким образом, Общество древнерусского искусства по сути представляло собой независимый культурно-исследовательский институт в рамках музея, распространяющий сведения о его коллекциях, привлекающий пожертвования в интересах музея и содействующий научной деятельности. Например, многие из музейных предметов упоминались в печатных органах общества, а именно в «Сборнике древнерусского искусства» и «Вестнике общества древнерусского искусства», а также во многих очерках и статьях, написанных сотрудниками музея, в том числе в обширном исследовании творчества Симона Ушакова и русской иконописи XVII века, которое осуществил Филимонов [Филимонов 1873].

Помимо популяризаторской деятельности Общества древнерусского искусства, коллекции средневекового искусства из собраний Румянцевского музея часто упоминались также в популярных журналах того времени, таких как «София», «Аполлон», «Весы», «Старые годы» и «Золотое руно», благодаря усилиям одного из сотрудников музея, молодого искусствоведа и критика П. П. Муратова. Муратов поступил на службу в музей в 1910 году в должности младшего научного сотрудника и проработал там три года подряд [Муратова, Вздорнов 2008: 19]. За это время он очень увлекся византийским и древнерусским искусством и в 1912 году совершил длительную поездку в Новгород, Псков, Ярославль, Вологду, а также в Кирилло-Белозерский и Ферапонтов монастыри; там он исследовал и задокументировал различные средневековые фрески и иконы. По возвращении в Москву совместно с художником и искусствоведом И. Э. Грабарем он принял участие в работе над его многотомной «Историей русского искусства». Муратов стал автором всего шестого тома этого издания, который назывался «История живописи. Допетровская эпоха» и в котором он рассмотрел ряд средневековых произведений искусства из собрания Румянцевского музея, в том числе икону «Двенадцать апостолов» XIV века и Зарайское Евангелие, а также ряд произведений из частных коллекций Остроухова, Рябушинского и Лихачева [Грабарь 1909–1914, 6]. В 1914 году вместе со своим другом К. Ф. Некрасовым Муратов основал литературно-художественный журнал «София», посвященный в первую очередь популяризации древнерусского искусства и культуры и в том числе предметов из собрания Румянцевского музея.

Во многом подобно Пунину, Муратов пристально следил за новейшими тенденциями в русском и европейском искусстве и писал критические обзоры выставок современного искусства, проходивших в Париже, Лондоне, Москве и Санкт-Петербурге, в том числе в «Салоне Независимых», в Новой галерее и в Новом английским художественном клубе, а также таких выставок, как «Венок — Stefanos», «Союз» и «Золотое руно»[20]. Кроме того, Му-

---

[20] См. [Муратов 1906в; Муратов 1906б; Муратов 1906а].

ратов написал монографию о Поле Сезанне и посвятил множество статей работам М. А. Врубеля, В. А. Серова, Н. С. Гончаровой, М. Ф. Ларионова, Эдуарда Мане, Винсента Ван Гога, Анри Матисса, Пабло Пикассо и других. Учитывая неизменный интерес Муратова к модернистской живописи, совсем не удивительно, что он был одним из первых русских критиков, кто заговорил о чисто формальных свойствах и художественных достижениях иконописи, а также привлек внимание к вызывающим у многих удивление параллелям между русско-византийским искусством, с одной стороны, и искусством французского и русского модернизма — с другой. Приняв участие в организации Выставки древнерусского искусства в 1913 году и выставки в честь пятидесятилетия Румянцевского музея, Муратов получил возможность представить некоторые свои идеи широкой публике как музейный хранитель и автор множества публикаций.

Впрочем, еще прежде популяризаторских инициатив Муратова в 1910-е годы, несколькими десятилетиями ранее, в Румянцевском музее уже присутствовала отчетливая ориентация на просвещение и существовала программа по работе с общественностью. По данным музейных архивов, в 1862 году его посетили 50 355 человек, а к 1912 году это количество почти удвоилось и достигло 98 819 [Пятидесятилетие 1913: 18]. По наблюдениям одного из посетителей, «целые семейства ходили по обширным залам музея. Тут видали мы и чиновников и офицеров, и купцов и простонародье, и женщин и детей; словом людей всякого звания, возраста и пола» [Письмо 1862: 378]. Для того чтобы публике было легче знакомиться с произведениями искусства и артефактами, представленными в экспозиции, в музее проводились ежедневные экскурсии по разным коллекциям, причем экскурсии эти были бесплатны и доступны для всех желающих. В течение всего лишь пяти лет, с 1907 по 1912 год, было проведено 2 478 экскурсий, в которых приняли участие 70 442 посетителя [Отчет 1911: 11; Пятидесятилетие 1913: 19]. Кроме того, в музее на регулярной основе проходили занятия и для студентов университета, и для школьников, из которых многие приезжали в Москву со всей Российской империи. Например, помимо групп от учреждений общего и высшего образования из Москвы и Петербурга Румянцевский музей посетили группы из Казани, Курска, Вологды, Харькова, Севастополя, Ташкента, Варшавы, Вильнюса, Баку и Тифлиса [Отчет 1904: 20–22].

Кроме того, музей приглашал студентов московских художественных училищ, в том числе Московского училища живописи, ваяния и зодчества, а также Строгановского училища технического рисования, для рисования набросков и копирования различных шедевров, хранящихся в музее. Эта политика радикально расходилась с правилами других московских музеев, в частности Третьяковской галереи, где копирование произведений искусства было строго запрещено [Иванова 2010: 35]. Согласно отчету 1901 года, в том году в Румянцевском музее занимались копированием 977 посетителей [Отчет 1901: 65]. Даже уже состоявшиеся художники, такие как В. И. Суриков, В. Э. Борисов-Мусатов и Серов, часто копировали музейные предметы, чтобы затем использовать их в собственных работах [Отчет 1901: 69]. Филимонов, искусствовед и главный хранитель Отделения христианских и русских древностей, утверждал даже, что «ни один серьезный проект реставрации в древне-русском стиле, ни одна серьезная картина из древне-русского быта не были за последнее время исполнены без более или менее сильного содействия со стороны отделения Русских древностей Московского Публичного музея» [Отчет 1884: 123]. В самом деле, на протяжении нескольких десятилетий художники, иконописцы, реставраторы и архитекторы со всей Российской империи регулярно пользовались коллекциями и библиотекой этого музея. Роль Румянцевского музея как одного из крупнейших хранилищ русско-византийского искусства была особенно значимой в десятилетия, предшествовавшие созданию Третьяковской галереи, Русского музея и Императорского российского исторического музея.

Последний, задуманный в 1872 году, оказался в итоге не менее, а может быть, и более значимым, нежели Румянцевский музей, в деле ознакомления широкой публики с архитектурной и изобразительной традициями Византии и Древней Руси. Согласно уставу музея, составленному в 1873 году графом Уваровым, его главной целью было «служить наглядною историею главных эпох русского государства и содействовать распространению сведений по отечественной истории». В частности, предлагалось собирать

> ...все памятники знаменательных событий истории русского государства. Эти памятники, расположенные в хронологической последовательности, должны представлять, по возможности, полную картину каждой эпохи с ее памятниками религии, законодательства, науки и литературы; с предметами искусств, ремесел, промыслов и, вообще, со всеми памятниками бытовой стороны русской жизни, а равно с предметами военных и морских сил. Замечательнейшие события и главнейшие деятели каждой эпохи будут изображены посредством живописи и ваяния [Уваров 1916: 187–188].

Устав был высочайше одобрен 2 августа 1874 года, и музею выделили участок земли с северной стороны Красной площади. Весной следующего года в результате конкурсного отбора был утвержден архитектурный проект В. И. Шервуда и А. А. Семенова в духе ревивализма, и 8 июля 1875 года начались строительные работы. Когда новое здание площадью 200 000 квадратных метров было построено, оно включало в себя обширные подвальные помещения, первый этаж с галереями и еще два этажа, в которых располагались выставочные залы, большая библиотека и лекционный зал вместимостью до 500 человек[21]. В последнем на регулярной основе должны были проходить лекции и публичные чтения «по предметам отечественной истории и древностей» [Egorov, Yukhimenko 2006: 11]. Подобно Русскому и Румянцевскому музеям, в Историческом музее последовательность и устройство выставочных залов, как и предметы в экспозиции, были организованы таким образом, чтобы наглядно представить, как изначально воспринимались в России византийские изобразительные методы, как им впоследствии следовали и как затем

---

[21] Подробнее о процессе строительства, планировке и интерьерах музея см. [Датиева 1998].

якобы возникли новые, чисто русские изобразительные и архитектурные формы. Таким образом, этот музей выстраивал откровенно националистический нарратив, в котором Россия была представлена как непосредственная наследница и преемница Византии, с одной стороны, и как самостоятельная могучая цивилизация, истинный Третий Рим, — с другой.

Почти половина выставочных залов была посвящена ранней истории христианства на Руси и древнерусской истории в целом, а в пяти из семи отделений музея хранились артефакты и были представлены экспозиции, связанные с допетровским периодом, так что эпоха Древней Руси оказалась представлена более полно, чем любая другая. Такое положение вещей отчасти объясняется тем, что два главных основателя и затем директора музея, Уваров и Забелин, были специалистами в области древнерусской истории, культуры и археологии и, следовательно, уделяли византийскому и поствизантийскому прошлому России пристальное внимание. Соответственно, и внутреннее убранство музея было задумано как визуальное продолжение экспозиции, которое должно было перекликаться с выставленными предметами и артефактами, так что каждый выставочный зал был оформлен в архитектурном стиле той эпохи, памятники которой были в нем представлены. Именно поэтому в проектировании и создании архитектурного убранства выставочных залов, помимо ведущих историков и археологов, таких как И. Д. Мансветов, Д. Н. Анучин и В. И. Сизов, принимали участие выдающиеся зодчие и художники академического направления, работавшие в стиле ревивализма, в том числе Н. В. Султанов, А. А. Попов, В. М. Васнецов, И. К. Айвазовский, Х. И. Семирадский, В. А. Серов, И. Е. Репин, а также иконописцы из знаменитых палехских мастерских Н. М. Сафонова [Egorov, Yukhimenko 2006: 16, 27]. В результате залы оказались оригинальными и не имеющими себе равных по внешнему великолепию и новизне кураторского замысла.

Например, лепные карнизы и мозаичный декор в зале, посвященном каменному веку, воспроизводили орнаменты, которыми была украшена керамика эпохи неолита, найденная в окрестностях деревни Волосово на Оке, а в 1882–1885 годах Васнецов создал

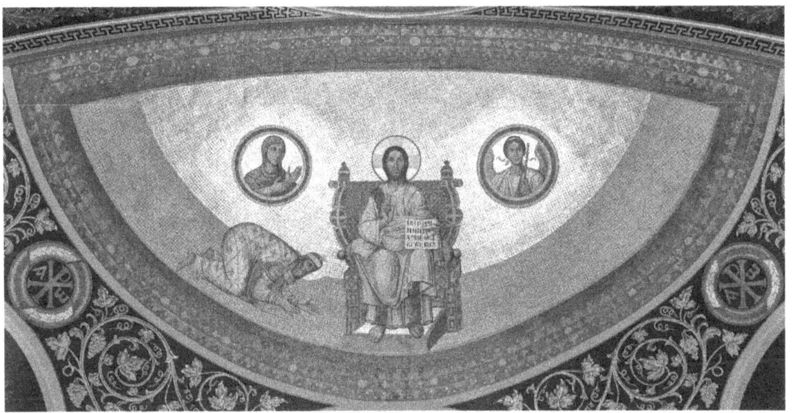

Рис. 16. Император Лев VI, простертый ниц перед Христом Вседержителем. 1880-е годы. Отреставрировано в 1986–2002 годах. Мозаика, Византийский зал, Государственный исторический музей, Москва

расписной монументальный фриз со сценами из повседневной жизни доисторического человека [Датиева 1998: 338]. Подобным же образом и Византийский зал был создан по подобию центрального нефа Софийского собора в Константинополе, а пол в нем был украшен репликами сохранившихся мозаик из римских катакомб, а также из мавзолея святой Констанции [Датиева 1998: 339]. Стены и потолок были декорированы мозаиками из знаменитых раннехристианских и византийских памятников, включая мозаику V века «Христос Добрый Пастырь» из мавзолея Галлы Плацидии и мозаику X века, помещавшуюся над Царскими вратами Софийского собора в Константинополе, изображающую, вероятнее всего, императора Льва VI, простертого перед Христом, восседающим на престоле (рис. 16). Любопытно, что мозаика из Святой Софии была изготовлена по хромолитографии 1848 года, созданной немецким чиновником Вильгельмом Залценбергом, а вовсе не по византийскому оригиналу, который Зальценберг увидел и воспроизвел в процессе реставрации братьями Фоссати в 1847–1849 годах, до того, как доступ к ней был снова закрыт османскими властями [Nelson 2004: 30–33].

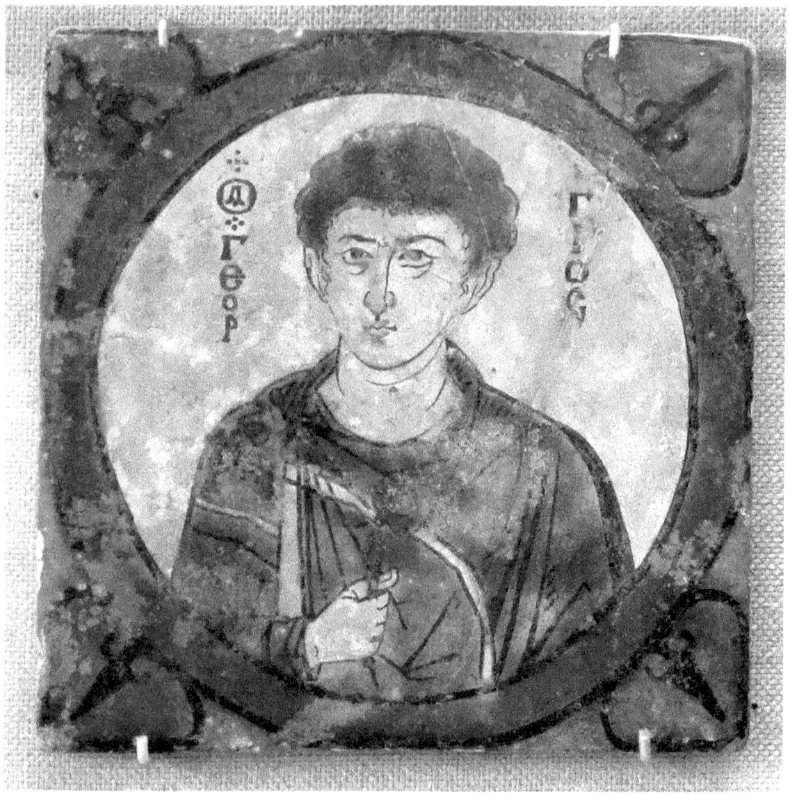

Рис. 17. Святой Георгий. XI век. Керамическая плита, краска. Из Херсонеса (Крым), ныне хранится в Государственном историческом музее, Москва

В целом в музее были достаточно широко представлены высококачественные копии и факсимиле средневековых артефактов, а также слепки архитектурных фрагментов, дополнявшие собрание оригинальных произведений искусства. Как было отмечено в первой главе, в период 1880–1890-х годов активно велись археологические раскопки и реставрационные работы в Херсонесе, Киеве, Новгороде, Суздале, Пскове, Владимире и Ярославле, и в Исторический музей поступали многочисленные копии и реплики вновь обнаруженных фресок, мозаик и предметов декоративно-прикладного искусства. Так, например, два зала, посвященных Киевской Руси, были украшены копиями и репликами мозаик и фресок из Михайловского Златоверхого монастыря и Софийского собора в Киеве; в их число входила и мозаика на сюжет Тайной вечери из главного алтаря Киевской Софии — мозаика, которую скопировал лично Прахов, а также копии фресок с изображениями танцоров и музыкантов, происходящие из западного купола того же храма [Сизов 1899: 625–627]. Витрины с произведениями ранневизантийского искусства, такими как созданные в XI веке керамические иконы святого Георгия (рис. 17), святой Елизаветы и архангела Михаила, а также восходящие к XII веку золотые и бронзовые энколпионы, литургические кресты и эмалевые украшения располагались рядом с репродукциями миниатюр из Остромирова Евангелия (1056), Изборника князя Святослава (1073) и Радзивиловской летописи XIII века, представлявших важные сцены из истории Киевской Руси[22].

Аналогичным образом, Новгородский зал, помимо витрин с иконами, иллюминированными рукописями и ценными предметами декоративно-прикладного искусства, украшали полноразмерные копии фресок XII века из храма Спаса на Нередице. Среди них была и большая фреска на сюжет Вознесения с центрального свода храма, изображающая Христа во славе в окружении ангелов; архангел Селафиил из центральной люнеты западной стены; князь Ярослав Всеволодович, представляющий миниатюрный храм Христу; а также медальоны с изображениями святых Екатерины, Кирилла, Варвары, Феодора, Доментиана и Ефросиньи Полоцкой. Также в зале находились отливки со слепков карнизов и портиков из новгородского Софийского собора XI века, увеличенный новгородский пейзаж с иконы XVII века и монументальная версия знаменитой иконы XV века «Битва новгородцев

---

[22] Радзивиловская летопись, созданная в XIII веке, тем не менее сохранилась лишь в списке XV века, который хранится в библиотеке Российской академии наук в Санкт-Петербурге. Эта рукопись на старославянском языке повествует об истории возникновения и расцвета Киевской Руси, а также о ее взаимоотношениях с соседями.

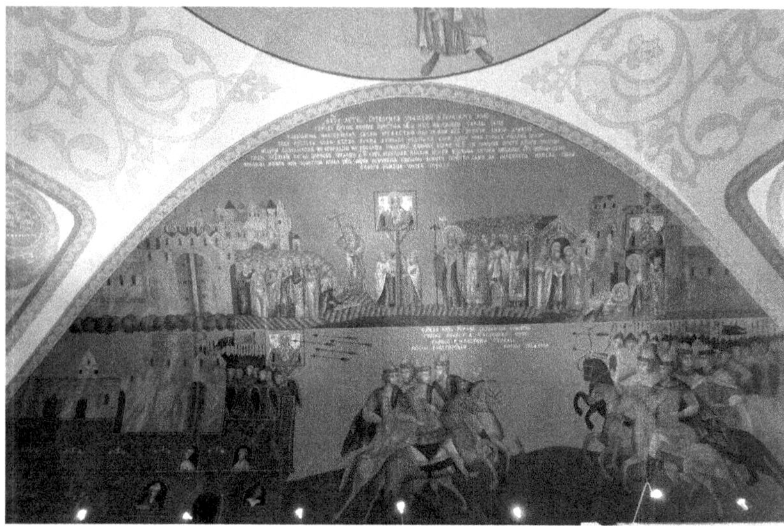

Рис. 18. Битва новгородцев с суздальцами. 1880-е годы. Отреставрирована в 1986–2002 годах. Потолок Новгородского зала, Государственный исторический музей, Москва

с суздальцами» (рис. 18), изображающей осаду Новгорода в 1169 году войском великого князя Андрея Боголюбского (1111–1174), правившего Владимиро-Суздальской землей. Согласно легенде, жителей Новгорода чудесным образом спасла икона Богоматери «Знамение», представленная в центре изображения. Одним из главных экспонатов Новгородского зала была полноразмерная реплика бронзовых дверей западного портала собора Святой Софии в Новгороде. Считается, что эти двери с рельефными изображениями сцен из Ветхого и Нового Завета, аллегорических сцен и с портретами епископов Магдебургского и Плоцкого изначально были изготовлены в Западной Европе в XII веке, а затем перевезены на Русь и в XIV веке дополнительно украшены местными новгородскими мастерами. Реплика была изготовлена в начале 1880-х годов специально для Исторического музея под руководством Прахова, который в те годы участвовал в реставрационных работах в Новгороде [Сизов 1899: 628].

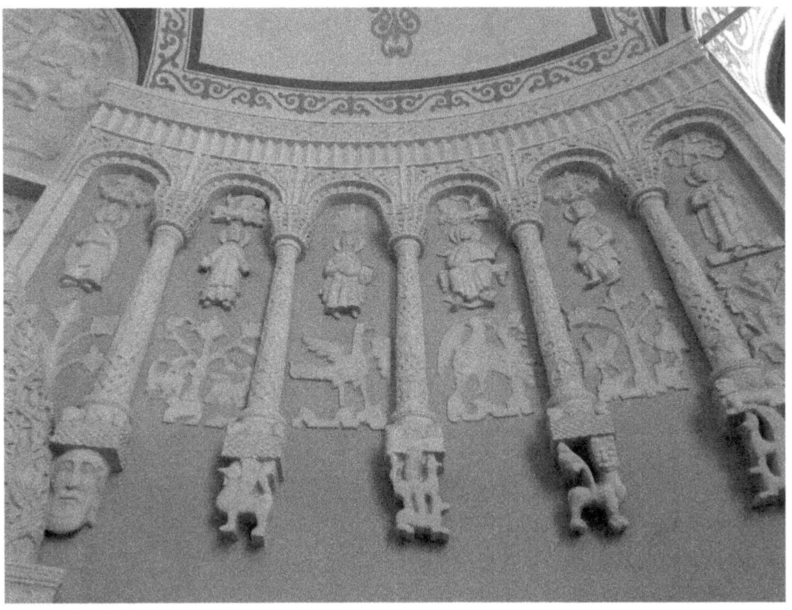

Рис. 19. Гипсовые фигуры пророков и павлинов. 1880-е годы. Отреставрированы в 1986–2002 годах. Владимирский зал, Государственный исторический музей, Москва

Подобным же образом Владимирский и Суздальский залы были украшены копиями фресок и слепков архитектурных деталей соборов Успенского (1189) и Дмитриевского (1197) во Владимире, а также Георгиевского собора (1234) в Юрьеве-Польском. Орнаментальное оформление полов и потолков Владимирского и Суздальского залов основывалось на недавно найденных в Успенском соборе фресках XII и XV веков, копии с которых в мае 1882 года создали Сафонов и группа мастеров из его палехских мастерских, а затем эти копии были использованы при оформлении музейных интерьеров [Датиева 1998: 342]. Кроме того, по всему периметру Владимирского зала были воссозданы в гипсе декоративные арки, украшающие фасад Дмитриевского собора, с рельефными изображениями пророков и павлинов [Сизов 1899: 629] (рис. 19). Над двумя входами в зал располагались рельефные реплики сюжетных сцен, изображающих царя Давида на престоле и вознесение Александра Македонского, оригиналы которых являлись частью декора западного и восточного портиков Дмитриевского собора. Суздальский зал, в свою очередь, украшала почти полноразмерная копия резного южного портала Георгиевского собора, а также рельефные изображения святых, воинов, животных, птиц и чудовищ с фасада того же здания [Сизов 1899: 630–631]. Также там помещались фрагменты фресок XII века, монументальная вышитая икона Тайной вечери со сценами из жизни Божьей Матери и святых Иоакима и Анны (1410–1416) и полноразмерная реплика знаменитых Золотых ворот суздальского собора Рождества Богородицы (1222).

Хотя практика сочетания аутентичных произведений искусства с копиями, широко распространенная в XIX веке, в наши дни может показаться решительно устаревшей, к началу XX века этот музей считался созданным по последнему слову науки и такой подход практиковали ведущие учреждения мира, такие как Музей Виктории и Альберта, Бостонский музей изящных искусств и Музей французских монументов в Париже, в котором хранились копии скульптур из средневековых церквей со всей территории Франции. В России эти стратегии организации экспозиции сыграли определяющую роль в представлении широкой публике визуальных традиций русско-византийского искусства, которые иначе оказались бы недоступны — либо из-за географической удаленности соответствующих оригинальных памятников, либо — во многих случаях — из-за плохой их сохранности. Известный искусствовед и византинист Ф. И. Шмит в письме Прахову признавался, что этот музей многим его поразил, в том числе «отделкой самого помещения, и богатством коллекций, и остроумием принципа, в силу которого допущены копии»:

> В первый раз мне приходится видеть, что само помещение отделано в стиле той эпохи, которую представляют экспонаты. Допущение копий в музей, кажется, впервые было допущено у нас. Только таким образом и можно дать полную картину развития русского искусства, а главное сделать его

изучение доступным. Ведь в самом деле, такие произведения искусства, каковы, например, миниатюры, заставки, заглавные буквы рукописей, не могут быть общедоступными — без толку ветшают они. Тут же, в витринах, коллекция копий может быть изучена всеми, кто пожелает[23].

Кроме описанных выше высококачественных копий и реплик, Исторический музей располагал также значительным собранием подлинных средневековых артефактов. Некоторые из первых объектов поступили от царской семьи и от Уварова, в том числе и большая коллекция бронзы из Осетии, ряд иллюминированных рукописей и почти 300 икон, датируемых XVI–XVII веками. Кроме того, существенные пожертвования поступили от Забелина, оставившего музею всю свою библиотеку средневековых рукописей, карт и отпечатков, а также внушительную коллекцию икон, и от П. И. Щукина, передавшего музею в 1905 году около 300 000 предметов, в том числе ювелирного искусства, вышивки, рукописей, и более сотни икон. Значительные дары поступили и от ряда русских аристократических домов, в частности от Голицыных, Бобринских, Кропоткиных, Оболенских, Олсуфьевых и Щербатовых [Egorov, Yukhimenko 2006: 38]. Кроме того, в первое десятилетие своего существования музей получил множество ценных предметов от монастырей, духовных академий и археологических обществ, в том числе от монастыря Святого Пантелеимона на Афоне, от Свято-Успенской Флорищевой пустыни, от Архангельского собора Московского Кремля, от Императорской археологической комиссии и от Московского археологического общества. В период с 1881 по 1883 год по просьбе Уварова последнее принесло в дар музею ряд редких артефактов, в том числе питьевые рога X века из кургана «Черная могила» в Чернигове, арки XII века из Вщижского храма и фрагменты фресок из Преображенского собора XII века в Переяславле-Залесском [Вздорнов 1986: 159]. Наконец, благодаря стараниям Забелина, сумевшего в 1887 году добиться для музея ежегодного содержания

23 Ф. И. Шмидт — А. В. Прахову. 1900. 25 июня. Цит. по: [Вздорнов 1986: 171].

в размере 10 000 рублей из государственной казны, у музея появилась возможность планировать приобретение новых экспонатов — как отдельных произведений искусства, так и целых коллекций — у специалистов-антикваров, на аукционах и у частных лиц [Egorov, Yukhimenko 2006: 34].

В результате за период с 1881 по 1917 год Историческому музею удалось расширить свое собрание с 2443 до более чем 300 000 предметов, включая более чем 1200 икон, датируемых периодом от Раннего Средневековья и до XIX века [Shkurko et al. 2006: 168]. Среди них были и такие шедевры, как пластинка слоновой кости X века с изображением Христа, благословляющего Константина VII Багрянородного, иконы XIV века Божией Матери «Умиление» и «Рождество Богоматери с избранными святыми», новгородская икона XVI века с изображениями святых Василия Великого, Николая Чудотворца, Иоанна Крестителя и Льва, папы римского, а также иконы-«парсуны» «Святитель Василий Великий и великий князь Василий III» и «Царь Феодор Алексеевич»[24]. Кроме того, музею удалось собрать обширную коллекцию византийских, русских, болгарских, сербских и грузинских иллюминированных рукописей, датируемых периодом с VI по XVIII век, в числе которых знаменитая Хлудовская Псалтырь IX века, Мстиславово Евангелие XII века и Псалтырь Томича XIV века[25]. Наконец, в музее была собрана большая коллекция предметов декоративно-прикладного искусства, в которую вошли более тысячи произведений ювелирного искусства, вышивки, резьбы по дереву — как церковного, так и светского назначения, — а также несколько тысяч ценных изделий из металла, в том числе потиров, реликвариев, алтарных крестов, кадил, дарохранительниц и киотов. Среди самых значимых предметов были такие раритеты, как византийский наперсный крест XI века с четырьмя евангелистами, монументальная вышитая икона Спаса Неруко-

---

[24] См. [Evans, Wixom 1997: 203–204 (№ 140); Брук, Иовлева 1995: 83–84 (№ 23), 84–85 (№ 24); Shkurko et al. 2006: 178–179 (№ 6), 180–181 (№ 7), 191 (№ 20)].

[25] См. [Shkurko et al. 2006: 138–139 (№ 1), 141 (№ 4), 142 (№ 6)].

творного с Божией Матерью, ангелами и святыми (1389), а также резная деревянная двусторонняя икона XV века «Собор Пресвятой Богородицы»[26].

Императорский русский исторический музей официально открылся для публики 2 июня 1883 года, и ежегодно его посещало порядка 40 000 человек. Кроме того, 2 ноября 1889 года был официально открыт лекционный зал, в котором в последующие десятилетия проводилось до 120 мероприятий в год, в том числе лекции, чтения, концерты, съезды, конференции и ассамблеи различных научных обществ [Датиева 1998: 341]. Во многом подобно Румянцевскому музею, Исторический музей поощрял художников, архитекторов и оформителей к изучению и копированию произведений искусства из музейных коллекций, и в музейных архивах за период с 1910 по 1915 год упоминается целый ряд известных людей, регулярно посещавших выставочные залы. Так, например, Суриков зарисовывал различные предметы быта, оружия, одежды, а также иконы и церковную утварь XVII века, когда работал над картинами «Степан Разин» (1906) и «Посещение царевной женского монастыря» (1912). Васнецов в 1907 году копировал миниатюры и орнаменты из нескольких иллюминированных рукописей, а в 1915 году собирал сведения о жизни и иконографии князя Олега Романовича Брянского; в период 1910–1915 годов Гончарова изучала обширное собрание народного лубка и делала зарисовки с различных икон и старинных вышивок, а также скифских каменных статуй [Egorov, Yukhimenko 2006: 40]. Хотя об этом нет прямых свидетельств, нетрудно предположить, что в начале 1900-х годов молодой В. В. Кандинский тоже мог обращаться к коллекциям музея — к его собранию византийского и древнерусского искусства, учитывая продолжительное увлечение этого художника допетровским прошлым России и средневековой мифологией — увлечение, которое нашло отражение в картинах «Приезд купцов» (1903), «Воскресенье (Древняя Русь)» (1904) и «Пестрая жизнь» (1907).

---

[26] См. [Evans, Wixom 1997: 171–172 (№ 122); Shkurko et al. 2006: 390–391 (№ 2)].

Исторический музей стал ценным источником материала не только для живописцев, но также и для архитекторов, театральных художников и костюмеров, краснодеревщиков и ювелиров. Архитекторы-ревивалисты, такие как Щусев, В. Д. Адамович и В. М. Маят, изучали коллекции музея в поисках рукописей, редких книг и архивных материалов в надежде отыскать архитектурные рисунки и планы допетровского времени. Точно так же они изучали и богатое собрание реплик средневековых архитектурных орнаментов и мотивов, разрабатывая новейшие художественные решения для собственных архитектурных проектов, таких как Троицкий собор Почаевской лавры (1905–1912) на Украине и церковь Покрова Пресвятой Богородицы в Москве (1908–1910). Ведущие мастера из компании Карла Фаберже, а также прославленные придворные ювелиры Густав и Эдуард Болины и М. П. Овчинников также регулярно посещали этот музей с целью изучения принадлежащих ему церковных древностей, предметов ювелирного и декоративно-прикладного искусства, а затем нередко использовали обнаруженные здесь замысловатые орнаменты и декоративные техники в собственных разработках. Наконец, различные театральные художники и костюмеры часто обращались к коллекциям музея для подготовки собственных драматических, балетных и оперных постановок, в том числе «Лжедмитрий и Василий Шуйский» А. Н. Островского, «Смерть Пазухина» М. Е. Салтыкова-Щедрина, «Демон» А. Г. Рубинштейна, а также «Борис Годунов» и «Хованщина» М. П. Мусоргского [Egorov, Yukhimenko 2006: 41]. В результате к середине 1910-х годов Исторический музей не только служил богатым хранилищем ценных предметов, позволявших наглядно представить национальную историю, но он также стал важным культурно-художественным центром, обеспечившим плодородную почву для целого ряда проектов в духе ревивализма и модернизма, воплотившихся в самых разных художественных материалах.

Кроме того, поскольку на рубеже веков не все выставочные залы музея использовались для экспозиции его постоянной коллекции, несколько пустых залов на первом и втором этажах были задействованы для временных выставок исторических артефактов и произведений современного искусства. Например, в 1890 году в музее прошел Восьмой археологический съезд, который сопровождала выставка средневекового искусства (подробнее речь о ней пойдет в следующем разделе).

Помимо этого в конце 1880-х — 1890-х годах в музее проводились выставки произведений из крупных частных собраний, например Д. А. Постникова и Н. Л. Шабельской[27]. Что же касается выставок современного искусства, то в их числе были и коллективные, организованные художественными обществами, такими как объединение передвижников, Санкт-Петербургское общество художников, Московская ассоциация художников, Московское общество любителей художеств и Императорское акварельное общество, и персональные выставки таких художников, как Репин (1892) и Васнецов (1904) [Egorov, Yukhimenko 2006: 42]. Именно здесь в 1906 году состоялся московский дебют К. С. Малевича: некоторые его ранние работы экспонировались в рамках 25-й периодической выставки Московского общества любителей художеств [Nakov 2010: 283]. Кроме того, некоторые помещения музея были переданы ряду художников в качестве временных мастерских и хранилищ для их произведений. Так, например, Верещагин и Нестеров в период с 1906 по 1909 год хранили там свои большие полотна, а Суриков, Серов и С. А. Коровин использовали некоторые помещения музея в качестве временных мастерских [Egorov, Yukhimenko 2006: 43]. Соответственно, к первому десятилетию XX века Исторический музей превратился в динамичное интерактивное культурное пространство, где современное искусство находилось в постоянном взаимодействии со средневековыми изобразительными традициями, и это взаимодействие оказывало значительное и продолжительное влияние на художественный мир России.

[27] Постников обладал большой коллекцией икон, эмалей и предметов декоративно-прикладного искусства, датируемых периодом с XV по XIX век. Коллекция Шабельской включала более 4000 предметов народного и прикладного искусства, в том числе костюма, вышивки, кружев и резьбы по слоновой кости, металлу и дереву.

Презентация «иконописной Помпеи»: искусство, археология и экспозиционная политика в контексте временных выставок

Важно отметить, что помимо крупнейших музеев в главных центрах метрополии, Москве и Санкт-Петербурге, о которых речь шла выше, в 1870–1890 годах по всей Российской империи в различных губернских и уездных городах появилось в общей сложности около 80 музеев [Петров, Стрижова 2003: 6]. Например, по инициативе губернатора Твери князя П. Р. Багратиона 9 августа 1866 года там был открыт маленький археологический музей; к 1872 году этому музею удалось собрать до 15 000 редких предметов церковного искусства, включая церковную утварь, иконы и иллюминированные рукописи[28]. Кроме того, 28 октября 1883 года в городе Ростове Ярославской губернии открылся музей церковных древностей, в котором также была собрана большая коллекция средневекового искусства, включая такие знаменитые шедевры, как иконы архангела Михаила и святых Бориса и Глеба XV века, ныне хранящиеся в собрании Третьяковской галереи[29]. В числе других провинциальных музеев, основанных в те же годы, стоит назвать Новгородский музей (1865), Псковский музей (1876), музей Троице-Сергиевой лавры в Сергиевом Посаде (1880), Тульский музей церковных древностей (1885), Вологодский музей церковных древностей (1886), Владимирский музей церковных древностей (1886), Архангельский музей церковных древностей (1886), Ярославский музей церковных древностей (1895) и Киевский музей древностей и искусств (1899).

Итак, провинциальные музеи процветали, но этим дело не ограничивалось: временные выставки русско-византийского искусства нередко сопровождали крупные археологические

[28] Подробнее о провинциальных музеях России в контексте русско-византийского возрождения см. [Вздорнов 1986: 172–194].

[29] См. [Антонова, Мнева 1963, 1: 221–222 (№ 180); Богословский 1909: 83 (№ 204), 91 (№ 224)].

съезды, проходившие каждые два или три года в разных городах на протяжении всей второй половины XIX века. На эти съезды, учрежденные в 1869 году по инициативе Московского археологического общества, собиралось множество археологов, историков и специалистов по русско-византийскому искусству со всей страны, и они становились важными площадками для научной полемики и дискуссий. За четыре десятка лет научные публикации этих съездов составили 45 томов, в том числе содержащих самые передовые исследования в области византийского и древнерусского искусства и зодчества. До начала Первой мировой войны прошло в общей сложности 15 археологических съездов: в Москве (1869, 1890), Санкт-Петербурге (1876), Киеве (1874, 1899), Казани (1877), Тифлисе (1881), Одессе (1884), Ярославле (1887), Вильно (1893), Риге (1896), Харькове (1902), Екатеринославе (1905), Чернигове (1908) и Новгороде (1911) [Вздорнов 1986: 140]. Такие постоянные географические перемещения позволяли обеспечить для выставок средневекового искусства, сопровождавших съезды, широкий охват аудитории за пределами столиц — Санкт-Петербурга и Москвы, тем более что эти выставки были открыты не только для специалистов, но и для широкой публики. Предметы в экспозиции поступали обычно из того города или губернии, в которых проходил очередной съезд, и либо представляли собой недавние находки соответствующих региональных археологических обществ, либо специально заимствовались у местных церковных институтов или частных коллекционеров.

Например, на выставке, приуроченной к Пятнадцатому всероссийскому археологическому съезду в Новгороде, было представлено 1640 предметов, в том числе множество церковных древностей и икон из Софийского собора в Новгороде (1050), Тихвинского Успенского монастыря (1560) и собора Рождества Пресвятой Богородицы (1690) в Устюжне, а также редкие книги, документы и церковная утварь из Соловецкого монастыря (1436) и несколько иллюминированных рукописей, датируемых периодом с XII по XVII век и присланных Санкт-Петербургской духовной академией [Анисимов 1911б; Анисимов 1911а]. В число наиболее ценных экспонатов вошли резной ларец X века из слоновой кости, посох XI века, принадлежавший новгородскому епископу Никите, прославленная икона XV века, изображающая битву новгородцев и суздальцев, большая житийная икона преподобного Варлаама Хутынского XVI века и редкая икона, писанная по заказу семьи Бориса Годунова, представляющая Марию Магдалину, святого Бориса, праведную Ксению Римскую и священномученика Феодота, епископа Киринейского (1590-е годы)[30]. В дополнение к выставке организаторы съезда устроили серию лекций по истории новгородской культуры и искусства, а также экскурсии по известным местам, связанным со средневековой культурой, таким как собор Святой Софии (1050), Никольский собор (1113), Юрьев монастырь (1119), Антониев монастырь (1117–1127), церковь Спаса на Нередице (1198), церковь Феодора Стратилата на Ручью (1361), церковь Преображения Господня (1374) с фресками Феофана Грека, а также Новгородский кремль (1484). Деятельность съезда получала широкое освещение в местной печати на протяжении нескольких месяцев, и особенной похвалы удостаивалась именно выставка [К предстоящей... 1911].

Другие выдающиеся выставки регионального значения, пусть и не такие масштабные, как в Новгороде, состоялись в Киеве, Харькове, Одессе и Чернигове: местные древности, произведения искусства и ценные артефакты были представлены там наряду с крупномасштабными копиями и репродукциями памятников искусства, восстановленных в последнее время. Например, в рамках Одиннадцатого всероссийского археологического съезда в Киеве (1899) части иконостасов, церковная вышивка и иконы из Каменец-Подольского музея, а также 190 иллюминированных рукописей, редких книг и карт, датируемых периодом с XV по XVIII век, экспонировались наряду с серией фотографий В. Т. Георгиевского, представляющих собор Рождества Пресвятой Богородицы (1222), Ризоположенский монастырь (1207) и Покровский монастырь (1364) в Суздале [Каталог 1899; Беляшевский

---

[30] См. [Анисимов 1911б: 1 (№ 1); Анисимов 1911а: 23 (№ 251), 28 (№ 377), 36 (№ 428, 430); Лазарев 2000: 65 (№ 51); Васильева 2006: 388–395 (№ 122)].

1899]. Подобным же образом на выставке, приуроченной к Двенадцатому всероссийскому археологическому съезду в Харькове (1902) и организованной Е. К. Рединым, учеником Кондакова, важнейшие произведения средневекового искусства были представлены в сочетании с фотографиями, рисунками и цветными репродукциями как архитектурных памятников региона, так и отдельных артефактов, в совокупности складывавшихся в подробное повествование о художественном развитии украинского искусства начиная с Раннего Средневековья и до XVIII века [Беляшевский 1902: 330–331]. В общей сложности на выставке были представлены 604 предмета церковного искусства, выполненных в разных материалах, и ее сопровождали колоссальный научный каталог объемом 900 страниц, а также отдельный альбом с иллюстрациями [Каталог 1902]. Если верить отчетам того времени, выставка получила широкое признание местной публики и ежедневно ее посещали по 8000 человек, так что людям приходилось часами терпеливо стоять в очереди у входа в здание, где она проводилась [Беляшевский 1902: 334].

Самая крупная и, возможно, самая значимая из всех таких временных выставок, приуроченных к съездам, прошла в Москве, в Историческом музее. Эта выставка была организована Московским археологическим обществом и проводилась в рамках Восьмого всероссийского археологического съезда, ее торжественное открытие состоялось в январе 1890 года. Экспозиция выставки заняла 11 больших залов, и составили ее самые разнообразные произведения средневекового искусства, в том числе недавние археологические находки, редкие иллюминированные рукописи, вышивка, металлические изделия, резьба по слоновой кости и дереву, а также множество почитаемых икон из нескольких монастырей, из Тверского и Рязанского музеев, Исторического музея, из частных коллекций Уварова, И. Л. Силина, Т. Ф. Большакова, И. М. Зайцевского и Н. М. Постникова [Каталог 1890]. Киевская духовная академия предоставила для выставки несколько ранневизантийских икон, ей принадлежавших, в том числе икону VI века «Два мученика (святые Платон и Гликерия)» в технике энкаустики, происходящую из монастыря Святой

Екатерины на горе Синай. В числе других знаменитых шедевров, вошедших в состав экспозиции, можно назвать византийскую мозаичную икону XII века, изображающую святого Николая Чудотворца, грузинскую икону святого Георгия XIII века, монументальную вышитую икону Успения Пресвятой Богородицы (1560), происходящую из мастерской княгини Ефросиньи Старицкой, иллюминированную рукопись XVI века, посвященную житию апостола Иоанна, из коллекции Большакова, а также ряд икон за подписью Симона Ушакова, в том числе его знаменитую «Богоматерь Владимирскую» (1652)[31]. К выставке был выпущен обширный каталог объемом 700 страниц, в котором тщательно зафиксированы все экспонаты. Более того, делегаты съезда и ведущие специалисты по археологии и истории Средних веков, а также искусствоведы прочли ряд публичных лекций, посвященных различным экспонатам, рассматривая их в более широком контексте развития византийской и древнерусской визуальной культуры.

В декабре 1898 года в Санкт-Петербурге прошла еще одна знаменательная временная выставка русско-византийского искусства, хотя и не связанная напрямую с археологическими съездами, о которых говорилось выше, — она была организована Императорским археологическим институтом[32]. В отличие от московской выставки, где разнообразные средневековые артефакты были представлены вперемешку одни с другими: металлические художественные изделия, деревянные, текстильные, иконы, — выставка в Санкт-Петербурге была посвящена прежде всего иконописи и, соответственно, именовалась «художественно-археологической выставкой» [Мальмгрен 1899: 21]. Произведения в экспозиции должны были подчеркнуть «переход от древней иконописи к новой живописи в смысле академическом», а потому были расположены в хронологическом порядке, так,

---

[31] См. [Каталог 1890: 15 (№ 8), 20 (№ 137), 45–46 (№ 2), 33 (№ 695–698, 701, 800, 821, 871–873, 3120), 34 (№ 3121, 3122), 71 (№ 1, 2); Этингоф 2005: 553 (№ 4), 650–653 (№ 29); Shkurko et al. 2006: 392 (№ 4); Антонова, Мнева 1963, 2: 408–409 (№ 909); Вздорнов 1986: 207].

[32] Подробный обзор этой выставки см. в [Мальмгрен 1899; Мальмгрен 1898].

чтобы наглядно представлять иконографическое и стилистическое разнообразие в рамках трех основных периодов русской иконописи, а именно новгородской, московской и строгановской школ [Перечень 1898: 3]. Если же говорить более предметно, то организаторы этой выставки стремились продемонстрировать впечатляющее развитие форм иконописного изображения начиная с XIV по XIX век, с тем чтобы поставить под сомнение укоренившееся у публики представление, что иконопись будто бы существовала вне времени и без каких-либо изменений. В число 532 экспонатов этой выставки вошли также ранневизантийские эмалевые иконы из коллекции И. П. Балашева и несколько икон поздневизантийского времени, так называемой критской школы, из коллекции Лихачева, которые должны были проиллюстрировать как взаимное сходство, так и различие византийской и русской изобразительных традиций [Мальмгрен 1899: 24–25]. Наконец, на выставке были представлены отдельные образцы современного церковного искусства — в виде набросков и зарисовок, выполненных для недавно построенного храма Спаса на Крови (1883–1907) такими художниками-ревивалистами, как Васнецов, Нестеров, Н. Н. Харламов, В. И. Отмар, А. П. Рябушкин и В. В. Беляев. Соответственно, в отличие от выставок, сопровождавших археологические съезды, эта выставка была устроена исключительно по искусствоведческому принципу и ознаменовала собой важное изменение способа представления иконописи: отход от археологической логики в сторону логики прежде всего художественной.

Несколько других выставок русско-византийского искусства, прошедших в тот же период, фактически использовали такой же подход. Например, в 1896 и 1897 годах Московское общество любителей художеств провело две выставки, призванные, как сообщалось, продемонстрировать развитие иконографии образов Христа и Богородицы на протяжении нескольких столетий. Общество не только позаимствовало древнерусские иконы у Императорского русского археологического общества и у Исторического музея, но также запросило у Императорской академии художеств живописные произведения более позднего времени [Вздорнов 1986: 209]. Более того, обе эти выставки включали в свои экспозиции факсимиле, слепки и акварельные репродукции знаменитых произведений византийского, готического, ренессансного и барочного искусства, в том числе копии монументальных мозаик, фресок, рельефов и скульптур [Каталог 1896; С. С. 1896: 213]. В результате, вместо того чтобы определить иконы как «церковные» древности и включить их в общую группу с церковной утварью, организаторы этих выставок представили их как произведения изобразительного искусства, с эстетической и концептуальной точки зрения сравнимые с важнейшими шедеврами западноевропейской живописи, созданными прославленными мастерами, такими как Джотто, Мазаччо, Микеланджело, Леонардо да Винчи, Рафаэль, Дюрер, Рубенс и Рембрандт [С. С. 1896: 214–215]. Кроме того, для лекционных выступлений в рамках обеих выставок были приглашены университетские профессора Д. В. Айналов и А. И. Кирпичников — они рассказывали о многочисленных стилистических и иконографических различиях в изображении Христа и Божьей Матери в раннехристианском, византийском, древнерусском и затем западноевропейском искусстве. Эти лекции оказались столь востребованы широкой публикой, что, согласно данным из архивов Императорского русского археологического общества, многим желающим их послушать пришлось отказать, потому что в аудитории не хватало места [Вздорнов 1986: 209]. Таким образом, подобные выставки, проходившие в XIX столетии, хотя исследователи «иконописного возрождения» редко о них вспоминают, тем не менее не только создали важные прецеденты для последующих выставок икон, проходивших в XX веке, но и показали, что художественная переоценка русско-византийского искусства началась не на рубеже веков, а значительно раньше. В самом деле, вопреки более поздним заявлениям следующего поколения художников и критиков концептуальные и материальные основы для Выставки древнерусского искусства 1913 года, а также для развернувшейся вокруг этой выставки полемики, инициированной представителями авангарда, были заложены еще в последние десятилетия XIX века.

«Русский ренессанс»: 1913 год
Выставка древнерусского искусства

Выставка древнерусского искусства 1913 года, о которой говорили как об эстетическом «откровении», «начале <...> нового художественного сознания в России», открытии «новгородского кватроченто», стала одним из самых ярких художественных событий в мире русского искусства [Тугендхольд 1913а: 217; Маковский 1913: 38]. Эту выставку организовал Московский археологический институт в честь трехсотлетия дома Романовых. Открылась она 13 февраля 1913 года в московском Деловом Дворе на площади Варварские Ворота и действовала четыре месяца. В ней были выделены четыре секции: иконы, иллюминированные рукописи, изделия из металла и вышивка, — однако самой обширной была секция икон, которая включала 147 экспонатов, созданных в период с XIII по XVII век. Большинство икон поступили из обширных частных коллекций, например из коллекций Рябушинского, Лихачева, Остроухова и Д. И. Силина. Незадолго до этого со многих из них было снято множество слоев грязи, сажи и более поздней живописи, так что взгляду широкой публики впервые открылись некоторые древнейшие образцы русской иконописи[33]. Самые выдающиеся произведения на этой выставке принадлежали новгородской школе, в том числе такие шедевры, как Смоленская икона Божьей Матери XIII века, иконы XIV века с изображениями Иоанна Златоуста, архангела Михаила, святых Бориса и Глеба, Рождества Христова, а также несколько важных икон XV века, представляющих введение Христа во храм, Чудо святого Георгия о змие, вход Господень в Иерусалим, Успение Божией Матери и сорок мучеников севастийских[34]. Кроме

---

[33] Подробный обзор этих коллекций см. в [Вздорнов 2006: 217–236; Степанова 1991; Муратов 1914б; Пунин 1914а; Пунин 1914б].

[34] См. [Выставка 1913: 6 (№ 4), 9 (№ 14), 10 (№ 17), 11 (№ 20, 21, 22), 15 (№ 43), 16 (№ 45), 17 (№ 50), 33 (№ 109); Лазарев 2000: 61 (№ 49), 129 (№ 135), 130 (№ 142); Антонова, Мнева 1963, 1: 132–133 (№ 76), 106–107 (№ 43), 108–109 (№ 45), 233–235 (№ 199), 172 (№ 126), 125–127 (№ 67)].

того, в экспозиции присутствовало значительное число икон XVI–XVII веков, выполненных иконописцами строгановской школы, в том числе Прокопием Чириным (1570–1620-е годы) и Никифором Савиным (1590–1650-е годы).

Эта выставка, расположившаяся в больших, просторных залах недавно построенного Делового Двора (1911–1913), привлекла множество посетителей и широко освещалась в российской печати. Специально для нее был составлен подробный научный каталог с многочисленными иллюстрациями и подробными описаниями каждого произведения в экспозиции, а также с кратким предисловием Муратова, который отмечал высокие художественные достижения иконописи в целом и особо выделил новгородскую школу как разработавшую особенно сложные и изящные формы изобразительности:

> Русская иконопись никем не может быть названа, как часто называли ее прежде, темной, однообразной и неумелой, в сравнении с современными ей западными образцами. Перед нами, напротив, искусство, располагавшее огромной силой цвета, изобретательное в композициях и достигавшее высокого мастерства в исполнении[35].

Значительная часть экспонатов выставки 1913 года впервые была представлена широкой публике, однако многие иконы из коллекций Лихачева и Рябушинского уже выставлялись годом ранее в Санкт-Петербурге в рамках Выставки иконописи и художественной старины, которая сопровождала Второй всероссийский съезд художников[36]. Съезд проходил в Императорской академии художеств с 27 декабря 1911 года по 15 января 1912 года. В задачи его входило, с одной стороны, рассмотреть вопросы, связанные с сохранением художественного наследия Древней

---

[35] Муратов П. П. Предисловие к изданию [Выставка 1913: 3].

[36] На выставке были представлены более сотни икон и пятисот фотографий, окладов, предметов вышивки, резьбы по дереву, а также прочей церковной утвари, и к ее открытию были выпущены краткий обзор и каталог, составленные В. Т. Георгиевским. См. [Георгиевский 1915б; Георгиевский 1915а].

Руси, а с другой — подробно обсудить все аспекты современной русской визуальной культуры. В соответствии с этими задачами съезд был разделен на восемь секций, в каждой из которых были предусмотрены лекции, доклады и дискуссии: 1) Вопросы эстетики и истории искусств; 2) Художественное воспитание в семье и школе и преподавание графических искусств; 3) Живопись и ее техника; 4) Архитектура и художественный облик городов; 5) Русская старина и ее охрана; 6) Художественная промышленность и кустарное дело; 7) Искусство в театре; 8) Общие вопросы[37].

Одной из самых ярких особенностей этого съезда стало динамичное взаимодействие старого и нового. Доклады об археологических раскопках и реставрационных работах, прочитанные выдающимися учеными, исследователями русско-византийского искусства, такими как Кондаков, Айналов и А. И. Анисимов, соседствовали с манифестами современных художественных методов, о которых объявляли, в частности, Репин, Кандинский, Н. И. Кульбин и С. П. Бобров. Последний из них выразил эстетические воззрения группы «Ослиный хвост» и прежде всего Ларионова и Гончаровой. Айналов в приветственной речи на открытии съезда выделил две главные отличительные черты, которые характеризовали, по его мнению, русское искусство тех лет:

> Бросим взгляд вокруг. <...> То, что недавно еще было предметом замкнутого изучения в кельях редкого археолога и ученого, вдруг интересует общество, которое с любовью обращает свои взоры на эту старину и, так сказать, впитывает в себя красоты родных, когда-то очень знакомых форм и стилей. <...> Никогда еще интересы широких кругов общества не были с большей любовью обращены на нашу художественную старину и на наше недавнее художественное прошлое. Это знамение нашего времени. <...>
> На художественных выставках общество наблюдает еще более яркие черты современного искусства. Это искусство новое, ранее невиданное, неизвестное. <...> Это страстное переживание новых форм ставит критику и общество перед какими-то новыми задачами современного художественно-

---

[37] Подробнее о съезде см. [Труды 1914–1915; Bowlt 1980: 22–25].

> го творчества, требует новой идеологии его, нового понимания, которое так же страстно ищется в разных направлениях современной мысли, как страстно переживается в новых формах [Айналов 1914а: xvi].

Проведя прямую связь между этими двумя новшествами в области культуры, Айналов заключил, что современное русское искусство находится в переходном состоянии и что представление художников и критиков о средневековой изобразительности уходит от чисто «формальной идеи народничества» к более глубокому видению «существа его» [Айналов 1914б: 6]. Айналов здесь, вне всякого сомнения, подразумевал постепенное переосмысление иконы как уникальной философской и онтологической сущности, эстетические свойства которой неотделимы от ее религиозных, общественных и исторических функций. Именно такое новое понимание иконописного изображения в конце концов привело к появлению несколькими годами позднее новаторских теорий образа, в том числе у Флоренского, Пунина и Тарабукина.

В соответствии с логической структурой этого съезда сопровождавшая его Выставка иконописи и художественной старины должна была представить русскую иконопись как «высокое искусство, имевшее свою историю, свое развитие, свои периоды процветания и упадка» [Георгиевский 1915б: 163]. Для достижения этой цели в экспозицию выставки включили только недавно отреставрированные иконы, в том числе несколько важнейших шедевров, таких как икона святых Бориса и Глеба XIV века и икона Георгия Победоносца XVII века, написанная Прокопием Чириным, из коллекции Лихачева, икона Вознесения и Грузинская икона Божией Матери XV века из коллекции Рябушинского, вариант «Битвы новгородцев с суздальцами» XVI века из коллекции Васнецова, а также ряд репродукций и фресок из церкви Спаса на Нередице, из церкви Феодора Стратилата на Ручью (1360) и из Ферапонтова монастыря (1398)[38]. Георгиевский в своем обзоре

---

[38] См. [Георгиевский 1915а: 169 (№ 11, 14, 21, 22), 170 (№ 72); Антонова, Мнева 1963, 1: 109–110 (№ 47), 151 (№ 101); Лазарев 2000: 111 (№ 105); Большаков, Климанов 1993: 275 (№ 3049).

этой выставки особо подчеркивал стилистические особенности отдельных икон, восхищаясь их «красочным достоинством» и «высокохудожественным сочетанием изображения с убранством иконы» [Георгиевский 1915б: 166]. Таким образом, и экспозиция Выставки иконописи и художественной старины, и теоретические споры, сопровождавшие Второй всероссийский съезд художников, предвосхитили и во многом определили особенности Выставки древнерусского искусства 1913 года, а также ее восприятие критиками.

Многие критики объявили, что выставка 1913 года ознаменовала собой «начало», «рождение», «зарю» всеобщего понимания иконописной изобразительной традиции и ее ценности, однако на самом деле в ней следует видеть скорее кульминацию процесса, который начался еще в XIX веке и развивался уже с десяток лет. В самом деле, как замечали — отчасти брюзгливо — некоторые современники, «слава ученым, конечно: кропотливые труды их — фундамент, на котором теперь можно строить» [Маковский 1913: 38]. Ведь в конце концов именно научный, позитивистский этос второй половины XIX столетия впервые позволил исследователям взглянуть на иконы с совершенно светской точки зрения — как на исторически и археологически важные артефакты, а не только предметы религии и культа, — что изначально и вывело их из глубокой тени, в которой они были скрыты в сырых церковных подвалах и на хорах. Кроме того, прогрессивные политические реформы, проведённые на рубеже веков, в том числе Указ о веротерпимости 1905 года, не только расширили свободу вероисповедания на всей территории Российской империи, но также привели к возрождению деятельности сотен старообрядческих храмов. Это, в свою очередь, сопровождалось очисткой и реставрацией древних икон, написанных до церковной реформы патриарха Никона[39]. Реформа эта прошла в период 1654–1666 годов и повлекла за собой изменения в некоторых

---

[39] Указ о веротерпимости, изданный 30 апреля 1905 года Николаем II, даровал законные права и другим религиям помимо канонического православия, в том числе еретическим течениям, сектам и старообрядчеству.

церковных обрядах, богослужебных книгах и религиозных представлениях, и самым ярким таким изменением стало требование креститься не двумя пальцами, а тремя. Поскольку старообрядцы не приняли новые правила, их официально отлучили от Русской православной церкви, и сотни старообрядческих икон были либо уничтожены, либо полностью переписаны в соответствии с новой церковной доктриной. Победоносное восстановление в правах старообрядчества, произошедшее в начале 1900-х годов, после нескольких веков гонений и преследований, свидетельствовало о том, что для многих зрителей и мыслителей это новое открытие иконописной традиции имело прежде всего светский характер и ассоциировалось скорее с прогрессом и современностью, нежели со «средневековым» варварством, религиозным догматизмом и экстремизмом. Так, Я. А. Тугендхольд писал:

> Реформы Никона, вырывшие пропасть между русским народным благочестием и государственной церковью, нанесли удар древней иконописи... Господствующая церковь совершенно не считалась с тем, что она ответственна перед нацией за сохранение икон. Некоторые гнили в церковных подвалах; другие, простояв целые века на древних иконостасах, в угоду внешнего «благолепия» и изменившихся вкусов, покрывались новыми слоями олифы или безжалостно записывались новой, грубой живописью [Тугендхольд 1913а: 215–216].

Некоторые же, напротив, рассматривали иконописную традицию с более экзотических позиций и видели в ней мистическое противоядие от бесплодного западного рационализма и материализма. Икону они считали неким зерном живой веры, которое проросло сквозь века; некоторые воспринимали ее как совершенный оживляющий эликсир, как спасение от ужасов и жестокости современного капитализма. Маковский, например, писал следующее:

> Здесь, века тому назад, безымянными мастерами как будто осуществлено то, о чем мы мечтаем с той поры, как перестало радовать нас рационалистическое искусство XIX ве-

> ка, — то, чего так недостает нам, изверившимся, искалеченным современникам Эдиссона: симфоничность красочных сочетаний, мудрая условность контуров, живописный ритм композиции, и больше того — прекрасная духовность искусства, глубокая содержательность его, спокойная осмысленность, в нераздельном слиянии с совершенством иератической формы. <...> Это наполняет нас надеждой на будущее русской живописи... [Маковский 1913: 39].

Пунин в своем обзоре этой выставки пошел еще дальше и заявил, что статус иконы как отпечатка божественного определяет и природу ее эстетического воздействия и метафизического присутствия, поэтому чисто стилистические сопоставления иконописного изображения с произведениями современной французской живописи были бы поверхностными:

> ...здесь нам представляется опасным вступить на путь рискованных уподоблений, на путь почти святотатственных, на наш взгляд, параллелизмов, так как несомненно, нельзя, указывая на руку Божьей Матери, говорить о Гогене, созерцая зеленоватые тона ее хитона, называть Сезанна... Пусть даже художники XIX в. подошли в своих глубоких исканиях к проблемам живописи, разрешенным русской иконописью, но духовные импульсы их творчества настолько различны, что мы, русские, испытывая до сих пор высокое религиозное воздействие нашей давней культуры, не можем себе позволить столь свободного к нашим глубочайшим традициям отношения. <...> ...А дело художников (будущего или настоящего — это никому не известно) найти средства, чтобы возбудить в нас подобные этим волнениям переживания [Пунин 1913а: 40].

Парадоксальным образом рассуждения Пунина перекликаются и с более ранними утверждениями Айналова, и с мыслью Кондакова о том, что исключительно эстетической и формальной трактовке ценности икон присуща «научная несостоятельность и более того <...> диалектическая пустота» [Кондаков 2004: 10]. Эта неожиданная перекличка, казалось бы, давно изживших себя представлений ученого XIX века, с одной стороны, и взглядов одного из наиболее радикальных левых критиков XX века — с другой, показывает, что для многих мыслителей рубежа веков результаты переоценки иконописной изобразительности оставались неоднозначными и неокончательными. Все соглашались в том, что иконы открывают перед современными художниками новые эстетические и концептуальные возможности, однако многие писавшие об этом считали, что отрицание присутствия в них метафизической реальности накладывает ограничение на их потенциал как средства выражения определенного образа мыслей и системы изобразительности, альтернативной системе западноевропейской живописи. Соответственно, рассмотрение любых вопросов русско-византийского возрождения не должно ограничиваться анализом стилистического влияния или исторической близости, но должно учитывать сложную философию, сформулированную православными богословами и составляющую основу понимания того, что есть присутствие, выразительность и содержательность иконописного образа.

В 1923 году Муратов ретроспективно утверждал, что «интерес [к иконе] достиг своего “апогея” весной 1914 года» и что «у художников, пожалуй, более всего выставка 1913 года имела успех» [Муратов 2005: 61, 64]. В самом деле, многие талантливые молодые художники, как и признанные мастера из Императорской академии художеств, были привлечены для участия как в реставрационных работах, так и в создании внутреннего декора новых храмов и публичных музеев в духе ревивализма. Васнецов, Нестеров, Врубель, К. С. Петров-Водкин, П. В. Кузнецов и Н. К. Рерих, не говоря уже о многих других, участвовали в самых разных проектах по всей России. Даже те художники, которые не принимали непосредственного участия в реставрационных и ревивалистских проектах, стали ездить по русским селам и разыскивать остатки богатого русско-византийского художественного наследия. Кандинский, Гончарова, Ларионов, Любовь Попова и Татлин, как и прочие, ездили по Золотому кольцу, делали множество набросков и этюдов, зарисовывали фрески, иконы и предметы декоративно-прикладного искусства, которые им встречались в пути. Наконец, хотя и не в последнюю очередь, как было показано в этой главе, начиная с 1860-х годов и временные выставки, и постоянные собрания Эрмитажа, Румянцевского, Русского и Исторического музеев открывали двери для широкой публики, позволяя людям увидеть шедевры византийского и древнерусского искусства.

В результате всего вышеописанного в период 1870–1920 годов лишь немногим из русских художников удалось избежать всепроникающего влияния русско-византийской художественной традиции, продолжительное воздействие которой на методы авангарда выражалось и в тематических заимствованиях, и в упрощении иконописных форм, и в глубинном переосмыслении форм проявления и функционирования искусства в современном мире. Огромное разнообразие и объем материала позволяют рассматривать множество различных иконописных вариаций, однако в последующих главах основное внимание я буду уделять теориям и произведениям Врубеля, Кандинского, Малевича и Татлина: они восприняли «русско-византийское» и как некую форму, и как методологию, и их соответствующие художественные проекты изменили направление развития современного искусства — не только в России, но и за ее границами.

Глава 3
Ангелы становятся демонами
Модернистские искания Михаила Врубеля

Художник С. П. Яремич (1869–1939) в своей биографии Врубеля (1856–1910), увидевшей свет в 1911 году, приводит один показательный случай. Весной 1901 года Яремич отправился вместе с Врубелем в Кирилловскую церковь XII века в Киеве, в которой Врубель в 1884 году под руководством Адриана Прахова отреставрировал и воссоздал множество фресок. Стоя перед фреской «Надгробный плач» (цв. илл. 3), Врубель заметил: «Вот к чему в сущности я должен бы вернуться» [Яремич 1911: 55]. Он тогда жил в Москве и к тому времени уже написал свои самые знаменитые шедевры: «Демон сидящий» (1890), «Портрет Саввы Мамонтова» (1897), «Пан» (1899), «Сирень» (1900) и «Царевна-лебедь» (1900). Однако сам Врубель считал, что свои лучшие произведения он создал во время своего пребывания в Киеве, в 1880-х годах, когда в основном занимался реставрацией фресок в Кирилловской церкви и работал над эскизами к так и не написанным фрескам для Владимирского собора. Впоследствии Пунин соглашался с собственной оценкой художника, называя киевские фрески Врубеля в числе его лучших работ, в которых тот «коснулся такой силой духа и прозрения проблем живописи, что те немногие страницы, которые повествуют о киевском периоде творчества Врубеля, должны <...> возрасти в громадную литературу, всецело посвященную смыслу и значению именно этих композиций» [Пунин 1913в: 7]. Хотя этот важный этап творческого становления Врубеля подробно проанализирован в целом ряде важных научных монографий, его редко рассматривают в более широком контексте русско-византийского возрождения[1]. Кроме того, нигде не изучался вопрос о том, как и почему увлечение Врубеля религиозной тематикой повлияло на его художественное мировоззрение и вылилось в одно из важных тематических направлений его творчества, достигнув кульминации в загадочном цикле поздних картин на библейские сюжеты — картин, которые обычно считаются самыми слабыми его работами и плодом набирающего силу психического растройства[2]. И все же в свойственном этим картинам необычном сочетании модернистских форм с мистическими, трансцендентными темами следует видеть раннее предвестие визионерского модернизма, нашедшего свое полное выражение в картинах художников XX века, таких как Филонов, Кандинский и Малевич. Более того, художественные критики того времени, такие как Яремич, В. А. Дмитриев, Н. Габо, Пунин и Тарабукин, все как один видели во Врубеле выдающегося предшественника, чье серьезное увлечение русско-византийским исскуством почти на три десятилетия предвосхитило и определило свойственную авангарду страсть к иконам. Таким образом, в настоящей главе Врубель рассматривается как деятель искусства, сыгравший ведущую роль на рубеже веков в зарождении самобытного стиля русского модернизма. Восстанавливается исторический взгляд на его творчество, который в течение XX века оказался отчасти вытеснен другими интерпретациями. Кроме того, в этой главе пересматривается бинарная оппозиция таких понятий, как «новое» и «старое», «авангард» и «арьергард», «новаторский» и «традиционный», — в том понимании, в котором они так часто трактовались в истории современого русского искусства.

---

1 К числу исключений относятся следующие работы: [Isdebsky-Pritchard 1982: 67–90; Дмитриева 1984: 32–56; Алпатов, Анисимов 2000: 87–112; Гусакова 2008: 121–149].

2 Например, см. анализ религиозной тематики в поздних произведениях Врубеля в [Дмитриева 1984: 82–84].

Надо сказать, что путь Врубеля к модернистскому стилю был связан с внутренними протоворечиями, одновременно и отражающими и усложняющими парадигму авангарда. С одной стороны, Врубель был мастером с академической подготовкой, а с другой — официальная критика и художественный истеблишмент не признавали его, видя в нем «декадента». Выбирая сюжет для изображения, Врубель избегал не только политического радикализма передвижников, но также и современных городских пейзажей, и урбанизированной социальной среды, излюбленных импрессионистами. В отличие от передвижников, его не интересовало изображение молодых революционеров или страдающих представителей социальных низов, но точно так же его не привлекало и воспевание Москвы и Петербурга как современных мегаполисов. Вместо всего этого он обращался к предметам преимущественно метафизическим, эзотерическим и символистским, в особенности к апокрифическим темам демонов, ангелов и пророков. Его живописные эксперименты во многих отношениях можно рассматривать как визуальные аналоги или предвестия более поздних литературных опытов Блока, Мандельштама, Кузьмина, Булгакова и Ахматовой, чьи произведения ознаменовали собой модернистский отказ от официальной религии в пользу новых духовных и теистических исканий[3].

Врубель родился в 1856 году в Омске, в семье военного юриста, и благодаря родителям был хорошо знаком как с католицизмом, так и с православием: отец его имел польские корни, а мать происходила из старинной русской дворянской семьи. Тем не менее художник считал, что официальная религиозность ограничивает и угнетает человека, и в конце 1880-х годов стал высказывать глубокие сомнения в отношении христианской веры. Врубель постепенно приходил к убеждению, что свободное следование своему художественному призванию и самобытное творчество есть самый прямой путь к духовному росту и самореализации; известно его заявление, сделанное ближе к концу

---

[3] См. [Kelly 2016; Bowlt 2008: 67–99].

жизни: «Искусство — вот наша религия»[4]. Сначала Врубель изучал право в Санкт-Петербургском университете и окончил курс в 1880 году, но уже в университетские годы он проявлял большой интерес к искусству и в 1877–1879 годах посещал вечерние рисовальные классы при Императорской академии художеств. Почти сразу по окончании юридического факультета Врубель поступил в академию, где четыре года учился под руководством П. П. Чистякова (1832–1919) и в итоге в 1905 году получил звание академика живописи. Даже в самом начале учебы в академии Врубель не был приверженцем академического стиля. Его ранние наброски обнаженной натуры демонстрируют гораздо более небрежную манеру письма и более свободное обращение с краской, чем было принято тогда в академии. Тем не менее лишь в ходе реставрационных работ в Киеве Врубель стал вырабатывать новую манеру — с использованием фрагментарных мазков, необычных ракурсов и композиционных приемов, а также уплощения живописного пространства.

В 1884 году, когда Врубель был еще студентом академии, к нему обратился Прахов, искавший молодого художника, который помог бы ему осуществить масштабную реставрацию Кирилловской церкви. Чтобы получить заказ, Врубель должен был сначала выполнить небольшую работу в византийской манере. Он написал сцену Благовещения (рис. 20), к сожалению не сохранившуюся, если не считать небольшой черно-белой фотографии, которую Яремич воспроизвел в своей биографии Врубеля [Яремич 1911: 22]. Это произведение Врубеля, при создании которого использовался византийский иконографический тип «прядущей Богородицы», демонстрирует близкое знакомство художника со средневековыми прототипами, такими как мозаичное изображение Богородицы в Софийском соборе в Киеве (рис. 21) и икона XII века «Устюжское Благовещение» из Успенского собора Московского Кремля. Будучи студентом академии, Врубель мог посещать академический Музей христианских древностей, где тогда хранилась обширная коллекция византийских и русских

---

4 Врубель А. Воспоминания о художнике [Гомберг-Вержбинская и др. 1976: 154].

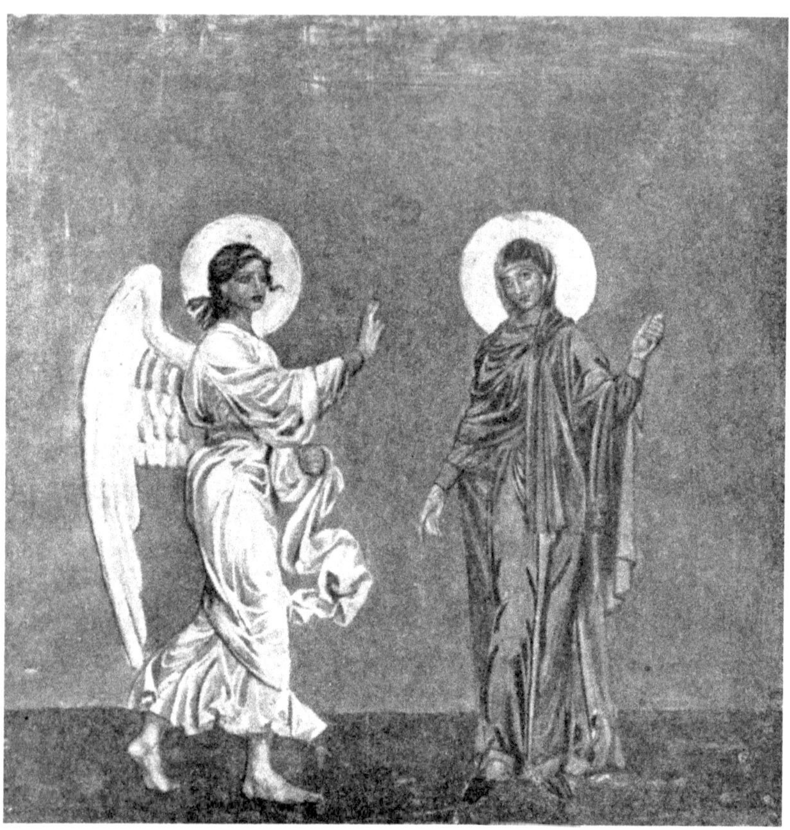

Рис. 20. М. А. Врубель. Благовещение. 1884. Акварель, масло. Размеры неизвестны. Местонахождение неизвестно. Приводится по [Яремич 1911: 22]

икон, в том числе привезенных с Афона Севастьяновым. Среди них были и несколько икон Благовещения, которые Врубель мог использовать как образцы. Кроме того, академия (как уже было отмечено в первой главе) располагала большим собранием копий и фотографий с мозаик Софийского собора в Константинополе, афонских фресок Мануила Панселина XIII века, а также копиями икон и фресок XII века из грузинских монастырей Бетании и Гелати. Также в распоряжении Академии имелся русский пере-

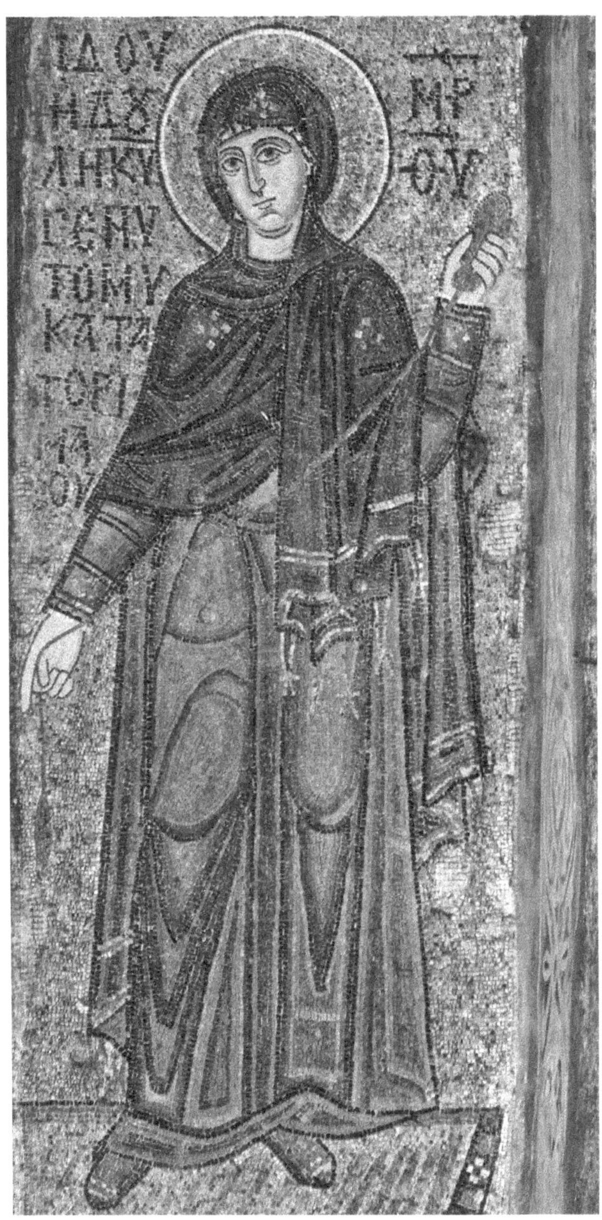

Рис. 21. Богоматерь. Мозаика XI века. Софийский собор, Киев

вод знаменитой публикации Адольфа Дидрона и Поля Дюрана «Руководство по христианской греческой и латинской иконографии» (Париж, 1845) [Корнилова 1995: 76]. В этом руководстве, предположительно составленном в XVIII веке Дионисием Фурноаграфиотом, монахом с горы Афон, разъясняются приемы византийской живописи и подробно описываются различные варианты иконографии разных религиозных фигур и сюжетов[5]. Наконец, Врубель мог видеть цветные полноразмерные копии фресок и мозаик из киевских храмов XI–XII веков в Санкт-Петербурге в 1883 году, на выставке, организованной Праховым.

Сейчас, конечно, трудно определить, какое именно произведение Врубель использовал в качестве образца для своего «Благовещения», но очевидно, что он опирался на какой-то конкретный средневековый прообраз. Сравнение знаменитой иконы «Благовещение» XII века (рис. 22) из монастыря Святой Екатерины на горе Синай с интерпретацией Врубеля показывает, насколько глубоко, чисто интуитивно художник воспринимал формальный и символический язык икон, при этом не имея никакой специальной подготовки в области иконописи[6]. Персонажи у Врубеля не населяют живописное пространство изображения, а словно плывут по бескрайнему, непрерывному фону, который символизирует реальность сакральную, символическую и вечную. В своем «Благовещении» Врубель избегает как направленного света, так и теней, а удлиненные пропорции фигур, линейный динамизм драпировок и змеиный изгиб ангела — все это напоминает византийские оригиналы. Вместо того чтобы сделать изображение более натуралистическим, с традиционной моделировкой лиц и с использованием светотени, как было принято тогда среди художников академической выучки, Врубель в гораздо большей

---

[5] См. недавнее издание на английском языке: [Hetherington 1974].

[6] В 1881 году Кондаков опубликовал фотоальбом, в который вошли сто репродукций мозаик и миниатюр из иллюминированных рукописей, хранящихся в собраниях монастыря Святой Екатерины на горе Синай: [Kandakoff, Raoult 1883]. Однако неизвестно, имел ли Врубель доступ к этому альбому и мог ли он ознакомиться с этими репродукциями каким-то иным образом.

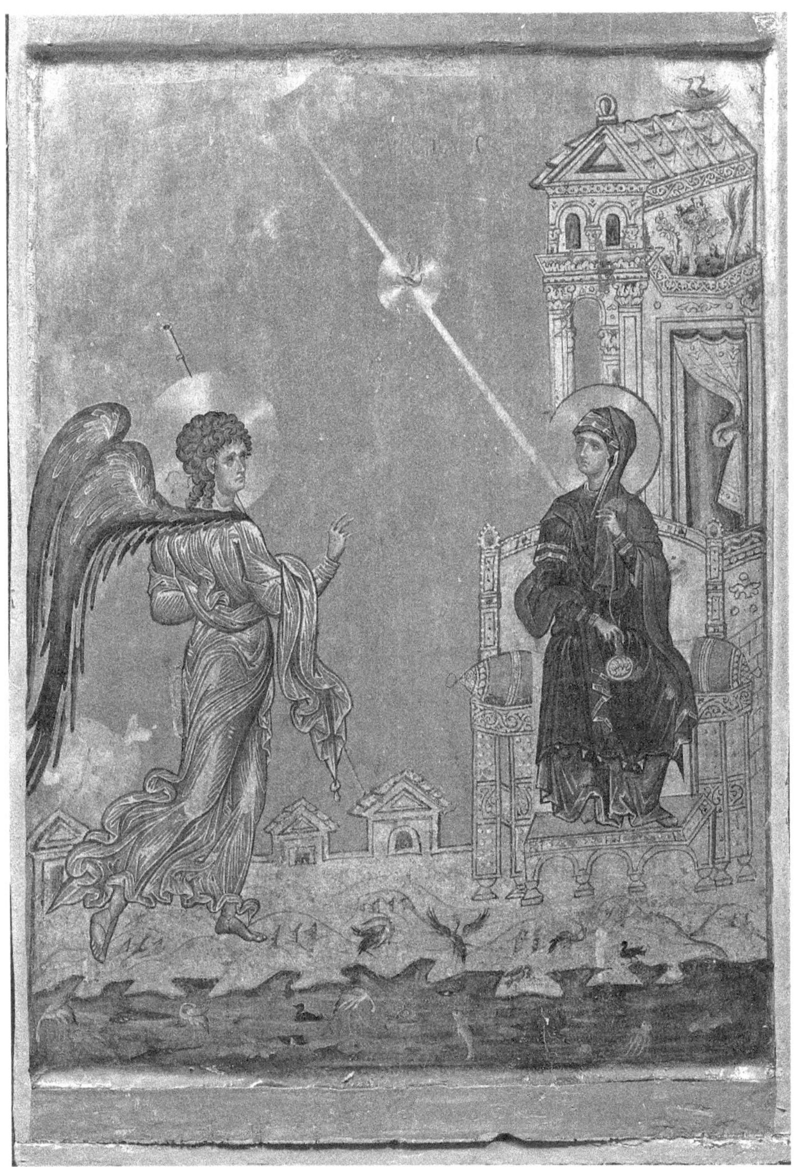

Рис. 22. Благовещение. Конец XII в. Доска, темпера, золото. 63,1 × 42,2 × 3,2 см. Монастырь Святой Екатерины на горе Синай, Египет

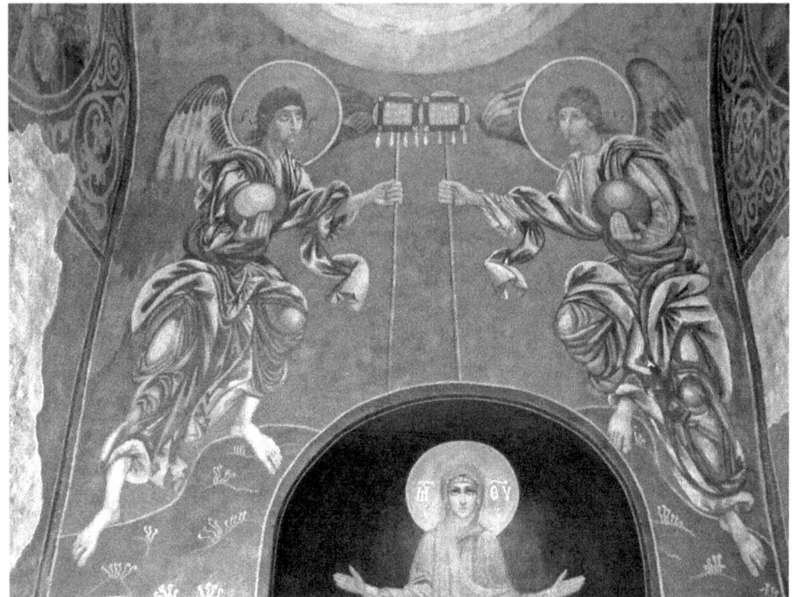

Рис. 23. М. А. Врубель. Ангелы с лабарами. 1884. Штукатурка, масло. Кирилловская церковь, Киев

степени следовал формальному языку средневековой иконы. Таким образом, неудивительно, что последующее непосредственное знакомство с монументальным средневековым искусством Киева позволило ему еще глубже усвоить иконописную манеру изображения, которая в результате определила весь его дальнейший творческий путь.

В числе работ в Кирилловской церкви Врубелю было поручено восстановить около 150 фигур, сохранившихся лишь фрагментарно. Всего лишь за семь месяцев при помощи ассистентов — учащихся Рисовальной школы Мурашко — Врубель переписал большие фрагменты сильно поврежденных фресок, таких как «Благовещение», «Вход Господень в Иерусалим» и «Успение Богородицы», а также создал несколько совершенно новых композиций взамен утраченных. «Сошествие Святого Духа (Пятидесятница)»,

«Надгробный плач», медальон «Голова Христа», «Ангелы с лабарами» (рис. 23) и фигура Моисея, по всей видимости, были полностью созданы Врубелем. Художник готовился к этим работам, изучая сохранившиеся средневековые фрески Кирилловской церкви, а также живопись и мозаики Михайловского Златоверхого монастыря и Софийского собора. Кроме того, Врубель имел доступ к обширной коллекции рисунков, эскизов, фотографий и хромолитографий византийского и древнерусского искусства, принадлежавшей Прахову; последний приобрел эти предметы в своих путешествиях по Российской империи, Европе, Ближнему Востоку и другим бывшим византийским территориям [Гусакова 2008: 123]. Врубель часами просиживал в доме Прахова, изучая эти изображения и делая с них копии, которые затем включал в свои новые проекты для Кирилловской церкви. Например, в разработке фрески «Ангелы с лабарами» (1884), помещенной на своде крестильни, Врубель использовал ангелов с мозаичного изображения Страшного суда в соборе Санта-Мария в Торчелло[7]. Хотя композиция Врубеля полностью оригинальна, многие формальные приемы и образы он позаимствовал у средневекового мастера — например, колеблющиеся драпировки, линейную стилизацию складок, динамику движений и даже черты ангельских ликов. Подобным же образом иконография и композиция фрески «Сошествие Святого Духа на апостолов» были созданы с опорой на ряд оригинальных и фотографических источников. У Врубеля и полукруг, по которому расположены фигуры апостолов, и стилизованное изображение потоков божественного света, исходящих от Святого Духа, представленного в виде голубя, напоминают мозаику «Сошествие Святого Духа» в соборе Монреале в Италии. Впрочем, плавность, линейность очертаний и характер движений апостолов скорее вызывают в памяти фреску на тот

---

7 Нет единого мнения относительно источника образов этих ангелов. Яремич утверждает, что, создавая эту композицию, Врубель опирался на фотографии мозаик Торчелло из коллекции Адриана Прахова. Однако Н. А. Прахов вспоминает, что Врубель разработал эту композицию, вернувшись из Италии, где он видел мозаики Торчелло своими глазами. См. [Яремич 1911: 54; Прахов 1958: 284].

же сюжет в Софийском соборе в Киеве. Фрески Врубеля для Кирилловского храма, подобно его первой картине «Благовещение», показывают, насколько близко художник следовал средневековым образцам, подражая им в пристрастии к ярким цветам, четким линиям и пространственной условности.

В прочих своих работах, даже не связанных с реставрацией Кирилловской церкви, Врубель тоже стал задействовать эти вновь найденные живописные приемы, вырабатывая таким образом своеобразный синкретический модернистский стиль. Например, на картине «Портрет мужчины в старинном костюме (И. Н. Терещенко)» (1886) (рис. 24) Врубель изобразил сидящего мужчину в богато украшенном старинном кафтане. Фигура мужчины неожиданно обрезана чуть выше глаз, так что лоб и верхняя часть головы находятся за границами изображения. Хотя и в диагональных очертаниях подлокотников кресла, и в полулежачей позе мужчины, и в расположении рук, согнутых в локтях, заметно пространственное сокращение, крупные плоские декоративные цветы на его одежде выступают на передний план и разрушают вроде бы убедительную иллюзию трехмерности пространства. Врубель намеренно уводит в абстракцию смутно угадываемое анатомическое строение фигуры и при этом использует вполне убедительное перспективное сокращение, так что фигура персонажа предстает странно искаженной и плоской, чем усугубляется фрагментарность изображения. Наконец, изображение спинки кресла, в котором сидит мужчина, развернуто параллельно поверхности картины и ее форма представлена в виде плоского прямоугольника. Из-за столь ярко выраженной двумерности этой формы возникает впечатление, что она, вместо того чтобы отступить на задний план, напротив, выдвигается вперед. Кроме того, контуры левой руки и плеча мужчины будто бы растворяются в спинке кресла, так что соотношение главной фигуры и фона становится зыбким. Эта работа, поразительно модернистская как по структуре, так и по композиции, радикально отличалась от некоторых более ранних картин Врубеля, например от «Пирующих римлян» (1883), которых художник написал в Санкт-Петербурге за год до приезда в Киев.

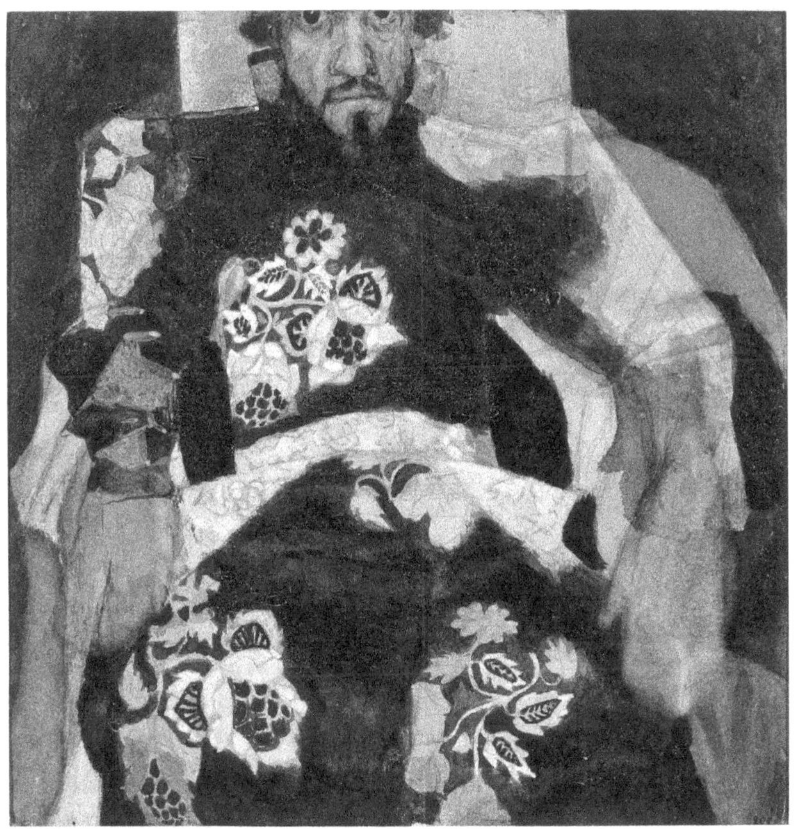

Рис. 24. М. А. Врубель. Портрет мужчины в старинном костюме. 1886. Бумага, акварель, карандаш, белила. 27,8 × 27 см. Национальный музей русского искусства, Киев

По завершении реставрационных работ в Кирилловской церкви Прахов попросил Врубеля восстановить мозаичные изображения трех архангелов в центральном куполе Софийского собора (рис. 25). Прахов обнаружил единственное уцелевшее изображение архангела в 1884 году вместе с мозаикой Христа Вседержителя (как было указано выше, в первой главе). Поскольку уцелевшее мозаичное изображение ангела сохранилась почти

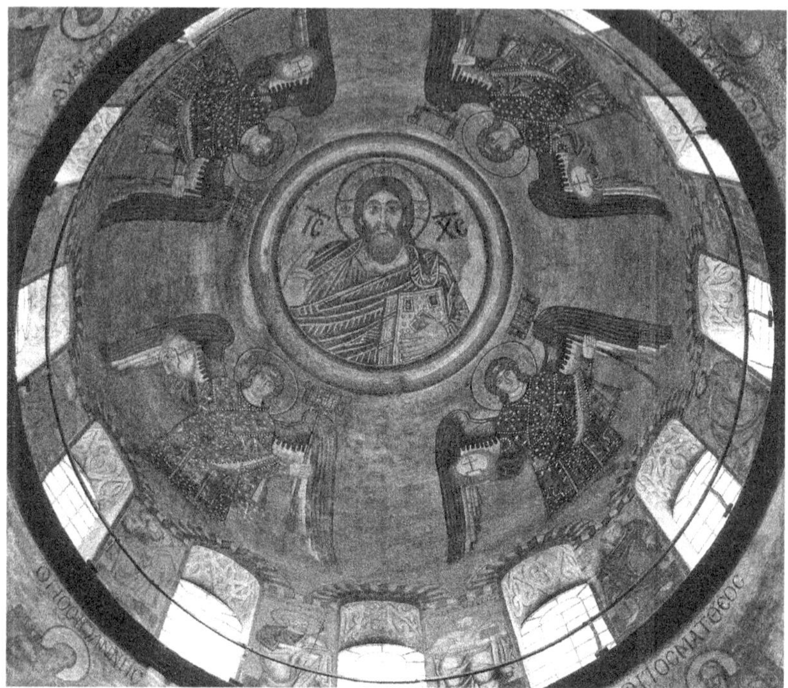

Рис. 25. Христос Вседержитель с архангелами. XI в. Собор Святой Софии, Киев

полностью, оно послужило образцом для воссоздания трех других, совершенно утраченных за прошедшие века. Врубелю было поручено в технике масляной живописи имитировать мозаику, чтобы для зрителей, смотрящих снизу, воссозданные изображения ангелов не отличались от оригинального, мозаичного[8]. Для художника этот заказ, несомненно, стал важной вехой на его творческом пути, и впоследствии он продолжил развивать эту технику в рамках собственного индивидуального стиля. Например, на одной из важнейших работ Врубеля, картине

[8] Письмо Врубеля к А. Прахову, лето 1884 года. Цит. по: [Гомберг-Вержбинская и др. 1976: 71].

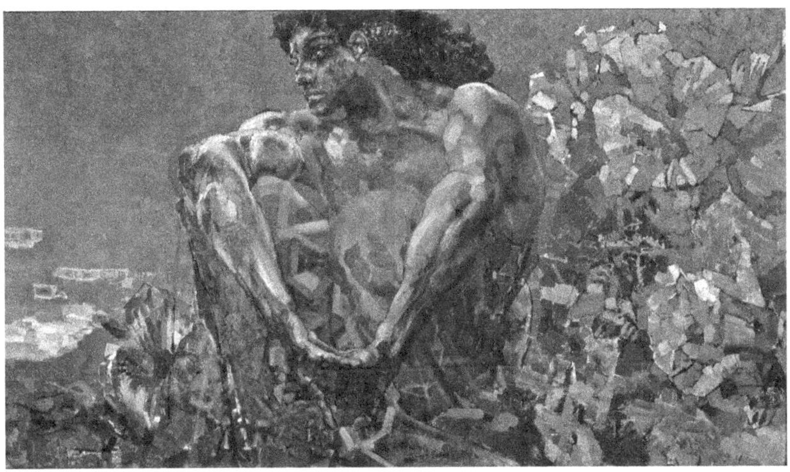

Рис. 26. М. А. Врубель. Демон сидящий. 1890. Холст, масло. 116 × 213,8 см. Государственная Третьяковская галерея, Москва

«Демон сидящий» (рис. 26), которую он начал сразу по возвращении из Киева, множество крошечных четких пастозных мазков, особенно в правой части, напоминают фрагменты мозаики и создают иллюзию глубины и объема, в то же время подчеркивая плоскость живописной поверхности. Монументальная фигура демона изображена непосредственно на переднем плане картины, где она занимает очень ограниченное, тесно сжатое пространство, с минимальным перспективным сокращением. Хотя на дальнем плане Врубель поместил миниатюрные изображения горы и заката, крупные геометризованные цветы в правой части полотна подчеркивают его плоскость, и этим разрушается впечатление трехмерности внутреннего пространства картины. По степени дезинтеграции узнаваемых форм изображение настолько приближается к абстракции, что на первый взгляд трудно распознать в этих нечетких угловатых пятнах цветы. И напротив, проработка торса демона и его напряженно сжатых рук подчеркивает массивность его фигуры. Тело демона представляется громоздкой, внушительной глыбой, наподобие обнаженных фигур, написанных Микеланджело на потолке Сикстинской капеллы. Как убедительно показал Роберт Нельсон, подобная глубинная игра на взаимодействии плоского и телесного, стилизованного и индивидуального, абстрактного и конкретного определяла и специфику многих произведений византийского искусства [Nelson 2015: 34–36]. В самом деле, представление о византийском изобразительном искусстве как о совершенно плоскостном и двухмерном сложилось в результате неверного его толкования критиками и ценителями, толкования, которое вполне успешно оспаривали такие художники, как Кандинский и Татлин, и такие мыслители, как Флоренский, Пунин и Тарабукин, видевшие всю сложность пространственной организации византийской живописи, все тонкости и всю неоднозначность иконописных изображений.

В своем «Портрете Саввы Ивановича Мамонтова», написанном несколько лет спустя, Врубель также свел воедино несколько разных ракурсов и подчеркнул геометричность форм, лежащих в основе различных объектов. Так, коврик под ногами Мамонтова не сокращается перспективно, уходя к дальнему плану, а будто бы топорщится, и квадратная столешница в правой части полотна расположена в плоскости совершенно иначе, чем коврик. Скульптура над правым плечом Мамонтова, как кажется, встроена в пространство тоже совершенно иначе. Даже подлокотники кресла не параллельны друг другу, а направлены в разные стороны. Голова и лицо Мамонтова составлены из взаимосвязанных, контрастирующих друг с другом тональных пятен, соприкасающихся под прямыми углами, что создает необычный эффект. Сжатые кулаки и тревожный взгляд промышленника почти пророчески предвещают катастрофические финансовые трудности, с которыми ему предстоит столкнуться всего лишь два года спустя[9]. Больше всего поражает подчеркнутая плоская белая

---

[9] В 1899 году в отношении Саввы Мамонтова было начато судебное производство по обвинению в незаконном присвоении акций Московско-Ярославско-Архангельской железной дороги. На имущество Мамонтова наложили арест; самого его заключили под стражу на пять месяцев и впоследствии объявили банкротом.

манишка Мамонтова, которая, кажется, является центральным элементом портрета. Манишка не выписана детально, и ее форма создана за счет оставленного неокрашенным пространства холста, так что большинство современников заключили, что портрет не окончен. При сравнении с «Портретом Саввы Мамонтова» Андерса Цорна, написанным годом ранее, вскрывается радикализм Врубеля в обращении как с формой, так и с пространством. В отличие от портрета кисти Врубеля, который играет объемами, сложным образом строит пространство и передает психологическое напряжение, подход Цорна, льстиво изобразившего элегантного буржуазного джентльмена, гораздо менее оригинален.

Врубель мастерски сочетает плоскостную живопись с глубиной и массивностью объемов, поэтому его часто сравнивали с Полем Сезанном и современники, и позднейшие исследователи. Так, российский искусствовед М. В. Алпатов писал, что

> задачи, которые [Врубель] решал, очень напоминают те, с которыми постоянно сталкивался Сезанн. Фактурная живописная поверхность разрабатывалась этими мастерами так тщательно, словно они были оба обременены сходной целью — добиться движения форм, создающих контраст. Конструктивное построение, сдвиги различных предметов на плоскости — вот, что волновало Врубеля. И в этом он опередил своих коллег в России и на Западе [Алпатов, Анисимов 2000: 113].

Художник-конструктивист Наум Габо в своей книге 1962 года «О разнообразных искусствах» также высказывает предположение о том, что радикальные формальные новации Врубеля в таких произведениях, как «Демон сидящий», были не только сродни творениям Сезанна, но Врубель почти на пятнадцать лет предвосхитил явление Сезанна, выдвинув требование «нового живописного видения и... техники» [Gabo 1962: 156]. В разделе иллюстраций в своей книге «О разнообразных искусствах» Габо стратегически сопоставляет одну из картин Сезанна 1905 года из серии «Гора Сент-Виктуар» (рис. 27) с врубелевским этюдом для «Демона сидящего» 1890–1891 годов (рис. 28), с тем чтобы пока-

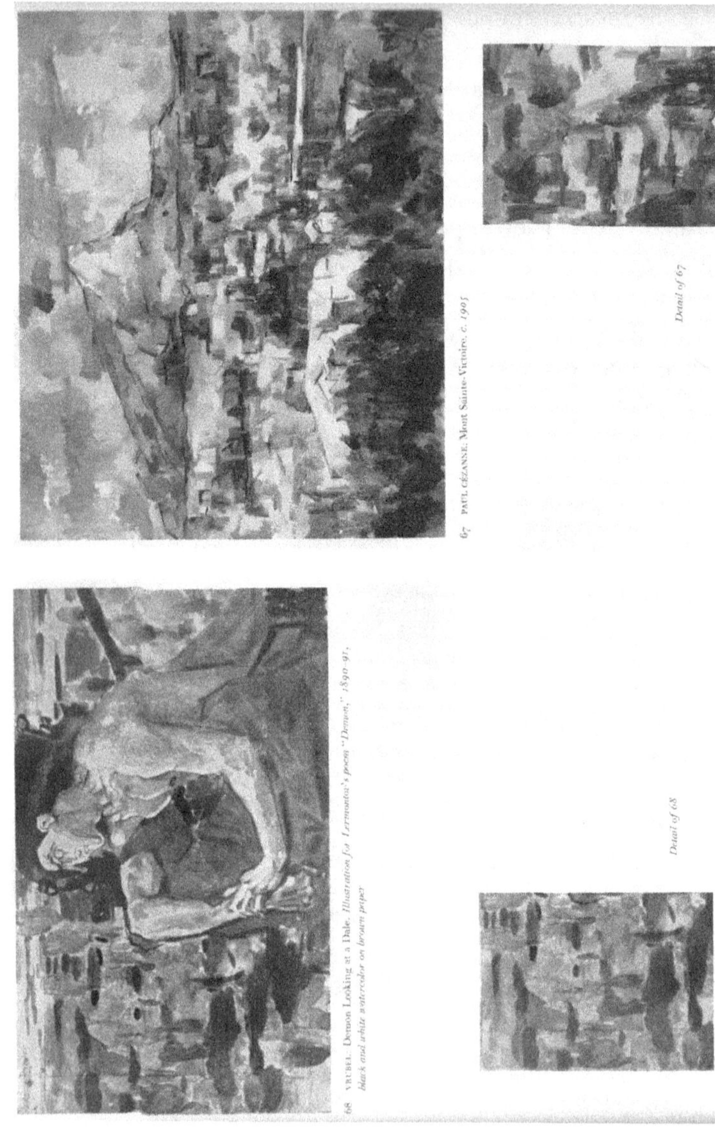

68 VRUBEL. Demon Looking at a Dale. Illustration for Lermontov's poem "Demon," 1890–91, black and white watercolor on brown paper
Detail of 68
67 PAUL CÉZANNE. Mont Sainte-Victoire, c. 1905
Detail of 67

Рис. 27 и 28. Репродукции картин Поля Сезанна «Гора Сент-Виктуар» и М. А. Врубеля «Демон, смотрящий в долину». Приводится по изданию [Gabo 1962: 168–169]

зать, что техника письма у обоих художников была практически одинаковой. Габо заключает:

> ...в начале [XX] века, [когда] многие из нас соприкоснулись с западноевропейским искусством, мы не ступили на чужую землю — мы вернулись домой и Сезанна восприняли совершенно естественно. Не случайно именно российские коллекционеры первыми поняли и приняли это новое направление в западном искусстве, идущее от Сезанна. И они же стали теми самыми меценатами, которые <...> составили круг людей, которые во времена Врубеля поддерживали его [Gabo 1962: 156, 168–169].

С первого взгляда на таких картинах, как «Демон сидящий» и «Портрет Саввы Мамонтова», кристаллоподобные мазки Врубеля отчасти напоминают разнообразные цветовые пятна и тектоническую фактуру поздних работ Сезанна, например его автопортретов 1890–1898 годов и полотен с изображениями горы Сент-Виктуар (1900–1904). Оба художника использовали в своих картинах взаимное наложение плоскостей, что позволяло им создавать объем и пространство на основе цветовых контрастов.

Однако более тщательный анализ живописной манеры Сезанна и Врубеля обнаруживает существенные структурные различия. Фрагментарность изображения у Сезанна опирается на строгую композиционную сетку, и пересечение перпендикулярных плоскостей у него оформлено мягкими переходами, в то время как у Врубеля отдельные мазки различаются по размеру и положены в разных направлениях в зависимости от того, какова их структурная композиционная роль. Таким образом, они отличаются от упорядоченных геометризованных цветовых блоков у Сезанна и выполняют, скорее, ту же функцию, что и индивидуальные кусочки смальты в композиции мозаики. Через несколько лет после окончания работы над заказом по реставрации Кирилловской церкви Врубель объяснил Яремичу, что его интерес к материальности живописного полотна возник в результате знакомства с византийским искусством, стремившимся «при помощи орнаментального расположения форм усилить плоскость стены». Однако для Врубеля это вовсе не влекло за собой ни выравнивания, ни уплощения образа. Даже напротив, он утверждал следующее: «Главный недостаток современного художника, возрождающего византийский стиль, заключается в том, что складки одежд, в которых византийцы проявляют столько остроумия, он заменяет простыней» [Яремич 1911: 52]. Таким образом, для Врубеля гениальность византийского художника состояла в том, что он умел создавать в живописи динамизм, ощущение подвижности и телесности, не задействуя при этом миметических эффектов трехмерного пространства.

Соответственно, в отличие от Габо и Алпатова, Муратов утверждал, что Врубель и Сезанн представляют два совершенно разных типа художников — как в стилистическом отношении, так и в концептуальном [Муратов 1910]. По словам Муратова, Сезанна интересовала прежде всего передача повседневных реалий провинциальной жизни, он подчеркивал их материальность и физическую осязаемость. Он «писал немудреные портреты, пейзажи своей родины, элементарно простые натюрморты» [Муратов 1910: 48]. Врубель же стремился запечатлеть в конкретной живописной форме нематериальное, сверхъестественное и божественное. Его работы стремились к монументальности и к выходу за пределы земного существования, отражая одновременно и новые концепции живописи, и вневременные универсальные темы [Муратов 1910: 48]. Муратов полагал, что эти противоположные друг другу художественные цели неизбежно выражались в существенных формальных различиях. Как утверждает Алин Исдебски Притчард, «тот факт, что Врубель почти наверняка не имел возможности видеть работы Сезанна <...> до того, как [собственная] манера [Врубеля] в полной мере сложилась <...> исключает его зависимость от творчества французского художника» [Isdebsky-Pritchard 1982: 86]. Во время своих поездок в Европу Врубель, по всей видимости, не попал ни на первую, ни на третью выставки импрессионистов (в 1874 и 1877 годах соответственно), в которых участвовал Сезанн, а в собраниях российских коллекционеров работы Сезанна начали появляться не ранее 1904 года [Isdebsky-Pritchard 1982: 257, note 51][10]. Соответственно, представляется, что Врубель разработал собственную модернистскую систему живописи одновременно с французским художником, но независимо от него, усвоив при этом уроки средневековых мастеров. По меткому замечанию Н. А. Дмитриевой, «Врубель в Киеве первым перекидывал мост от археологических изысканий и реставрации к живому современному творчеству» [Дмитриева 1984: 34].

Врубель как «мученик» модернизма: непонимание, отверженность и несостоявшаяся работа во Владимирском соборе

Те изменения, которые живописный стиль Врубеля претерпел в результате соприкосновения со средневековым искусством, резко отстранили его от художественных методов его современников и собратьев-академистов, таких как В. М. Васнецов и М. В. Нестеров, также принимавших участие в реставрации храмов, однако стремившихся перевести иконописное иносказание на язык натурализма, а не наоборот. Васнецов и Нестеров восприняли каноническую православную иконографию, при этом полностью и принципиально продолжая пользоваться языком живописи академического иллюзионизма. Отказавшись от того, что они считали «примитивной» стилизацией средневековых икон и фресок, эти художники считали, что модернизируют и исправляют склонную к упрощениям наивность православных образов. Так, например, на эскизе Васнецова «Отечествие» (1907) (рис. 29) для Александро-Невского собора в Варшаве Господь Бог и Христос изображены в трехмерном пространстве, организованном по законам линейной перспективы. Черты их лиц натуралистичны, тела изображены в перспективном сокращении, а свет и тени распределяются по всему изображению иллюзио-

[10] О российских собраниях современного французского искусства см. [Kean 1983; Kostenevich 1995; Költzsch 1993].

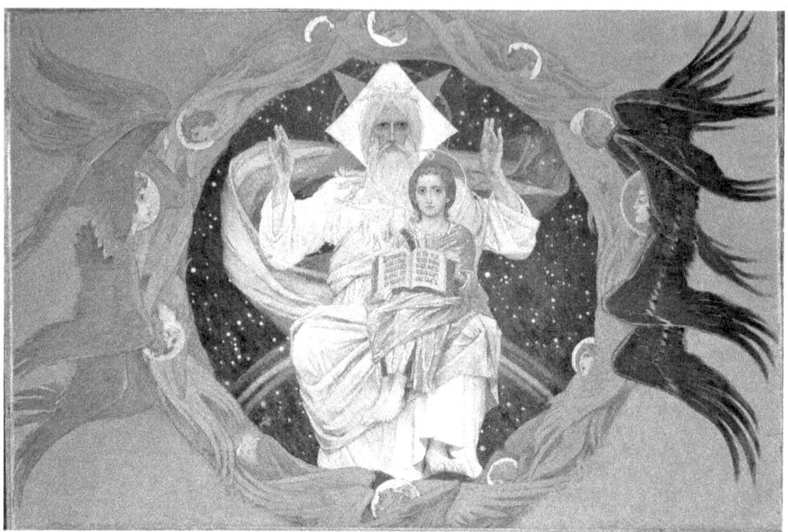

Рис. 29. В. М. Васнецов. Отечествие. 1907. Эскиз для Александро-Невского собора в Варшаве. Холст, масло. 268 × 400 см. Государственный Русский музей, Санкт-Петербург

нистически, так что почти возникает эффект присутствия. Господь Бог и Христос как бы выходят из Царствия Небесного в человеческий мир через огненное кольцо, свитое из переплетенных крыльями серафимов. Точно так же и Нестеров на фреске 1892 года, созданной для Владимирского собора и изображающей Деву Марию с Младенцем Христом, поместил фигуры в иллюзионистически написанной нише, где фон имитирует воздушную перспективу и присутствует трехмерное сокращение. И Богородица, и Младенец Христос изображены не фронтально, а развернуты в пространстве и не возвращают взгляд зрителя. Как это принято в повествовательной станковой живописи, действия персонажей ограничены рамками изображения и не затрагивают внешний мир, и это тоже отличает работу Нестерова от традиционных иконописных изображений Богородицы с Младенцем[11].

[11] Культурная роль и концептуальная эволюция обрамления картины, а также его функции, постоянно меняющиеся, подробно рассмотрены в [Tarasov 2011].

Врубель же, с другой стороны, понимал, что изобразительность иконы является неотъемлемой частью единой целостной эстетической и идеологической системы, которую нельзя изменить, не нарушив самой сути иконописного образа. Почти сорок лет спустя Флоренский четко сформулировал эту мысль в своем «Иконостасе»:

> В этих нормах церковного сознания светские историки и позитивистические богословы усматривают свойственный Церкви обычный ее консерватизм, старческое удержание привычных форм и приемов, потому что иссякло церковное творчество, и оценивают такие нормы как препятствия нарождающимся попыткам нового церковного искусства. Но это непонимание церковного консерватизма есть вместе с тем и непонимание художественного творчества. Последнему канон никогда не служил помехой, и трудные канонические формы во всех отраслях искусства всегда были только оселком, на котором ломались ничтожества и заострялись настоящие дарования. Подымая на высоту, достигнутую человечеством, каноническая форма высвобождает творческую энергию художника к новым достижениям, к творческим взлетам и освобождает от необходимости творчески твердить зады: требования канонической формы или, точнее, дар от человечества художнику канонической формы есть освобождение, а не стеснение. <...>
> Ближайшая задача — постигнуть смысл канона, изнутри проникнуть в него, как в сгущенный разум человечества, и, духовно напрягшись до высшего уровня достигнутого, определить себя, как с этого уровня мне, индивидуальному художнику, является истина вещей; хорошо известен тот факт, что это напряжение при вмещении своего индивидуального разума в формы общечеловеческие открывает родник творчества. <...>
> Искание современными художниками модели при писании священных изображений уже само по себе есть доказательство, что они не видят явственно — изображаемого ими неземного образа: а если бы видели ясно, то всякий посторонний образ, да к тому же образ иного порядка, иного мира, был бы помехой, а не подспорьем тому, духовному созерцанию [Флоренский 1996а: 455–457].

Однако в конце 1880-х — начале 1890-х годов устойчивый авторитет Императорской академии художеств в сочетании с недавно возникшей модой на передвижников привели к тому, что широкая публика, Священный синод и официальные художественные круги стали предпочитать в современном церковном искусстве более натуралистическую манеру изображения[12]. Важно, однако, подчеркнуть, что православная церковь не принимала без разбора любые реалистические изображения на библейские темы. Так, «Христос в пустыне» (1872) И. Н. Крамского, «Христос и грешница» (1886) В. Д. Поленова, «Что есть истина?» (1890) Н. Н. Ге считались глубоко неоднозначными, а то и откровенно кощунственными с церковной точки зрения, поскольку в них христианские сюжеты были переосмыслены в исторической, археологической, светской и субъективной перспективе, то есть с позиций, которые часто не совпадают с устоявшейся богословской трактовкой[13]. Васнецов же, напротив, хотя и заменил иератические свойства русско-византийского искусства миметическими живописными эффектами, все же строго придерживался официально принятой православной иконографии и композиции. Более того, он настойчиво повторял, что он человек «истинно верующий» и искренне считает, что его работы на религиозные темы «ни сколько не противоречат ни идеалу высокохристианскому, ни церковному»[14]. Иными словами, его работы были «новыми» и «современными» по форме, но «традиционными» и «вневременными» по содержанию, поэтому их можно было почитать священными как современные варианты иконы, прошедшей долгий путь развития от Средневековья до наших дней. Один из критиков того времени даже особо отметил способность Васнецова «освобождать» средневековые иконописные изображения: «Старинные русские иконные образы он освобождает от анатомических неправильностей, что придавало фигурам уродливость». И далее:

---

[12] Подробно об этом см. [Sharp 2006: 238–253].

[13] Подробный обзор по этой теме см. в [Gatrall 2014].

[14] Письмо В. М. Васнецова А. В. Прахову. Весна 1885 года [Васнецов 2004: 58].

> Младенческое искусство наших древних иконописцев было, конечно, бессильно сладить с этой, непосильной для них по незнанию и неумению, задачей. В рисунке Васнецова вся древняя старина приобрела новые формы и новый колорит. А отсюда — живопись его связывает современность с многовековой историей, прошлое народа, поэзию его детства с совершенством нового искусства [Свечников 1913: 5].

Картины Васнецова одновременно утверждали авторитет церкви и Императорской академии художеств, не слишком отклоняясь при этом в сторону академизма, чем грешили в своих работах на религиозные темы его предшественники — мастера XVIII и XIX веков. Сочетая требования современного эстетического чувства с традиционным православным каноном, Васнецов как будто бы решал давнишнюю проблему русской церкви: он преодолевал ту пропасть, что много веков назад пролегла между духовным и светским искусством, и потому его «назначили наследником многовековой традиции русской религиозной живописи» [Sharp 2006: 239]. Однако, парадоксальным образом, набожные «простые люди», которые приходили в новые церкви, оформленные в духе ревивализма, не воспринимали живописные работы Васнецова как «иконы». Так, по рассказу Розы Ньюмарч, когда группу крестьян спросили, понравились ли им «великолепный» новый Владимирский собор и «чудесные картины в нем», они ответили, что «старые иконы им нравятся больше», потому что произведения Васнецова «слишком живые». Это подтверждает справедливость критических высказываний Флоренского, который отмечал, что натурализм изображения затмевает собой религиозный символизм и священный смысл образов, представленных на иконах [Newmarch 1916: 224].

Что же касается произведений Врубеля на религиозные темы, то они, напротив, шли вразрез со всеми традициями — как в эстетическом, так и в теологическом плане. В них нарушались и стилистические, и иконографические постулаты, освященные авторитетом Императорской академии художеств и церкви, и, соответственно, они подверглись цензуре. Фрески в Кирилловской церкви неоднократно становились мишенью критики, автора упрекали за чрезмерную архаизацию и даже называли его работы анахронизмом, потому что они не следовали самому современному и модному стилю — реалистическому, — но будто бы возвращались к более ранней, устаревшей идиоматической манере изображения. Считалось, что фигуры персонажей у Врубеля анатомически неправильны и плохо написаны. Многим казалось, будто бы художник, обладая извращенным вкусом, преднамеренно воспроизвел «уродство» и «бесформенность» прототипов XII века. Парадоксальным образом именно мнимая «средневековость» врубелевской манеры возмутила зрителей XIX века. Практически всеми, за исключением очень небольшого круга поклонников и единомышленников, при жизни Врубеля эти и другие его произведения были в значительной степени неправильно поняты, недооценены и отвергнуты.

Например, когда в 1891 году вышло юбилейное издание знаменитой поэмы М. Ю. Лермонтова «Демон. Восточная повесть» с 22 иллюстрациями Врубеля, посвященными обреченной любви между Демоном и юной грузинской княжной Тамарой, художника широко критиковали и осуждали в российской печати. В этих иллюстрациях Врубель продолжил разрабатывать некоторые радикальные стилистические новшества, которые впервые использовал годом ранее в своем «Демоне сидящем». Типичный отклик на эти произведения представляет следующее описание, опубликованное в журнале «Артист»:

> Г. Врубель, по видимому, даже не чувствует, что его фигуры похожи не на людей, а на тряпичные куклы. <...> Во многих рисунках даже разобрать нельзя, где у кого руки, где ноги, где голова и приходится любоваться только на игру одних «художественных» мазков, которые заменяют у г. Врубеля и рисунок, и пластичность, и красоту. Г. Врубель, видимо, имеет претензию на «настроение», но он забывает, что там, где шея длиннее головы или рука похожа скорее на ногу, искать настроения только смешно, и что без рисунка нет иллюстрации[15].

---

[15] Артист. № 16. 1891. С. 133. Цит. по [Дурылин 1948: 580].

Подобным же образом В. В. Стасов писал, что «Врубель в своих “Демонах” дал ужасающие образцы непозволительного и отталкивающего декадентства» [Стасов 1906: 181]. Постоянные обвинения в «декадентстве» преследовали Врубеля всю жизнь и стали особенно настойчивыми в сталинскую эпоху, когда, по иронии судьбы, его последовательно причисляли к союзникам и поборникам «дегенеративных» западных художественных идей и противником «исконных» изобразительных традиций. Подобные представления и формулировки, предвещая недоброе, возникли уже в статье Стасова 1898 года, посвященной грандиозной выставке русских и финских художников, устроенной С. П. Дягилевым в Музее Штиглица в Санкт-Петербурге и продлившейся целый месяц:

> Чему дано первое, главное место в этой зале, что пользуется наивысшей симпатией распорядителя? Это — картина г. Врубеля, озаглавленная — «Утро. Декоративное панно». Картина эта огромна; она стоит на самом почетном, центральном месте всей залы. <...> Ах, кабы обойтись без этаких выставок, и даже во сне не видать таких «Утр», таких «Демонов»! И в самом деле, видано ли у самых отчаянных из французских декадентов что-нибудь гаже, нелепее и отвратительнее того, что нам тут подает г. Врубель? [Стасов 1898]

Такое непонимание со стороны критиков, вкупе с весьма консервативными вкусами публики, создавали Врубелю значительные препятствия для работы. Столь ценных для него заказов от государства он получал крайне мало, и даже постоянные заказчики нередко либо полностью отказывались от его работ, либо требовали их существенно переделать. Вот как пишет об этом Тарабукин:

> Мастер, владеющий, как никто со времен XV столетия даром монументальной стенописи, был устранен от работ по росписи Владимирского собора в Киеве ...Художник, обладающий изумительным даром к декоративной скульптуре, не мог соорудить ни одного большого и подлинно монументального памятника, не мог выполнить ни одной большой

> художественной идеи, которая требовала для своего осуществления общественных зданий, улиц и площадей... Мастер, владевший наравне с живописным даром также архитектурной мыслью, чувством грандиозных пропорции и архитектонических соотношений, сделал только по своему проекту небольшую пристройку на Спасской-Садовой к особняку почти единственного своего мецената [Тарабукин 1974: 16–17].

При таком положении дел неудивительно, что Врубелю не удалось получить престижный и широко обсуждавшийся заказ на работы во Владимирском соборе.

Замысел создания собора принадлежал Николаю I, который подписал указ о его возведении 23 июля 1853 года. Первоначальный проект в неовизантийском стиле принадлежал И. В. Штрому, но впоследствии был переработан П. И. Спарро (1814–1887) и А. В. Беретти (1816–1895). Строительство собора началось в июле 1862 года, и завершить его планировали к 1888 году, к 900-летию Крещения Руси. Однако из-за нехватки ресурсов, а также по причине инженерных просчетов строительство было приостановлено на десять лет и возобновлено только в конце 1870-х годов. В 1882 году благодаря покровительству недавно коронованного Александра III Прахов был назначен руководить работами по созданию внутреннего убранства собора, которому, как он считал, предстояло стать главным «памятником русского искусства», отражающим «идеал, одушевляющий поколение» [Прахов 1896: 2–3]. Прахов, уже сотрудничавший с Врубелем на реставрации Кирилловской церкви, вновь предложил этому художнику представить эскизы для нового собора. Врубель сразу приступил к работе и выполнил множество карандашных набросков и акварельных эскизов. Среди них оказались и некоторые из самых новаторских и радикальных образов Врубеля — как в формальном, так и в концептуальном отношении.

Однако конкурсная комиссия сочла эти работы слишком нетрадиционными как стилистически, так и иконографически и потому неподходящими для нового собора, так что заявку Врубеля сразу же отклонили. Вместо него заказ получили Васнецов, Нестеров, братья Павел и Александр Сведомские и ныне почти забытый польский художник Вильгельм Котарбинский. Врубелю же предложили создать несколько небольших декоративных орнаментов на колоннах в интерьере собора. Оглядываясь назад, нетрудно понять, почему консервативно настроенная конкурсная комиссия сочла эскизы Врубеля настолько неподходящими. Они были совершенно ни на что не похожи и шли вразрез с традициями русского церковного убранства XIX века, отличаясь композиционной простотой и модернистским лаконизмом. В отличие от фресок Кирилловской церкви, где Врубель гораздо более скрупулезно следовал оригинальным средневековым образцам, эскизы для Владимирского собора выдают стремление художника к стилистическому и концептуальному новаторству. В этих произведениях, как и в «Демоне сидящем», Врубель использовал средневековые средства в модернистских целях. Сам Прахов признавал оригинальность предложенного Врубелем цикла фресок, отмечая при этом, что для его «превосходных эскизов» нужен собор совершенно в ином и «совершенно в особенном стиле»[16].

Например, в одном из вариантов «Надгробного плача» (1887) (рис. 30) Врубель изобразил сидящую Богородицу на фоне низкого горизонта, возвышающуюся над распростертым телом Христа, которое представлено практически одной белой линией. Вдали, подсвеченный закатным солнцем, виден миниатюрный крест, напоминающий о распятии. Два кипариса в правой части изображения ритмически повторяют вертикальный силуэт Богородицы. Фигура ее расположена перпендикулярно горизонтально ориентированной фигуре Христа, и их крестообразное соположение указывает на то, что основу всей композиции составляет «духовная геометрия». Врубель не снабдил ни Христа, ни Богородицу традиционными нимбами, но заходящее солнце на горизонте, не без умысла изображенное прямо над головой Христа, метафорически удваивается, формируя светящийся

---

[16] Прахов А. В., цит. по: Прахов Н. А. Михаил Александрович Врубель [Гомберг-Вержбинская и др. 1976: 187].

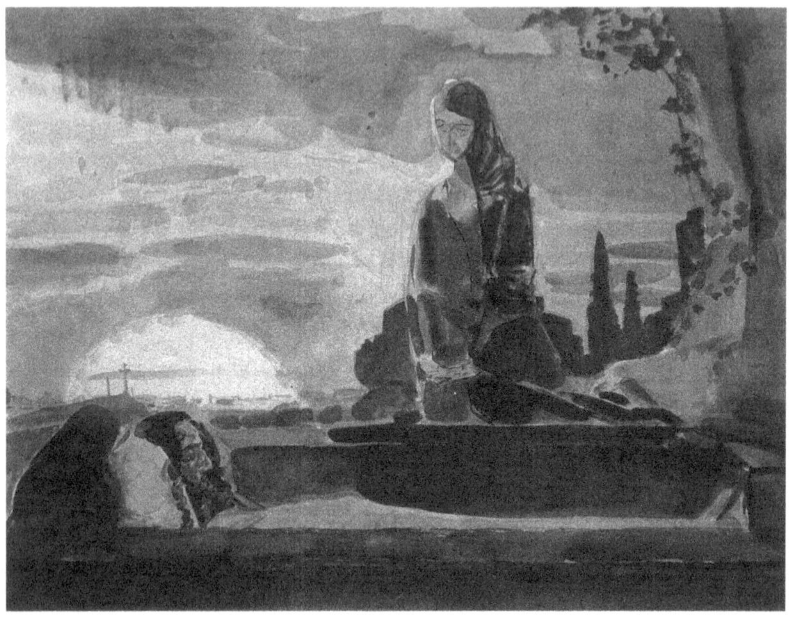

Рис. 30. М. А. Врубель. Надгробный плач I. 1887. Эскиз фрески для Владимирского собора в Киеве. Бумага, карандаш, акварель, белила. 43,4 × 59,2 см. Национальный музей русского искусства, Киев

нимб. Отказавшись от привычной православной иконографии, Врубель использовал чисто композиционные приемы, чтобы указать на сакральную природу представленной сцены. Точно так же отказавшись от выразительных жестов и явных проявлений эмоций, типичных для сцен оплакивания, Врубель изобразил Богородицу со стоическим выражением лица, в тихой задумчивости, как пример совершенно модернистского внутреннего переживания и горя, скрытого от чужих глаз. Плотный и осязаемый, вертикально ориентированный, устремленный вверх силуэт Богородицы поражает зрителя своим сдержанным минимализмом, тогда как набросок всей сцены создан несколькими небрежными мазками, и пятна цвета помещены в уплощенное пространство без глубокой перспективы.

В другом варианте «Надгробного плача» (1887) (рис. 31) Христос и Богородица находятся в помещении, и основу композиции составляют два окна, расположенных непосредственно над головой Богородицы[17]. Христос и Богородица снова находятся не в центре изображения, а скорее ближе к нижней его границе. В проработке одеяния и лика Богородицы Врубель уже начал экспериментировать с мозаичной фрагментацией формы, разбивая ее на отдельные цветовые пятна — эту технику он затем в полной мере разработал в более поздних картинах, таких как «Демон сидящий» и «Портрет Саввы Мамонтова». Два окна, представленные как белые геометрические плоскости на монохромном темном фоне, кажутся едва ли не предвестием супрематизма. Они состоят из фрагментов негативного пространства — ослепительно-белой чистой поверхности бумажного листа — и составляют визуальный центр композиции. Функция «окон» предполагает, что они открывают выход в другое пространство, приглашая зрителя в них заглянуть, но в то же время разочаровывая его своей плоской непроницаемостью. Поскольку данную работу Врубель не представил на рассмотрение конкурсной комиссии для Владимирского собора, эти слепые окна нельзя рассматривать просто как архитектурные элементы, которые художник учитывал при создании проекта росписи. Они, скорее, служат здесь чисто изобразительным и метафорическим целям. Возможно, наполняющий их ослепительно-белый свет должен был символически представлять своеобразные врата в Небесное Царство, куда люди не могут заглянуть сами, а только через посредничество Христа и Богородицы, которые изображены поэтому на переднем плане, ближе к зрителю. Подобно золотому фону икон, эти окна служат материальным напоминанием о раздельности здешнего мира и того, что лежит за его пределами. Строгость прямоугольных форм у Врубеля, возможно, происходит от геометрии священных образов в православной иконографии, где Христос, восседающий на

---

[17] Этот вариант «Надгробного плача» был задуман как триптих, в котором Христос и Богородица занимают центральную часть. В левой части представлены Иоанн Богослов и Иосиф Аримафейский, а в правой — Мария Магдалина и Мария, мать Иакова.

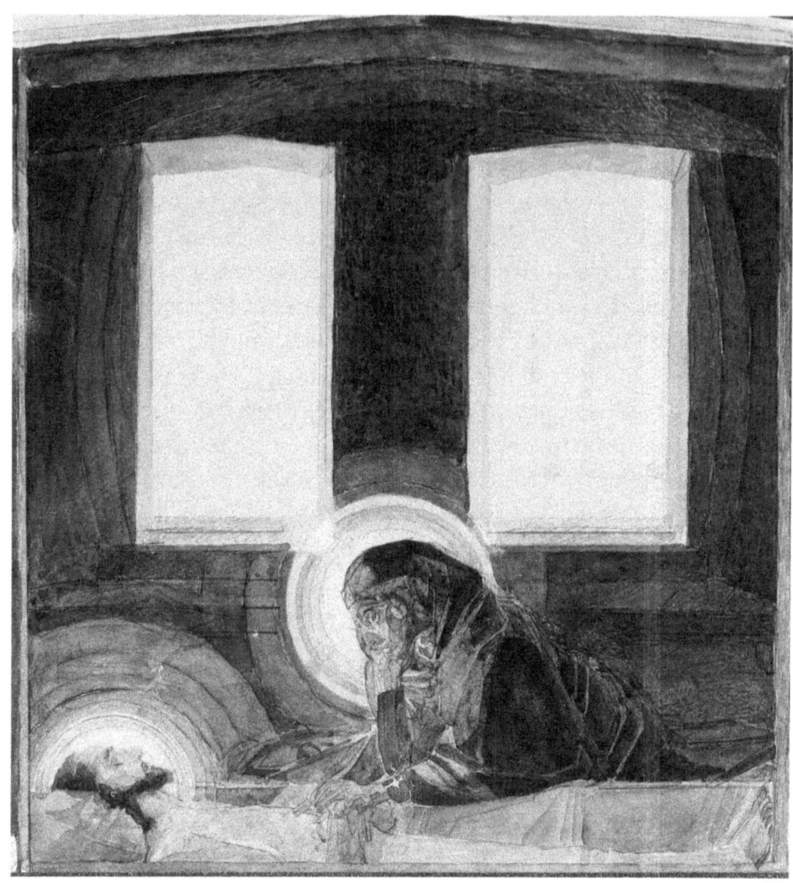

Рис. 31. М. А. Врубель. Надгробный плач II. 1887. Фрагмент. Эскиз фрески для Владимирского собора в Киеве. Бумага, карандаш, акварель, белила. 43,4 × 59,2 см. Национальный музей русского искусства, Киев

троне, часто изображается на фоне трех больших геометрических фигур: красного ромба, иссиня-черного овала и красного прямоугольника. Врубель повторил тот же визуальный эффект в своей композиции Воскресения, где Христос показан выходящим из могилы в обрамлении стилизованной мандорлы, составленной из упрощенных геометрических форм.

Наконец, непроницаемость окон в сцене «Надгробного плача» может указывать на принципиальную непознаваемость потустороннего мира и таким образом намекать на собственные экзистенциальные сомнения Врубеля и на его продолжительное увлечение творчеством Фридриха Ницше[18]. В отличие от васнецовского «Отечествия», с его причудливым ночным звездным небом, эскизы Врубеля указывают на ницшеанское — и, соответственно, предельно современное — отношение к вере и религии, в котором есть место сомнению, неоднозначности, самоанализу и интроспекции. Излишне говорить, что такая позиция противоречила доктрине официальной церкви, которая требовала, чтобы иконописные изображения утверждали, а не подвергали сомнению те метафизические сущности, которые на них представлены. И все же в XX веке именно ищущий, диалектический, «свободный» подход Врубеля к изображению религиозных сюжетов производил на зрителей впечатление более искреннего, содержательного и созвучного современности, а также парадоксально более близкого к духовному этосу средневековых прообразов, нежели искусство Васнецова и Нестерова, которое казалось пассивным, чисто механическим подражанием косной православной догме. Так, в 1900 году А. Н. Бенуа выразил свое глубокое разочарование работами Васнецова и Нестерова во Владимирском соборе:

> Владимирским собором русские люди той эпохи гордились так, как разве только современники Рафаэля и Микеланджело могли гордиться фресками обоих мастеров в Ватикане. <...> Однако, увидав роспись Владимирского собора на месте, я простился с какими-либо иллюзиями.
> Я был глубоко огорчен <...>. Но беда была в том, что [Васнецов] взялся за задачу, которая была ему не по плечу! <...> Фальшь, присущая «стенописи» Владимирского собора, не личная ложь художника, а ложь, убийственная и кошмарная, всей нашей духовной культуры.

---

[18] Подробнее о продолжительном интересе Врубеля к Ницше см. [Isdebsky-Pritchard 1986]. Подробнейший анализ многочисленных и удивительных параллелей между идеями Ницше и православием см. в [Rosenthal 2007].

> Еще более я был огорчен во Владимирском соборе своим «другом» Нестеровым. Его запрестольная картина, изображающая «Рождество Христово», выдает и ужасающий дурной вкус и нечто сладковато-дряблое, что художник пытается выдать за нежно-благоухающее. <...> Однако, после того, что я увидал это «Рождество», я понял, что Нестеров безвозвратно потерян для подлинного искусства [Бенуа 1980: 275].

Один только Врубель удостоился безусловной похвалы Бенуа:

> Я побывал в <...> Кирилловском монастыре, специально для того, чтоб ознакомиться в нем с работами Врубеля. Посвятил я этому обозрению часа три и если и не покинул собор в состоянии какого-то восторга, то все же я был поражен тем, с каким мастерством написаны очень своеобразные «местные образа» в иконостасе <...> и с каким, я бы сказал, «вдохновенным остроумием» [Врубель] реставрировал древние фрески <...> а местами заново сделал к ним добавления. <...> Всюду пиетет к старине гармонично сочетается с порывами творчества свободной фантазии [Бенуа 1980: 276–277].

> Но если бы Врубелю, вместо Васнецова, досталось воплотить в грандиозных размерах свои замыслы <...> то, наверное <...> единственно у нас, в настоящее время и в целом мире, появились бы на стенах Божьего храма истинно-живые, истинно-вдохновенные слова [Бенуа 1903: 179].

Более десятилетия спустя искусствовед и критик В. Дмитриев (1888–1919) сделал подобные же наблюдения: он писал, что киевские работы Врубеля — это «не васнецовский театральный статист, наряженный в византийский костюм и ставший в византийскую позу». Дмитриев считал, что, в отличие от Васнецова, работы Врубеля указывали «подлинный путь к возрождению древнерусской иконописи» [Дмитриев 1913: 18]. По убеждению Дмитриева, именно потому, что в собственных работах Врубель «чудесно приблизился к иконописи», переоценка его творчества произошла в период наивысшего подъема русско-византийского возрождения, то есть в 1912–1915 годах:

> Мы — зрители и участники знаменательной переоценки: древнерусская иконопись, еще недавно бывшая для нас мертвой и ненужной, ныне все с большей и большей силой притягивает нас, как родник красоты живой и близкой. Эта переоценка, существенно изменившая наш вкус и требования, коснулась и Врубеля. <…> Росписи Кирилловской церкви, эскизы для Владимирского собора, последние «византийские» работы Врубеля, прежде понимаемые только как вступление и заключение к главному московскому периоду творчества художника, нам хочется выдвинуть вперед как основное, как самое жизненное во Врубеле [Дмитриев 1913: 15].

Тарабукин в своей оценке киевских работ Врубеля пошел еще дальше, возложив на художника прямую ответственность за эстетическую переоценку изобразительной традиции иконописи:

> В то время, когда Врубель приступал к своим работам [в Киеве], не было тех реставрационных открытий <…> ни тех исследований о древней стенописи, которые доступны ныне нам. Перелом во взглядах на прошлое русского искусства произошел после Врубеля. В своем творчестве Врубель сам оказался пионером наследия русско-византийского искусства, в результате чего былое предстало взору современности совершенно в ином виде [Тарабукин 1974: 135].

Из утверждений Тарабукина, явно не вполне справедливых, очевидно, что он судит предвзято, на основе мировоззрения XX века, притом что исследования таких ученых, как Кондаков и Прахов, посвященные византийскому и древнерусскому искусству и архитектуре, начали появляться в печати еще в 1870–1880-х годах. Впрочем, как уже было сказано выше, общественные вкусы в те годы все еще в значительной степени коренились в живописной традиции натурализма, и только в начале 1910-х годов иконописные образы стали наконец вызывать интерес у широкой публики. По меткому замечанию Джейн Шарп, «авангардный параллелизм древнего и современного решительно отвергался в пользу единого нарратива, подразумевающего скорее стилистическую эволюцию иконописной традиции, нежели ее прямое продолжение» [Sharp 2006: 240]. Таким образом, Тарабукин был не совсем неправ, утверждая, что художественное сознание и мировоззрение Врубеля принадлежали не к XIX, а уже к XX веку.

Между ангелами и демонами: на пути к новой иконографии

Знакомство Врубеля со средневековыми мозаиками и фресками в Киеве не только повлияло на стилистику его творчества, но и надолго определило тематику его произведений. В студенческие годы, в Санкт-Петербургской императорской академии художеств, Врубеля увлекали в основном литературные, исторические и классические сюжеты. Однако, поработав в Киеве, в поисках новых тем художник стал обращаться почти исключительно к таинственному и сверхъестественному. Даже долгое время спустя после завершения реставрационных работ в Кирилловской церкви он вновь и вновь возвращался к библейским и другим религиозным сюжетам, разрабатывая собственный вариант символизма, создавая мир, полный сверхъестественных и мифологических существ, фей и лесных духов, пророков, ангелов и демонов. В сущности, после того, как врубелевские эскизы для Владимирского собора были отвергнуты, разочарованный художник посвятил все свои художественные и духовные стремления к монументальной живописи серии работ на тему демона. Отец Врубеля в письме, обращенном к сестре художника, объяснил, что тот видел в демоне «дух, не столько злобный, сколько страдающий и скорбный, но при всем том дух властный... величавый» — существо, в котором биографы и критики Врубеля впоследствии увидели *alter ego* самого художника[19].

Первые наброски демона Врубель написал в 1885 году, когда еще работал на реставрации Кирилловской церкви. В своей монографии, посвященной творчеству художника, Тарабукин

---

[19] Александр Врубель — Анне Врубель, 11 сентября 1886 года. Цит. по: [Гомберг-Вержбинская и др. 1976: 118].

утверждает, что между полотнами из «демонического» цикла и «кирилловскими» фресками существовала прямая связь — даже на уровне иконографии. По мнению Тарабукина, лик Богородицы из Кирилловской церкви постепенно превратился в лицо демона, причем критик утверждал, что последнее стало антиподом первого [Тарабукин 1974: 21]. Действительно, при сравнении врубелевских набросков голов Богородицы и демона обнаруживается сходство черт, например в очертаниях больших выразительных круглых глаз, в длинной неровной линии носа, в припухлости полных губ и даже в наклоне головы. Впечатление такое, будто Врубель постепенно превращал лик Богородицы в чуть более жесткое и мужественное лицо демона. Яремич же, напротив, полагал, что в ранние изображения демона Врубель перенес черты лица своего Моисея (1884), а не Богородицы [Яремич 1911: 54]. Как бы то ни было, по-видимому, существует явная связь между иконографическими типами, которые Врубель создал для Кирилловского храма, и образами демона. Надо сказать, что в период с 1887 по 1900 год его творчество претерпело значительную стилистическую и тематическую эволюцию, и образ демона вобрал в себя весь прежний опыт художника, связанный как с религиозным искусством, так и с монументальной живописью. В эти годы границы между ангельским, демоническим и христологическим постепенно размывались вплоть до того, что понятия эти стали полностью взаимозаменяемыми. Например, Врубель постепенно превратил иконографический и физиогномический тип ангела, разработанный им изначально в 1887 году для Владимирского собора, в прообраз демона.

В дальнейшем исследователи называли этот врубелевский этюд головы либо «Головой ангела», датируя его 1887 годом, либо «Головой демона», датируя 1890 годом[20]. Аналогичным образом карандашный рисунок 1904 года (рис. 32) в разных публикациях

---

[20] Дмитриева датирует это произведение 1887 годом и называет его «Голова ангела» [Дмитриева 1984: 52]. П. К. Суздалев также называет эту работу «Головой ангела», но датирует ее 1889 годом [Суздалев 1991: 158]. Между тем И. В. Шуманова и Е. А. Илюхина, говоря о том же рисунке, называют его «Голова демона» и датируют 1890 годом [Шуманова, Илюхина 2006].

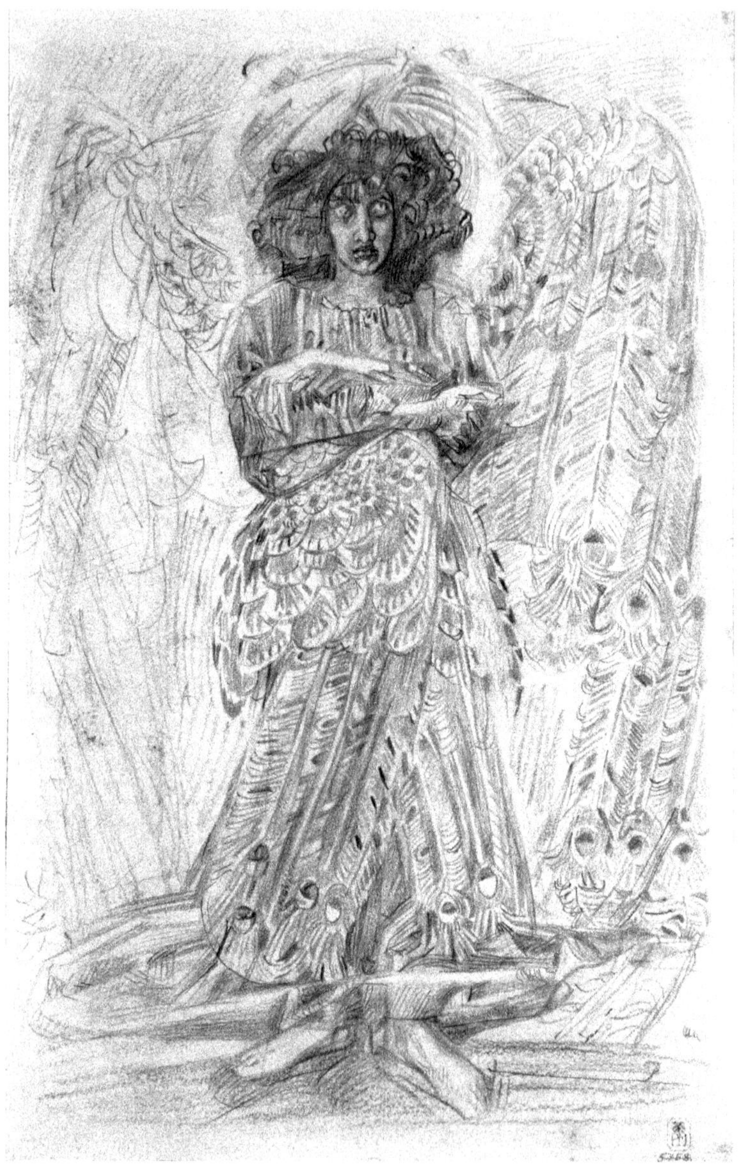

Рис. 32. М. А. Врубель. Демон стоящий (также известен как «Серафим»). 1904. Бумага, карандаш. 29,1 × 18,3 см. Государственный Русский музей, Санкт-Петербург

называется «Демон стоящий» или «Серафим», что указывает на неопределенность иконографического смысла этого образа[21]. Разумеется, учитывая тот факт, что демон сам когда-то был ангелом, подобная иконографическая преемственность, безусловно, соответствовала предмету изображения и его двойственности, заложенной в самой природе «падшего» ангела. Таким образом, неудивительно, что соответствующие сюжеты в творчестве Врубеля постоянно накладывались друг на друга на протяжении всего его творческого пути, причем в поздних его произведениях это взаимное наложение проступало особенно отчетливо. Так, например, самая масштабная из поздних работ Врубеля — «Шестикрылый серафим» 1904 года — тесно связана с его важнейшим произведением 1902 года «Демон поверженный». У героев этих картин черты лица практически идентичны, и особое внимание обращает на себя встревоженный вихрь прекрасных цветных перьев на крыльях, облекающих обе фигуры.

При этом картина «Демон поверженный» содержит отсылку к страданиям и жертве Христа, поскольку демон представлен на ней в терновом венце, традиционно символизирующем Страсти Христовы. Кроме того, по свидетельствам друзей Врубеля, он собирался выставить эту работу в Париже под названием «Icône» и тем самым совершенно определенно отнести ее и в духовном, и в эстетическом плане к области религиозного искусства [Kennedy 1982: 176]. Врубель хотел, чтобы «Демон поверженный» даже в формальном отношении напоминал икону, поэтому старательно нанес на крылья демона бронзовый порошок, отражающий свет и таким образом создающий эффект свечения и сияния, характерный для иконы. В 1941 году, вспоминая о том, как он

---

[21] Название «Демон» применительно к этому рисунку появляется в журнале «Аполлон», № 5 (май 1913 года), нумерация страниц отсутствует. То же самое произведение фигурирует под названием «Серафим» в каталоге выставки Врубеля, прошедшей в 1957 году в Государственной Третьяковской галерее [Живова 1957: 160], а также в каталоге роттердамской выставки 1976 года [Le symbolisme 1976: 240]. В Государственном Русском музее, где это произведение хранится сейчас, оно описано следующим образом: «Демон стоящий (также известен как “Серафим”)».

впервые увидел эту картину в 1902 году, в день открытия выставки «Мира искусства», художник К. Ф. Богаевский писал:

> Впечатление она произвела на меня большое, ни с чем не сравнимое. Она сияла точно драгоценными каменьями, и все остальное на выставке рядом с нею казалось таким серым и незначительным <...>. «Демон» Врубеля сильно почернел, сияющие когда-то краски на холсте потухли; бронзовый порошок, который был вкраплен в павлиньи перья позеленел...[22]

Отсылки к образу Христа обнаруживали у Врубеля и в «Демоне сидящем»: его напряженную погруженность в себя, сцепленные вместе ладони и явное одиночество в пустынном пейзаже многие сравнивали с картиной Крамского «Христос в пустыне» (1872), где главный герой представлен посреди каменистой пустыни — изможденным и обессилевшим, погруженным в свои мысли, размышляющим о своей тяжкой доле [Isdebsky-Pritchard 1982: 100; Алленов 1996: 87]. Ближе к концу жизни Врубель утверждал, что восхищается этим произведением, как и картиной Ге «Христос в Гефсиманском саду» (1888), поскольку в них есть нечто «демоническое» [Isdebsky-Pritchard 1982: 97]. Вопреки традиции Врубель размывает концептуальные и формальные границы между Христом и Сатаной, ангельским и демоническим, сакральным и профанным, проклятием и искуплением и таким образом отражает столь свойственный модернизму менталитет *fin de siècle*, для которого характерно ощущение отдаления от христианства и чувство распада ранее неизменных и нерушимых сущностей и институтов, в том числе традиционной морали и общепринятой религиозности.

Более того, именно в те годы, когда Врубель начинал работать над своим демоном, в середине 1880-х годов, он также создал серию картин, представляющих Страсти Христовы, которые он впоследствии уничтожил, сохранив только угольный набросок Христа

---

[22] Константин Богаевский — Сергею Дурылину, 12 января 1941 года. Цит. по: [Дурылин 1948: 594].

в Гефсиманском саду (1887) и небольшую работу маслом, на которой изображена голова Христа (1888). Христос на этой картине представлен с темными волосами, огненным взглядом и задумчивым, мрачным выражением лица и этими чертами очень напоминает многочисленные врубелевские этюды тех лет. Надо сказать, что именно в то время Врубель впервые пережил нечто вроде личного религиозного кризиса. В письме к сестре Анне в декабре 1887 года он жаловался, что, работая с полной самоотдачей над своими картинами, изображающими Христа, он начал испытывать глубокое чувство неудовлетворенности и отчуждения от христианства, и это переживание продолжало преследовать его до конца жизни, особенно во время болезни [Isdebsky-Pritchard 1982: 77]. Учитывая его давний интерес к сочинениям Ницше, можно подумать, что в образах Христа, демона и пророка Врубель видел героическую личность, даже мученика, чей бунт против общепринятой морали и преобладающих традиций своего времени отражал его собственные творческие искания. Еще со времен учебы в университете художник отвергал господствующее понимание религиозности, особенно в том ее виде, в котором она определялась в произведениях и теоретических рассуждениях Толстого и, как считал Врубель, вела к угнетению человеческого духа и творческих устремлений. Трудно сказать, считал ли Врубель себя пророком и мучеником авангарда, пострадавшим от носителей консервативных художественных вкусов, однако, безусловно, именно так его воспринимали многие современники, в том числе Блок, Бенуа и Муратов. Из блоковских статей «Памяти Врубеля» и «О современном состоянии русского символизма» следует, что и в своем творчестве, и в жизни Врубель проявлял как пророческий дар, так и готовность к самопожертвованию. Подобную же мысль выразил и Муратов в своем очерке «О высоком искусстве» [Блок 1910а; Блок 1910б; Муратов 1901]. Аналогичным образом и Бенуа в своей статье 1910 года писал о Врубеле для журнала «Речь»: «Врубель был больше чем живописец — это был пророк, ясновидец, демон» [Бенуа 2006: 411].

Приверженность Врубеля темам пророчества, визионерства и сакральности достигла своего предела в период, предшествовавший его преждевременной смерти в 1910 году, и практически все наиболее значительные его поздние работы посвящены почти исключительно библейским сюжетам и сверхъестественному. В период с 1904 по 1906 год он написал картины «Шестикрылый серафим» (1904) (цв. илл. 4), «Ангел с мечом» (1904), «Голова пророка» (1904–1905), «Пророк» (1904–1905), «Голова Иоанна Крестителя» (1905), «Видение пророка Иезекииля» (1906) и другие. Этот последний цикл религиозных произведений можно во многих отношениях рассматривать как символическое подведение итогов или как кульминацию важнейших стилистических и тематических устремлений всего творческого пути Врубеля. Так, например, акварельное изображение головы Иоанна Крестителя своей иконоподобной фронтальностью, явной линейностью и яркостью палитры напоминает врубелевские фрески в Кирилловской церкви, например изображения Моисея и головы Христа. Аналогичным образом, «Шестикрылый серафим», также известный как «Азраил» или «Ангел смерти», восходит к работам, посвященным демону: то же поразительное величие, та же монументальность, двойственность и неоднозначность. В иконографическом плане «Шестикрылый серафим» очень похож на демона: те же длинные черные волосы, мощная шея, серовато-голубоватый цвет лица, пустой взгляд и большие павлиньи крылья. Подобно врубелевскому демону, Азраил — фигура неоднозначная, противоречивая. Увенчанный сверкающей диадемой и держащий в левой руке пылающую красную кадильницу, этот ангел является источником небесного света и спасения. Однако в правой руке он зловеще сжимает длинный кинжал, символизирующий страдание и разрушение, и таким образом является одновременно предвестником смерти. Как и демон, который был некогда ангелом, Азраил — фигура пограничная, стоящая одновременно на пороге рая и ада, олицетворяющая и ангельское и демоническое, и искупление и проклятие. На формальном уровне в «Шестикрылом серафиме» сочетаются различные техники, впервые примененные Врубелем в «Демоне сидящем» и «Демоне поверженном». Моделировка формы в изображении лица и шеи ангела повторяет то наложение контрастных пятен цвета, которое Врубель использовал, когда писал огромное тело сидящего демона; при этом своей регулярностью и геометричностью форм эти красочные фрагменты напоминают тессеры мозаики еще больше, чем в изображении демона, и кажется, будто их наносили скорее мастихином, нежели кистью. Между тем экспрессивный водоворот кристаллических мазков на крыльях и одеянии ангела напоминает фрагментированную хаотичную массу павлиньих перьев «Демона поверженного». Размеры «Шестикрылого серафима» — 131 на 155 сантиметров, таким образом это одно из самых масштабных поздних полотен Врубеля, его предпоследний, отчаянный эксперимент в области монументального религиозного искусства.

«Видение пророка Иезекииля» считается одним из последних произведений Врубеля; за счет радикального растворения формы оно оказывается очень близко к абстракции. Выполненная на картоне в смешанной технике — углем, акварелью и гуашью, — эта картина изображает божественное видение, описанное в ветхозаветной Книге пророка Иезекииля. В правом нижнем углу картины лицо бородатого мужчины — вероятно, Иезекииля — обращено вверх, к высокому, грозному ангелу, который держит в правой руке меч, направленный вниз. Рядом с ангелом парит в воздухе еще одно мужское лицо, но тело различить нельзя. Явная пространственная неоднозначность этой работы создается за счет множества наслаивающихся друг на друга и смещенных в пространстве фрагментов формы, расколотой бесконечно глубоко и все же стремящейся вновь выплыть на поверхность картины. Взрыв заостренных граненых форм дестабилизирует отношения между фигурой и фоном, так что становится трудно понять, где одна форма выступает вперед, а другая отступает на дальний план, и на всей поверхности полотна возникает динамический эффект. Единственный устойчивый зрительный ориентир в этой композиции — темная голова ангела вверху, по центру изображения. За исключением этого ориентира, повсюду мешанина из частей крыльев, конечностей и расплывчатых лиц создает сложную путаницу из почти абстрактных форм.

Можно сказать, что первоначальные эксперименты Врубеля с «абстрактными» составляющими русско-византийского искусства в Кирилловской церкви как бы прошли по полному кругу и достигли своего наиболее логичного завершения в плане как стиля, так и предмета изображения, возвещая новую эру в русском искусстве. Сын А. В. Прахова Н. А. Прахов зашел так далеко, что обнаружил во фрагментарности и линейности осколочной композиции «Видения пророка Иезекииля» истоки лучизма, да и сам Ларионов утверждал, что Врубель повлиял на него больше, чем Сезанн [Isdebsky-Pritchard 1982: 88]. Невозможно с определенностью установить, способствовали ли поздние религиозные произведения Врубеля появлению в России в новом столетии беспредметной живописи. Однако очевидно, что радикальное переосмысление Врубелем русско-византийской художественной образности, а также сочетание в его творчестве новаторства формы с провидческим трансцендентализмом проложили путь для целого ряда художников XX века, для которых духовность и абстракция стали двумя сторонами одной модернистской медали. Лучше всех эту мысль выразил в 1913 году Дмитриев, по словам которого Врубель — это

> художник, провидящий, через головы современников, будущее «нужное» в искусстве <...> он, и раньше всех и верней всех, сознал свое значение. <...> ...Врубель в последние годы жизни подошел к тому же толкованию смысла искусства, к которому ныне подходим мы. Таким образом наша переоценка — не результат моды дня. Мы лишь пытаемся следовать по пути, указанному самим Врубелем [Дмитриев 1913: 15].

В самом деле, как бы парадоксально это ни звучало, Врубель, восприняв художественные традиции прошлого, смог предвидеть и реализовать многие формальные и концептуальные новшества будущего и, соответственно, нашел поддержку у последующего поколения художников и критиков, увидевших в нем «отца» русского авангарда.

От ар-нуво к советскому производственному искусству: Врубель и авангард

Как было указано в первой главе, в первые два десятилетия XX века появилось новое поколение российских историков и искусствоведов, хорошо знакомых с новейшими художественными тенденциями как в России, так и в Европе. В отличие от своих предшественников в XIX веке и от преемников, пришедших им на смену в советскую эпоху, они искренне ратовали за развитие международного модернизма и за историческую роль в нем России. Искусствоведы и критики, такие как Грабарь, Муратов, Кульбин, Тугенхольд, Тарабукин и Пунин, не признавали искусство, которое беззастенчиво служило политическим и идеологическим задачам, не уделяя должного внимания форме. До того времени в роли художественных критиков выступали прежде всего литераторы, такие как Толстой и Стасов; они подходили к живописи с литературной точки зрения и оценивали произведение искусства, исходя из его содержания и сюжета, а не из его изобразительных качеств. Более молодые критики, такие как Пунин и Тарабукин, напротив, выступали за такое искусство, которое будет взаимодействовать с новейшими мировыми техническими достижениями, но при этом сохранит национальную специфику. Они надеялись, что родится совершенно новый вид изобразительности, который выйдет за рамки чисто механического подражания французскому модернизму и будет отражать уникальную историю изобразительного искусства в России, сохраняя при этом международную актуальность и значимость.

Для Пунина и Тарабукина, среди прочих, Врубель олицетворял идеальное сочетание безусловно национального искусства, укорененного в местных древних традициях, и изобразительного языка, в формальном отношении устремленного в будущее. Передвижники в своих картинах воспроизводили национальные темы и сюжеты, но в стилистическом плане были ретроградами. Напротив, французский импрессионизм и постимпрессионизм были передовыми в отношении формы, но в русской среде они были чужеродны и лишены смысла. Парижские променады,

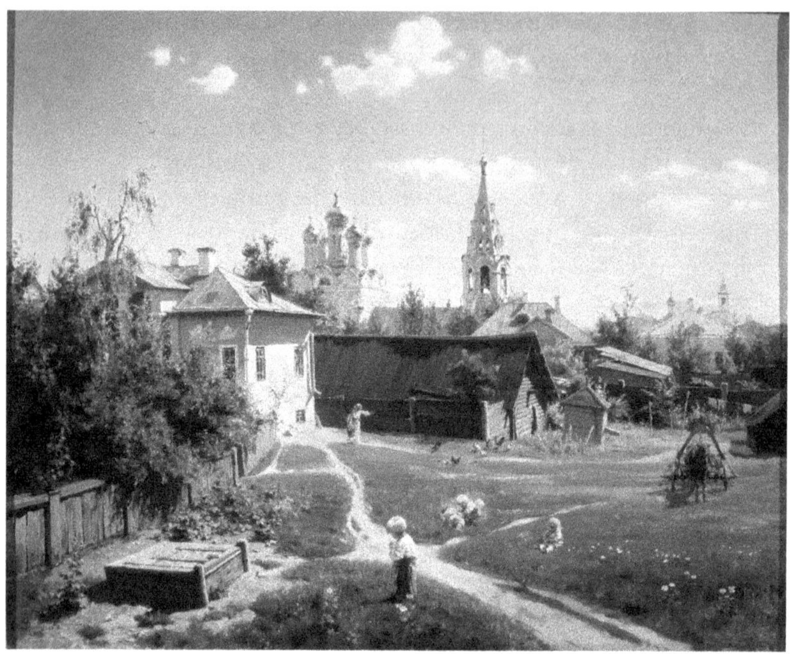

Рис. 33. В. Д. Поленов. Московский дворик (1878). Холст, масло. 64,5 × 80,1 см. Государственная Третьяковская галерея, Москва

бульвары и ночные кафе были чужды для жителей менее урбанизированных окрестностей Москвы и Санкт-Петербурга. Эти различия становятся очевидны при сравнении картин Поленова «Московский дворик» (1878) (рис. 33) и Гюстава Кайботта «Париж. Дождливый день» (1877) (рис. 34).

В своем изображении московского дворика Поленов представил деревянный колодец, полуразвалившиеся деревянные постройки, кур, лошадь с телегой, женщину, несущую ведро, и детей, играющих на залитой солнцем траве. Линию горизонта Москвы составляют в основном очертания церковных куполов и невысоких домов. В целом создается впечатление скорее сельской идиллии, нежели крупного города. «Париж. Дождливый день» Кайботта, наоборот, представляет образ оживленного современ-

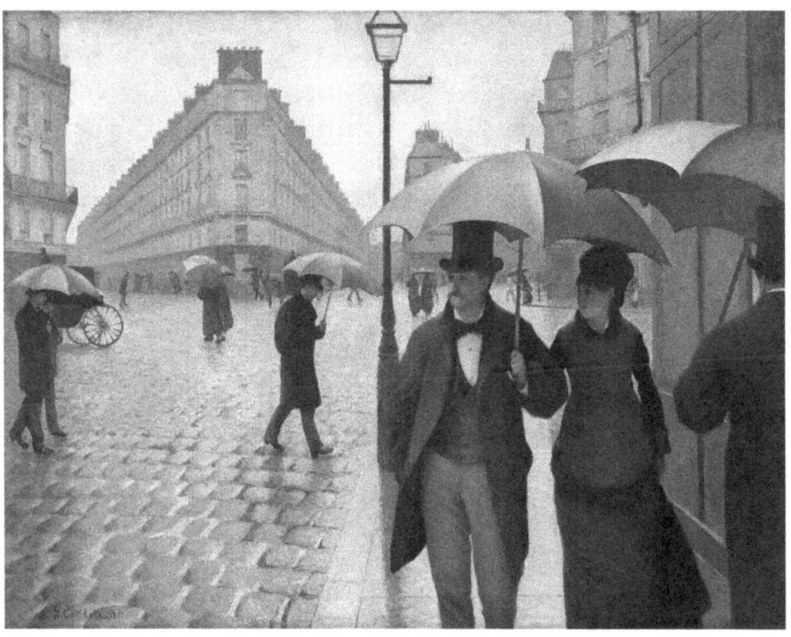

Рис. 34. Гюстав Кайботт. Париж. Дождливый день (1877). Холст, масло. 212,2 × 276,2 см. Чикагский институт искусств, Коллекция Чарльза Х. и Мэри Ф. С. Вустер

ного города, с широкими, мощенными камнем бульварами и газовым освещением, населенного модными, изысканными горожанами, и у каждого с собой один из самых общепринятых символов современности XIX века — зонтик.

При отсутствии этих внешних и локализованных признаков современности искусство Врубеля предлагало иную модель модернистской живописи. Он переформулировал традиционные, фольклорные и русско-византийские темы и сюжеты совершенно в духе *fin de siècle*, претворив их в тревожную диалектику отчуждения и лиминальности, во многом следуя по тому же пути, что и другие художники того времени, например Густав Климт, Эдвард Мунк, Макс Клингер и Одилон Редон. Как и эти художники, Врубель пытался запечатлеть дезориентирующее, фантасмагорическое и галлюцинаторное воздействие модерности путем изображения девиантного и сверхъестественного. Точно так же его многочисленные натюрморты, портреты и пейзажные этюды, в которых настойчиво исследуется изобразительная структура и оптика, напоминают об интересах самых известных французских модернистов, таких как Эдуард Мане, Поль Сезанн и Жорж Сёра. Следовательно, с точки зрения молодого поколения русских искусствоведов и критиков, творчество Врубеля будто бы сочетало в себе всё лучшее из обоих миров: с одной стороны, оно было в достаточной мере национальным, а с другой — в достаточной мере современным и стилистически прогрессивным. Процитируем Тарабукина:

> Врубель освобождает искусство от жанровых элементов, поднимает на высоту лучших европейских мастеров, оставаясь во все периоды творчества в глубочайшей основе реалистом [Тарабукин 1974: 31].

> А в живописи Сезанна Врубель мог бы отыскать родственное ему отношение между цветом и объемом. <...> Но Врубелю неприемлема была сезанновская живопись своим «натюрмортовым» взглядом на мир [Тарабукин 1974: 106].

По мнению Тарабукина, Врубель был «реалистом», потому что отвергал академический иллюзионизм в пользу утверждения материальной «реальности» краски на холсте. В то же время, однако, он «превзошел» Сезанна, выйдя за рамки простой фиксации внешних явлений, которая в конечном итоге вела все по тому же тупиковому пути, что и натурализм, определивший плачевную судьбу искусства передвижников. Изобретательные, часто противоречивые и тревожные сюжеты Врубеля, напротив, будто бы предвосхитили целый ряд последующих художественных движений модернизма, таких как экспрессионизм, метафизическая живопись и даже сюрреализм. За счет зловещей цветовой гаммы, неортодоксальной анатомии и нетрадиционной тематики картины Врубеля часто вызывали у зрителей сильное чувство дискомфорта и психологического напряжения, и поэтому многие молодые художники и искусствоведы увидели в его творчестве семена самых разных художественных течений XX века. В самом деле, в некоторой степени увлеченность Врубеля потусторонним ознаменовала собой начало модернистской одержимости сновидениями, галлюцинациями и подсознательным. «Толкование сновидений» Зигмунда Фрейда было опубликовано в 1899-м — в том же году, когда Врубель начал активно работать над картиной «Демон поверженный», что совпало также с первыми проявлениями у него психического заболевания и с последующей госпитализацией.

Аналогичным образом, попытки Врубеля изобразить динамизм и быстрое движение в таких произведениях, как «Скачущий всадник» (1890) и «Роберт и монахини» (1896), казалось, предвосхитили эксперименты футуристов, работавших уже в XX веке. В первой из этих работ наклон фигуры всадника, в сочетании с ломаными линиями контуров человека и лошади, производит сильнейшее впечатление стремительного движения. В результате, пытаясь выявить специфически русскую предысторию активно развивающихся новых движений: кубофутуризма, лучизма, супрематизма, конструктивизма и производственного искусства, — различные теоретики искусства и художественные критики нашли их естественного предшественника в XIX веке в лице Врубеля, чье разнообразное и разностороннее искусство могло дать опору для самых разных модернистских «начал».

Так, например, в статье 1915 года, озаглавленной очень просто — «Кубизм», — художественный критик Н. И. Кульбин смело утверждал, что основоположниками кубизма были Сезанн во Франции и Врубель в России:

> Почти одновременно с Сезанном, но независимо от него, в России работал Врубель. У Врубеля кубизм впервые выразился совершенно открыто в его этюдах к Демону. <...> С таким же блеском кубизм проявлялся и в других его произведениях. В живописи Врубеля выяснены и пластические ценности поверхностей, и роль и взаимоотношение прямых и кривых линий.
> Рядом с гармонической кристаллизацией формы мы видим здесь и сложную гармонию, выливающуюся наплывами, как в шлаках [Кульбин 1915: 204].

Художник С. Ю. Судейкин пошел еще дальше, заявив, что Врубель оказал непосредственное влияние на Пабло Пикассо. Вспоминая то, что он видел своими глазами в русской секции Осеннего салона 1906 года в Париже, Судейкин сообщает следующее: «В зале Врубеля <...> я и Ларионов неизменно встречали коренастого человечка, похожего на молодого Серова, который часами простаивал над вещами Врубеля. Это был Пикассо». И далее Судейкин вызывающе заявляет: «Все основы кубизма, конструктивизма, и сюрреализма были начаты и обоснованы Врубелем. И несмотря на наше уважение к Пикассо, началом начал современной живописи был Врубель» [Судейкин 1945][23]. Позднее другие русские искусствоведы, такие как М. В. Алпатов, даже намекали на то, что знаменитый модернистский шедевр Пикассо «Авиньонские девицы» (1907), над которым художник начал работать в 1906 году, возможно, возник в результате его знакомства в том же году с творчеством Врубеля [Алпатов, Анисимов 2000: 196]. Хотя столь смелые заявления о том, что Врубель будто бы был и протокубистом, и протоконструктивистом, и протосюрреалистом, свидетельствуют если не о шовинизме, то о преувеличенной национальной гордости, они в то же время показывают, как легко художественная критика XX века признала Врубеля основоположником национальной школы модернистского искусства, существовавшей одновременно с французской традицией, но независимо от нее. Таким образом, всего за несколько лет имя Врубеля получило повсеместное распространение в русском художественном дискурсе, и близкое знакомство с его творчеством стало считаться обязательным для следующего поколения русских художников-авангардистов.

Соответственно, в 1909 году, когда Л. С. Попова приехала в Киев, чтобы увидеть фрески Врубеля в Кирилловской церкви, она объявила, что «сражена» «огненным» талантом художника [Sarabianov, Adaskina 1990: 14]. Точно так же и Родченко утверждал, что в начале 1910-х годов «писал, как Врубель», а Татлин высоко ценил и с увлечением собирал работы Врубеля [Karginov

---

23 Цит. по: [Гомберг-Вержбинская и др. 1976: 295].

1979: 10; Руднева 1993: 462]. В числе других восходящих звезд авангардного искусства, которые познакомились с творчеством Врубеля в Киеве в начале 1900-х годов, были Н. С. Гончарова, М. Ф. Ларионов, А. А. Экстер, А. П. Архипенко, Д. Д. Бурлюк и К. С. Малевич. Габо так описал всепроникающее влияние Врубеля на его поколение:

> Врубель освободил живопись и скульптуру от академических схем <...>, его влияние на наше зрительное восприятие было столь же решающим, как и влияние Сезанна, и подобно влиянию последнего на развитие живописи в Западной Европе. <...> Даже кубизм не стал для нас неожиданностью [Gabo 1962: 155–156].

Действительно, нетрудно понять, каким образом Габо мог черпать в творчестве Врубеля вдохновение для своих конструктивистских работ (рис. 35). В произведении Врубеля «Голова львицы» (1891) (рис. 36) выступающие геометризованные плоскости и сдвинутые объемы явно подчеркивают внутреннюю структуру изображаемого животного и отражают деконструктивный и аналитический подход к форме — подход, ставший впоследствии одной из основ конструктивистского искусства. Джон Боулт прямо связывает интерес Габо, Родченко и Татлина к творчеству Врубеля именно с этим уникальным «конструктивным» методом:

> Живопись Врубеля обладает двумя очень специфическими чертами — «ломаной» композицией, разбитой на геометрические узоры, <...> и совершенно сознательным использованием фактуры. <...> Благодаря этим двум особенностям живопись Врубеля часто производит своеобразный «конструктивный» эффект, как если бы художник выстраивал поверхность холста вертикально, горизонтально и рельефно <...> кажется, будто [его формы] готовы выйти за пределы живописной плоскости [Bowlt 1976a: 28].

Стремясь продемонстрировать, насколько Врубель предвосхитил развитие искусства XX века, Тарабукин даже предположил, что именно он первым пророчески осмыслил понятие, которое

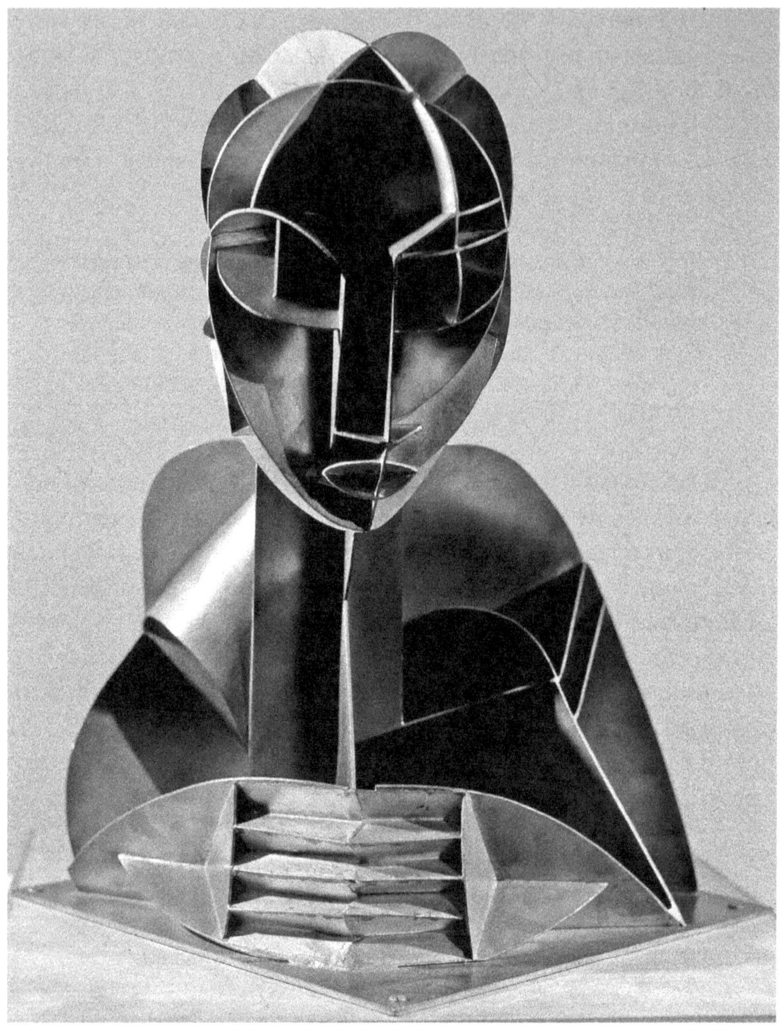

Рис. 35. Наум Габо. Голова № 2 (1916), увеличенный вариант. 1964. Сталь. 175,3 × 134 × 122 см. Галерея «Тейт-Модерн», Лондон. Коллекция Мириам Габо

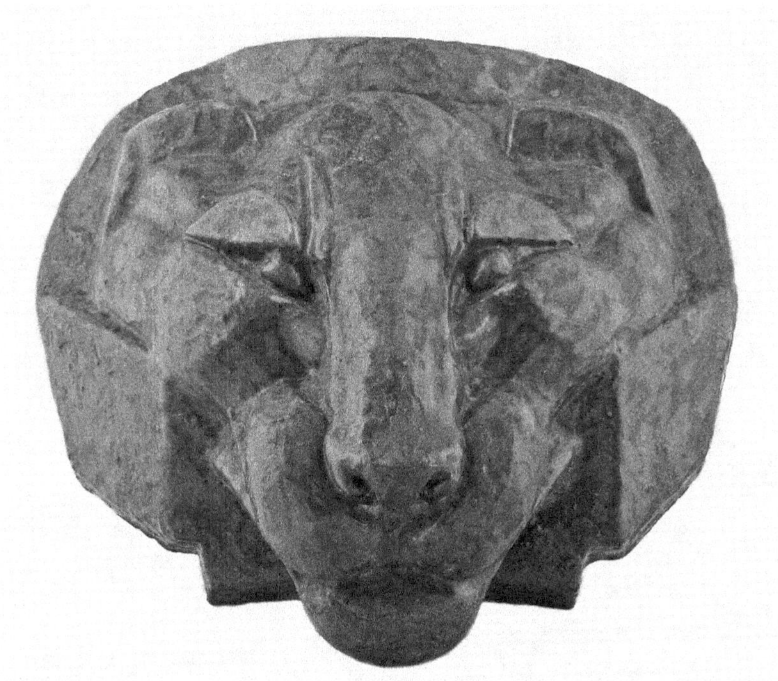

Рис. 36. М. А. Врубель. Голова львицы. 1891. Майолика, цветная глазурь. 45,5 × 47,5 × 28 см. Государственный Русский музей, Санкт-Петербург

В. Б. Шкловский назвал впоследствии, десятилетия спустя, остранением, а Родченко так успешно претворил в жизнь в своих формалистических фотографиях конца 1920-х — начала 1930-х годов. Анализируя картину Врубеля «Восточная сказка» (рис. 37), Тарабукин писал:

> Первое впечатление от «Восточной сказки» совершенно ошеломляющей яркости, звонкости, пестроты, и беспредметности. Глаз не может различить очертаний изобразительной формы <...>. Но по мере того как глаз осваивается с цветовым разнообразием, все отчетливее становятся контуры рисунка и, наконец, картина выступает во всей

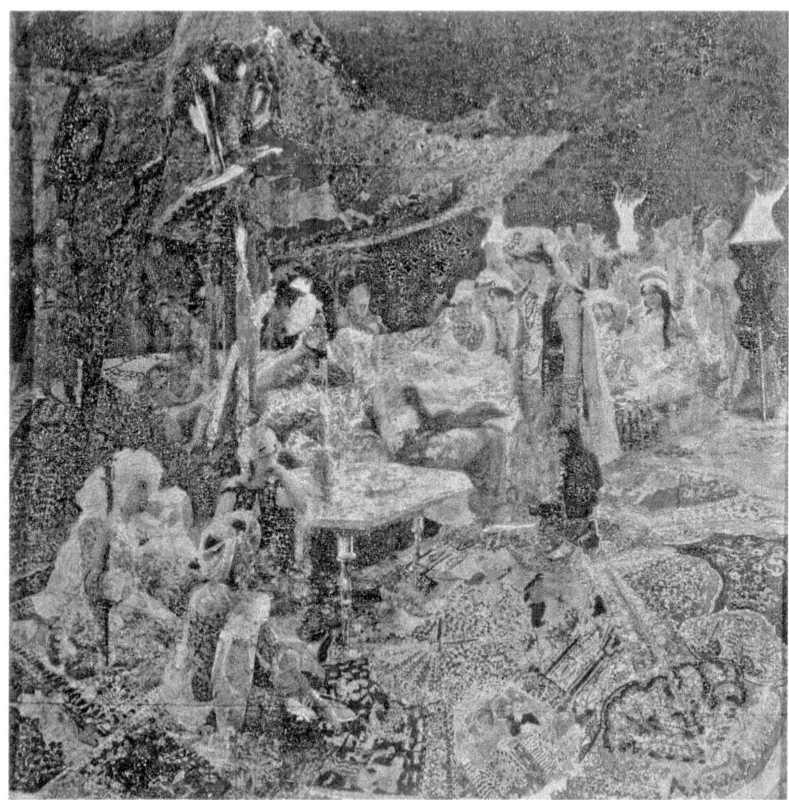

Рис. 37. М. А. Врубель. Восточная сказка. 1886. Бумага на картоне, акварель, гуашь. 27,8 × 27 см. Национальный музей русского искусства, Киев

своей пластичности, и уже дивишься, что в начале за пестротой цветового одеяния не видел совершенно ясно гармонически спокойной композиции, в которой пластическая лепка фигур почти скульптурно осязательна. <...> В данном случае встречаемся с крайне характерным для творчества Врубеля штрихом: символические, фантастические, абстрактные образы имеют вначале вполне реальное обоснование <...> реальные черты [которого] впоследствии получают остранение в абстрактном образе картины [Тарабукин 1974: 40–41].

Мало того что в начале 1910-х годов Врубеля заново открыли и удачно представили в роли предшественника исторического авангарда — увлечение его творчеством продолжало оказывать влияние на левую художественную критику и теорию вплоть до 1920-х годов. Впрочем, труды Пунина и Тарабукина о Врубеле — и, шире, о русском искусстве XIX века — обычно не принимались в расчет как ранние и в некотором смысле постыдно незрелые; в почете были более поздние и «зрелые» работы, посвященные советскому авангарду. Почти никогда эти давние интересы не рассматривались всерьез — как важные факторы, оказавшие влияние на формирование и направление взглядов Пунина и Тарабукина на конструктивизм и производственное искусство. Излишне говорить, что о творчестве Врубеля столь же редко говорили в связи с этими движениями. Разумеется, в период стремительных перемен и новаторства, когда одно авангардное направление быстро сменялось другим, вряд ли интересы и устремления художественных критиков и теоретиков искусства развивались в одном русле. Хотя такое строго линейное представление о последовательно сменяющих друг друга «измах», безусловно, способствует утверждению вполне определенной модернистской телеологии, оно не отражает гораздо более сложную и симбиотическую реальность того исторического периода, о котором здесь идет речь. Зато теории Пунина и Тарабукина о конструктивном и производственном искусстве, уже упоминавшиеся в первых двух главах, даже в своих самых радикальных проявлениях всегда соответствовали их изысканиям и интересам в области русского искусства прежних эпох и сопровождали эти изыскания[24].

Так, в полемическом эссе 1923 года «От мольберта к машине» Тарабукин провозгласил смерть живописи и торжество пришедших ей на смену механизированных, утилитарных и коллективных форм производства и распространения искусства. Однако в том же году он написал статью о ритме и композиции в древнерусской иконописи и создал при Государственной академии

---

[24] Подробнее об этом см. [Ковалев 1990].

художественных наук в Москве группу по изучению произведений Врубеля, с тем чтобы «представить Врубеля в новом свете, сняв с художника “декадентский” и “мистический” налет, навязанный ему критикой» [Тарабукин 1999: 14]. Точно так же и Пунин в 1914–1915 годах, участвуя в радикальной деятельности авангардистов из «Квартиры № 5» вместе с Татлиным, Удальцовой, Маяковским и Хлебниковым, одновременно писал статьи о средневековом искусстве и активно сотрудничал в Отделе памятников иконописи и церковной старины Русского музея Его Императорского Величества Александра III. В те же годы Пунин опубликовал обширное исследование, посвященное рисункам Врубеля, и отметил в письме к своей будущей жене: «Сегодня много думал об искусстве, потому что долго смотрел залу современных мастеров. Ни один из них не удовлетворяет меня, кроме Врубеля»[25].

Три года спустя, в 1917 году, Пунин опубликовал в журнале «Аполлон» полемическую статью под риторическим названием «В защиту живописи», в которой выступил с горячей поддержкой станковой живописи как формы художественного производства [Пунин 1917]. Тем не менее в то же самое время Пунин заявлял о своей горячей приверженности «татлинскому конструктивизму», «живым материалам» и «живому пространству» и утверждал, что влияние Татлина на него в 1915–1917 годах было «безграничным» [Punin 1999: 29–30]. В своей знаменитой монографии о Татлине, провокационно озаглавленной «Татлин (против кубизма)» (1921), Пунин обнаруживает корни творчества Татлина в традиции древней иконописи, а не в современном французском кубизме. Как было сказано в первой главе, Пунин считал, что иконописная традиция открывает перед современным искусством огромные возможности, выходящие за пределы формалистического герметизма, свойственного кубизму, и что первым художником, открывшим безграничный потенциал этой традиции для модернистского искусства, был Врубель. В противоположность современному французскому искусству, которое Пунин

---

[25] Николай Пунин к Анне Аренс, 24 июля 1914 года. Цит. по: [Пунин 2000: 63].

считал фатально индивидуалистическим, работы Татлина тяготели к коллективизму и практической пользе, подобно тому как фрески Врубеля в Кирилловской церкви, созданные для общественного, а не для частного потребления, имели функциональное культовое назначение. Возможно, не случайно уже в 1923 году Пунин записал в дневнике, что водил своих студентов из ВХУТЕМАСа в Русский музей изучать в числе прочего картины Врубеля, и пришел к выводу, что «в новом искусстве нет ни одного элемента формы, который бы не был в старом, но новое искусство есть действительно новое чувство мира: не форма нова, ново содержание» [Пунин 2000: 16].

Тарабукин даже в большей мере, нежели Пунин, пытался установить концептуальные и исторические связи между Врубелем, средневековым русско-византийским искусством, конструктивизмом и производственным искусством. В своей монографии о Врубеле 1928 года Тарабукин отмечает, что «он [Врубель] традиционалист и новатор одновременно <...> [он] черпая вдохновение у византийцев, открывает собою новые пути в русской живописи» [Тарабукин 1974: 31].

Как уже было отмечено выше, Тарабукин утверждал, что Врубель был прежде всего «реалистом» — в материалистическом смысле этого слова — и что он прибегал к «дешевому символизму» лишь в единичных случаях [Тарабукин 1974: 32]. Однако по большей части, по словам Тарабукина, искусство Врубеля было «конкретным», «простым», «прямолинейным» и «истинным» точно так же, как икона и новый конструктивистский объект являются «честными» и «реалистическими» в противовес двуличной иллюзионистической живописи [Тарабукин 1974: 37]. Кроме того, Тарабукин утверждал, что в своих произведениях прикладного искусства Врубель проявил необычайно глубокое понимание как архитектоники, так и всеобъемлющей общественной роли искусства. Таким образом, Врубель своим творчеством предвосхитил два главных принципа конструктивизма и производственного искусства: первый из них состоит в радикальном отходе от плоскостной двумерности, второй — в признании функциональности, утилитарности предмета искусства, и это привело Тарабукина к мысли о том, что «у него [Врубеля] всегда было стремление выйти за пределы станкового искусства. Врубелю всегда мечталось об искусстве большом, социально значимом, входящем в повседневную жизнь, связанном с окружающим, искусстве активного социального воздействия и преображения жизни» [Тарабукин 1974: 131]. Тарабукин в рамках своего «производственного» дискурса превратил интерес Врубеля к декоративно-прикладному искусству и ар-нуво в радикальный левый авангардизм. Излишне говорить о том, что термины «ар-нуво» и «производственное искусство» крайне редко используются в одном предложении. Тем не менее сам Пунин писал: «Наше поколение, выросшее на "ар-нуво" <...> имеет все основания интересоваться его происхождением», так как именно модерн, по мнению Пунина, и положил начало модернизму [Punin 1999: 207]. Следовательно, хотя в работах по истории русского искусства, основанных на традиционном подходе, как правило, подчеркиваются самые резкие различия между традиционным и новаторским, подражательным и оригинальным, ретроспективным и устремленным вперед, сакральным и профанным, мне хотелось бы показать более сложное соотношение этих парных понятий и подчеркнуть множественность связей между разными образами, группами зрителей, учреждениями и отдельными людьми, принадлежавшими к разным и якобы противоположным культурным кругам, границы между которыми, с моей точки зрения, были гораздо более проницаемы и которые взаимно оплодотворяли друг друга гораздо чаще, чем принято считать. Хотя советский авангард обычно рассматривается как результат радикального разрыва с предреволюционным периодом и отказа от его принципов, на самом деле он был многим обязан предреволюционному периоду как в области искусства, так и в области художественной критики. На самом деле, как показывает пример Врубеля, именно ревивалистский импульс конца XIX века впервые подтолкнул художников и искусствоведов к тому, чтобы задуматься о новых формальных и концептуальных возможностях XX века.

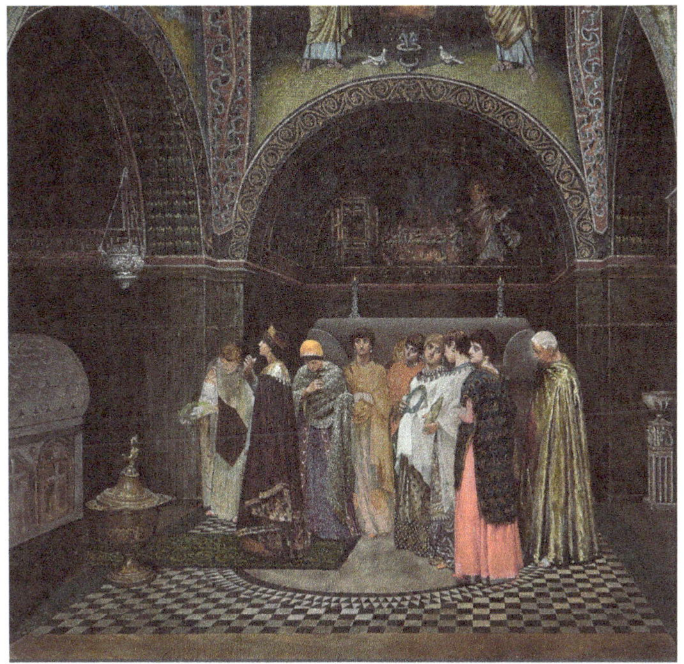

Цв. илл. 1. В. С. Смирнов. Утренний выход византийской царицы к гробницам своих предков. 1889. Холст, масло. 95 × 98 см. Государственная Третьяковская галерея, Москва

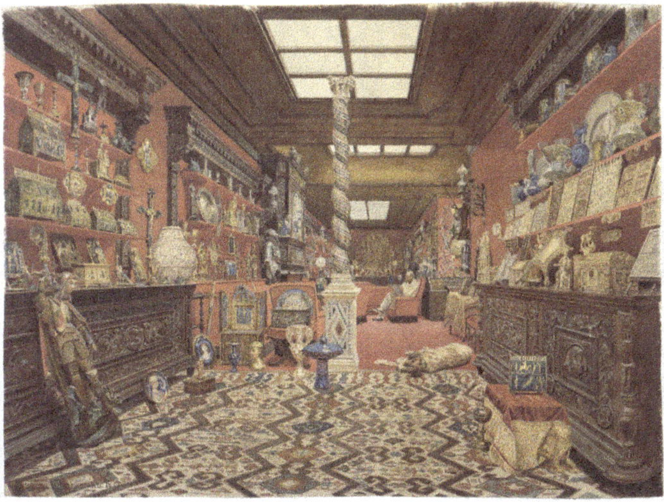

Цв. илл. 2. В. В. Верещагин. Комната в резиденции А. П. Базилевского в Париже. 1870. Бумага, акварель. Государственный Эрмитаж, Санкт-Петербург

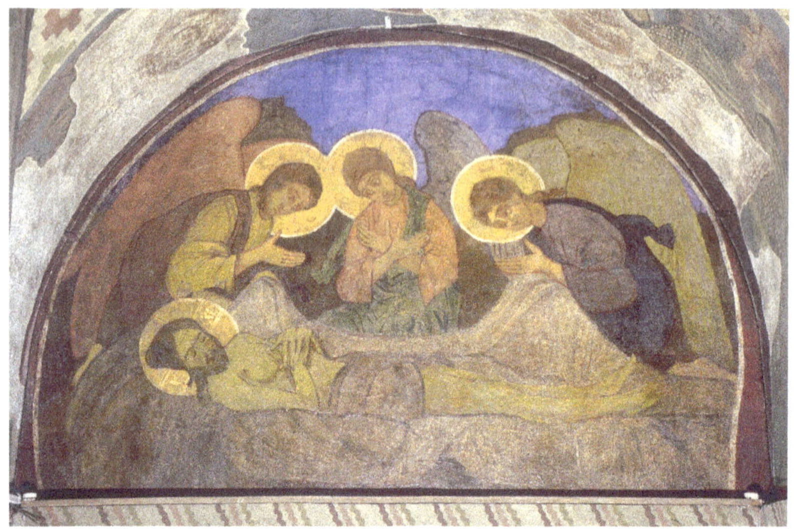

Цв. илл. 3. М. А. Врубель. Надгробный плач. 1884. Штукатурка, масло. Кирилловская церковь, Киев

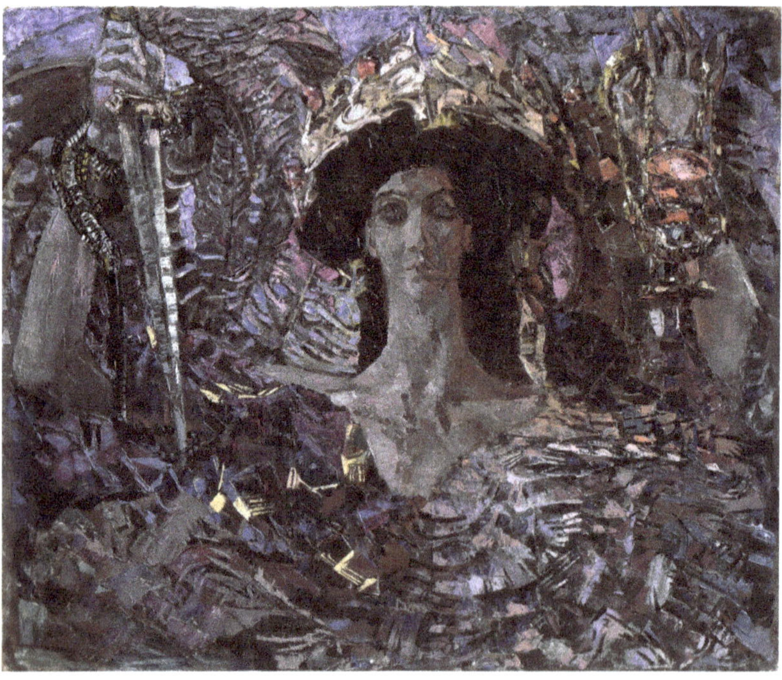

Цв. илл. 4: . М. А. Врубель. Шестикрылый серафим (Азраил). 1904. Холст, масло. 131 × 155 см. Государственный Русский музей, Санкт-Петербург

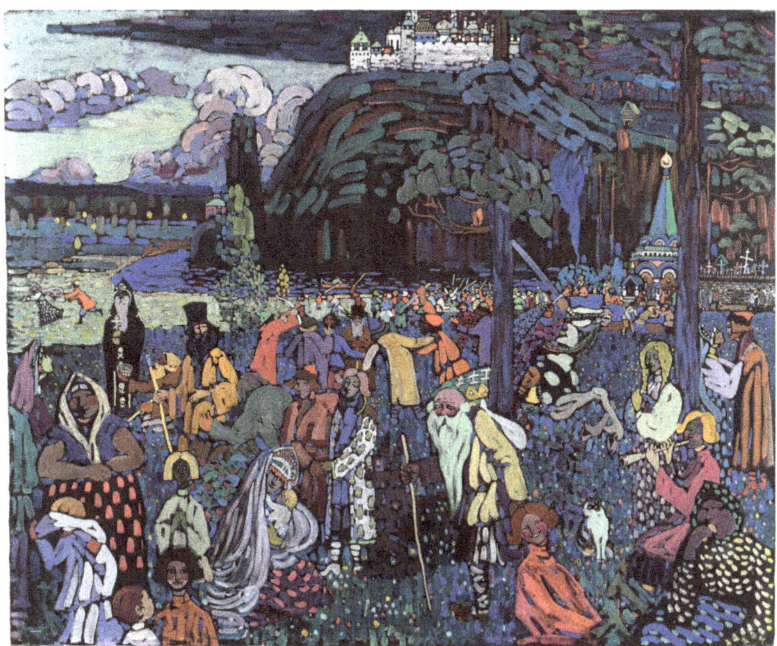

Цв. илл. 5. В. В. Кандинский. Пестрая жизнь. 1907. Холст, темпера. 130 × 162,5 см. Банк земли Бавария, на постоянном хранении в Городской галерее в Ленбаххаусе, Мюнхен

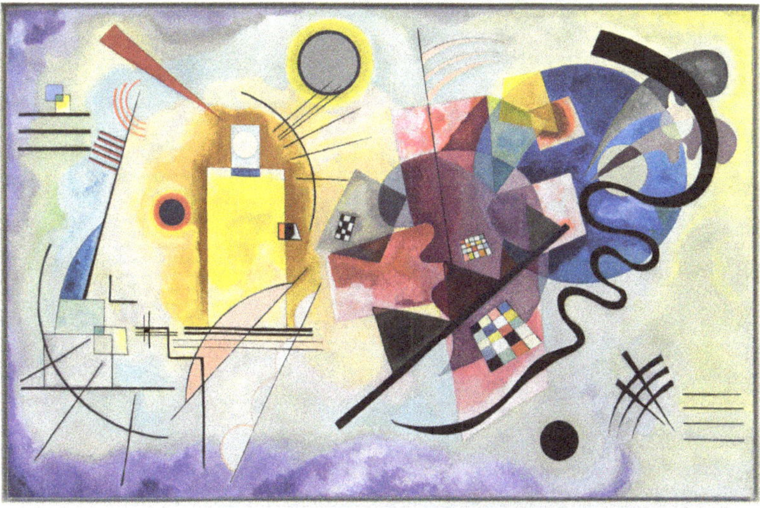

Цв. илл. 6. В. В. Кандинский. Желтое-красное-синее. 1925. Холст, масло. 128 × 201,5 см. Национальный центр современного искусства и культуры Жоржа Помпиду, Париж

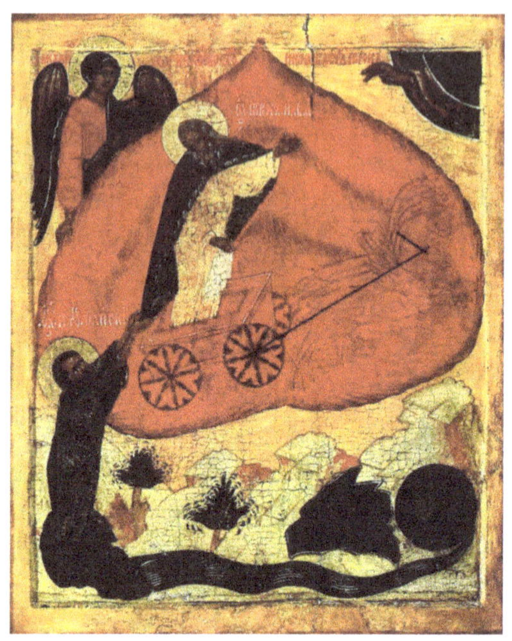

Цв. илл. 7. Огненное вознесение пророка Илии. Новгородская икона. XV век. Деревянная доска, темпера. 67,5 × 54 см. Местонахождение неизвестно

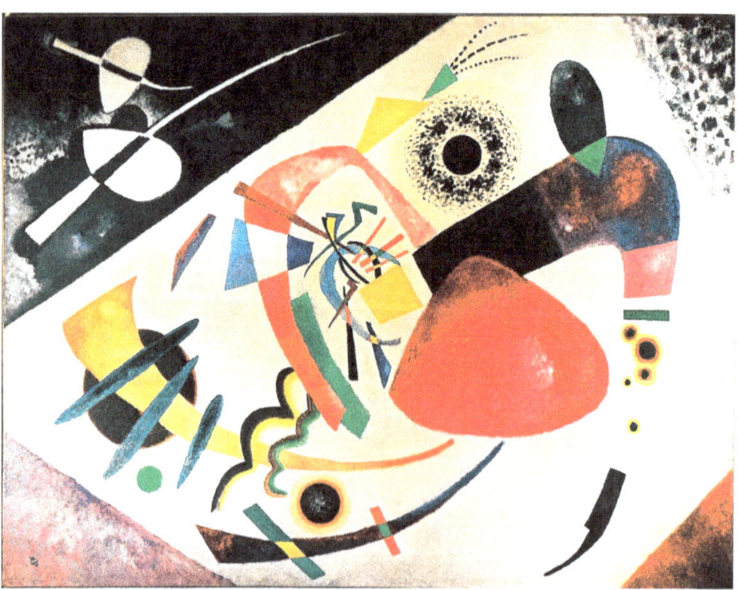

Цв. илл. 8. В. В. Кандинский. Красное пятно II. 1921. Холст, масло. 137 × 181 см. Городская галерея в Ленбаххаусе, Мюнхен

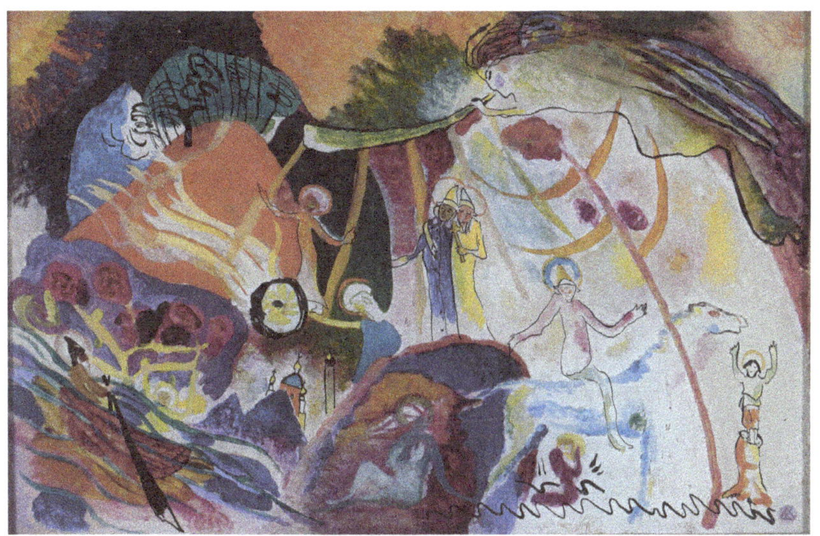

Цв. илл. 9. В. В. Кандинский. Все святые II. 1911. Стекло, темпера, масло. 31,1 × 47,8 см. Городская галерея в Ленбаххаусе, Мюнхен

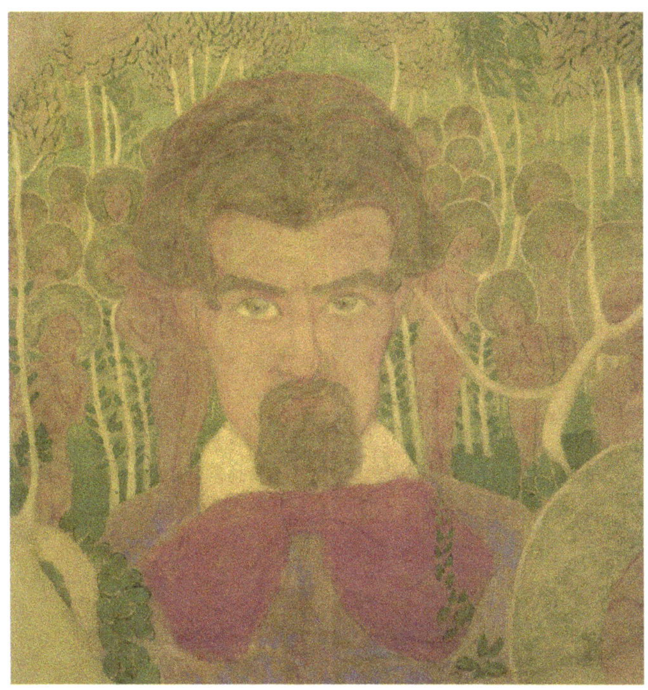

Цв. илл. 10. К. Малевич. Автопортрет. Эскиз фрески (1907). Картон, масло. 69,3 × 70 см. Государственный Русский музей, Санкт-Петербург

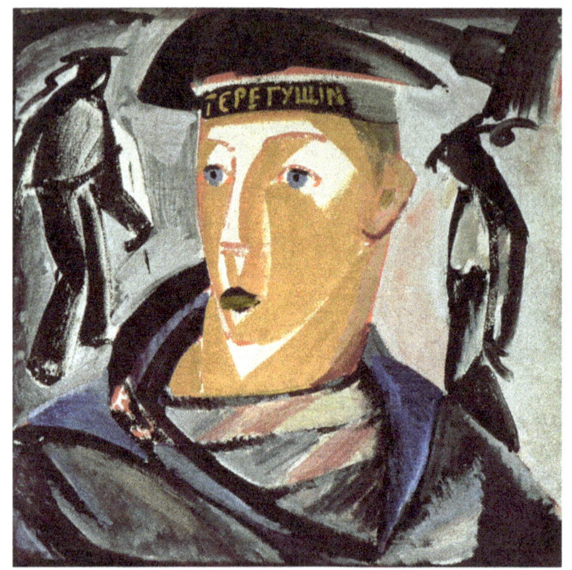

Цв. илл. 11. В. Е. Татлин. Матрос. 1911. Холст, темпера. 71,5 × 71,5 см. Государственный Русский музей, Санкт-Петербург

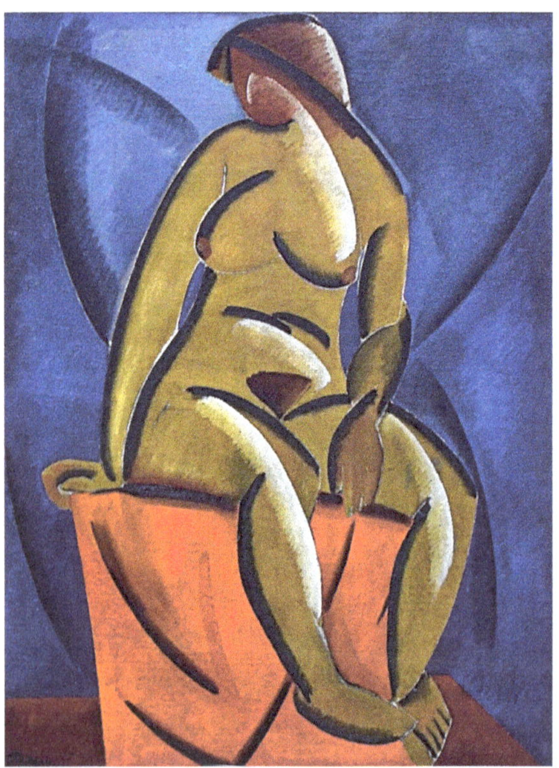

Цв. илл. 12. В. Е. Татлин. Натурщица (Обнаженная 1: Композиция из обнаженной натуры). 1913. Холст, масло. 143 × 108 см. Государственная Третьяковская галерея, Москва

Цв. илл. 13. К. С. Малевич. Супрематизм. Автопортрет в двух измерениях. 1915. Холст, масло. 83,5 × 65 см. Городской музей Амстердама

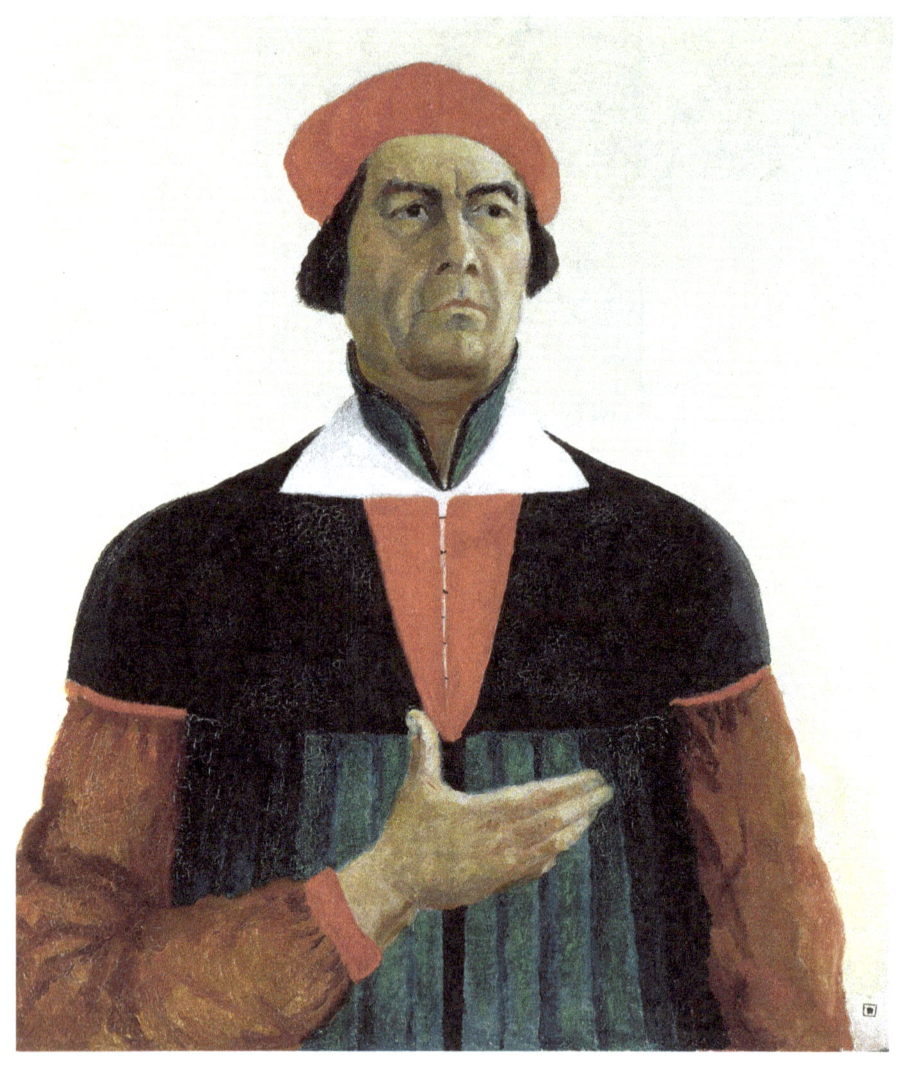

Цв. илл. 14. К. С. Малевич. Автопортрет. 1933. Холст, масло. 73 × 66 см. Государственный Русский музей, Санкт-Петербург

Глава 4

Иконописное подсознание В. В. Кандинского и поиск духовного в искусстве

Русский художник В. И. Уфимцев описывает в автобиографии одну примечательную выставку модернистского искусства, на которой он побывал на заре советской власти. Экспозиция, устроенная в заброшенной церкви в сибирском городе Барнауле, «начинается с паперти. И чем дальше, тем неожиданней, тем ошеломительней. Около “Царских врат”, на клиросах и в алтаре висят беспредметники: Кандинский, Малевич, Розанова...» [Уфимцев 1973: 40][1]. Не вполне понимая, как реагировать на эти абстрактные произведения, зрители тем не менее отмечали: «Они в самом деле производят такое впечатление, будто мы находимся в церкви» [Kandinsky 1976: 87][2]. В 1913 году Кандинский едва ли мог вообразить, что всего десять лет спустя его картины будут выставляться в таком месте.

И все же трудно себе представить более подходящее окружение для работ художника, считавшего, что главная цель его творчества — пробудить в людях «способность восприятия духовной сущности в материальных и абстрактных вещах» [Кандинский 1918: 56]. С самого начала своего творческого пути Кандинский придерживался мессианского понимания роли художника в об-

---

1 Цит. по: [Вакар, Михеенко 2004: 213].

2 Цит. по: [Bowlt 1980: 33].

ществе и считал, что лишь модернистское искусство нового типа, рожденное из «внутренней необходимости», способно возродить угасающую культуру Запада, погрязшую в рационализме [Кандинский 1967: 84].

Притом что Кандинский, без всякого сомнения, был пионером беспредметной живописи, в историографии модернизма его часто рассматривали как своего рода белую ворону. Настойчивость художника в утверждении «духовности» содержания собственных произведений, а также связи с оккультными течениями, например с теософией, ретроспективно воспринимались как свидетельство закрытости и экстравагантности на фоне деконструктивистских, материалистических подходов французского кубизма и советского конструктивизма. Кроме того, в отличие от дерзких геометрических построений Малевича и Мондриана, та лирическая, субъективная абстракция, которую разрабатывал Кандинский в начале 1910-х годов, как представляется, куда больше обязана символистскому импульсу девятнадцатого века, нежели новому механистическому духу века двадцатого. Наконец, исследователи нередко пренебрегали Кандинским из-за его велеречивой манеры и настойчивого использования поэтических выражений, таких как «душевные вибрации», «внутренний звук» и «Великое Духовное», поскольку видели в нем старомодного чувствительного художника, лишенного дерзости и радикализма, свойственных следующему поколению художников советского авангарда. Еще в 1919 году Пунин призывал современных художников содействовать «механизации души» в противовес живописному «органицизму» [Пунин 1919б]. Пунин был ярым поборником кубофутуристического и конструктивистского движений в России и резко критиковал Кандинского, которого считал «не только плохим мастером (рисовальщиком, живописцем), но просто пошлым и самым обычным художником» [Пунин 1917: 62]. По мнению Пунина-критика, в современном искусстве не было места для «личных фантазий». Искусство XX века должно быть объективным, понятным и универсальным, в нем не должно быть «ничего субъективного, ничего одинокого, ничего отчужденного» [Пунин 1913д: 47].

В настоящей главе я полемизирую с таким (не)пониманием творчества Кандинского и показываю, что он не был ни «одиноким», ни «отчужденным» — совсем наоборот, стремился стать универсальным, вневременным и всепроникающим, достучаться до самой широкой публики в разных странах. Скрытым образом вводя во многие свои вроде бы беспредметные произведения христианскую иконографию, Кандинский хотел придать своему искусству трансцендентный смысл, выходящий за рамки его собственной материальности. Это вовсе не значит, что путь Кандинского в абстракции был каким-то реакционным или не «истинно» абстрактным. Скорее, он пришел к нефигуративному визуальному языку через иное осмысление роли абстракции в модернизме — понимание, альтернативное тому, которого позднее придерживался советский авангард. Соответственно, художественная практика Кандинского противостояла тому упрощенному и чисто формалистскому подходу, который впоследствии, в середине XX века, выработал художественный критик Клемент Гринберг. Точно так же художника не устраивала и знаменитая схема современного искусства, построенная Альфредом Барром и украсившая собой обложку каталога выставки «Кубизм и абстрактное искусство», прошедшей в 1936 году в нью-йоркском Музее современного искусства. В своем обосновании нового «духовного» искусства XX века Кандинский, по-видимому, наоборот, опирался на философию иконописного образа и на двойственную природу древнехристианского архетипа.

Выходя за рамки устоявшихся интерпретаций ранних работ Кандинского, в духе теософии и примитивизма, я предлагаю отвести его творчеству иное место в той жаркой философской, политической и эстетической полемике, которая разгорелась в результате повторного открытия в России иконописной традиции. При этом я предлагаю новую систему историко-культурных координат, к которым исследователи практически не обращались, но которые многое дают для понимания живописи Кандинского. В противовес столь распространенному ныне критическому отношению Пунина к Кандинскому как к художнику «отчужденному» и специфическому я показываю, что его художественные и теоретические произведения, начиная с самых ранних, юношеских, в значительной степени возникали под воздействием бурной и сложной полемики, связанной с возрождением иконописи, и явились своеобразным откликом на эту полемику. Все же я не стану утверждать, будто парадигматический переход Кандинского к беспредметности был непосредственной реакцией на русско-византийское возрождение. Как и большинство открытий, ведущих к смене парадигм, открытие Кандинского было, конечно же, обусловлено не воздействием какого-то одного стимула, но сочетанием чрезвычайно сложных психологических, социальных, культурных и эстетических изменений.

Таким образом, в настоящей главе я стремлюсь достичь сразу нескольких разных целей. Во-первых, проследить развитие у Кандинского интереса к иконописной традиции и воздействие этой традиции на его творчество. Во-вторых, показать, каким образом в его произведениях 1908–1913 годов были задействованы изобразительные принципы, свойственные иконописи, — и на формальном уровне, и на теоретическом. В-третьих, рассмотреть философско-эстетические принципы Кандинского этого времени в контексте идей русского религиозного возрождения, прежде всего выраженных в трудах Флоренского. В частности, будут рассмотрены теоретические параллели между так называемым медиевализмом Флоренского и Кандинского, а также между их пониманием роли религии в современном мире, но в то же время будут отмечены и основные различия в их взглядах. Наконец, что особенно важно, в этой главе опровергается столь популярное ныне представление о том, что Кандинского с иконописью связывало лишь мимолетное романтическое увлечение примитивным искусством, мистикой и оккультизмом. Напротив, работы Кандинского довоенного периода будут здесь представлены как выражение альтернативных теоретических воззрений на роль искусства в культуре двадцатого века, противостоящих громким заявлениям формалистов и материалистов авангардного толка, выдвигаемым обычно модернистской историографией на первый план. Осознавал это Кандинский или нет, но его теоретическое обоснование нового духовного искусства коренилось в православной идеологии и эстетике. Таким образом, он фактически разработал для XX века концепцию «современной иконы».

По свидетельствам родственников и друзей Кандинского, он был прилежным прихожанином Русской православной церкви и выдающимся коллекционером икон. На фотографиях его мюнхенской квартиры и дома в Мурнау видно множество изображений христианской тематики. Например, на хорошо известной фотографии 1911 года, где Кандинский сидит за письменным столом в своей мюнхенской квартире на Айнмиллерштрассе, 36 (рис. 38), отчетливо видны изображение ангела, три православных креста, две маленькие медные иконы, сцена распятия и статуэтка Девы Марии. Интерес к иконописной образности Кандинский сохранил на всю жизнь, о чем свидетельствует оставленное Ниной Кандинской описание его студии в Нёйи-сюр-Сен, в их квартире на бульваре Де-ля-Сен, 135:

> Со времени смерти Кандинского я почти ничего не изменила в парижской квартире. <...> И старые иконы еще висят в мастерской так же, как он их развесил. Кроме них, он ничего не хотел видеть на стенах своей мастерской — даже собственные картины. Ничто не должно было отвлекать его от работы, свободные стены не мешали его концентрации [Кандинская 2017: 224].

На протяжении всего своего творческого пути Кандинский не раз говорил о том, что интерес к иконописи в значительной мере определил формирование его творческой индивидуальности. Так, например, в своих воспоминаниях 1913 года «Текст художника» он утверждал, что первый опыт синестезии он получил «в московских церквях, а особенно в Успенском соборе и Василии Блаженном». Этот опыт, по собственному признанию Кандинского, составил в дальнейшем основу его эстетической теории: «Вероятно, именно путем таких впечатлений во мне воплощались мои дальнейшие желания, цели в искусстве» [Кандинский 1918: 28]. В другом месте он говорит о более непосредственном влиянии и прямо заявляет: «Никакую живопись я не ценю так высоко, как наши иконы. Лучшему, чему я научился, научился я от наших икон, не только в плане художественном, но и религиозном» [Сарабьянов 1998: 42]. И даже еще в 1880-е годы, задолго до того, как он занялся живописью, Кандинский проявлял некоторый интерес к способности иконописных изображений передавать духовные переживания и религиозный опыт в повседневной жизни. В одном наброске, который художник сделал во время этнографической экспедиции на Русский Север, в Вологодскую губернию, представлена группа крестьян, преклонивших колена перед иконами, погруженных в молитву и в размышления. Спустя почти десять лет после этой поездки Кандинский, как известно, заявил о том, что понимание потенциала абстрактной живописи впервые пришло к нему еще в 1896 году, когда благодаря близкому знакомству с импрессионизмом он смог взглянуть на иконы «другими глазами»: «У меня словно открылись глаза, и я увидел в этой живописи абстрактную составляющую» [Kandinsky 1994: 806]. В этом своем заявлении он высказался вполне в духе своего времени, когда в России было широко принято сопоставлять современное французское искусство с древнерусским. В том же 1913 году, когда Кандинский опубликовал «Текст художника», где вспоминал о своем судьбоносном знакомстве с серией картин Клода Моне «Стога», другой художник, Грищенко, писал, что «Париж XX века странным образом перекликается с варварской Московией» [Грищенко 1913: 26], а Бенуа утверждал, что иконы помогают «нам понять Матисса, Пикассо, Лефоконье или Гончарову» [Бенуа 1913б]. Кроме того, Кандинский, горячий поклонник Матисса, наверняка должен был со вниманием отнестись к его нашумевшим высказываниям о русской иконописи, сделанным в октябре 1911 года, во время поездки в Москву. В своем трактате «О духовном в искусстве» Кандинский утверждает, что «один из величайших новейших французских художников — Анри Матисс», который «пишет “картины” и в этих “картинах” стремится передать “божественное”» [Кандинский 1967: 49]. Таким образом, когда Матисс заключил, что у православных икон «нужно учиться пониманию искусства»[3], Кандинский наверняка принял его слова близко к сердцу.

---

[3] Цит. по: [Русаков 2000: 65].

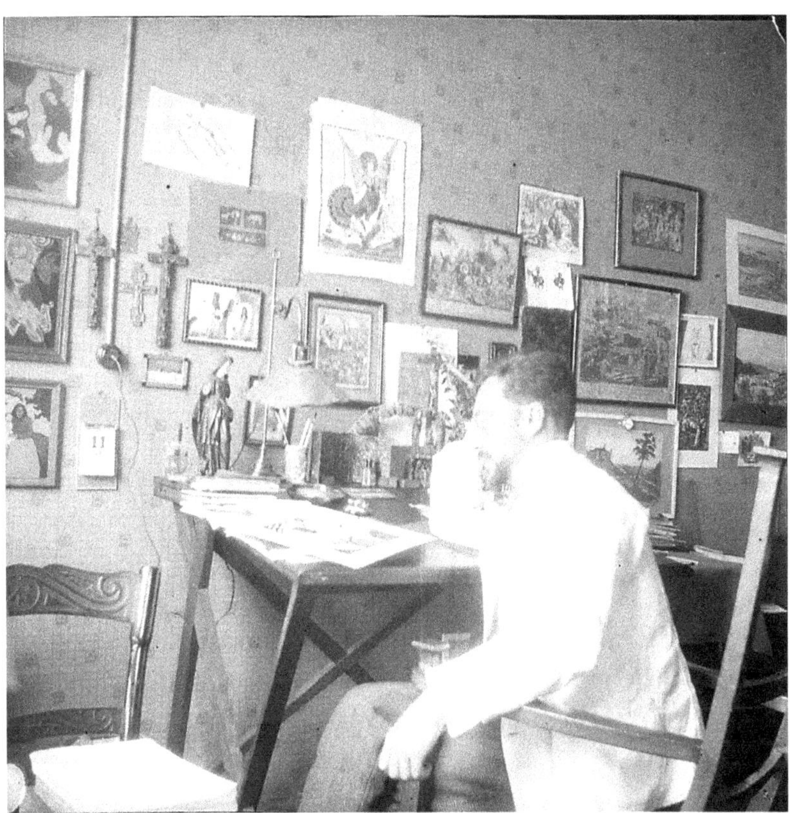

Рис. 38. Габриэль Мюнтер. В. В. Кандинский за рабочим столом в своей квартире в Мюнхене, на Айнмиддерштрассе, 36. Июнь 1911 года. Gabriele Münter und Johannes Eichner-Stiftung, Munich

В самом деле, в эти годы в теоретических трудах и художественном творчестве Кандинского начинает прослеживаться устойчивый интерес к религиозной философии и иконописным сюжетам. Именно в это время были опубликованы статьи Кандинского «Содержание и форма» («Inhalt und Form»), «Куда идет "новое" искусство» и «О духовном в искусстве», в которых содержатся рассуждения о мессианской роли искусства и возвещается приближение «эпохи великой духовности» [Кандинский 1967: 150].

Кандинский верил, что эта эпоха станет третьим и последним откровением — Откровением Духа, — которому предшествовало откровение Отца во времена Ветхого Завета и откровение Сына в христианскую эпоху [Кандинский 1918: 45]. Кроме того, художник создал серию картин на библейские сюжеты, например серии «Страшный суд», «Тайная вечеря», «Трубный глас», «Все святые» и «Святой Георгий», в которые вошли самые разные работы — от легко узнаваемых фигуративных изображений до абстрактных, образность которых становится всё более расплывчатой. Что еще более важно, в эти годы не только произошла явная перемена в живописном стиле Кандинского, но и конкретизировалась его программа в отношении новой теории современного искусства.

Как указывает Рейнгольд Геллер, в это время

> синтетическая двумерность, родственная югендштилю, к которой [Кандинский] стремился на протяжении 1908–1909 годов, уступает место нарождающемуся чувству изобразительного и живописного пространства, а идентичность форм в иллюзионистическом смысле всё более и более скрывается. <...> Его идеи и художественная практика претерпевают радикальные изменения. Что именно послужило тому причиной — неизвестно [Heller 1983: 20–21].

Возникновение у Кандинского внезапного интереса к религиозной тематике обычно объясняют среди прочего его участием в одном совместном начинании. Кандинский вместе с Францем Марком, Альфредом Кубином, Паулем Клее, Эрихом Геккелем и Оскаром Кокошкой задумали создать серию иллюстраций для нового издания Библии [Heller 1983: 19]. Впрочем, Клаус Ланкхайт датирует начало этого проекта весной 1913 года [Lankheit 1974: 32]. Между тем, в произведениях Кандинского религиозные и иконописные мотивы начали появляться еще в 1908–1909 годах. Гораздо более вероятно, что всё было наоборот: именно устойчивый интерес к религиозной образности подтолкнул Кандинского в 1913 году к мысли о создании иллюстраций к Библии. Поскольку период 1908–1913 годов совпадает с апогеем русского иконописного возрождения (как было показано в первых двух главах), логично будет предположить, что именно оно повлияло на Кандинского в первую очередь, особенно учитывая тот факт, что художник в те годы регулярно ездил в Россию, а осенью 1910 года даже жил в Москве несколько месяцев. На самом деле все время, пока Кандинский находился в Германии, он продолжал поддерживать связь с Россией и живо интересовался всем, что было нового и примечательного в современном русском искусстве и его теоретическом осмыслении. Живя в Мюнхене, он вел колонки в российских художественных журналах «Мир искусства» и «Аполлон», а также состоял в длительной переписке с русскими художниками, критиками и галеристами. Таким образом, не случайно Кандинский устроил так, чтобы первый предварительный вариант трактата «О духовном в искусстве» был впервые публично представлен именно в России, а не в Германии. Этот текст был прочитан его близким другом Н. И. Кульбиным на заседании Всероссийского съезда художников 1911 года в Санкт-Петербурге; там он вызвал жаркую дискуссию наряду с научными трактатами, авторы которых призывали сохранять и реставрировать древнерусские иконы и памятники искусства[4]. Сформулированный Кандинским призыв к созданию нового духовного и трансцендентального искусства, несомненно, импонировал слушателям, которые, скорее всего, увидели в его предложении современную, обновленную версию многовековой, исчезающей традиции[5]. Кроме того, как убедительно показал Джон Боулт, эта первая версия знаменитого трактата значитель-

---

[4] Кульбин зачитал доклад Кандинского в первом отделе Всероссийского съезда художников, посвященном проблемам «эстетики и истории искусств», поскольку самому Кандинскому пришлось вернуться в Мюнхен, чтобы присутствовать на открытии первой выставки объединения «Синий всадник», и выступить на съезде лично он не мог. Доклад Кандинского был благосклонно принят публикой и особенное одобрение вызвал у Айналова.

[5] Кроме того, в том же отделе были прочитаны доклады А. П. Эйснера «Памятники старины Юго-Западного Закавказья», А. С. Славцева «О реставрации древнегрузинского храма в местечке Зарзма» и Л. А. Мацулевича «О росписи церкви в селении Зарзма».

но отличалась от более позднего варианта, представленного в немецком издании 1912 года [Bowlt 1980: 1–5]. В русском варианте трактата «О духовном в искусстве» идеи Кандинского были сформулированы более прямолинейно, ясно и лаконично, нежели в немецкой редакции; в него не вошли многие, весьма туманные и загадочные, теософские отсылки, включенные впоследствии в немецкое издание. Поскольку петербургский съезд был прежде всего научным мероприятием, рассчитанным на ученую аудиторию, становится очевидным, что, по крайней мере в данном случае, Кандинский осознанно попытался связать свои эстетические теории с более общими проблемами русско-византийского возрождения, которым в значительной мере был посвящен и весь съезд.

Помимо русского художественного и искусствоведческого контекста, в Мюнхене Кандинский должен был также соприкасаться с византийским искусством и эстетикой. В Мюнхен он прибыл в 1896 году, как раз в то время, когда в Германии византинистика оформлялась как самостоятельная научная дисциплина, а в период 1980-х — начала 1900-х годов стали появляться различные публикации, посвященные византийскому искусству и архитектуре[6]. В 1891 году выдающийся специалист по Византии Карл Крумбахер занял пост первого заведующего кафедрой византинистики в Мюнхенском университете, тем самым положив начало мюнхенской школе византиноведения, а в 1892 году он основал научный журнал «Byzantinische Zeitschrift». В отличие от многих других художников, Кандинский сам читал труды исследователей Византии и в примечаниях к своему трактату «О духовном в искусстве» цитировал книгу Кондакова «История византийского искусства и иконографии по миниатюрам греческих рукописей»[7]. Он даже скопировал по этой книге одну визан-

[6] См. [Tikkanen 1891; Forrer 1894; Wulff 1903; Unger 1878].

[7] Рассуждая о цвете, Кандинский отмечает, что в иконописи синий предназначен для самых священных фигур, — таким образом, это самый духовный из всех цветов, и здесь художник ссылается на историю византийского искусства Кондакова: «...les nymbes <...> sont dorés pour l'empereur et les prophètes

тийскую миниатюру из Парижской Псалтыри (рис. 39–40) [Kondakov 1886–1891, 2: 37]. Кроме того, Кандинский собирался пригласить ученых для участия в альманахе «Синий всадник», предполагая включить туда научные статьи; в 1935 году он писал, что редакторы «намеревались привлекать к сотрудничеству ученых, с тем чтобы лучше осветить первоосновы искусства и показать, каким образом соотносятся труды художников и ученых и сколь близки области их духовного поиска»[8]. Что еще более важно, о византийском искусстве стали всё чаще говорить за пределами научных кругов: оно обсуждалось и в широкой печати, и в выступлениях самых передовых художественных критиков того времени. Так, например, в своей книге 1904 года «История развития современного искусства: сравнительный анализ изобразительного искусства как вклад в новую эстетику» Юлиус Мейер-Грефе целый раздел посвятил византийским мозаикам, которые, с его точки зрения, предвосхитили эстетические открытия модернизма [Meier-Graefe 1904]. Точно так же и Вильгельм Воррингер усматривал в византийском искусстве мощную тенденцию к абстракционизму, который в своей книге 1908 года «Абстракция и вчувствование» он отстаивал как альтернативу натурализму:

> В эпоху правления императора Феодосия тенденции к абстракции, нашедшие выражение в геометризации декора <...> и в ослаблении чувства формы, отчетливо преобладают. Лепнина уступает место плоской резьбе с регулярным чередованием светлого и темного. <...>
> Художественная ценность такого искусства получила признание лишь в самое недавнее время. Ранее в нем не замечали осознанного художественного акта и не видели в нем ничего, кроме творческого бессилия: такие эпитеты, как «схематическое», «безжизненное», «косное», представляли

(значит для человека) et bleu de ciel pour les personnes symboliques (т. е. для существ, живущих только духовно) (N. Kondakoff. Histoire de 1' an Byzantin, consic. princip. dans les miniatures, Paris, 1886–1891, Vol. II[, P. 38])» [Кандинский 1967: 96].

[8] Эта цитата из Кандинского приводится по [Lankheit 1974: 30].

> не просто констатацию факта, но и выражение отрицательно-оценочного суждения. Так случилось потому, что все находились в полной власти представлений об искусстве, основывавшихся на эстетике Античности и Возрождения, и, соответственно, судили об искусстве, исходя из требования подражания природе. Возможность того, что задачи искусства могут лежать в области безжизненного, косного, даже не рассматривалась в этом раннем искусствоведении [Worringer 1908: 93–95].

Кандинский очень хорошо знал оба этих текста и планировал предложить Воррингеру написать статью для второго издания альманаха «Синий всадник». Также Кандинский был напрямую связан с византийским искусством через своего друга и коллегу Франца Марка. Пауль, брат Марка, был византинистом, и в апреле 1906 года Франц сопровождал его в трехнедельной экспедиции по монастырям горы Афон, где они изучали средневековые византийские фрески и иконы [Partsch 2001: 94]. По иронии судьбы, примерно шестью годами позже Франц обнаружил «большую коллекцию живописных панно с Афона» в одной частной галерее в Берлине и написал Кандинскому, что репродукции этих произведений стоит поместить во втором томе альманаха «Синий всадник» [Lankheit 1974: 30]. Вероятно, примерно в то же время Франц отправил Кандинскому в качестве открытки маленький этюд сидячей фигуры византийского святого, выполненный маслом и темперой [Weiss 1979: 262].

Однако задолго до переломных 1910–1913 годов Кандинский уже неоднократно проявлял подспудный интерес к средневековой культуре и искусству. Во время своего пребывания в Париже в 1906–1907 годах он создал серию темперных работ и ксилогравюр на древнерусские темы, в том числе такие произведения, как «Песня Волги» (1906), «Похороны» (1906–1907), «Двое на лошади» (1907), «Утренний час» (1907) и «Пестрая жизнь» (1907) (цв. илл. 5). Эти картины, сюжеты которых разворачиваются в далеком прошлом, населены разнообразными воображаемыми персонажами в старинных национальных костюмах: тут и богатыри верхом на конях, и бояре, и купцы в высоких меховых

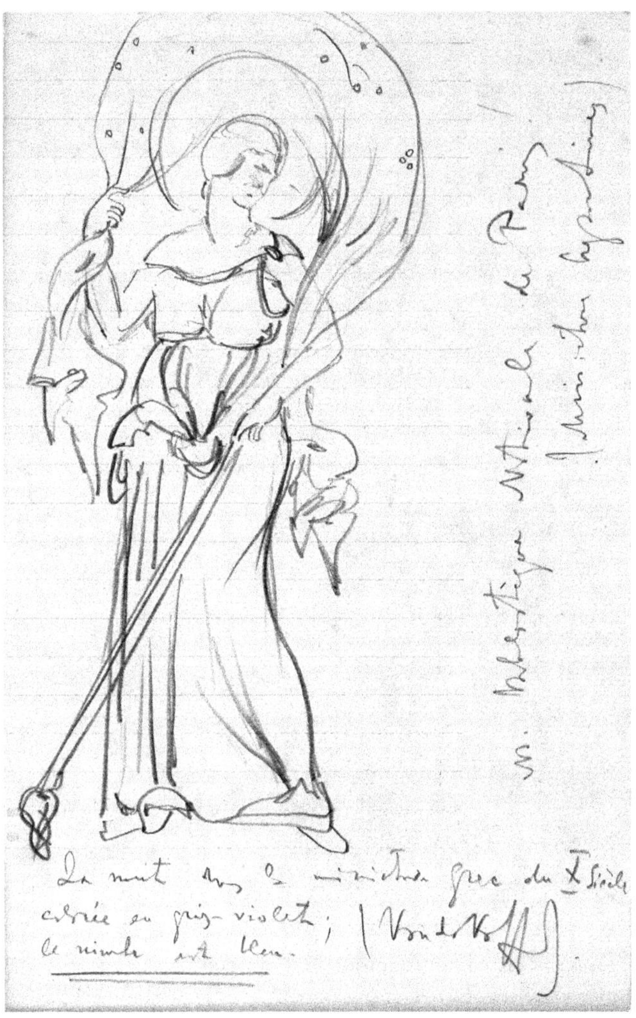

Рис. 39. В. В. Кандинский. Без названия. 1906–1907. Надпись: «La nuit dans la miniature grec du x siècle / colorée en grisviolet / le nimbe est bleu / (Kondakoff); in Bibliothèque Nationale de Paris[9] / (Miniature Byzantine)». Линованная бумага, карандаш. 20,9 × 13,4 см. Gabriele Münter und Johannes Eichner-Stiftung, München

[9] Ночь, по греческой миниатюре X века. В серовато-лиловых тонах. Нимб голубой (Кондаков). В Парижской национальной библиотеке.

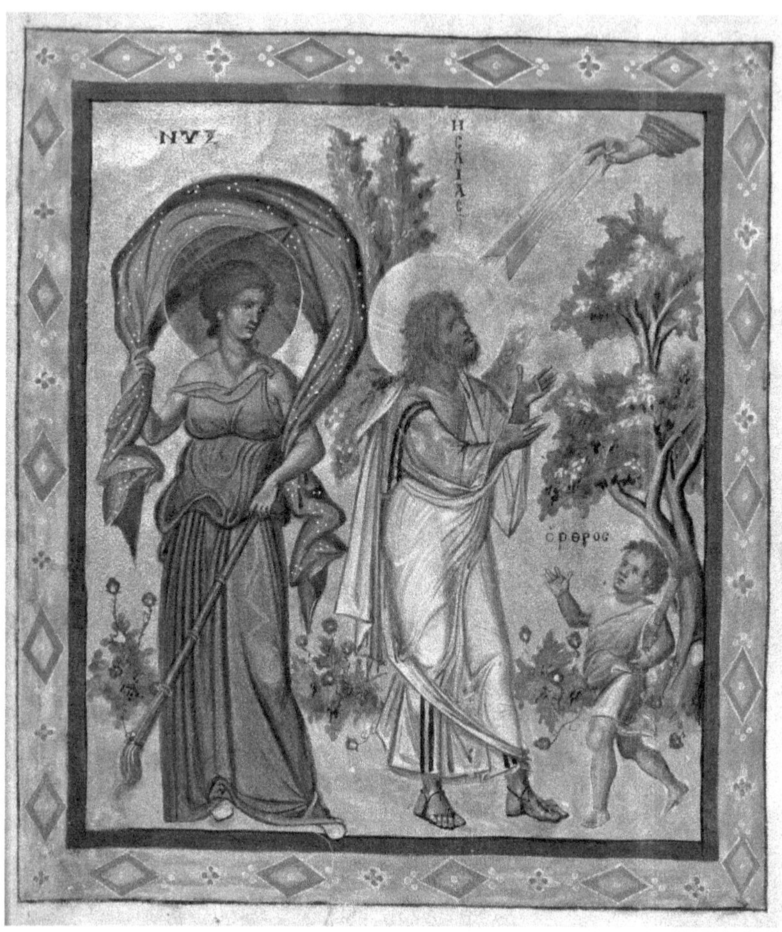

Рис. 40. Пророк Исаия в молении. Персонификация зари. Из Парижской Псалтыри. X в. (л. 435об.) Пергамент, темпера, сусальное золото. 36 × 26 см. Национальная библиотека Франции, Париж, ms gr. 139

шапках, и розовощекие девицы в кокошниках, и попы, и монахи, и схимники — в окружении белокаменных стен и луковичных церковных куполов. В этих работах заметен скорее этнографический, нежели иконописный подход к созданию изображений, однако во многих из них, и особенно в «Пестрой жизни», сама мозаичность уже предвосхищает ту распредмеченную, плоскостную структуру изобразительного пространства, которую Кандинский намеренно создает в своих поздних произведениях. Фигуры персонажей на первый взгляд хаотически разбросаны по всей поверхности картины при полном отсутствии какого-либо сюжетного центра. В то же время разномасштабность фигур и отсутствие явного перспективного сокращения создают впечатление не столько документальности, сколько символичности, потусторонности. Таким образом, за счет мозаичной структуры и средневековой тематики эти темперные картины явно свидетельствуют о развитии у Кандинского интереса к древнерусской истории и визуальной культуре. Стоит также отметить, что эти ретроспективные работы на славянские темы Кандинский создал тогда же, когда открыл для себя Матисса и фовистов, а также Пикассо, Брака, Метценже и Руссо, которые, по всей видимости, произвели на него сильнейшее впечатление [Eichner 1957: 118]. Таким образом, уже на этом раннем этапе своего творческого пути Кандинский начинает намекать в своих работах на существование «странных» связей между «Парижем XX века» и «средневековой» Москвой и в то же время стремится отделить собственную художественную практику от передовых течений французского модернизма, явным образом связывая собственное творчество со специфически русской традицией.

Тем не менее такие исследователи, как Уилл Громан и Йоханнес Эйхнер, писавшие в 1950-е годы, в период наивысшего господства модернизма, весьма странным образом обесценивали средневековые русские мотивы у Кандинского, усматривая в них лишь несообразные «проявления тоски по родине» и «всплески ностальгии», совершенно никак не связанные с основным направлением его творческого развития [Grohmann 1958: 50]. Отвергая неоднократные собственные заявления Кандинского о том, что темперные и ксилографические работы 1906–1907 годов сыграли важную роль в его постепенном и «последовательном» переходе к абстракции, Эйхнер пишет, что

> в общем ходе исторического развития искусства <...> они [эти темперные работы] были незначительным ответвлением от основного пути, состоящего в применении методов поздних импрессионистов и формального языка югендштиля, — это не детища нового духа, а всего лишь плоды случайного отступления от него [Eichner 1957: 83–84].

Тем не менее во вступительной части трактата «О духовном в искусстве» Кандинский писал, что первые заметки к этому труду начал делать примерно пятью или шестью годами ранее, и, таким образом, возникновение замысла трактата можно отнести примерно к тому времени, когда художник жил и работал в Париже [Кандинский 1967: 11]. Нет никакого сомнения в том, что близкое знакомство Кандинского с современным французским искусством оказало большое влияние на его последующее творческое развитие, о чем свидетельствуют его пейзажи Мурнау 1908–1909 годов. Возможные французские влияния, которым Кандинский подвергся на своем творческом пути, были хорошо изучены в нескольких публикациях, например в исчерпывающем исследовании Дэвида Файнберга, посвященном деятельности Кандинского в Париже [Fineberg 1984]. Тем не менее исследователи почти не интересовались проблемой воздействия на Кандинского в период его пребывания в Париже древнерусского и византийского искусства, даже притом, что это воздействие не могло не стать важным фактором возникновения у него интереса к Древней Руси, который с такой очевидностью проявился в работах, написанных темперой.

В Париже Кандинский продолжал вращаться в русских эмигрантских кругах и с большой вероятностью знал о двух крупных событиях, произошедших в Париже в 1906 году и связанных с Россией. Первым таким событием стала русская выставка Дягилева на Осеннем салоне 1906 года. Эта выставка была устроена отдельно от остальной части экспозиции салона, однако посетители Гран-Пале могли посмотреть ее бесплатно. Дягилеву выделили десять больших залов (а затем их число увеличили до двенадцати), в которых он разместил 750 произведений искусства разного времени, от Средних веков до современности. Среди них было много древних икон из обширного собрания Лихачева, а также большая подборка образцов русской живописи XVIII столетия и несколько особенно радикальных творений представителей молодого московского авангарда, таких как Ларионов и Гончарова [Scheijen 2009]. Выставку с большой помпой открыл президент Франции Фальер, церемония состоялась 6 октября 1906 года и широко освещалась в местной печати. В частности, в газете «Фигаро» вышла большая статья, посвященная этому событию, в которой произведения некоторых художников отмечались особенной похвалой. Дягилева сделали почетным членом салона наряду с Бакстом, Бенуа, Рерихом и Врубелем. После закрытия салона русская выставка переехала в Берлин, где также имела огромный успех — если верить словам Дягилева, который писал Вальеру Нувелю: «Немцам нравится. Толпы посетителей. У нас опять получилось!» [Scheijen 2009: 151]. Кандинский подал для участия в том же Осеннем салоне 22 собственные работы: четыре картины маслом, пять — темперой, пять ксилографий и семь произведений декоративно-прикладного искусства, — и по этому случаю ему присудили Гран-при [Fineberg 1984: 53]. Таким образом, крайне маловероятно, чтобы он мог пропустить русскую выставку, учитывая как его устойчивый интерес к современному русскому искусству, так и участие в Осеннем салоне 1906 года.

Спустя год после русской выставки 1906-го еще одна значительная выставка древнерусского искусства была устроена княгиней М. К. Тенишевой, большой поборницей идей древнерусского возрождения и покровительницей движения русского культурного национализма. В 1905–1908 годы Тенишева начала активную кампанию по пропаганде русской культуры в Париже и провела ряд небольших выставок древнерусского искусства в собственном парижском доме. Эти выставки в итоге привлекли внимание французского министра изящных искусств, и он выделил Тенишевой четыре зала в Музее декоративного искусства в Лувре и все витрины павильона Марсан. В 1907 году она организовала большую выставку произведений древнерусского искусства, заимствованных главным образом из коллекций смоленского музея «Русская старина» и предоставленных княгине специально по этому случаю. Выставка была открыта в течение пяти месяцев подряд, с 10 мая по 10 октября 1907 года, и, по свидетельству Тенишевой, это была «самая успешная выставка за весь сезон, ее широко обсуждали, о ней много писали. Ее посетили семьдесят восемь тысяч человек»[10].

Трудно с какой-то определенностью выяснить, видел ли эту выставку Кандинский, поскольку ни в своих воспоминаниях, ни в письмах данного периода он нигде не говорит об этом прямо. Однако именно в это время он погрузился в изучение научных трудов по русско-византийскому искусству, и набросок миниатюры из Парижской Псалтыри, выполненный по книге Кондакова «История византийского искусства», был сделан во время пребывания художника в Париже. Надпись рукой Кандинского в правой части рисунка сообщает о том, что оригинальная византийская рукопись X века хранится в «Парижской национальной библиотеке», и это позволяет предположить, что Кандинский, находясь в Париже, даже приложил усилия ознакомиться с рукописью лично. Всё это предполагает, что, несмотря на постоянное взаимодействие с современным французским искусством, интерес к русско-византийской изобразительной традиции в нем не угасал. Более того, учитывая его очевидное увлечение средневековой тематикой и эксперименты со стилизацией средневекового искусства в 1905–1907 годах, нельзя не признать, что задолго до своих художественных открытий 1910–1913 годов Кандинский уже начинал задумываться о параллелях между современным искусством и древней художественной традицией своей страны. Несколько лет спустя в трактате «О духовном в искусстве» он отмечает, что в противоположность «бездушному» искусству

---

[10] Подробнее о деятельности Тенишевой в Париже см. [Salmond 1996: 140].

Греции и Рима средневековая изобразительная традиция имела глубокое философское и «духовное» родство с современностью:

> Мы не можем ни чувствовать, как древние греки, ни жить их внутренней жизнью. Так, например, усилия применить греческие принципы в пластическом искусстве могут создать лишь формы, сходные с греческими, но само произведение останется бездушным на все времена. Такое подражание похоже на подражание обезьян. <...>
> Существует, однако, иного рода внешнее сходство художественных форм: его основой является настоятельная необходимость. Сходство внутренних стремлений всей духовно-моральной атмосферы, устремленность к целям, которые в основном и главном уже ставились, но впоследствии были забыты, то есть сходство внутреннего настроения целого периода, может логически привести к пользованию формами, которые успешно служили тем же стремлениям периода прошлого. Частично этим объясняется возникновение нашей симпатии, нашего понимания, нашего внутреннего сродства с примитивами. Эти чистые художники так же, как и мы, стремились передавать в своих произведениях только внутренне-существенное, причем сам собою произошел отказ от внешней случайности [Кандинский 1967: 16].

Здесь важно пояснить, что термин «примитивный» Кандинский использовал применительно не только к первобытному, массовому, народному искусству, но и к средневековому христианскому. В трактате «О духовном в искусстве» он называет «примитивами» «старых немцев, итальянцев и т. д.» — такое определение часто использовалось в XIX веке для обозначения европейского искусства до Возрождения и разработки линейной перспективы [Кандинский 1967: 115]. Подобное понимание «примитива» сродни его пониманию немецкими назарейцами и британскими прерафаэлитами, ценившими раннехристианское искусство за его чистоту, искренность и духовность в противоположность излишне утонченному, математически выверенному и развращенному искусству Возрождения и последующих эпох. Не случайно Кандинский отдельно говорит о Данте Габриэле Россетти и Эдварде Бёрн-Джонсе как о художниках, которые «являются искателями внутреннего содержания во внешних формах» и которые обратились к предшественникам Рафаэля, пытаясь «влить новую жизнь в их абстрактные формы» [Кандинский 1967: 47–48]. Не менее красноречив и тот факт, что из пяти иллюстраций, созданных другими художниками, которые Кандинский включил в свой трактат «О духовном в искусстве», четыре представляли собой произведения религиозного искусства Средневековья, — вероятно, это значит, что в средневековой образности он видел важные эстетические и концептуальные предпосылки собственных художественных и теоретических разработок. Наконец, как пишет Эндрю Спира, «в некоторых православных образах Кандинский усматривал <...> христианизированные репрезентации гораздо более глубоких психических и предконцептуальных движений, восходящих к шаманистическим культурам севера России и Сибири» [Spira 2008: 129][11]. Таким образом, Кандинский не видел в христианском искусстве противоположности «примитивному» языческому прошлому, а скорее рассматривал то и другое как составляющие непрерывной общности — высшие проявления мощных духовных энергий, сопряженные друг с другом «внутренней необходимостью» [Кандинский 2001: 84].

Один среди «диких»

В большинстве работ о Кандинском, опубликованных на данный момент, утверждается, что его интерес к средневековой изобразительной традиции связан почти исключительно с «примитивной» формой средневекового искусства. Однако мне хотелось бы выдвинуть тезис о том, что, помимо формы, Кандинского также интересовала трансцендентная двойственность иконописного образа, обоснованная в свое время, в период иконоборческой полемики VIII–XIX столетий, византийскими

---

[11] Углубленный анализ интереса Кандинского к шаманизму, народной культуре и этнографии см. в [Weiss 1995].

богословами. В дополнение к мистическим, теософским и апокалиптическим объяснениям, которые широко обсуждались в научной литературе, мне хотелось бы высказать предположение о том, что идеи Кандинского о внутренней и внешней сущности образа по крайней мере отчасти сложились под влиянием дуализма, присущего иконописным изображениям[12]. В трактате «О духовном в искусстве» он утверждал, что

---

[12] Большинство исследований, затрагивающих интерес Кандинского к средневековому и религиозному искусству, можно отнести к одной из двух категорий. К первой относятся работы, опирающиеся на теософское обоснование этого интереса, впервые выдвинутое Сикстеном Рингбомом в его знаменитом труде «Звучащий космос. Исследование спиритуализма Кандинского и происхождения абстрактной живописи» [Ringbom 1970]. Согласно этой теории, решающее значение имел интерес Кандинского к мистицизму и оккультизму и особенно к теософии и трудам Рудольфа Штейнера и Е. П. Блаватской. Однако сам Кандинский никогда не состоял в Теософском обществе и, по всей видимости, практически потерял интерес к этому движению к 1910 году, то есть как раз к тому времени, когда начал вводить в свои произведения религиозные мотивы. В письме Францу Марку Кандинский писал, что теософию следует кратко упомянуть в альманахе «Синий всадник», однако в окончательной редакции издания она не упоминалась вообще. Точно так же и в русском издании «О духовном в искусстве», которое вышло из печати в 1914 году, не упомянуты ни Блаватская, ни Штейнер, ни теософия. Кроме того, как убедительно показали Кеннет Линдси и Питер Верго, даже та часть немецкого варианта трактата «О духовном в искусстве», где Кандинский цитирует «Ключ к теософии» Блаватской, «представляет собой не что иное, как подробный обзор современных интеллектуальных и художественных тенденций, в ходе которого автор ссылается на столь разных деятелей, как Бёклин и Скрябин, Карл Маркс и Эдгар Аллан По» (см. [Kandinsky 1994: 117]). За этим единственным исключением больше ни в одной из публикаций Кандинского теософия не упомянута. Надо сказать, что и сам Кандинский в 1926 году в письме к своей приятельнице Галке Шейер, которая спрашивала, связан ли он как-то с теософским движением, категорически отвергал любые попытки связать его с теософией: «Все это вовсе не значит, что я теософ! Или что я был им когда-нибудь... После многих, весьма многих лет подобных недоразумений и заблуждений я порой начинаю даже немного сердиться на всё это!» (цит. по рецензии Пег Вейс [Weiss 1984: 93]). Ко второй категории исследований можно отнести такие, которые больше сосредоточены на изучении связей Кандинского с русской литературной культурой Серебряного века, с ее увлеченностью апокалиптической и эсхатологической тематикой, определявшей направление русской символистской

> два сходства нового искусства с формами искусства прошлых периодов, как легко заметить, диаметрально противоположны. Первое сходство — внешнее и, как таковое, не имеет никакой будущности. Второе — есть сходство внутреннее и поэтому таит в себе зародыш будущего [Кандинский 1967: 16].

Это различие между «внешним» и «внутренним» сходством было крайне важно для деятельности Кандинского и отличало его от большинства современных ему представителей европейского и русского авангарда, таких как Ларионов и Гончарова. В отличие от последней, Кандинский утверждал, что искусство — «“наиболее прочная” основа человеческой духовной жизни», и был искренне убежден, что оно способно возродить религиозные чувства в двадцатом веке [Кандинский 1967: 121]. С другой стороны, Ларионов и Гончарова «активно содействовали деканонизации высокого искусства» и применяли целый ряд различных стратегий для разоблачения и критики «разграничения высокого и низкого, будь то в искусстве или в структуре общества» [Bowlt 1990: 143; Malmstad 1996: 157]. Так, например, Ларионов разработал провокационную иконографию сомнительных персонажей, представителей социальных низов: солдат, цыган, цирюльников и проституток, — и дополнял свои картины намерен-

---

мысли того времени. Джон Боулт и Роуз-Кэрол Уоштон Лонг представили убедительный анализ постоянных взаимоотношений Кандинского с русскими интеллектуалами рубежа веков (см. [Bowlt, Washton Long 1980; Washton Long 1980a]). В этих исследованиях, несомненно убедительных, тем не менее рассматривается более общий интерес Кандинского к религиозной образности и тематике, а не конкретно к русско-византийскому искусству. В тех немногих работах, в которых речь шла о внимании Кандинского к иконописным изображениям, например в статье Сарабьянова «Кандинский и русская икона» [Сарабьянов 1998], как правило, учитывалась чисто формальная, иконографическая сторона вопроса, а концептуальное влияние иконы на творчество художника детально не рассматривалось. И даже в тех случаях, когда в работах о Кандинском упоминалась иконопись, исследователи склонялись в своих наблюдениях к широким обобщениям или излишним упрощениям, так что интерес художника к иконописной форме сводился к влиянию неопримитивизма, о котором обычно говорят и в связи с русским авангардом вообще.

но безграмотными надписями с орфографическими ошибками и со множеством грубых, просторечных слов, тем самым как бы пародируя священные надписи на иконах и фресках. И, как отметил Джон Мальмстад, есть нечто кощунственное в знаменитых обнаженных из цикла Ларионова «Времена года» (1912–1913), поскольку они принимают «позы, заставляющие вспомнить о христианском <...> искусстве». Например, на картине «Осень» женская фигура представлена с «воздетыми руками, словно в молитве, повторяя позу Богоматри Оранты» [Malmstad 1996: 169]. Вместо того чтобы видеть в иконах священные предметы и образцы исконно русской традиции «высокого искусства» (как относились к ним, например, Бенуа и Муратов), Ларионов таким образом заявляет, что иконы относятся к той же категории произведений искусства, что и дешевый плакат массового производства — лубок или узоры на пряниках. Чтобы подчеркнуть этот тезис, в феврале 1913 года он устроил выставку под названием Выставка иконописных подлинников и лубков, на которой были представлены более 170 лубков и икон, из них 129 из собственной коллекции Ларионова. В каталоге к этой выставке Ларионов писал:

> Лубок, писанный на подносах, на табакерках, на стекле, дереве, изразцах, жести. <...> Набойки, трафарет, тиснение по коже, лубочные киоты из латуни, бисера, стекляруса, шитья, печатные пряники, запеченное тесто (искусства, продолжающие жизнь так же в наших булочных и пряничных). Все это лубок в широком смысле этого слова и все это великое искусство. <...> Такое чудо живописного мастерства и одухотворённости как иконы Смоленской Богоматери XIII-го века и Архангел Михаил, на выставке древнерусского искусства, не лишены того, что называется копией и лубочностью [Ларионов 1913: 6–7].

Вместо того чтобы акцентировать внимание на различиях, Ларионов постоянно подчеркивал как «внешнее» сходство, так и внутреннюю равноценность различных видов отечественного искусства.

Гончарова тоже смешивала изобразительные языки древних икон и фресок с языками лубка, традиционной народной вышивки, деревянных игрушек, каменных статуэток и торговых вывесок — все это с очевидной бунтарской целью «нейтрализации иерархических отношений, выстроенных по признакам ценности и оригинальности» [Sharp 2006: 242]. В частности, в картине под названием «Богоматерь (с орнаментом). Религиозная композиция» (1910) толстые линии контура, грубые мазки и утрированные черты ликов Богоматери и Младенца заставляют вспомнить графический визуальный язык лубка, притом что здесь задействована и традиционная православная иконография. Сочетание нарочито светского подхода к изображению, свойственного печатным плакатам массового производства, со священным предметом изображения, характерным для святых икон, многими современниками Гончаровой воспринималось как кощунство, и художницу обвиняли в богохульстве, а затем штрафовали ее или запрещали ей выставляться[13]. Судя по всему, особенно зрителей оскорбляло не то, что именно изображала Гончарова, а то, как она это изображала. В конце концов, многие из передвижников тоже писали работы на религиозные темы, и в весьма реалистичной манере, что противоречило православному канону не меньше, чем произведения Гончаровой. Однако в случае Гончаровой именно то, что казалось «грубостью» и «вульгарностью» популярного в народе «примитивного» лубка, в противоположность святости и утонченности икон, воспринималось как «пощечина общественному вкусу» [Бурлюк и др. 1912][14]. Даже столь сочувственно настроенный художественный критик, как Тугендхольд, усматривал в работах Гончаровой плоды «циничной иронии»

---

[13] Гончарову неоднократно штрафовали за неблагопристойность и богохульство, и несколько ее произведений, затрагивающих религиозные темы, были конфискованы и изъяты из экспозиции перед открытием выставки «Ослиный хвост» в 1912 году, а затем и ее персональной выставки, прошедшей в 1914 году в Санкт-Петербурге. Подробный анализ этой темы см. в [Sharp 2006: 238–253].

[14] Этот знаменитый манифест впервые был опубликован в футуристическом сборнике с тем же названием и впоследствии неоднократно переводился на другие языки и переиздавался. См. [Markov 1968: 45–46; Proffer et al. 1987: 542].

и «бесовского соблазна», а Бенуа видел в них «умышленное старание <…> отрешиться от виртуозности» [Тугендхольд 1913б; Бенуа 2006: 115]. Эти и другие подобные отрицательные отзывы критиков заставляют вспомнить похожие обвинения, почти тридцатью годами ранее выдвигавшиеся в адрес Врубеля, чьи фрески из Кирилловской церкви и «неправославные» эскизы для Владимирского собора также воспринимались как «богомерзкие» и «уродливые». Однако, поскольку эстетическая оценка и понимание национальной ценности русско-византийской художественной традиции в период 1880–1910-х годов развивались столь активно, то, что у Врубеля расценивалось как примитивное ремесленничество и недостаток художественного вкуса, у Гончаровой уже воспринималось как сознательная и дерзкая провокация, рассчитанная на то, чтобы потрясти благопристойную публику и бросить вызов общественной морали. Таким образом, подход Гончаровой и Ларионова к созданию произведений искусства воспринимался как иконоборческий в своей основе: как намеренное развенчание священных образов и «высокого» искусства в пользу светских ценностей авангардизма.

Кандинский же, наоборот, считал себя иконофилом и надеялся возвратить искусство к его изначальному, древнему предназначению как опоры духовности, единства и связующего звена с вышним миром, а не светского предмета эстетического наслаждения или средства развлечения. Таким образом, он стремился скорее к «внутреннему», нежели к «внешнему» сходству с искусством прошлого [Кандинский 1967: 16–17]. Его более ранние работы темперой показывают, что Кандинский жаждал вернуться в «золотой век» Средневековья, гармонический, утопический, где духовные связи внутри органической, внутренне цельной культуры формировались за счет всеобщего иконопочитания. Кандинский, как и Ларионов и Гончарова, тоже собирал произведения народного искусства, в том числе и русский лубок, и баварскую роспись по стеклу, однако была заметна его склонность к откровенно религиозной тематике, а не к светской. Более того, хотя впоследствии Кандинский утверждал, что хотел «разрушить стены, существовавшие между двумя видами искусства: между искусством официальным и непризнанным», в подавляющем большинстве собственных работ он использовал традиционные техники высокого искусства: масляной живописи, темперы, акварели и ксилографии [Kandinsky 1994: 796]. Вместо того чтобы разрушать границы между разными видами искусства, смешивая сакральное и профанное и тем самым бросая вызов критике и официальным художественным канонам, Кандинский в своем увлечении «примитивным» искусством следовал скорее ностальгическому, утопическому интересу к далекому прошлому христианства, в котором единое «духовное» искусство еще не распалось на разные свои виды, на высокое и низкое, исходя из классовых различий. Это последующее разделение произошло в результате модернизации, основанной на классификации, раздробленности и материализме. В отличие от провокаторского стремления Ларионова и Гончаровой к демонстративной лубочности и обнажению народных истоков «элитарной» иконы, увлечение Кандинского было связано прежде всего с представлениями об универсальности средневекового художественного творчества. Кандинский был хорошо знаком с трудами византийских ученых, а значит, почти наверняка знал о том, что в Средние века иконы и произведения монументального искусства создавались в основном художниками-мастерами для высшей знати и двора. В своем отзыве о выставке древнерусского искусства 1913 года Муратов утверждал, что «новгородские иконы, несомненно, отвечали каким-то исключительным и аристократическим потребностям чувств и воображения» и что создавшие их иконописцы были не простыми ремесленниками, выполнявшими привычные задачи, а «гениальными» художниками, на которых снисходило божественное вдохновение [Муратов 2005: 280]. Именно такое средневековое представление о художнике как боговдохновленном творце и визионере стало для Кандинского парадигмой художественного творчества — парадигмой, в значительной мере утраченной в современности, когда художники стали обученными профессионалами. В трактате «О духовном в искусстве» Кандинский писал в свойственных ему романтических интонациях:

> Тогда неминуемо приходит один из нас — людей; он во всем подобен нам, но несет в себе таинственно заложенную в него силу «*видения*». Он видит и указывает. Иногда он хотел бы избавиться от этого высшего дара, который часто бывает для него тяжким крестом. Но он этого сделать не может. Сопровождаемый издевательством и ненавистью, всегда вперед и ввысь тянет он застрявшую в камнях повозку человечества [Кандинский 1967: 22].

> Художник должен прежде всего попытаться изменить положение, признав свой долг по отношению *к искусству*, а значит и *к самому себе*; считая себя не господином положения, а служителем высшим целям, обязательства которого точны, велики и святы [Кандинский 1967: 142].

Здесь и в других местах выражения Кандинского имеют откровенно религиозный подтекст. В трактате «О духовном в искусстве» он всюду использует христианские метафоры и библейские аллюзии. Таким образом, и в своем увлечении средневековым религиозном искусством, и в своем понимании роли художника в современном обществе Кандинский радикально расходится с молодым поколением русских художников-авангардистов. Он участвовал в их выставках и недолго был связан с группой «Бубновый валет», однако, по точному замечанию одного из современников, был скорее «одиноким и чуждым в этой серой толпе» и был посторонним среди русских «диких» [Козлов 1910: 39]. Более того, Кандинский всегда с негодованием отвергал иконоборческую и антагонистическую позицию радикальных авангардных групп. Когда его четыре стихотворения в прозе из сборника «Звуки» были воспроизведены в брошюре «Пощечина общественному вкусу», он поспешно отправил редактору газеты «Русское слово» открытое письмо с выражением возмущения, где он подчеркивал:

> Из проспекта книги «Пощечина общественному вкусу» я совершенно случайно узнал, что мое имя и мои вещи помещены как в проспекте, так и в самой книге. То и другое сделано без моего разрешения. Я сочувствую горячо всяким

> честным попыткам творчества и готов извинить даже некоторую торопливость и недозрелость молодых авторов. <...> Но я ни при каких условиях не считаю возможным тон, в котором написан проспект и осуждаю такой тон категорически, от кого бы он ни исходил [Кандинский 1913: 6].

В противоположность Гончаровой и Ларионову, дерзко бросавшим вызов буржуазному вкусу и представлениям об искусстве, Кандинский относился к художественному творчеству романтически, как к священнодействию. Настаивая на «духовной» ценности искусства и утверждая, что «вопрос об искусстве лежит не в области формы, а в области художественного содержания», Кандинский тем самым высказывал идеи, более соответствующие эстетике православия, чем формалистской традиции европейского авангардизма [Kandinsky 1994: 796].

«Византинизм» Кандинского

Русский ученый В. В. Бычков убедительно доказывал, что в православной традиции понятие «эстетики» имеет принципиально иные коннотации, чем в западной мысли [Бычков 1990: 3]. В отличие от секулярной эстетической системы Канта и Юма, в православии эстетика тесно связана с теологией. Таким образом, и репрезентация, и визуальность в православии опираются на более глубокие принципы, нежели восприятие внешнего мира. Кэрил Эмерсон в своем знаменитом эссе о русском философе, теоретике искусства и семиотике М. М. Бахтине говорит о том, что православие было традиционно «не столько интеллектуальной системой, сколько соблюдением надлежащих богослужебных ритуалов, такой сферой представлений, в которой все земные вещи видятся в соотношении с вещами небесными». Для Бахтина и других авторитетных русских мыслителей и философов XX века «правильная духовная ориентация определяется зрительным восприятием в той же мере, в какой и Писанием» [Emerson 1990: 115]. В соответствии с этим в русско-византийской традиции образы составляют основу самой системы православной веры, в то время как религиозные ритуалы и духовность теснейшим образом связаны с практиками образопорождения. Рассуждая о фундаментальных различиях между восточным и западным христианством в том, что касается их подходов к библейскому смыслу и откровению Писания, Антоний Угольник, ученый-теолог и диакон православной церкви, высказал предположение о том, что «в западной традиции взаимодействия со Словом Божиим христиане обращаются к тексту. Главная задача состоит в том, чтобы извлечь из Книги смысл». В православной же традиции, напротив, «Книгу рассматривают и используют как образ, порождающий образы <...> преображающий мертвую материю в отражение Иисуса Христа». Угольник приходит к заключению, что «Восток и Запад облекают Слово в различные проявления. <...> <Западные> христиане повинуются повелению святого Августина "Возьми, читай!". Их русские собратья склонны скорее сосредоточиться на откровении, следуя императиву "Смотри, узри!"» [Ugolnik 1989: 49, 50, 52]. Таким образом, в православии образы всегда были тесно связаны с религиозной практикой и ритуалом, с небесным и божественным. Бычков утверждает, что

> эстетическое <...> характеризующееся понятиями красоты и наслаждения, являет собой <...> важнейший компонент (наряду с истиной и любовью или наряду с гносеологическим и этическим) социального и космического бытия. <...> Иными словами, понятие эстетики близко связано с духовной трансформацией созерцающего [Бычков 1990: 14–15].

Это духовное преображение смотрящего субъекта составляло основу теоретических и художественных исканий Кандинского. Интересовался он и западным средневековым искусством, однако именно православная традиция дала ему необходимую философскую и теоретическую основу для создания своих теорий трансцендентальной абстракции.

Стоит отметить, что в первые два десятилетия XX века многие представители немецкой художественной критики считали, что творчество Кандинского столь резко отличается от творчества его товарищей по группе «Синий всадник» именно в силу его специфически «восточного» культурного подхода. С их точки зрения, русская художественная традиция по своей сути гораздо теснее связана с великими культурами Востока, нежели с немецкой или западноевропейской культурой. На живописном уровне иконы часто сравнивали с персидскими и индийскими миниатюрами, а особенности абстракций Кандинского странным образом связывали с «арабесками» и с характерно «восточной» мистической духовностью. Так, Экхарт фон Зюдов писал в своей книге «Культура и живопись немецкого экспрессионизма»:

> Но где <...> сегодня мы видим главные достижения абстрактных тенденций? <...> Из русского духа произросла новая европейская религиозность. <...> Из русского искусства возникла тяга к чистой арабеске как выразительной форме искусства: Кандинский! И что же: разве русский дух не прибежище мистической духовности всех видов и родов? [Von Sydow 1920]

Такие рассуждения свидетельствуют о том, что немецким современникам Кандинского его путь к абстракции представлялся вполне органичным, принимая во внимание его художественное, культурное и религиозное наследие как человека православного.

Против абстракции: «скрытая конструкция» у Кандинского

Хотя задним числом Кандинский утверждал, что написал свою «первую абстрактную акварель» в 1910 году, уже в 1912 году он предупреждал:

> В наши дни художник не может обойтись одними чисто абстрактными формами. Для него эти формы слишком неточны. Ограничиться только неточным значит лишить себя многих возможностей, значит исключить чисто человеческое и сделать бедными свои средства выражения [Кандинский 1967: 71].

В понимании Кандинского «человеческий» элемент подразумевал интерактивную, интуитивную и инстинктивную реакцию на произведение искусства — гораздо более ценную, чем отстраненная, чисто зрительная или интеллектуальная реакция. Соответственно, как объясняет Уоштон Лонг в своем фундаментальном исследовании творчества Кандинского [Washton Long 1980a], художник в своих произведениях последовательно стремился завуалировать физическую сторону предметов, при этом как бы «опуская и приподнимая завесу». Опускание завесы подразумевало «помещение предмета туда, где он не должен находиться, или размывание его контуров с использованием изолированных цветов. Чтобы приподнять завесу, художник упрощал очертания предмета до частичного контура». Используя этот прием, Кандинский создавал «скрытую конструкцию» (как он сам это именовал) и с помощью нее надеялся уйти и от материализма, свойственного фигуративному искусству, и от невнятности нефигуративного искусства, представляя зрителю «знакомые ключевые мотивы» [Washton Long 1980a: 66]. Кандинский считал, что религиозные образы больше других способны вызывать у зрителя определенные подсознательные ассоциации, тем самым помогая зрителю взаимодействовать с изображением на более глубинном уровне, нежели обыкновенное эстетическое созерцание.

Мысль о том, что в «завуалированном» виде изображение может проникать в сознание зрителя гораздо лучше, чем полностью фигуративная или беспредметная образность, во многом предвосхитила важнейшие принципы сюрреализма и, вероятно, возникла в результате увлечения Кандинского психологией. Уже в трактате «О духовном в искусстве» он посвятил целый раздел «психологической работе с цветом», а позднее, заняв должность вице-президента недавно созданного РАХН, основал там и возглавил физико-психологическое отделение, на котором проводились сложные эксперименты по изучению психологического воздействия зрительных образов[15]. Хотя Кандинский, в отличие от сюрреалистов, никогда открыто не поддерживал фрейдистский

---

[15] Подробнее о деятельности Кандинского в РАХН см. [Misler 2002b].

психоанализ, тем не менее он интересовался некоторыми его фундаментальными принципами и, когда был в Мюнхене, исправно посещал посвященные Фрейду дебаты в «Кафе-Стефан» [Antonova 2010: 18]. Впоследствии, в начале 1920-х годов, во время своей деятельности в РАХН, Кандинский внимательно следил за целым рядом исследовательских проектов по изучению психологии человека, в том числе с опорой на теорию психоанализа, и порой даже сам участвовал в подобных проектах. В некоторой мере концепция «скрытой конструкции» Кандинского подобна фрейдистской, а затем и юнгианской теории «архетипа», согласно которой существует некое универсальное психическое хранилище «мифологических мотивов или доисторических образов», отвечающих за «всё духовное наследие человеческой эволюции» [Jung 1970: 325–342].

Точнее, «завуалированные» иконописные мотивы у Кандинского могли пробудить в зрителях ассоциации с христианскими прообразами, копившиеся на протяжении тысячелетий на уровне «коллективного бессознательного», и тем самым активно воздействовать на зрителей как на психологическом, так и на «духовном» уровне. Поэтому художник утверждал, что имеет в виду не

> ясно очерченную, зачастую бросающуюся в глаза конструкцию (геометрическую), которая как будто наиболее богата возможностями или наиболее выразительна, а скрытую, которая незаметно выходит из картины и, следовательно, предназначена не столько для глаза, сколько для души [Кандинский 1967: 135–136].

Здесь следует подчеркнуть, что и немецкое слово «Seele», и русское слово «душа» не вполне соответствуют английскому «soul», поскольку они объединяют в себе понятия «psyche» и «soul» и таким образом несут двойную коннотацию подсознательного и духовного. Как писал Кандинский своему биографу Уиллу Громанну, ему хотелось, чтобы люди увидели «скрытое за его кругами и треугольниками», и позднее он стал характеризовать собственные картины как «конкретные», а не «абстрактные»[16]. Таким образом, хотя в поздние годы Кандинский утверждал, что именно он создал абстрактное искусство, в 1910–1913 годах он еще не решался перейти к полностью беспредметной живописи. В книге «О духовном в искусстве» он предупреждал художников:

> Если бы мы уже сегодня стали совершенно уничтожать нашу связь с природой, стали бы насильственным путем добиваться освобождения и довольствовались бы, в конце концов, исключительно комбинацией чистой краски и независимой формы, то мы создали бы произведения, которые имели бы вид геометрической орнаментики, которые, упрощенно выражаясь, были бы похожи на галстук или ковер. Вопреки утверждению чистых эстетов или также натуралистов, цель которых главным образом «красивость», красота краски и формы не является достаточной целью для искусства [Кандинский 1967: 121].

Переосмысление иконы

Как в Византии, так и в Древней Руси иконописный образ считался «энергетически-материальным носителем» божественного архетипа, а не просто его «образом» или «символом» [Бычков 1990: 48]. Следовательно, любое изображение божественного обеспечивало его духовное присутствие в материальном объекте, и это, возможно, объясняет, почему Кандинский продолжал в скрытом виде вводить христианскую — а точнее, русско-византийскую — иконографию во многие свои работы на протяжении всего своего творческого пути[17]. Тщательный анализ работ Кандинского показывает, что он продолжал использовать свойственную иконам иконографию и композицию вплоть до сере-

---

[16] Кандинский — Уиллу Громанну. 21 ноября 1925 года. Цит. по: [Weiss 1995: xv]; Kandinsky V. Abstract and Concrete Art // London Bulletin. 1939. Цит. по: [Kandinsky 1994: 841].

[17] Глубокий анализ различных русско-византийских иконографических типов, которые Кандинский использовал в те годы, см. в [Сарабьянов 1998].

дины 1910-х годов и даже в 1930–1940-х годах. Как убедительно показала Пег Вейс, мотив святого Георгия — скорее всего, под воздействием русской иконы XIX века, принадлежавшей Кандинскому, — впервые появился в его произведениях в начале 1900-х годов и стал возникать снова и снова на различных этапах его творческого пути [Weiss 1995: 148–150]. Даже в строгих геометрических композициях Кандинского периода Баухауса многие формы, как представляется, складываются в мотив святого Георгия. Так, например, в его, как принято считать, «абстрактных» произведениях, таких как «В черном квадрате» 1923 года и «Желтое-красное-синее» 1925 года (цв. илл. 6), отчетливо видны узнаваемые атрибуты святого Георгия, в частности копье, щит и скачущий конь, а также извивающееся тело поверженного дракона[18]. На первой из этих работ можно различить шлем с плюмажем в виде зеленого полукруга, разделенного пополам несколькими короткими черными параллельными линиями. Дугообразная форма в левой части полотна двоится, напоминая шею лошади, чьи передние ноги вздымаются в виде угловатой трехзубчатой коричнево-синей фигуры. Острое копье святого Георгия метит наискосок через поверхность холста, рассекая ее черной полосой, а щит в виде желтого круга с вписанным в него треугольником составляет композиционный центр работы. Асимметричная трапециевидная форма белой основы дополнительно усиливает динамизм фигуры всадника, подчеркивая его движение справа налево.

В «Черном аккомпанементе» 1924 года мы различаем тот же мотив всадника и лошади, устремленных наискосок через плоскость холста. Здесь святой Георгий представлен с простертыми руками, верхом на добром скакуне, который встал на дыбы, так что его узорчатая разноцветная попона развевается на ветру.

---

[18] Уоштон Лонг отмечает, что отличительным признаком святого Георгия является чрезвычайно длинное копье, и указывает, что это единственная бросающаяся в глаза отличительная особенность тех трех картин Кандинского, написанных маслом, и трех других, написанных на стекле (все 1911 года), которые были прямо названы «Святой Георгий» (см. [Washton Long 1980b: 217–220]).

Миниатюрный, непропорционально уменьшенный дракон мечется в левом нижнем углу. Здесь тело всадника — или, может быть, щит — изображается в виде коричневого круга с белой каймой. Его голова представлена в профиль, в виде розово-серого неправильного четырехугольника, на котором отмечен круглый белый глаз, увенчанного головным убором с желтыми перьями в виде трех летящих треугольников. Сиреневый треугольник образует голову коня, в то время как дугообразная шея и развевающаяся грива обозначены изогнутой зеленой линией, от которой расходятся лучеобразно короткие красные полосы. Вздыбленный конский хвост летит следом за всадником веером тонких черных линий, обведенных расплывчатым белым контуром. На картинах «Черный аккомпанемент» и «В черном квадрате» продуманное распределение в пространстве разрозненных форм, складывающихся в абстрактный, но все же узнаваемый мотив святого Георгия, с очевидностью выдает нежелание Кандинского полностью отказаться от фигуративности. Даже в загадочных протосюрреалистических биоморфных формах 1940-х годов, таких как «L'élan brun» («Коричневый порыв»), тем не менее можно различить мотив всадника в доспехах, в шлеме с плюмажем и с длинным копьем, взмывшего в воздух над поверженным змеем, который извивается внизу слева.

Помимо святого Георгия, на протяжении своего творческого пути Кандинский перерабатывал и несколько других иконописных мотивов, в том числе «Вознесение пророка Илии» (цв. илл. 7), «Вход Господень в Иерусалим», «Воскресение» и «Страшный суд»[19]. Как и в случае со святым Георгием, Кандинскому принад-

---

[19] Уоштон Лонг в своей монографии «Кандинский. Развитие абстрактного стиля» [Washton Long 1980a] предлагает детальный анализ картин Кандинского, написанных до Первой мировой войны и включающих «Всех святых» (1911), «Трубный глас» и «Потоп» (1913). Она утверждает, что интерес Кандинского к этим мотивам коренился главным образом в теософии и был связан прежде всего с тем, как Рудольф Штайнер толковал Откровение Иоанна Богослова. Обнаруживая у Кандинского эсхатологические тенденции и объясняя их апокалиптическими настроениями, характерными для Серебряного века, для обоснования своих тезисов Уоштон Лонг опирается ис-

лежала икона «Вознесение Илии» XIX века, на которой пророк изображен стоящим в полный рост в запряженной конями повозке, мчащейся по огненно-алому небосводу. Согласно повествованию Ветхого Завета, Илия, уходя, бросил свой плащ преемнику Елисею; на иконе действительно изображен Елисей, держащийся за край плаща.

В византийской иконографии Илия часто изображается стоящим со свитком в руке или сидящим в пустыне вместе с вороном, однако иконографический тип «Вознесения Илии» был менее распространен и в целом более характерен для русской иконописи. Как отмечали Уоштон Лонг и Сарабьянов, Кандинский использовал этот мотив в нескольких своих работах 1911 года на тему «всех святых»: в левом верхнем углу обеих картин отчетливо видно схематическое изображение пылающей колесницы Илии, запряженной тремя белыми конями. Однако я полагаю, что, помимо указанных очевидных цитат, Кандинский использовал эти мотивы как «скрытые конструкции» еще в нескольких работах. Например, в «Красном пятне II» (цв. илл. 8) художник, по всей видимости, перенес на полотно огненно-алое облако Илии, сферической формы черную пещеру и бурный поток, подвергнув их при этом геометризации, подобно тому как он поступил и с мотивом святого Георгия на картинах «Черный аккомпанемент» и «Желтое-красное-синее». В работе на стекле «Все святые II» 1911 года (цв. илл. 9), в левой части которой представлено огненное вознесение Илии, можно предположить, что форма огненного облака, напоминающая треугольник с округлыми углами, превратилась затем в центральное красное «пятно» на более поздней работе. Точно так же изогнутая зеленая труба ангела с оранжевыми полосами, вероятно, перекочевала из верхней части «Всех святых II» в нижний левый угол «Крас-

---

ключительно на анализ иконографии. Точно так же и Сарабьянов в своей статье «Кандинский и русская икона» [Сарабьянов 1998] предлагает подробный обзор всех русско-византийских источников, которые могли повлиять на творчество Кандинского в 1909–1913 годах. И я в своем анализе в значительной степени опираюсь на его выводы.

ного пятна II». Кроме того, общая цветовая гамма и особенно яркие, насыщенные синие, глубокие зеленые, сверкающие желтые тона, а также переходы белого и черного в «Красном пятне II», по всей видимости, перекочевали сюда напрямую из более ранней работы. Наконец, висящие, бесплотные абстрактные формы на картинах Кандинского «Все святые II» и особенно «Красное пятно II» визуально напоминают столь же бесплотную структуру пространства в иконе, где Илия, его колесница и ангел будто бы парят в воздухе над позолоченной поверхностью иконы. Даже черно-белые узоры в правом верхнем углу «Красного пятна II» напоминают о священном изображении в углу иконы, где длань Божия, простертая вниз, приветствует Илию, возносящегося на небеса.

Как и в «Красном пятне II», на картине Кандинского «Импрессия IV (Жандарм)», на которой представлена фигура всадника в гористом пейзаже, по всей видимости, также использованы структурные элементы иконописных источников, в частности связанных с сюжетом Входа Господня в Иерусалим. Фигура всадника, составляющая у Кандинского композиционный центр, обнесенный стеной город на дальнем плане, холмистый пейзаж и толпа зевак — вся эта композиция, как представляется, основана на хорошо известном иконописном изображении Христа, въезжающего в Иерусалим верхом на осле. Хотя Кандинский скрыл свои источники, изменив расположение элементов исходных композиций, размыв контуры и очертания легко узнаваемых форм, сопоставив друг с другом пятна изолированных цветов и позволив разным цветам свободно перетекать друг в друга, тем не менее общее пространственное соотношение элементов и композиционная структура «Импрессии IV» выдают ее иконописные истоки. Кроме того, рассказывая о том, как он вынашивал замысел нескольких своих абстрактных произведений, Кандинский сам подчеркивал, насколько важна была для него традиционная иконография. В «Трех картинах» он объяснял, что постепенно размывал узнаваемые мотивы, превращая их в абстрактные формы, которые черпал из религиозных изображений. Описывая «Композицию VI», он написал:

> Отправной точкой был «Потоп». Отправной точкой стала картина на стекле, которую я написал более всего для собственного удовольствия. Там изображены различные предметные формы, частью забавные (мне доставляло удовольствие смешивать серьезные формы с забавной внешней выразительностью): обнаженные фигуры, ковчег, животные, пальмы, молнии, дождь и т. д. Когда картина на стекле была готова, у меня возникло желание переработать эту тему для композиции, и тогда мне было более или менее ясно, как это следует делать. <...> В нескольких эскизах я растворял вещественные формы, в других пытался достичь впечатления чисто абстрактными средствами [Кандинский 2001: 305].

Подобным же образом, описывая творческий процесс, связанный с созданием «Картины с белой каймой», Кандинский рассказывал:

> Для этой картины я выполнил много набросков, этюдов и рисунков. Первый набросок я сделал сразу после возвращения из Москвы в декабре 1912 года: это был результат тех свежих, как всегда исключительно сильных впечатлений, которые я получил в Москве. <...> Первый набросок был очень сжатым и сдержанным. Но уже во втором наброске мне удалось «растворить» краски и формы действия, происходящего в нижнем правом углу. В верхнем левом остался мотив тройки, который я долго носил в себе и уже использовал в различных эскизах [Кандинский 2001: 309].

Один из таких предварительных рисунков (рис. 41) сохранился в коллекции Центра Жоржа Помпиду. На нем представлен фрагмент фрески с изображением одной из сцен Страшного суда — фрагмент, который Кандинский, вероятно, скопировал со стены храма. Эта зарисовка не датирована, и место создания на ней тоже не указано, однако изображение очень похоже на сцены Страшного суда из Софийского собора в Вологде, написанные в XVII веке (рис. 42–43), которые Кандинский мог видеть во время своей этнографической экспедиции на север России. Еще один возможный источник этого рисунка — фреска с изображением Страшного суда в Успенском соборе Московского Кремля,

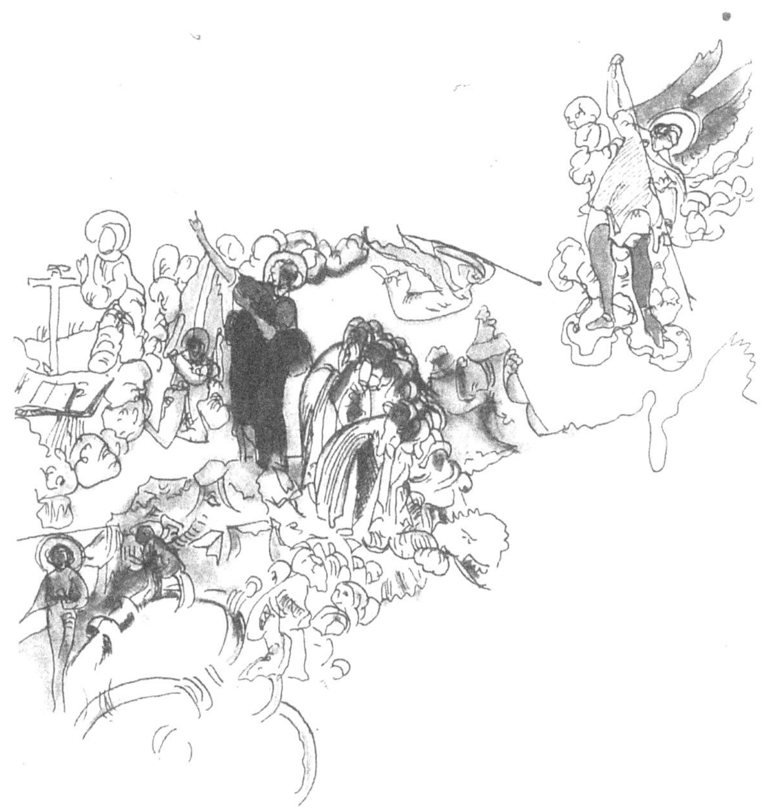

Рис. 41. В. В. Кандинский. Страшный суд. Дата создания неизвестна. Бумага, чернила, акварель. 20,4 × 15,2 см. Национальный центр современного искусства и культуры Жоржа Помпиду, Париж

которая тоже должна была быть известна художнику. На самом деле подобные изображения достаточно часто использовались в росписи православных храмов и обычно помещались на западной стене. Таким образом, Кандинский мог видеть их в нескольких разных церквях и соборах в окрестностях Москвы, Ярославля, Новгорода или Суздаля. На этом рисунке Кандинский изобразил змея, свивающегося крупными кольцами, отчетливо различимую фигуру пророка, указывающего на небеса, несколь-

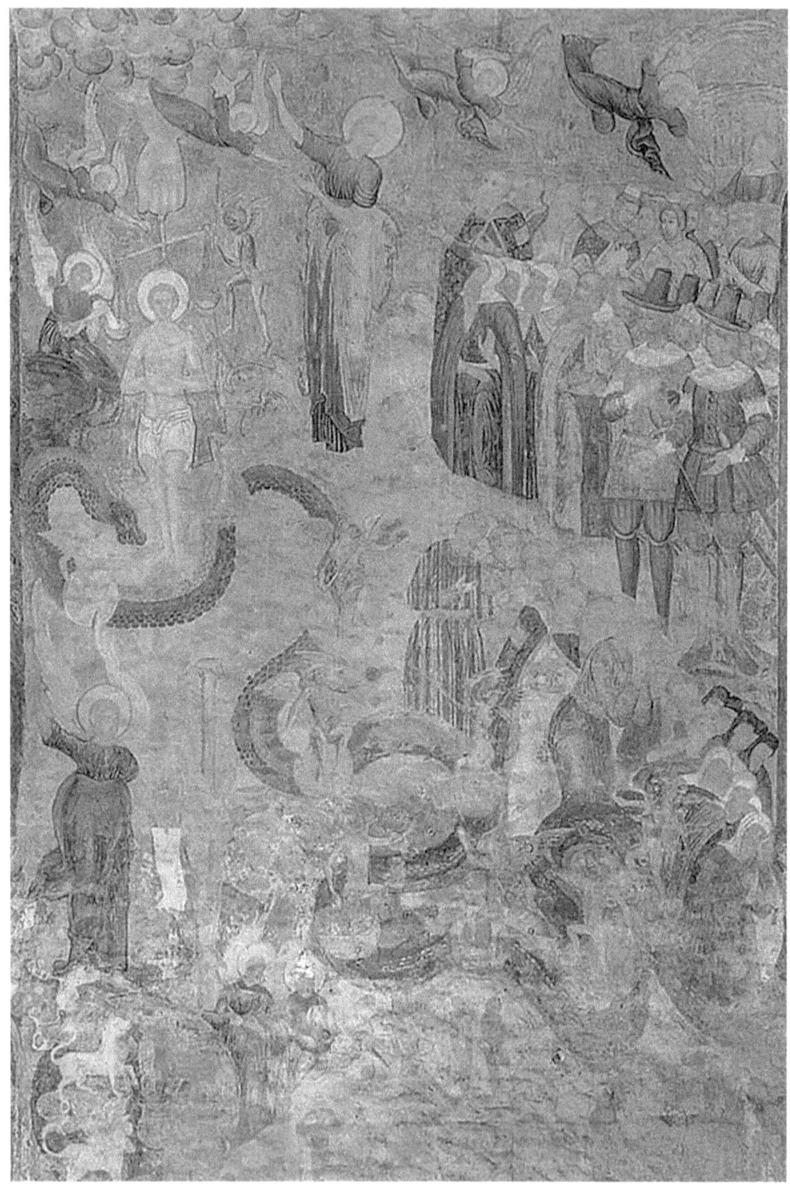

Рис. 42 и 43. Страшный суд. Фреска. XVII век. Фрагмент. Софийский собор, Вологда

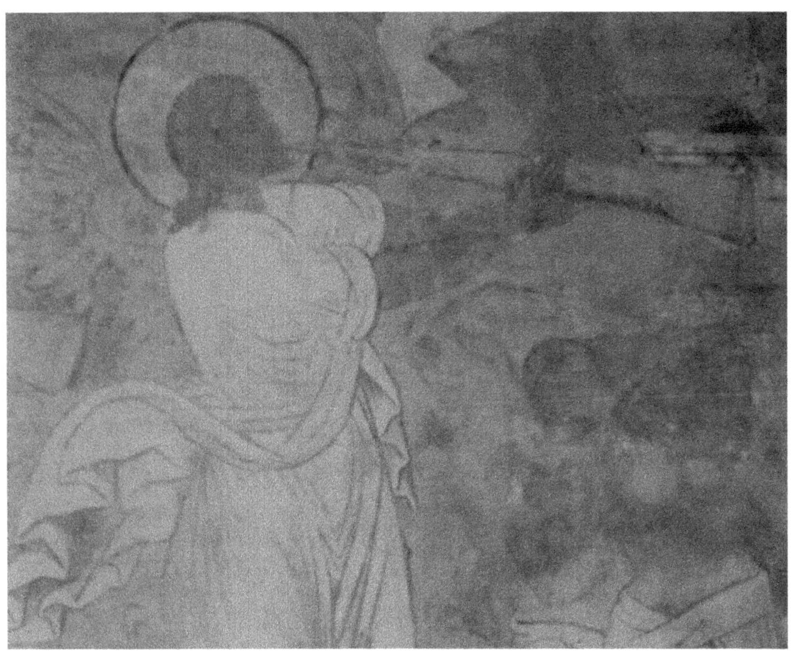

ко молящихся коленопреклоненных фигур и архангела с копьем — и всем им находятся предшественники в циклах монументальных фресок. Мотив змеи занимает заметное место в нескольких работах Кандинского, например в «Композиции V» 1911 года, где извилистая змеевидная форма черного цвета подчиняет себе всю верхнюю половину картины. Как и фигура святого Георгия, трубящие ангелы, которые у Кандинского впервые появляются на картинах «Страшный суд» и «Все святые» 1911 и 1912 годов, снова и снова возникают в его работах вплоть до 1920-х годов. Так, например, в левой части картины «Желтое-красное-синее» (рис. 44; цв. илл. 6) самая заметная форма явно представляет не что иное, как схематическое изображение фигуры ангела. Тело ангела, источающее сияние теплого желтого и охристого тонов, составлено из большого желтого прямоугольника, а голова обозначена маленьким бледно-голубым прямо-

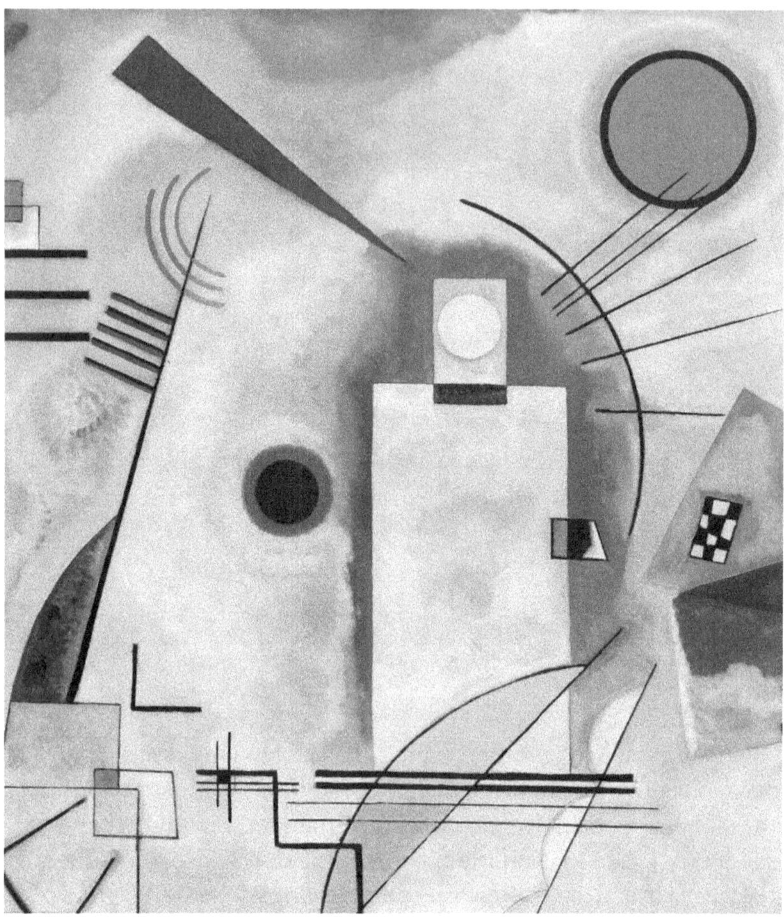

Рис. 44. В. В. Кандинский. Желтое-красное-синее. 1925 (фрагмент). Национальный центр современного искусства и культуры Жоржа Помпиду, Париж

угольником с вписанным в него белым кругом. Самая показательная особенность здесь — узкий красный треугольник, плывущий прямо над головой ангела с левой стороны и явно обозначающий трубу. Между тем черный полукруг, рассеченный несколькими тонкими черными линиями, справа от желтого прямоугольника обозначает крылья ангела.

Другие типичные мотивы православных фресок и икон, возникающие у Кандинского еще на нескольких картинах, это фигуры, заключенные в нимб (рис. 45), и священный треугольник, обозначающий Троицу, именуемый у Кандинского «мистическим» и составивший главную концептуальную парадигму его теоретических трактатов об искусстве. Между тем нимб, символизирующий в православной иконографии внутреннее сияние святого, часто появляется на картинах Кандинского, таких как «Черные линии» (1913), «Композиция VII» (1913) (рис. 46), и особенно явно в работах «Квадраты с концентрическими кругами» (1913) (рис. 47) и «Несколько кругов» (1926). Как показывают эти примеры, священная геометрия православного канона особенно привлекала Кандинского, и он использовал ее на протяжении всего своего творческого пути. Впрочем, это вовсе не означает, что Кандинский противился влиянию нефигуративного искусства или продолжал стремиться к изобразительности. Ведь, в конце концов, он был одним из первых художников-модернистов в Европе, выступивших за полный отказ от непосредственного изображения реальности внешнего мира. Правильнее будет сказать, что во многих работах Кандинского присутствует сложная двойственность, которая почти совершенно утрачивается, если трактовать такие произведения исключительно с материалистической или формалистской точки зрения.

Духовное и эмпирическое видение

В своем «Некрологе и рецензии на выставку Кандинского» 1945 года художественный критик Клемент Гринберг обвинил художника в том, что он якобы «провинциал», не сумевший понять

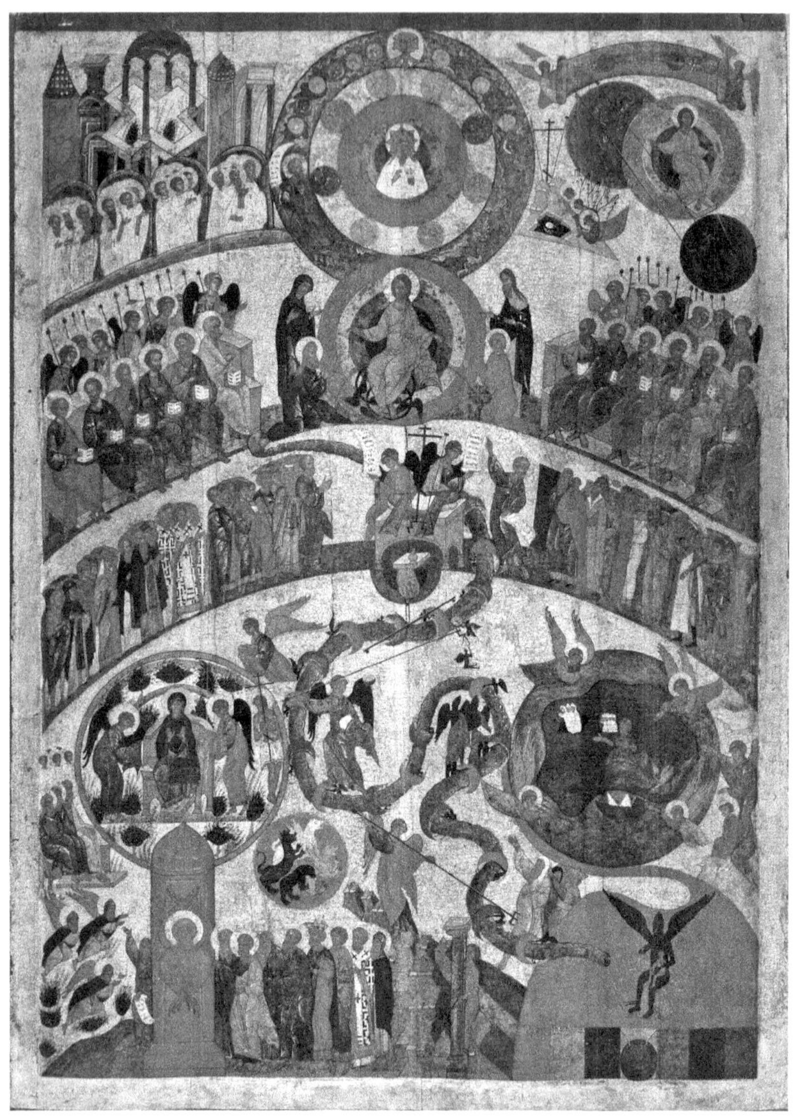

Рис. 45. Страшный суд. Новгородская икона. XVI век. Деревянная доска, темпера. 162 × 115 см. Государственная Третьяковская галерея, Москва

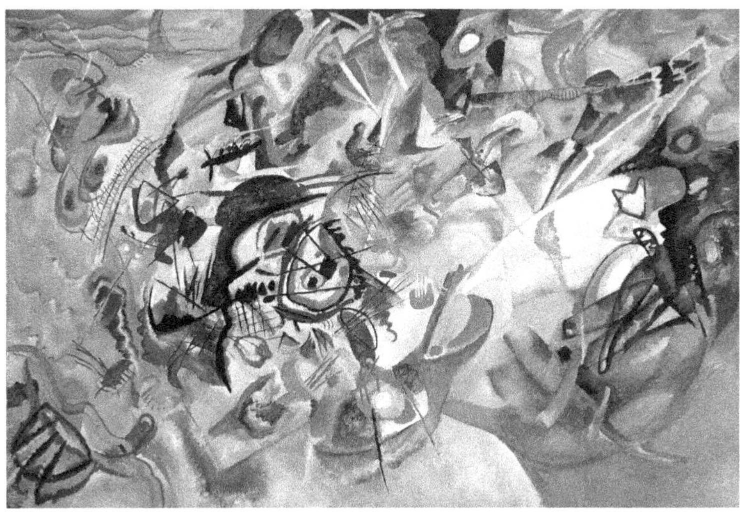

Рис. 46. В. В. Кандинский. Композиция VII. 1913. Холст, масло. 200 × 300 см. Государственная Третьяковская галерея. Москва

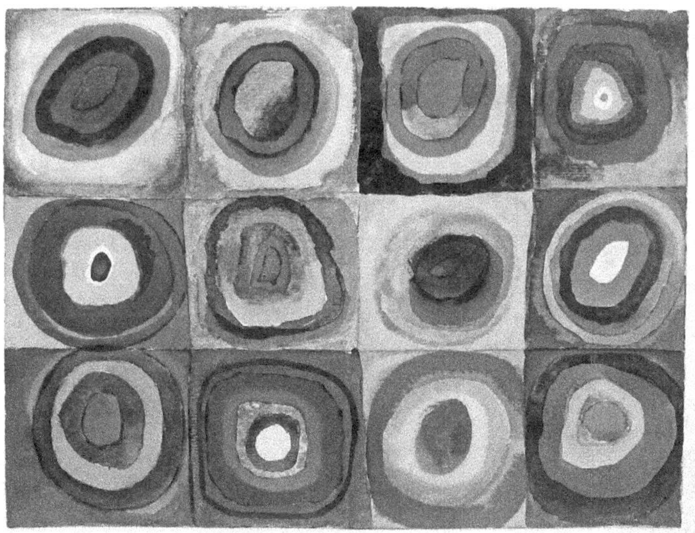

Рис. 47. В. В. Кандинский. Квадраты с концентрическими кругами. 1913. Бумага, акварель, гуашь, черный карандаш. 24,9 × 31,5 см. Городская галерея в Ленбаххаусе, Мюнхен

суть модернистской живописи, которая основана на «фактическом выражении ее собственной материальности»[20]. По словам Гринберга, в отличие от аналитических кубистических работ Пикассо или больших абстрактных экспрессионистских полотен Джексона Поллока, в картинах Кандинского не признавалась непрерывная, однородная плоскость живописного полотна. Кандинский разрушил плоскую однородность кубистического пространства, вновь обозначив на своих полотнах соотношение фигуры и заднего плана и заполнив их «массой дискретных форм <...> так что плоскость картины оказалась изрыта дырами». Таким образом, он разрушил эффект «единства», достигнутый парижской школой, и в конечном счете свел на нет материальность холста, вновь утверждая «иллюзионистическую глубину, создаваемую посредством цвета, линии и перспективы, которые были неуместны с пластической точки зрения» [Greenberg 1986: 5].

То, что Гринберг считал у Кандинского невежеством или провинциализмом, на самом деле было результатом иного понимания роли и назначения искусства. Кандинский опасался, что, подчеркивая двумерность холста, он тем самым усилит производимое им впечатление материальности, даже декоративности, а следовательно и его предметность [Кандинский 1967: 118]. Таким образом, абстрактная живопись оказалась бы столь же склонна к соблазнению зрителя за счет своей принципиальной материальности, как и традиционное иллюзионистическое искусство: и то и другое абсолютизировало ценность предмета и поверхности, хотя они шли к этому противоположными путями. Хотя Кандинский считал, что важно «сохранить "картину", как живопись на одной плоскости» и «сохранить материальную плоскость», для него не менее важно было создать ощущение глубины за счет изменения «тонкости или толщины линии» и «пересечения одной формы другой». При этом Кандинский надеялся «создать идеальную плоскость» и «использовать ее трехмерно» — такое теоретическое осмысление структуры живописного пространства

[20] Greenberg C. Obituary and Review of an Exhibition of Kandinsky // The Nation. 1945. January 13. Цит. по репринтному изданию [Greenberg 1986: 3–4].

отчетливо перекликается с идеями Тарабукина о том, как мыслится и организуется пространство в иконописи [Кандинский 1967: 117–118]. Тарабукин, современник Кандинского, в своей работе «Смысл иконы» объяснял:

> Плоскость для иконописца не самодовлеющая ценность, а лишь исходный момент, который в известной лишь мере определяет пространственные особенности композиции. Иконописец мыслит изображаемое им пространство не только трехмерным, но и, так сказать, «четырехмерным». И тем не менее в своих построениях он исходит из плоскости, считается с условиями плоскости. Но язык его изобразительности отнюдь не плоскостной... <...> Западноевропейский перспективист, начиная с эпохи Ренессанса, попросту исключает плоскость из своего художественного инвентаря. Он строит иллюзорное, глубинное пространство в противовес плоскости, разрушая ощущение плоскости, уничтожая всякое о ней представление [Тарабукин 1999: 131].

Другими словами, иконописец представляет пространство схематически или символически, а не иллюзионистически. Свойственная Кандинскому манера наложения форм и изображения одновременно нескольких плоскостей, которую он использовал во многих своих работах, весьма характерна для иконописи. Так, на картине 1911 года «Святой Георгий», выполненной в технике росписи по стеклу, Кандинский изобразил фигуру всадника так, как она видна сверху, а коня — сбоку. Подобным же образом в «Импрессии IV (Жандарм)» того же года центральная фигура всадника представлена немного снизу, в то время как две фигуры в левом нижнем углу холста и архитектурные сооружения на дальнем плане показаны сверху. Хотя подобные живописные приемы использовали в то время и некоторые другие немецкие, французские и русские художники-авангардисты, у Кандинского они, вероятно, обретали дополнительное значение, выходившее за пределы чисто формального экспериментаторства.

Клемена Антонова в своем исследовании пространства иконы и визуальности в Средние века объясняет, что в мистической теологии искусство наделяет своего зрителя способностью «подражания» «божественному видению» или приближения к такому видению [Antonova 2010: 141]. Точнее, она утверждает, что использование в иконописи нескольких плоскостей одновременно предполагает присутствие вездесущего, всевидящего «ока», способного постоянно наблюдать любой предмет под всеми углами сразу. Это видение можно сравнить с видением «неподвластного времени вечного Бога, для которого все мгновения времени существуют симультанно [и который] также должен быть способен симультанно наблюдать все точки пространства» [Antonova 2010: 107]. Аналогичную идею формулирует Бычков:

> Метод средневекового искусства <...> представляет не моментальную фотографию вещи, а некий синтетический образ вещи, возникший в процессе ее всестороннего изучения. Живое восприятие — это и есть жизнь такого синтетического образа, постоянно меняющегося, пульсирующего, искрящегося, поворачивающегося к свету духовного зрения своими различными гранями [Бычков 1990: 37].

В отличие от мгновенной, статичной точки зрения, которую навязывает нам искусство эпохи Возрождения или натурализм XIX века, множественность точек зрения, представленная в иконе, предполагает наличие активного наблюдателя, перемещающегося в пространстве и времени[21]. Так, например, в «Троице ветхозаветной» Андрея Рублева небольшие возвышения под ногами у ангелов представлены в двух плоскостях, отличных от плоскости стола в центре композиции, слегка наклоненного вверх. Вместо того чтобы соответствовать диагональным линиям, намеченным гранями этих возвышений, вертикальные боковины стульев формируют еще один пространственный регистр. Ноги двух ангелов, сидящих по бокам, изображены одновременно сбоку и спереди, в физически невозможной конфигурации. Наконец, архитектурное сооружение в левом верхнем углу иконы

---

[21] Подробнее о средневековых теориях зрительного представления см. [Nelson 2000].

показано одновременно сбоку и снизу, а навес на нем развернут под таким углом, что предполагает еще одну точку зрения, которая, как кажется, не находит поддержки больше нигде во всей композиции. Эти несколько симультанных точек зрения дают зрителю возможность (временную, по крайней мере) подвижного, внетелесного, теофанического восприятия, которое «выходит за рамки свойственных человеку пространственно-временных ограничений» [Antonova 2010: 2].

Как отмечает Корнелия Цакириду, в Средние века византийские богословы, такие как святой Симеон Новый Богослов (949–1022) и святой Григорий Палама (1296–1359), верили, что теофания (или явление божества миру) — это «реальность, доступная восприятию всех живых существ». Далее она поясняет:

> Палама заимствует ареопагитовское понятие «духовного чувствования» (pneumatiken aisthesin), то есть ощущения, исполненного Святого Духа. Он описывает это как «участие» (метексис), «принятие» (лепсис) и «обожение» (экфесис).
> <...> Способность духовного чувствования возникает у человека тогда, когда его чувства оживают под воздействием Божьей благодати и он начинает смотреть на мир новыми глазами. «Экфесис» подразумевает внутреннее обожение: человек становится Богом, обращаясь к Богу...
> <...> Предметы в нашем поле зрения обычно располагаются в зависимости от таких параметров, как пространственная близость, удаленность, последовательность и очередность.
> <...> В теофании эта система предстает в обращенном виде: «Даже удаленные предметы доступны взору, а будущее показано как уже существующее» (os onta deiknytai).
> <...> Согласно Паламе, теофания дематериализует предметы <...> [они становятся] видны один сквозь другой и предстают в одинаковом масштабе — возможно, без обычного разделения на ближний и дальний планы, которые помогает нам упорядочивать наше восприятие. Видение становится панорамным, а точки зрения множатся. Снимается напряжение, возникающее обычно в результате определенного расположения предметов в пространстве. Отношения между плотной материей и пустотами, определяющими структуру пространства и помогающими ориентироваться

> восприятию, оказываются недействительными. Простые, эфемерные, изменчивые формы кажутся необходимым выражением того светящегося поля, что их обволакивает [Tsakiridou 2013: 255–258].

Паламитское богословие и исихастская духовность не только имели большое влияние в Византии, но и оказали значительное воздействие на русскую религиозную мысль и художественное творчество XIV и XV веков, что непосредственно выразилось, в частности, в произведениях Феофана Грека и Андрея Рублева [Васильев 1960; Popova 1992: 54–58]. Следовательно, и Феофан в своей «Ветхозаветной Троице» («Гостеприимстве Авраама») (1374), и Рублев в «Троице ветхозаветной» на уровне формальных приемов и на уровне иконографии стремятся воплотить теофаническую реальность в такой материальной форме, которая должна привести зрителя к духовному преображению и помочь ему достичь теозиса, или единения с Богом. Таким образом, иконописные изображения непосредственно и зримо выражали постулаты православного богословия, а не просто развивали или дополняли их.

Несмотря на то что Кандинский был хорошо знаком с современной ему византинистикой, вряд ли ему были известны описанные выше, сложные в богословском отношении особенности пространства и формы в иконописи [Флоренский 2000в]. Тем не менее, по всей видимости, уже в 1911 году он интуитивно понял, что организация пространства в иконописи требует от зрителей особого восприятия — на основе абстрактного, антиматериалистического и, скорее, «духовного» видения. Таким образом, у Кандинского абстракция представляет собой инверсию теории Гринберга, в которой абстрактная поверхность произведения искусства заявляет о собственной материальности. Композиции Кандинского, напротив, подразумевали глубину и должны были создавать ощущение безграничного, динамичного, трансцендентального пространства, которое, в свою очередь, должно было стимулировать в большей мере созерцательное, саморефлексивное и «духовное» восприятие.

Художественное творчество и теории Кандинского в контексте русского религиозного возрождения

В искусство Кандинский пришел довольно поздно (ему уже было тридцать лет, когда он занялся живописью), и он был почти на двадцать лет старше большинства других русских художников-авангардистов, таких как Гончарова, Ларионов, Родченко, Малевич, Эль Лисицкий и Татлин. Таким образом, по своему образу мыслей и взгляду на мир Кандинский был гораздо ближе к поколению символистов 1890-х — начала 1900-х годов, чем к тем молодым художникам и искусствоведам, которые вышли на арену советского искусства в конце 1910-х — начале 1920-х. Соответственно, его неприятие позитивизма XIX века, его интерес к духовности и утопическая вера в способность искусства исцелять недуги общества в большей мере соответствовали идеям мыслителей старшего поколения, таких как В. С. Соловьев, Н. А. Бердяев, П. Б. Струве, С. Л. Франк, М. О. Гершензон и С. Н. Булгаков. В первом десятилетии XX века опубликованные труды и деятельность этих философов и мыслителей способствовала формированию того, что позже стали называть русским религиозным возрождением[22].

Весной 1909 года вышел из печати сборник их статей под названием «Вехи», и это почти сразу стало большим литературным и политическим событием [Бердяев и др. 1909]. Авторы сборника резко критиковали позитивистский, материалистический и в значительной степени антихристианский настрой русской интеллигенции и призывали изменить отношение к христианству в целом и к православной церкви в частности[23]. «...Наша задача состояла, напротив, в обличении духовной узости и идейного убожества традиционных интеллигентских идей», — писал Франк в своей биографии Струве [Франк 1956: 82]. Отвергая марксистские воззрения предыдущего поколения, эти самопровозглашенные религиозные гуманисты отстаивали новое направление

---

[22] См. [Zernov 1963].

[23] Подробнее о группе «Вехи» см. [Schapiro 1955].

российского революционного либерализма, состоявшее в отказе от идей классовой борьбы, политического насилия и жертвенного нигилизма в пользу нового социального единства, духовного идеализма и религиозной философии. В частности, авторы сборника «Вехи» обвинили либеральную интеллигенцию в том, что она заимствует «у Запада пустую оболочку атеистического социализма, но без столь существенного христианского субстрата и без богатого наследия в области законотворчества, поддержания порядка и общественной нравственности» [Schapiro 1955: 78]. Среди прочего они считали, что именно безответственный радикализм левой интеллигенции привел к трагическим событиям Кровавого воскресенья и к поражению революции 1905 года. В результате невинные жизни представителей низших классов были бессердечно принесены в жертву таким абстрактным понятиям, как «свобода», «равенство» и «демократия». В течение года книга выдержала пять изданий и получила сотни рецензий, отзывов и оценок. Некоторые из тех, кто откликнулся на публикацию сборника, сочли группу «Вехи» реакционной, однако сами ее участники горячо поддерживали социальные и политические перемены, считая при этом, что лучший способ осуществить их состоит в умиротворяющем обращении к христианским традициям и к широким преобразованиям в нравственной и духовной сфере. Кандинский, который большую часть осени 1910 года прожил в Москве, был хорошо осведомлен о деятельности и философских воззрениях группы «Вехи», и не в последнюю очередь благодаря личному знакомству с Булгаковым, с которым он работал и учился на юридическом факультете Московского университета. Примерно через восемь месяцев после своей поездки в Россию Кандинский написал Францу Марку о том, что в альманах «Синий всадник» следует включить материалы о новых религиозных веяниях в России: «Мы дадим обзор российского религиозного движения, в котором участвуют все классы. Для этого я привлек своего бывшего коллегу профессора Булгакова (московского специалиста по политической экономии, одного из крупнейших знатоков религиозной жизни)»[24]. Хотя обзор, о ко-

[24] В. В. Кандинский — Ф. Марку, 1 сентября 1911 года. Цит. по: [Lankheit 1974: 17].

тором говорит Кандинский, так и не вошел в окончательную редакцию альманаха «Синий всадник», очевидно, что он считал эти новые религиозные и политические споры важным показателем специфики философского и культурного климата тех лет — климата, влияние которого на творчество и теоретические разработки Кандинского все еще недостаточно изучено.

В числе мыслителей, о которых редко вспоминают в связи с Кандинским, стоит назвать близкого друга, коллегу и товарища Булгакова по теологическим штудиям — богослова П. А. Флоренского. Хотя Кандинский никогда прямо не упоминал Флоренского в своих текстах, взгляды последнего на искусство, духовность и модерность во многом были созвучны идеям Кандинского. В самом деле, Флоренский как философ, ученый и теоретик культуры во многом разделял интересы и устремления Кандинского. Как отмечает Николетта Мислер, в личных библиотеках у Флоренского и Кандинского хранилось много одинаковых литературных, философских и научных текстов, например «Трансцендентальная физика» и «Так называемая философия» Иоганна Карла Фридриха Цёлльнера 1878 года, «Введение в метафизику» Анри Бергсона 1903 года, «Теософия / Введение в сверхчувственное познание мира и назначения человека» Рудольфа Штайнера 1904 года, а также труды химика и спиритуалиста А. М. Бутлерова[25]. Подобно Кандинскому, Флоренский также очень интересовался психофизиологическим воздействием зрительных образов, синтезом различных форм искусства и возможностью трансцендентального гезамткунстверка, или абсолютного произведения искусства. Кроме того, в начале 1910-х годов Флоренский, опять же подобно Кандинскому, был тесно связан с молодыми русскими художниками-авангардистами, такими как Татлин, Л. С. Попова и Н. А. Удальцова, но позднее выступал против того, что представлялось ему безжизненными и механическими формами искусства в конструктивизме и производственном искусстве, и отдавал предпочтение органическим, трансцендентным, «жи-

[25] Zöllner J. K. Z. Die transcendentale Physik und die sogenannte Philosophie; Bergson H. Introduction à la métaphysique; Steiner R. Theosophie: Einführung in übersinnliche Welterkenntnis und Menschenbestimmung [Misler 2002a: 61].

вым» произведениям искусства[26]. Прежде всего, в отличие от молодого поколения художников-авангардистов, и Кандинский, и Флоренский истово верили в духовную, профетическую роль художественного творчества, а не только в его эстетические и утилитарные возможности.

Весьма вероятно, что эти два человека были лично знакомы, поскольку они не только вращались в одних и тех же художественных и общественных кругах, но и были официально связаны с рядом ранних советских культурных, образовательных и исследовательских учреждений, таких как РАХН и ВХУТЕМАС, где они оба читали несколько курсов в 1920–1924 годах[27]. Летом 1921 года Кандинский основал и возглавил отдел психофизики РАХН, который занимался изучением психологического и физического воздействия эстетических впечатлений. Флоренский тоже был связан с этим учреждением на протяжении нескольких лет начиная с 1921 года: вместе с искусствоведом Александром Ларионовым он трудился над составлением «Симболария», академического словаря универсальных символов [Misler 2002a: 24].

Однако, несмотря на то что Кандинский и Флоренский занимались похожими вещами и работали в одних и тех же учреждениях, ни в одном из известных документов нет упоминания об их личном знакомстве. Таким образом, остается лишь догадываться о том, насколько близко они взаимодействовали и существовал ли между ними какой-либо интеллектуальный обмен. Кроме того, поскольку начиная с 1930-х годов советская власть систематически не пропускала большинство сочинений на богословские, религиозные и философские темы, значительная часть широкого круга источников, на которые Кандинский

---

[26] Философ П. С. Попов, брат художницы-авангардистки Л. С. Поповой, в 1912–1914 годах устраивал еженедельные собрания в их московском доме. Среди постоянных посетителей этих собраний были художники А. В. Грищенко, В. Е. Пестель, В. Е. Татлин, Н. А. Удальцова, А. А. Веснин, а также художественные критики, искусствоведы и философы Ф. А. Степун, Б. Н. Терновец, А. К. Топорков, Б. Р. Виппер и П. А. Флоренский.

[27] Кандинский преподавал во ВХУТЕМАСе с 1920 по конец 1921 года, а Флоренский — с 1921 по 1924 год включительно.

опирался в своем раннем художественном творчестве, остается для международной аудитории неизвестной. Так, например, многие теории и идеи Флоренского были вновь открыты лишь в 1960-х годах, а первая англоязычная антология его искусствоведческих очерков была опубликована в 2002 году. В результате нетрадиционные взгляды Флоренского на историю искусства и его особенное понимание роли искусства в двадцатом веке совсем не учитывались в историографии модернизма и, к сожалению, по сей день остаются в значительной мере за пределами рассмотрения. Кроме того, эмиграция художника из Советской России в конце 1921 года и затем, при Сталине, гонения на любое абстрактное искусство привели к тому, что как дореволюционная, так и послереволюционная деятельность Кандинского оказалась в России в значительной степени забыта искусствоведением[28]. В результате теоретическая и эстетическая близость художника Кандинского и ученого Флоренского практически не изучена, хотя несколько исследователей отмечали между ними поразительное сходство в плане художественной философии и в мировоззрении в целом [Бычков 1990: 38; Misler 1996]. Однако, возможно, самой значимой точкой соприкосновения между Флоренским и Кандинским в плане идеологии является их решительно «средневековая», сакрализованная концепция искусства, и в этом отношении они радикально расходятся с идеями как конструктивистского, так и производственного авангарда, а также и протосоциалистического реализма.

Как было показано выше, Кандинский часто соотносил свое творчество с памятниками искусства средневековой Европы и России; также и Флоренский называл себя «человеком Средневековья», который придерживается «средневекового мировоззрения» [Жегин 1994: 99]. Фактически подобно тому, как у Кандинского мотив святого Георгия стал одним из самых заметных иконографических символов, и Флоренский ассоциировал себя с образом средневекового воина, о чем свидетельствуют и два

---

[28] Только в начале 2000-х годов исследователи наконец начали изучать деятельность Кандинского в ранний период и в России после революции. См., например, Experiment. 2002. Vol. 8, № 1; Experiment. 2003. Vol. 9, № 1.

варианта книжного оформления, которые создали для него А. А. Сидоров и В. А. Фаворский, его друзья и коллеги по ВХУТЕМАСу. В обоих вариантах использованы изображения рыцаря в средневековых доспехах, и сердце его пронзает стрела [Misler 2002a: 73–75]. Для Флоренского, как и для Кандинского, Средневековье символизировало чистую, органическую, цельную культуру, где эстетика структурирована коллективным религиозным импульсом, а образы призваны отражать трансцендентальную и объективную истину. В частности, Флоренский в своей философии культуры подразделял всё художественное творчество на две противопоставленные друг другу категории, подчиняющиеся противоположным системам принципов: эмпирическое знание противопоставлено знанию духовному, рациональное познание — интуитивному, физическое видение — духовному, линейная перспектива — обратной, а реалистическая (в трансцендентальном смысле) живопись — иллюзионистической. Как проницательно отметил Дуглас Гринфилд в своем эссе «Флоренский и бинокулярное тело», богослов считал, что «все культуры поочередно обращаются то к средневековому мировоззрению, то к ренессансному, как он их называл». К первой категории он относил эпоху Гомера, древнегреческую культуру и европейское Средневековье, которым «свойственны органичность, объективность, конкретность и целостность» [Greenfield 2010: 198]. Вторая же категория включала в себя минойскую цивилизацию, эпоху архаики, европейское Возрождение и Просвещение, и, наконец, к ней же тяготеет материалистический, позитивистский дух XIX века, который сохранился до тех дней, когда Флоренский писал свои труды.

В своей статье «Обратная перспектива» Флоренский анализирует материалистическую, позитивистскую телеологию, начало которой, по его словам, положили художники эпохи Возрождения, разработавшие «научную» линейную перспективу. Их «кантовские горькие плоды» продолжали расти и процветать в последующие столетия и наибольшего расцвета достигли в советском авангарде, в экспериментах представителей производственного искусства и конструктивистов [Флоренский 2000в:

59]. Согласно теории Флоренского, единство точки зрения, диктуемое линейной перспективой, основано на ложном, искусственном, монокулярном видении, которое навязывается рационалистическим, эмпирическим желанием контролировать и структурировать природу: «“Точка зрения” в перспективе <...> есть попытка индивидуального сознания оторваться от реальности, даже от собственной своей реальности — от тела, от второго глаза» [Флоренский 2000б: 365].

> И все-таки мы видим двумя глазами, а не одним, т. е. сразу с двух точек зрения, а не с одной, как того требует перспективная проекция. Следовательно, образ, складывающийся в нас при действительном зрении, а не отвлеченно утверждаемом в учебниках перспективы, этот образ необходимо представляет собою совмещение по крайней мере двух отдельных, и несовпадающих между собою, по перспективной оценке аспектов [Флоренский 2000а: 252].

В соответствии с этим Флоренский утверждал, что любое искусство, основанное на искусственных правилах, созданных человеком, «ложно» по сути своей и потому не может считаться изобразительным. Такое искусство стремится не «изображать вещи, а воспроизводить их» [Greenfield 2010: 199]. Таким образом, художники-натуралисты и супрематисты в равной мере были «создателями машин» и приносили «форму и организацию пространства» в жертву «объему и вещности» [Флоренский 2000а: 84, 156]. Далее Флоренский развивает эту мысль:

> Сейчас не представляет никакой цены обсуждать, насколько в самом деле удовлетворительно несут свою службу эти и подобные магические машины. Это обсуждение требуется здесь нисколько не более, чем таковое же технических качеств механических машин, изобретенных художником. Хороша или плоха машина, она есть машина, а не изображение [Флоренский 2000а: 156].

И наоборот, средневековые изображения, по мнению Флоренского, были ближе к органическому человеческому видению, синтетическому по своей природе, — именно потому, что они представляли предметы одновременно с разных точек зрения. По большому счету Флоренский был противником беспредметного искусства и часто критиковал художников-авангардистов. Тем не менее многие его идеи были в значительной мере созвучны взглядам Кандинского на художественное творчество и его представлениям о главной, жизнеутверждающей роли художника. На самом деле, поскольку произведения Кандинского начала 1910-х годов не были ни иллюзионистическими, ни в полной мере абстрактными и часто создавались с опорой на иконописные источники, они фактически красноречиво иллюстрировали теоретические разработки Флоренского, а именно его представления об «истинном искусстве» в двадцатом веке. У Флоренского даже встречаются отдельные выражения, напоминающие терминологию Кандинского, особенно там, где речь идет о «вибрациях» — это одно из ключевых понятий в языке художника. В статье «Обратная перспектива» Флоренский высказывает следующую мысль:

> Художник <...> должен и может изобразить свое представление дома, а вовсе не самый дом перенести на полотно. Эту жизнь своего представления, дома ли, или человеческого лица, схватывает он тем, что от разных частей представления берет наиболее яркое, наиболее выразительное, и вместо длящегося во времени психического фейерверка дает неподвижную мозаику отдельных, наиболее разительных его моментов. При созерцании же картины глаз зрителя, последовательно проходя по этим характерным чертам, воспроизводит в духе уже временно-длительный образ играющего и пульсирующего представления, но теперь более интенсивного и более сплоченного, нежели образ от самой вещи, ибо тут яркие разновременно наблюдаемые моменты даны в чистом виде, уже уплотненно, и не требуют затраты психических усилий на выплавку из них шлаков. Как по напетому валику фонографа, скользит острие яснейшего зрения вдоль линий и поверхностей картины с их зарубками, и в каждом месте ее у зрителя возбуждаются соответственные вибрации. Эти-то вибрации и составляют цель художественного произведения [Флоренский 2000в: 97].

Примерно в том же духе высказывается и Кандинский в своей статье «Содержание и форма»:

> Внутренний элемент, взятый отдельно, есть эмоция души художника, которая (подобно материальному музыкальному тону одного инструмента, заставляющему конвибрировать соответствующий музыкальный тон другого) вызывает соответственную душевную вибрацию другого человека, воспринимателя. <...>
> В искусстве форма определяется неизменно содержанием. И только та форма правильна, которая выражает, материализует соответственно содержание. Всякие побочные соображения и среди них первое, а именно соответствие формы так называемой «природе», т. е. природе внешней, несущественны и вредны, так как они отвлекают от единственной задачи формы — воплощения содержания. Форма есть материальное выражение абстрактного содержания. Поэтому качество художественного произведения может быть оценено вполне только автором его: только ему дано видеть, соответствует ли и насколько найденная им форма содержанию, повелительно требующему воплощения. <...> Таким образом, форма произведения определяется по существу его внутренней необходимостью [Кандинский 2001: 84].

Кроме того, понятие «скрытой конструкции» у Кандинского соответствовало пониманию у Флоренского плоскости изображения как динамического «поля», в котором «созерцатель и созерцаемое, взаимодействуя, составляют некое динамическое единство» [Misler 2002a: 82]. Для Флоренского двумерность живописного полотна имеет решающее значение, поскольку она создает автономную виртуальную плоскость, которая функционирует как идеальный «экран», осуществляющий связь между зрителем и высшей реальностью. Эта идея восходит к концепции древнерусского иконостаса, рассматривавшегося как пористая поверхность, через которую земное человеческое пространство сообщается с Небесным Царством Бога, Христа и святых. Таким образом, поверхность изображения представлялась не «статической», неподвижной сущностью, а скорее динамическим локусом триангуляции между художником, зрителем и духовной реальностью. Отвергая изобразительную поверхность, конструктивисты и производственники ограничивали себя «вещью как таковой», они избегали любой возможности выхода в трансцендентальное и создавали произведения в духе «художественного нигилизма», на котором «человечеству <...> долго не продержаться» [Флоренский 2000а: 155].

По словам Флоренского, в результате своего позитивистского, материалистического подхода эти художники свели искусство к простой инженерии и таким образом продолжили дело художников-рационалистов, поборников ренессансного подхода и линейной перспективы [Флоренский 2000а: 126–128]. Принимая антизападную позицию авторов сборника «Вехи», Флоренский утверждал, что аналитический научный подход к художественному творчеству чужд русскому художественному сознанию и навязан ему внешним влиянием, возникшим во времена Петра Великого и противоречащим коллективной, исконной, живой иконописной традиции. Дуглас Гринфилд убедительно показывает, каким образом Флоренский проецировал эту концептуальную метафору бесплодного, рационалистического западного подхода, основанного на законах перспективы и противостоящего творческому, плодотворному, антиперспективному восточному подходу, на оппозицию двух городов — Санкт-Петербурга и Москвы:

> Западнически настроенный царь Петр I стоит и обводит взглядом болото и лес, через которые он прорубит геометрически правильную, четкую сеть улиц своей столицы. <...> Западные инженеры и архитекторы спроектировали город Петра в соответствии с правилами классической перспективы и симметрии.
>
> В самом деле, Санкт-Петербург — это своего рода окно Альберти, где строго выдержано соотношение ширины улицы к высоте зданий 2:1 или 4:1, а фасады оформлены в западном стиле. Этот «царь и законодатель», как Флоренский, по всей видимости, именует художника, применяющего законы линейной перспективы, проецирует готовую карту на пейзаж, глядя на него со своей внешней, неподвижной позиции, со стороны [Greenfield 2010: 197–198].

Москву же и особенно Троице-Сергиеву лавру, расположенную недалеко от города, Флоренский, напротив, рассматривал как историческую родину духовной, интеллектуальной и художественной российской культуры: «...Лавра и есть осуществление или явление русской идеи... <...> Ведь только тут, у ноуменального центра России, живешь в столице русской культуры...» [Флоренский 1996в: 353].

> Русская иконопись нить своего предания ведет к иконописной Лаврской школе. Русская архитектура на протяжении всех веков делает сюда, в Лавру, лучшие свои вклады, так что Лавра — подлинный исторический музей русской архитектуры. Русская книга, русская литература, вообще русское просвещение основное свое питание получали всегда от просветительской деятельности, сгущавшейся в Лавре и около Лавры [Флоренский 1996в: 366].

Один город олицетворял мертвящий, формализующий дух рационализма, а в другом хранился ключ к культурному и духовному возрождению России. Таким образом, Гринфилд проницательно заключает: «Петр, мыслящий по законам перспективы, видит не живую реальность, а готовую схему <...>, <между тем как> иконописец Флоренского, орудуя топором, пробивает окно обратно на славянский Восток, в Град Божий, явленный в православном Откровении» [Greenfield 2010: 198].

Показательно, что Кандинский, как и Флоренский, считал Москву (а не Санкт-Петербург) своим «живописным камертоном» [Кандинский 1918: 56]. Он не только выразил свое уважение к этому городу в нескольких картинах, таких как «Женщина в Москве» (1912), «Kleine Freuden»[29] (1913) и «Москва I» (1916), но также связывал с ним несколько своих самых важных интеллектуальных и эстетических переживаний[30]:

> Моя мать-москвичка — соединяющая в себе все свойства, составляющие, в моих глазах всю сущность самой Москвы; выдающаяся внешняя, глубоко серьезная и строгая красота,

[29] Маленькие радости (*нем.*).

[30] См. [Werenskiold 1989].

> родовитая простота, неисчерпаемая энергия, оригинально сплетенное из нервности и величественного спокойствия и самообладания соединение традиционности и истинной свободы. Москва: двойственность, сложность, высшая степень подвижности, столкновение и путаница отдельных элементов внешности, в последнем следствии представляющей собой беспримерно своеобразно единый облик, те же свойства во внутренней жизни, спутывающие чуждого наблюдателя (отсюда и многообразные, противоречивые отзывы иностранцев о Москве), но все же в последнем следствии — жизни, такой же своеобразно-единой. Эту внешнюю и внутреннюю Москву я считаю исходной точкой моих исканий. Она — мой живописный камертон. Мне кажется, что это всегда так и было и что благодаря — с течением времени приобретенным — внешним формальным средствам я писал все ту же «натуру», но лишь форма моя совершенствовалась в своей большей существенности и большей выразительности [Кандинский 1918: 55–56].

Кандинский утверждал, что именно «в московских церквях и особенно в Успенском соборе» он впервые испытал синестетическое воздействие художественного выражения. По его словам, пребывание внутри средневековой церкви было подобно пребыванию в пробуждающем сразу все чувства трехмерном произведении искусства, и он продолжал изучать психофизиологическое воздействие синестезии на человеческое восприятие и в ИНХУКе, и в РАХНе. В ИНХУКе Кандинский создал и возглавил секцию монументального искусства, которая занималась исследованием взаимосвязей разных видов искусства и их обьединенного влияния как единой совокупной эстетической среды.

Флоренский, в свою очередь, утверждал, что православная литургия производит совершенно синестетическое воздействие, сочетая в себе образы, движения, свет, звуки и запахи. Он считал, что монастырь — это древний образец гезамткунстверка, на примере которого современные художники-авангардисты могли бы многому научиться. В своих статьях «Троице-Сергиева Лавра и Россия» и «Церковный ритуал как синтез искусств» Флоренский представлял Троице-Сергиеву лавру как священный очаг обновленной средневековой культуры, Третий Рим или обетованный Иерусалим, каким он был прежде, в Средневековье. Здесь возникнет единое сообщество художников и ученых в «явленной исторически попытке осуществить верховный синтез искусств, о котором столько мечтает новейшая эстетика». Этот «Дом святого Сергия», как назвал его Флоренский, будет функционировать как «своего рода опытная станция и лаборатория для изучения существеннейших проблем современной эстетики, отчасти подобная, например, современным Афинам», где теоретические рассуждения и художественное творчество объединятся для решения некоторых важнейших философских, духовных и нравственных проблем современности [Флоренский 1996в: 371]. Несколькими годами ранее подобную же мысль сформулировал и Кандинский: он утверждал, что

> великая эпоха Духовности даст и дает ту почву, на которой такое монументальное произведение [гезамткунстверк] и должно созреть. Как перед одним из величайших сражений с материей во всех областях духа, уже нынче идет великий пересмотр ценностей. <...> То же происходит и в одной из величайших областей духа, в предвечном и вечном искусстве [Кандинский 2001: 85].

В своем стремлении к гезамткунстверку, со свойственной ему тягой к искуплению и «средневековым» видением, Кандинский несомненно был бы желанным гостем у Флоренского в «Доме святого Сергия», если бы события Октярьской революции не приняли такой оборот.

Учитывая склонность Кандинского к духовности и трансцендентальности в сочетании с мессианским подходом к искусству, неудивительно, что молодое поколение художников-авангардистов вскоре отвергло его, в том числе Родченко, Эль Лисицкий, Татлин, Л. С. Попова и В. Ф. Степанова: они считали его «мистицизм» и склонность к символизму неуместными в ИНХУКе и ВХУТЕМАСе. Конструктивисты и сторонники производственного искусства выступали за новый материалистический, рационалистический и обезличенный подход к художественному творчеству и яростно отвергали любых художников и мыслителей, которые в своих теоретических и эстетических разработках хранили верность дореволюционным идеалам. В 1920 году Родченко, как известно, заявил, что «искусство — раздел математики, как и все науки <...> [и] будущее не построит монастырей для попов, пророков и жрецов искусства» [Rodchenko 2003: 340]. Жена Родченко, Варвара Степанова, в том же году отметила в своем дневнике, что решила вместе с несколькими своими коллегами по ИНХУКу открыто противостоять Кандинскому, положить начало «схизме» и «создать особую группу для объективного анализа, от которого Кандинский <...> бежит, как черт от ладана»[31].

Как указывает Николетта Мислер, подобные нападки со стороны этой группы художников были направлены и против «мистика» Флоренского, которого неоднократно обвиняли в «подрыве целостности ВХУТЕМАСа и его “развале”» [Misler 2002a: 79]. В качестве примера можно вспомнить заявление 1923 года, опубликованное производственниками в журнале «Леф»; авторы заявления в скрытой форме критиковали Флоренского и его последователей за «производственный мистицизм»:

> Среди прикладников образовалась любопытная подгруппа — «производственных мистиков» (Павлинов, Фаворский и поп Флоренский). Эта небольшая компания объявила войну всем группам и только себя считает подлинными художниками производственного искусства. Водятся они на графическом факультете и талмудят учащимся голову проблемами вроде: «Духовный смысл буквенной фигуры» или «Борьба белой и черной стихий в графике» [ВХУТЕМАС 1923].

Эта полемика ясно дает понять, что «духовный» этос и эстетические теории Кандинского и Флоренского не были ни маргинальными, ни устаревшими и привлекали достаточно много последователей в конце 1910-х и в начале 1920-х годов — иначе

---

[31] Дневник В. Ф. Степановой (1920). Цит. по: [Gough 2005: 31–32].

бы они не спровоцировали столь яростные нападки со стороны художественных группировок, считавших эти идеи вполне популярными и видевших в них угрозу для собственных начинаний.

Тем не менее историография модернизма скорее отдавала предпочтение «авангардному» радикализму конструктивистов и производственников в ущерб этим альтернативным и якобы «отсталым» подходам к модернистскому искусству. Живучесть формалистской методологии в духе Гринберга и ее господство вплоть до второй половины XX века, как и упорный секуляризм модернистского дискурса, вели к тому, что эти альтернативные концепции искусства и его роли в двадцатом веке на протяжении нескольких десятилетий отодвигались на дальний план. В настоящей главе я попыталась проблематизировать эти доминирующие представления и показать, что многие идеи и концепции Кандинского родились из более широкого философского и религиозного движения, охватившего в первое десятилетие XX века всю Россию и существовавшего вплоть до 1920-х годов. В случае Кандинского, как и в случае Врубеля, возрождение старого искусства, эксперименты, историзм и авангардизм не были взаимоисключающими категориями, а, напротив, взаимно обогащали друг друга, и это заставляет усомниться в справедливости господствующих представлений о том, что самые крупные деятели модернизма решительнее других освободились от наследия прошлого и от его священных и духовных традиций.

Глава 5
К созданию новой иконы
Малевич, Татлин и культ беспредметности

19 декабря 1915 года музейная публика Санкт-Петербурга (который в 1914–1924 годах стал называться Петроградом) была возмущена произведениями искусства, представленными на «Последней футуристической выставке картин “0,10”», открывшейся в «Художественном бюро» Н. Е. Добычиной[1]. Один из критиков сообщал, что «описывать эту чушь нет смысла. Довольно сказать, что нахальство г.г. экспонентов не знает границ»[2]. В другом обзоре утверждалось, что художники и организаторы, вне всяких сомнений, «кончат плохо. На стенах... висят грани человеческой морали, дальше которых начинаются грабеж, убийства, разбои и дорога на каторгу»[3]. Столь крайняя степень критического негодования свидетельствует о небывалой новизне

---

1 «Последняя футуристическая выставка картин “0,10”» открылась 19 декабря 1915 года и действовала до 19 января 1916 года. Она проходила в частной художественной галерее, которая принадлежала Н. Е. Добычиной и находилась в Санкт-Петербурге, в доме Адамини, построенном в XIX веке. На выставке было представлено 155 работ К. С. Малевича, В. Е. Татлина, Л. С. Поповой, О. В. Розановой, Н. А. Удальцовой, К. Л. Богуславской, И. А. Пуни, И. В. Клюна, В. В. Каменского, Н. А. Альтмана, В. Е. Пестель, М. И. Менькова, М. И. Васильевой и А. М. Кирилловой. Подробнее о выставке «0,10» см. [Boersma 1994; Стригалев 2001; Shatskikh 2012: 101–123; Drutt 2015].

2 Б. Г. Выставка «ноль-десять» // Вечер. Пг. 1916 20 января.

3 Чернова В. 0,10 (Футуристическая выставка) // Голос Руси. 1916. № 728. 21 января. С. 3.

произведений искусства, представленных на выставке «0,10». Позднее ее стали считать «одной из десяти самых важных выставок XX века» [Shatskikh 2012: 101]. Она не только изменила направление развития современного искусства в России, но и дала жизнь совершенно новому типу художественного сознания, под влиянием которого сформировались несколько поколений художников по всему миру.

Таким образом, по точному замечанию В. И. Ракитина, выставка «0,10» в равной мере предвещала наступление новой эпохи и ознаменовала собой «конец целой эры» [Rakitin 1992: 32]. Она прошла всего два года спустя после выставки древнерусского искусства 1913 года и не случайно затронула многие эстетические и смысловые вопросы, определявшие художественный ландшафт дореволюционной России, — именно поэтому ее и назвали «последней» футуристической выставкой[4]. Если выставка 1913 года заставила публику увидеть художественное прошлое России в совершенно новом свете, то «0,10» предложила русскому искусству совершенно новую систему перспективных художественных парадигм. Также стоит помнить, что менее чем в одном километре от «Художественного бюро Н. Е. Добычиной» находился Русский музей, где годом ранее открылась коллекция недавно отреставрированных произведений средневекового искусства, которую критики описывали не иначе как «храм новых художественных откровений для [современных] художников», откуда последним следует «черпать вдохновение», чтобы «творить новое» [Сычев 1916: 7; Баснер 1995: 33].

Представляется, что целый ряд молодых художников — участников «0,10» прислушались к подобным критическим выступлениям и сознательно вступили в диалог с иконописной традицией и связанным с нею дискурсом. Следуя наставлениям теоретиков, таких как Пунин и Тарабукин, они обращались к иконе как к он-

---

[4] В большинстве англоязычных исследований название «Последняя футуристическая выставка картин» переводилось буквально: как «The Last Futurist Exhibition of Painting». Однако важно отметить, что в русском языке слово «последний» может быть переведено, с одной стороны, как «самый последний в ряду» или «итоговый», а с другой — как «самый недавний» или «новейший».

Рис. 48. Казимир Малевич. Черный квадрат. 1915. Холст, масло. 79,5 × 79,5 см. Государственная Третьяковская галерея (Москва)

тологической и философской модели для переосмысления «концепции искусства» и выхода за пределы чисто «формальных качеств», чтобы отразить всю «широту и глубину [новаторского] мировоззрения» [Пунин 1913д: 46; Тарабукин 1999: 43]. Например, Малевич, как известно, поместил свое эпохальное произведение, «Черный квадрат» (рис. 48), в углу галереи, прямо под потолком, копируя сакральное расположение икон в русской избе (рис. 49). Бенуа, составляя отзыв на выставку, сразу же понял, что творение

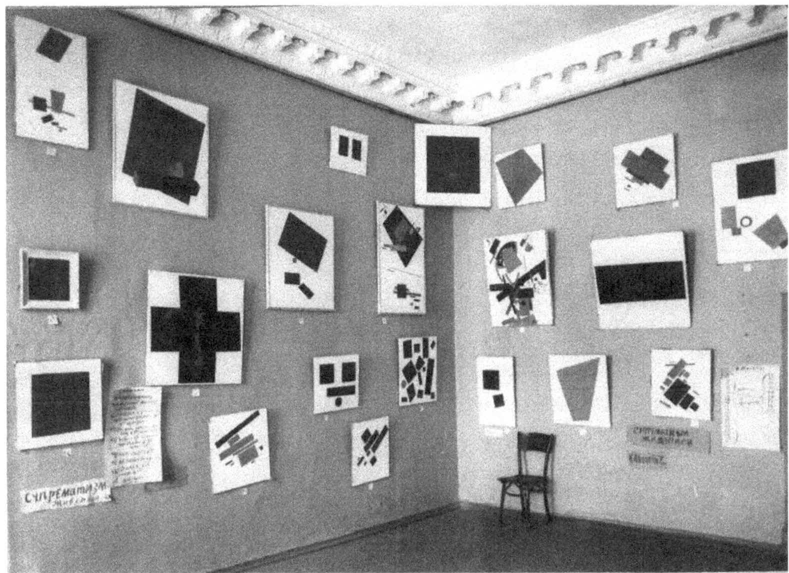

Рис. 49. Последняя футуристическая выставка картин «0,10» (ноль-десять). Художественное бюро, Петроград. Декабрь 1915 — январь 1916. Фотоателье К. Буллы. Частная коллекция

Малевича — «несомненно икона» [Бенуа 1916][5]. В данном случае критик подразумевал скорее концептуальную параллель, чем формальное сходство, поскольку «Черный квадрат» по аналогии воспринял совершенную целостность иконы как «нулевую форму». Более того, выполненные Малевичем позднее копии «Черного квадрата», а также безудержное воспроизведение его в миниатюре на тарелках, чашках, блюдцах, одежде и архитектурных макетах лишь укрепили претензии картины на иконоподобие, поскольку она стала чем-то вроде «священного» прототипа.

Любопытно, что подобный же знаменательный жест со стороны Татлина, по всей видимости, остался практически не замеченным ни широкой публикой, ни влиятельными критиками,

[5] Цит. по: [Малевич 2004а, 2: 524].

за исключением Пунина, давнего друга художника и горячего поклонника его творчества. В «Угловых контррельефах» Татлина (рис. 50) никто не видел «пространственные иконы», и только Пунин утверждал, что парадигматический сдвиг Татлина в сторону трехмерности был во многом основан на традиции иконописи — и в плане ее материальной неоднородности, и в плане концептуального перехода от изобразительного пространства к реальному [Пунин 1921][6]. «Угловые контррельефы» Татлина представляли собой вовсе не эстетические размышления о некоей воспринимаемой реальности и не изображения этой реальности — то были самодостаточные и абстрактные «презентации» различных материалов, подобно тому как иконы были физическими манифестациями метафизической реальности, а не просто ее символическими или иллюзионистическими интерпретациями.

Однако после 1917 года новое поколение художников стало отходить от подобного настойчивого исследования структуры, сущности и значения отдельных произведений искусства в условиях современности, склоняясь к вопросам более прагматичным, индустриальным и «производственным», которые в конечном счете оказались ведущими в советском искусстве 1920-х годов. Соответственно, в этой заключительной главе «Последняя футуристическая выставка картин “0,10”» рассматривается как завершающая инстанция реализации идей русско-византийского возрождения, где икона и в прямом, и в переносном смысле использовалась для концептуальной перестройки художественного языка модернизма. В частности, здесь подробно рассматривается вопрос о том, как рассуждения историков об иконописи повлияли на создание и восприятие «угловых контррельефов» Татлина и «Черного квадрата» Малевича и породили огромное множество разнообразных смыслов, из которых далеко не все были намеренно вложены в эти произведения авторами. В самом деле, попытки Татлина и Малевича создать авангардные вариан-

---

[6] См. также недавнее переиздание [Пунин 1994]. См. также адаптированное издание на английском языке [Zhadova 1988: 347–393].

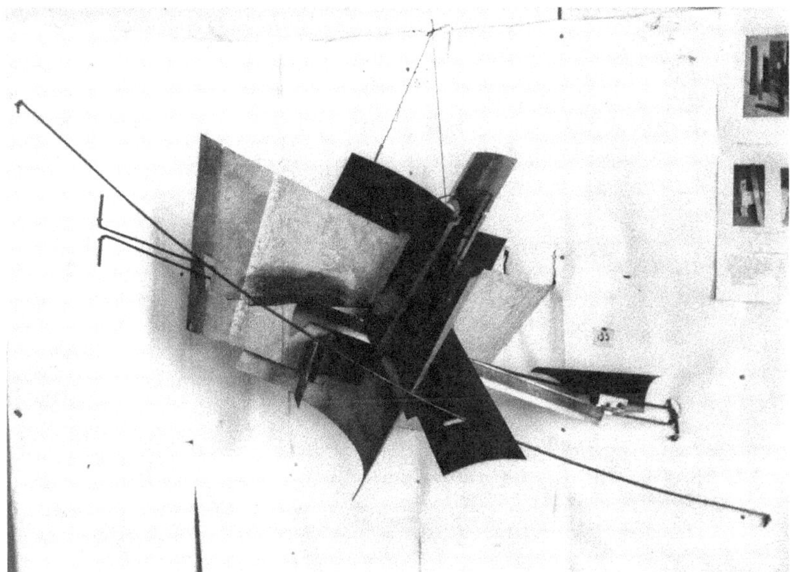

Рис. 50. В. Е. Татлин. Угловой контррельеф. 1914–1915. Железо, алюминий, краска. Размеры неизвестны. Местонахождение неизвестно. В экспозиции «Последней футуристической выставки картин “0,10” (Ноль-десять)». Художественное бюро, Петроград. Декабрь 1915 — январь 1916. Фотоателье Карла Буллы

ты икон оказались, пожалуй, самыми известными из множества вариаций в непрекращающемся диалоге, начатом несколькими десятилетиями ранее. Названные работы поражают зрителя и выделяются из ряда прочих прежде всего тем, как в них переосмыслено соотношение духовного и светского, сакрального и профанного, объективного и субъективного. Как убедительно показали Бисера Пенчева и А. М. Лидов в своих недавно опубликованных работах по византийскому и древнерусскому искусству, иконы не были «плоскими и неподвижными <...> застывшими образами и дискретными объектами»; напротив, они давали импульс к «изменению воздействия явлений», определяли единство «визуальных впечатлений» и обладали способностью «превращать зрителя из наблюдателя в участника, делая его причастным божественному» [Лидов 2009: 7; Pentcheva 2010: 2–3]. Таким образом, иконы составляли «образы-парадигмы», которые «позволяли структурировать пространство» и пробуждали в сознании зрителей целый ряд «литературных и символических смыслов и ассоциаций» [Лидов 2009: 25; Pentcheva 2010: 8]. Пенчева формулирует провокационный вывод о том, что «произведения византийского искусства возникают как преждевременно модернистские явления <...> где предмет изображения театрализован, где взаимодействие между субъектом и объектом создает эффект живого присутствия» [Pentcheva 2010: 210].

Соответственно, в этой заключительной главе я покажу, что именно византийский феномен «мнимого присутствия» и «образа как осуществления» Татлин и Малевич столь успешно использовали в своих «иконах» [Pentcheva 2010: 205, 210].

Чем так важен угол? Исторический конфликт между Малевичем и Татлиным

Как неоднократно отмечалось, выставка «0,10» ознаменовала собой рождение двух важнейших направлений в искусстве и «-измов» в современом искусстве: супрематизма и конструктивизма [Стригалев 2001: 12; Boersma 1994: 74; Chlenova 2012][7]. В некоторой мере эту выставку можно даже рассматривать как персональное «поле боя» между Татлиным и Малевичем и их

---

[7] Шатских отмечает, что Татлин уже выставлял свои «живописные рельефы» полутора годами ранее, на выставке «Трамвай В», и что созданные этим художником объемные конструкции не породили «в русском авангарде отдельного и целостного направления в жанре “контррельефа”». Однако в то же время она признает, что рельефы Татлина «послужили отправной точкой на пути к конструктивизму» [Shatskikh 2012: 104]. Действительно, сам Татлин впоследствии утверждал, что стал «основателем конструктивизма», и, хотя, безусловно, его творчество значительно отличается от исканий участников объединения «Обмоху», таких как Родченко, К. В. Иогансон, Г. А. и В. А. Стенберги, переход Татлина к созданию трехмерных конструкций и использованию промышленных материалов тем не менее оказал существенное влияние на поздних конструктивистов.

конкурирующими концепциями модернистского искусства[8]. Эту мысль ясно выразили уже некоторые современники этих художников. Б. И. Арватов, разработавший теорию производственного искусства, противопоставлял «материализм» Татлина «идеализму» Малевича [Арватов 1922: 9]; Пунин же утверждал, что Татлин и Малевич имели общую «особую судьбу»:

> Сколько я их помню, они всегда делили между собою мир: и землю, и небо, и междупланетное пространство, устанавливая всюду сферу своего влияния. Татлин обычно закреплял за собой землю, пытаясь столкнуть Малевича в небо за беспредметность; Малевич, не отказываясь от планет, землю не уступал, справедливо полагая, что и она планета и, следовательно, может быть беспредметной... Это был перманентный конфликт и вечное соперничество [Пунин 1999][9].

Точно так же И. В. Клюн вспоминал о Малевиче: «У них с Татлиным была непримиримая вражда, потому что Татлин тоже тщеславен и тоже не мог быть на втором месте; они даже избегали встречи друг с другом» [Клюн 1999: 139]. Хотя оба художника прежде несколько раз принимали участие в одних и тех же выставках и, казалось, до выставки «0,10» находились отчасти даже в дружеских отношениях, накануне и во время этого мероприятия их соперничество усугубилось, между ними усилились подозрительность и враждебность[10]. По сообщению Веры Пестель,

---

8 См. [Стригалев 2001: 12–24; Шатских 2009: 103–120; Boersma 1994: 38, 50–51; Дуглас 1993].

9 Цит. по: [Малевич 2004a, 2: 147].

10 Татлин и Малевич оба представляли свои работы на следующих выставках: выставка картин общества художников «Союз молодежи» в Санкт-Петербурге (1911); выставка картин общества художников «Союз молодежи» в Санкт-Петербурге (1912); выставка картин группы художников «Ослиный хвост» в Москве (1912); выставка картин «Современная живопись» в Москве (1912–1913); выставка картин общества художников «Союз молодежи» в Санкт-Петербурге (1913–1914); вторая выставка картин «Свободное искусство» в Москве (1913–1914); выставка картин «Художники — товарищам воинам» в Москве (1914–1915); выставка картин Московского общества

в мастерской Татлина всегда были опущены шторы: «Татлин даже днем не подымает их, так как боится Малевича, который может пройти по Грибоедовскому переулку и увидеть в окно [угловые контррельефы]» [Пестель 2004: 246]. По словам биографа Татлина А. А. Стригалева, однажды художник даже дошел до того, что уничтожил несколько своих работ, чтобы Малевич их не увидел[11]. Малевич в свою очередь пытался дискредитировать Татлина и оспорить оригинальность его угловых контррельефов, утверждая, что они прямое порождение кубизма:

> Для отличия своих материальных подборов от подборов Пикассо художник Татлин назвал их «контр-рельефами». Хоть для нас это название в данном случае дела не меняет, ибо от него ничего существенного не произошло в построении, напротив, они (эти подборы) стали настолько близкими к работам Пикассо, что отличить работы Пикассо от работ Татлина сумеет не каждый. Поэтому, сравнивая рельеф Пикассо с «контр-рельефом» Татлина, мы видим, что общая структура их одинакова, также и фактура, а контрастное сравнение не намного отличается своей остротой. «Рельеф» [«Натюрморт»] Пикассо № 67 острее разноцветностью контрастных элементов и в целом более достоверен. «Контр-рельеф» Татлина № 64 более плоский, хотя и была установка на пространство и контраст, — он стоит близко к № 63 [Малевич 1998: 199].

Если верить свидетельствам современников, то получается, что непосредственно перед открытием выставки «0,10» напряженность в отношениях между двумя художниками достигла такого накала, что Татлин решительно отказался выставлять свои работы в одном помещении с работами Малевича и их взаимные враждебные чувства в конечном итоге вылились в легендарную

художниц «Художницы — жертвам войны» в Москве (1914–1915); выставка памятников русского театра из собрания Л. И. Жевержеева в Петрограде (1915). Кроме того, существует фотография 1914 года, на которой оба художника вместе сидят в загородном доме Малевича, на его даче в Немчиновке.

11 Цит. по: [Zhadova 1988: 42n105].

драку[12]. Несколько исследователей высказывали предположение о том, что, возможно, этот конфликт спровоцировал Малевич, когда поместил свой «Черный квадрат» в углу, а не на стене: ведь этот ход первым придумал именно Татлин — для своих «Угловых контррельефов»[13]. И действительно, на выставке «0,10» больше ни одна картина Малевича, кроме «Черного квадрата», не висела в углу. И наоборот, для татлинских рельефов угловая развеска была стандартным приемом, предусмотренным самой их структурой и закрепленным в названии.

Чем же так важна угловая развеска и почему она привела к столь жестокому, вплоть до рукоприкладства, противостоянию между двумя художниками? Я полагаю, что в данном случае на кону было создание новой художественной парадигмы, знаменитой «авангардной иконы», в рамках которой русско-византийская изобразительная традиция намеренно возрождалась как уникальное национальное и, что гораздо важнее, совершенно «оригинальное» беспредметное искусство. Я намеренно заключаю слово «оригинальное» в кавычки, потому что к 1915 году установка на оригинальность стала господствующей в русском искусстве. Как отмечает Джейн Шарп, быстрая смена различных «-измов» в предыдущие годы привела к возникновению у русских художников напряженного «тревожного предвосхищения» [Sharp 1992: 49]. Прежде всего, деятели вроде Татлина и Малевича не желали, чтобы их заклеймили как «эпигонов» западных собратьев по цеху, механически подражающих современным француз-

---

12 Рассказ современницы о напряженной атмосфере, в которой проходила выставка «0,10», см. в [Stepanova 2015: 172–174]. Также см. [Vejdle 2015: 155; Douglas 1991: 56].

13 Стригалев, Бёрсма и Алан Бирнхольц полагают, что этот общий интерес к угловой композиции одновременно спровоцировал и обострил скрытое соперничество между двумя художниками. См. [Boersma 1994: 67–69; Strigalev, Harten 1993: 250n352; Birnholz 1977: 105]. Между тем Шатских оспаривает эту гипотезу, утверждая, что Татлин поместил в экспозиции свои «Угловые контррельефы» всего за несколько часов до открытия выставки, когда все работы Малевича, включая «Черный квадрат», уже висели на своих местах. См. [Shatskikh 2012: 108–109].

ским мастерам. Оба этих художника были хорошо знакомы с новейшими парижскими веяниями и, в порядке эксперимента, пользовались в своих произведениях некоторыми живописными приемами фовистов и кубистов. Икона же, напротив, давала им «аутентичную» точку опоры, исключительно «русскую» предшествующую изобразительную традицию, отличающую Малевича и Татлина от Пикассо и Матисса[14]. Таким образом, очевидная связь и отсылка к иконе в экспозиции выставки «0,10» позволили Малевичу и Татлину претендовать на особую, «туземную» генеалогию и заявить об истинной «новизне» и «беспрецедентности» своих произведений в мире модернистского искусства, «в котором царили соперничество, стилевая эклектика и настоящее социальное и экономическое неравенство» [Sharp 1992: 49]. В результате угловое расположение произведений в экспозиции оказалось важнейшим полемическим заявлением, говорящим о «русскости» и «оригинальности»[15].

В своей основополагающей работе «Русская икона», вышедшей в свет в 1927 году, Кондаков проследил историю традиции «красного угла» — «святого», или «красивого» угла, в котором было принято вешать иконы, — в русских домах вплоть до XVI века:

> Рост количества икон был связан с традицией иметь в каждом доме молельню — как правило, несколько застекленных киотов, заполненных иконами, которые помещались в так называемом «красном углу» приемной или обеденной комнаты. Люди побогаче отводили для молельни отдельную комнату, размещая в ней иконы рядами. Перед иконами располагались полки для ламп. <...> Естественно, еще больше украшались моленные иконы, находящиеся в частных домах: они являли собой не только символы или знаки, а нечто вроде охранителей домашнего очага от злых духов

---

14 Любопытно, что в начале 1910-х годов под влиянием Мэтью Стюарта Причарда Матисс стал всё больше увлекаться византийским искусством, в котором усматривал предвестие эстетики модернизма. См. [Nelson 2015: 24–28; Antliff 1999].

15 Более подробный анализ многочисленных смыслов, заложенных в угловом размещении произведения искусства, см. в [Birnholz 1977].

> и вторжения дьявола. На иконах изображались мученик св. Нисетас, победитель злых духов; борец с огненной геенной, Илья Пророк и его вознесение на огненной колеснице, Богоматерь Неопалимая Купина; св. Влас, отводящий падеж скота; Пантелеймон, избавляющий от хвори; св. Христофор, уберегающий от внезапной смерти. Также были иконы для защиты от тлетворных ветров, от озёба, от трясавицы, от находа зверей ядовитых, от врагов и мшиц комаров [Кондаков 2009б: 47–48].

Шервин Симмонс считает, что эта традиция сложилась гораздо раньше XVI века, и находит ее истоки в византийской легенде VI века о чудесном исцелении Авгаря, царя Эдессы, с помощью Мандилионома — нерукотворного изображения Христа, ставшего прообразом всех иконописных изображений[16]. Согласно одному из вариантов этого сюжета, царь был болен проказой, но исцелился мгновенно, едва прикоснувшись к платку, которым Христос вытер себе лицо и на котором отпечатался его божественный лик. В знак благодарности и обращения в новую, христианскую веру Авгарь низвергнул в своем городе древних языческих идолов, а Спаса Нерукотворного поместил на самом видном месте, с угла, на городской стене[17]. Вне зависимости от происхождения и точной генеалогии этого старинного обычая важно отметить, что в начале XX века для большинства посетителей выставки «0,10», в том числе для Бенуа, произведение искусства, помещенное на видном месте в углу комнаты, безусловно ассоциировалось с иконой или священным образом. Кроме того, в контексте эстетической полемики, сопровождавшей Второй всероссийский съезд художников 1912 года, выставку

---

[16] Поскольку образ Спаса Нерукотворного считался буквально «нерукотворным», то есть «не созданным человеческими руками», он рассматривался не только как прямое воплощение Божества, архетипическое представление Христа, но и как свидетельство божественной природы иконописи в целом. См. [Simmons 1978: 129].

[17] См. также более поздние работы, посвященные анализу эдесской легенды и истории происхождения Нерукотворного Спаса в православной традиции: [Cameron 1983; Лидов 2005; Lidov 2009].

древнерусского искусства 1913 года и открытие секции древнерусского искусства в Русском музее 1914 года, Малевич и Татлин, в результате своего радикального переосмысления иконы, оказались в 1915 году в авангарде «нового художественного сознания в России», о рождении которого двумя годами ранее объявил С. К. Маковский.

На самом деле и Татлин, и Малевич с самого начала своего творческого пути проявляли интерес к иконописи[18]. Несколько сохранившихся рисунков, выполненных коллегами Малевича по Художественному училищу Федора Рерберга, в частности карикатура Н. Н. Голощапова на Малевича под названием «Редкая птица» (1908–1909) и пародия Л. В. Зака на картину Малевича (1908–1909), в сатирическом ключе представляют увлечение художника религиозной тематикой, которое было свойственно ему в студенческие годы, когда он жил в Москве[19]. На первом рисунке Малевич изображен в профиль и с нимбом вокруг головы, а на втором представлены пять фигур в нимбах, за длинным столом, еще две крылатые фигуры стоят по бокам, и вся композиция явно отсылает к сюжету Тайной вечери. Кроме того, в период с 1907 по 1908 год Малевич создал серию эскизов для фресок на несколько религиозных тем, в том числе «Триумф неба» (1907), «Молитва» (1907), «Успение святого» (1908) и «Положение во гроб» (1908)[20]. По сей день не было обнаружено свидетельств ни одного заказа или проекта, для выполнения которых Малевичу потребовались бы эскизы фресок. Подобно врубелевским эскизам для Владимирского собора, эти произведения Малевича представляются «чистым творчеством», вдохновленным многочисленными реставрационными работами и произведениями в духе ревивализма, рядом с которыми прошла киевская юность Малевича [Гомберг-Верж-

---

[18] О настойчивых обращениях Малевича к христианской иконографии см. [Маркадэ 2000]. Об интересе Татлина к русско-византийскому искусству см. [Стригалев 1993].

[19] О деятельности Малевича в Художественном училище Федора Рерберга см. [Bowlt 2007].

[20] Подробный анализ этих работ см. в [Mudrak 2015].

бинская и др. 1976: 49]. Здесь молодой Малевич видел недавно отреставрированные мозаики и фрески Софийского собора, Кирилловской церкви и Михайловского Златоверхого монастыря, а также едва построенный Владимирский собор. В автобиографии художник вспоминал, что очень полюбил искусство и культуру Киева и что эта любовь оказала большое влияние на его творчество [Малевич 2004a, 1: 22]. Он даже рассказал один случай из детства, когда он отправился посмотреть на «самых знаменитых художников», которые были «выписаны из Петербурга <...> для писания икон в соборе» [Малевич 2004a, 1: 22].

В своем цикле фресок, который обычно называют «Желтой серией», Малевич существенно отступает от стилистического и иконографического канона традиционных православных образов, так что в конечном счете его работы имеют больше общего с русским символизмом рубежа веков, чем со средневековым русско-византийским искусством. Тем не менее он все же использовал в этих работах некоторые особенности, свойственные иконам. Так, например, вместо масляных красок он использовал темперу и гуашь, а в палитре преобладают оттенки охры и киновари, так что вспоминаются золотые фоны и землистые тона мозаичных и переносных икон. Точно так же на «Автопортрете» (1907) (цв. илл. 10) из той же серии художник поместил вертикальную надпись красными буквами, представляющую его имя, — явная отсылка к надписям на иконах. Кроме того, как отмечает Мирослава Мудрак, на тематическом уровне в этом цикле фресок представлен в основном мир сверхъестественного и потустороннего, так что формируется «единый смысл, связывающий темы творения, жертвоприношения, воскресения и искупления». Таким образом, Малевич здесь решительно отходит от своего раннего увлечения «импрессионизмом и его отражением повседневного мира», тем самым закладывая фундамент для своего последующего отказа от изображения реальности внешнего мира ради «вневременного» и беспредметного супрематизма [Mudrak 2015: 69, 70].

Татлин, напротив, редко писал картины на религиозные сюжеты, зато использовал в своих произведениях пластический язык икон. До поступления в художественное училище, прежде чем стать профессиональным художником, Татлин занимался в иконописной мастерской[21]. Однако еще раньше, до всякого художественного обучения, Татлин, как и Малевич, был близко знаком с византийским и древнерусским искусством, поскольку детство его прошло неподалеку от Киева и затем он много путешествовал, когда был моряком. В возрасте восемнадцати лет Татлин покинул родительский дом в Харькове и отправился в Одессу, где поступил в Одесское мореходное училище.

Затем он в течение нескольких месяцев путешествовал по Восточному и Южному Средиземноморью на судне под названием «Великая княгиня Мария Николаевна» и побывал в Болгарии, Греции, Италии, Марокко, Египте, Сирии и Турции, где мог ознакомиться со множеством разных византийских памятников. Не случайно в автобиографии он отметил: «Это путешествие дало мне не только заработок, но также и некоторое художественное образование» [Zhadova 1988: 322].

Тот художественный опыт, который Татлин получил в результате знакомства с византийским и древнерусским искусством, очевидно, оказал затем большое влияние на его собственное творчество. Так, в двух своих самых известных ранних работах 1911 года — «Продавец рыб» и «Матрос» (цв. илл. 11) — он использовал иконописную образность, влияние которой заметно и в цветовой палитре, и в композиционной структуре. Эти работы часто называют «прото-» или «квазикубистическими», однако стилистически они больше связаны с русско-византийскими традициями, чем с кубизмом того времени. Так, Кристина Лоддер утверждает, что

> ни то ни другое произведение не является кубистическим. Хотя в них заметны перспективные искажения и тенденция к разложению формы на геометрические грани и плоскости,

---

[21] Л. А. Жадова пишет, что с 1895 по 1902 год Татлин работал в иконописной мастерской вместе с двумя молодыми художниками, Левенцем и Харченко, которых считал своими первыми учителями живописи. См. [Zhadova 1988: 445].

> они строятся на крутообразных линиях, как и проработка основных масс. Эти особенности, наряду с мощной монументальностью, отсылают к исконно русским источникам <...> [и] очень напоминают иконопись [Lodder 1983: 11].

Действительно, в своем «Матросе» Татлин использует блики совсем иначе, чем строится произвольное распределение светотени в современном ему кубизме. В кубизме светлые и темные области игриво противопоставлены друг другу, а Татлин на лице матроса лишь схематично наметил свет и совершенно исключил падающие тени. Так, на шее, сразу под подбородком, там, где зритель ожидает увидеть тень, лежит яркий треугольный белый блик.

Как уже было сказано в третьей главе, отсутствие направленного освещения было одной из характерных особенностей иконописной изобразительной манеры[22]. За редкими исключениями на византийских и древнерусских иконах, мозаиках и фресках падающие тени обычно не изображались. Хотя Татлин и воспринял этот иконописный прием, он тем не менее переосмыслил его в отчетливо модернистской манере, оставив просветы в красочном слое, так что белый грунт на холсте оказался задействован в художественном целом картины, а негативное и позитивное пространства поменялись ролями. Подход Татлина заставляет вспомнить врубелевскую манеру проработки манишки на «Портрете Саввы Мамонтова» и создает своеобразную инверсию изобразительных приемов, свойственных русско-византийской традиции, в которой художник накладывал цвета от самых темных в нижних слоях до самых светлых в верхних слоях, так что чистый белый пигмент составлял верхний слой[23]. Этот отход от средневековых архетипов имеет большое значение, поскольку показывает, что Татлин, в значительной степени как и Врубель, и Кандинский, и Малевич, не просто копировал стилистические приемы иконописи, но приспосабливал их к решению задач

---

22 Подробнее об освещении в ходе богослужения и об изображении света в византийской традиции см. [Nelson 2006].

23 Подробный анализ техники византийской живописи см. в [Winfield 1968].

живописи модернизма. По словам Стригалева, отношение Татлина к иконописи было не «пассеистским» или «подражательным», а «деятельным и обновляющим, диалогическим и полемическим» [Стригалев 1993: 370].

Квадратный формат картины «Матрос», насыщенность цветов и небольшая глубина фонового пространства также указывают на знакомство Татлина с техническими приемами иконописи. Помещенное в центре композиции погрудное изображение матроса занимает всю высоту и ширину холста и, наряду с двумя миниатюрными фигурами на дальнем плане, отсылает к формальной структуре, характерной для византийских и русских икон Нерукотворного Спаса и погрудных изображений святых и мучеников. В иконах различия в масштабе изображаемых фигур обычно указывают на разницу в их духовной значимости, а не на пространственное сокращение. Так, на знаменитой византийской иконе XII века «Небесная лестница святого Иоанна Лествичника» (рис. 51), на которой представлена вереница монахов, поднимающихся по диагонально расположенной лестнице на небеса, более значимые персонажи больше остальных по размеру, хотя все они находятся в одном и том же пространственном регистре. Представляется, что, разместив эти две крошечные фигуры по бокам, рядом с головой центрального персонажа — матроса, Татлин сознательно обыгрывает один из приемов иконописи. Кроме того, Татлин (как и Малевич в своей «Желтой серии») написал эту картину темперой, причем замешанной достаточно густо, практически однородными цветовыми пятнами, без переходов, особенно на лице и на шее центрального персонажа. Контраст чистого синего цвета у матроса на воротнике и насыщенного охристого оттенка его кожи заставляет вспомнить о разделении цветов в иконописи, которое обусловлено необходимостью раздельной подготовки пигментов. Наконец, выразительные дугобразные мазки по углам картины, перетекающие затем в округлые силуэты боковых фигур, также создают круговую композицию, напоминающую нимб. Даже надпись у матроса на бескозырке игриво отсылает к надписям на иконах, которые поясняют, какой именно святой изображен.

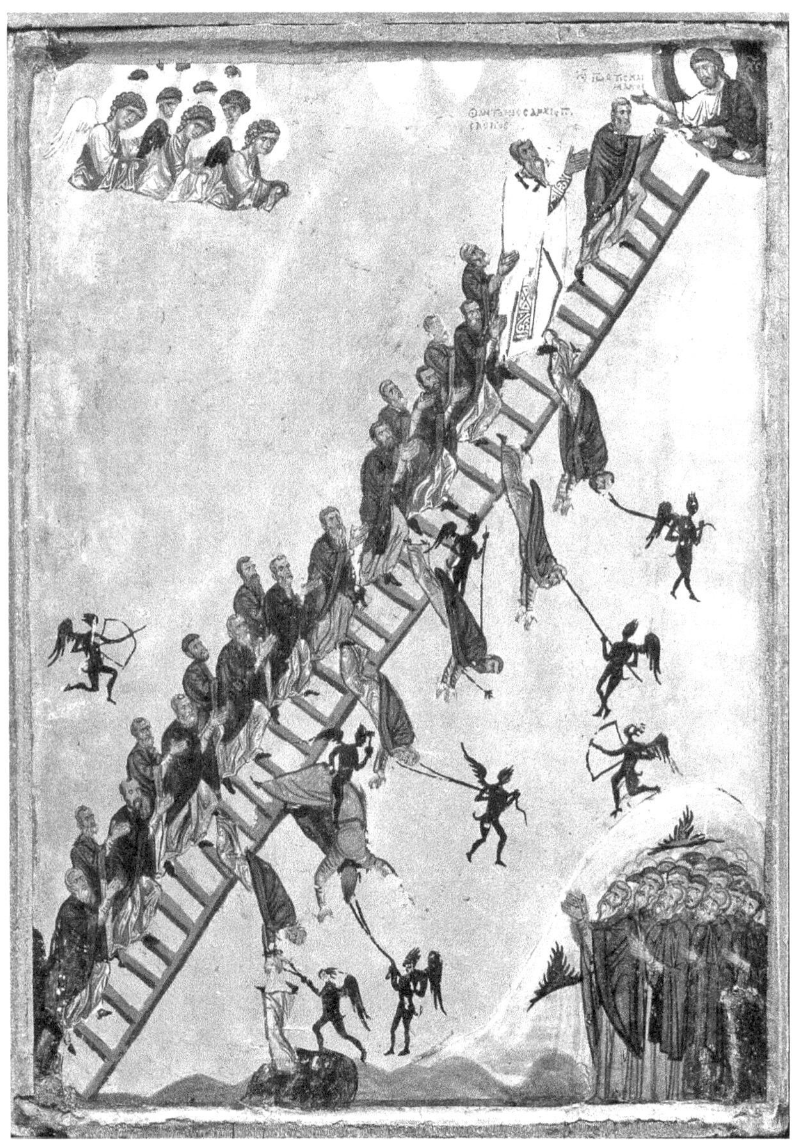

Рис. 51. Небесная лестница святого Иоанна Лествичника. XII в. Деревянная доска, темпера, золочение. 41,3 × 29,9 × 2,1 см. Египет, Синай, монастырь Св. Екатерины

Два татлинских этюда обнаженной женской натуры, написанные в 1913 году, также отсылают к иконописной образности и принципиально отличаются от работ Пикассо 1911 и 1912 годов в стиле аналитического кубизма. Изображения у Татлина в обоих случаях сравнительно плоские, и тем не менее в них присутствуют явные указания на разделение переднего плана и фона, на котором отчетливо выделяются человеческие фигуры. Так, на картине «Натурщица» («Обнаженная 1: Композиция из обнаженной натуры», 1913) (цв. илл. 12) модель сидит на красной квадратообразной платформе, на темно-синем фоне. Четкая линия горизонта отделяет горизонтальный пол от вертикальной стены. Подобным же образом и на картине «Натурщица» («Обнаженная 2», 1913) женщина представлена сидящей на прямоугольной белой платформе, на красном фоне. У Пикассо же на «Портрете Даниэля Анри Канвейлера» (1910) и на картине «Моя красавица» (1911) человеческие фигуры почти невозможно отделить от динамичных, пульсирующих форм, образующих фон и превращающих всю поверхность полотна в единую структуру. Как и у «Продавца рыб», и у «Матроса», на этих этюдах обнаженной натуры человеческие фигуры составлены в основном из удлиненных дуг, в отличие от кубистических картин, где используются раздробленные, угловатые, геометризованные формы. Здесь Татлин, как и в работах 1911 года, написал тела натурщиц киноварью и положил яркие, выразительные белые блики — эта техника напоминает характерные изобразительные приемы средневековых фресок и икон, которые были художнику явно известны.

Здесь важно отметить, что к 1913 году Татлину наверняка уже были известны недавние работы Пикассо из коллекции Щукина; также он мог их знать по фоторепродукциям, опубликованным в целом ряде художественных журналов, например в «Золотом руне» и в «Искусстве». О знакомстве Татлина с аналитическим кубизмом и о его интересе к этому направлению свидетельствует серия его карандашных набросков 1913–1914 годов. В этюде «Сидящая обнаженная» (рис. 52) он разбил человеческое тело на геометризованные сегменты — прием, напоминающий структуру кубистического изображения. Однако, как отмечает Магдале-

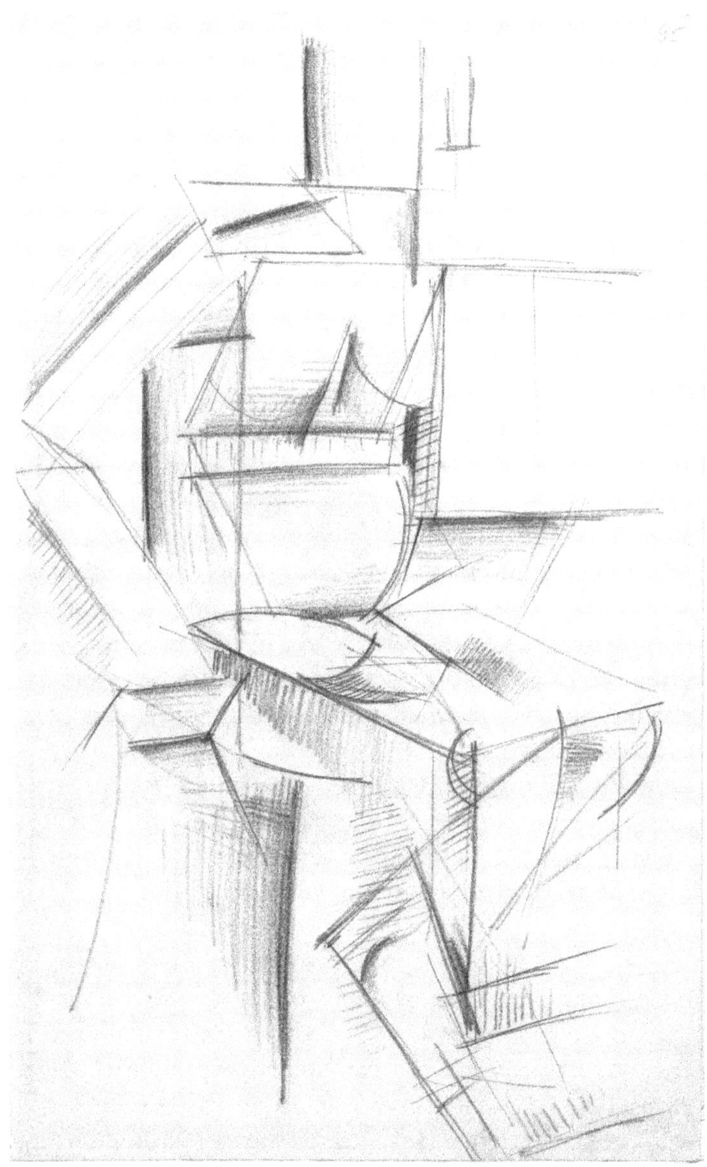

Рис. 52. В. Е. Татлин. Сидящая обнаженная. 1913. Бумага, уголь. 43 × 26 см. Лист 95 из альбома рисунков Татлина. Российский государственный архив литературы и искусства (Москва)

на Дабровски, представляется, что Татлин не вполне включил систему кубизма в собственный изобразительный язык:

> Тогда как Пикассо <...> [подчеркивает] прозрачность плоскостей, составляющих фигуру, Татлин просто накладывает геометрическую решетку на в остальном реалистично представленную фигуру обнаженной женщины. <...> Даже в тех случаях, когда геометрия фигуры сведена к линейной схеме, между Татлиным и Пикассо сохраняются принципиальные различия. У Пикассо схематизм играет структурообразующую роль, а у Татлина он лишь внешний, поверхностный. У Татлина в основе композиции геометризованная фигура, обнесенная линейной конструкцией, как строительными лесами, играющими лишь вспомогательную, а не структурную роль [Dabrowski 1992: 40].

Кроме того, у Татлина все очевидные эксперименты с использованием кубистической манеры, судя по всему, остались на уровне частных зарисовок и не были задействованы ни в одной из его крупных работ 1911–1913 годов. Представляется, что, хотя художник несомненно был знаком с кубизмом, в своих ранних работах он обращается к иконописной традиции скорее для того, чтобы избежать обвинений во вторичности, отсталости и бездумном копировании иностранных достижений, и этот лукавый маневр, очевидно, принес плоды в виде монографии Пунина 1921 года с провокационным названием «Татлин (Против кубизма)». Точно так же, как горячие поклонники Врубеля утверждали, что опыт работы в Кирилловской церкви способствовал его эволюции к бесспорно модернистскому стилю, близкому к стилю Поля Сезанна, хотя и сложившемуся самостоятельно, — так и сторонники Татлина делали подобные заявления, утверждая, что именно взаимодействие с иконописной традицией позволило ему разработать визуальный словарь, в чем-то близкий к художественной технике Пабло Пикассо и Жоржа Брака, но не дублирующий ее. Эти утверждения вполне убедительны с риторической точки зрения, однако сами они стали плодом русско-византийского возрождения, поэтому относиться к ним нужно критически.

Как уже было сказано в двух первых главах этой книги, многие критики и теоретики того времени, в том числе Пунин и Тарабукин, внесли большой вклад в переоценку русско-византийского искусства и активно стремились установить родственные связи между ним и эстетикой модернизма, а также историческим авангардом. Таким образом, русско-византийское возрождение было тесно связано с созданием новых представлений об истории русского искусства, в том числе и после большевистской революции и вплоть до 1920-х годов, что свидетельствует о широте охвата и об устойчивости соответствующего дискурса.

Татлин против кубизма

В годы, непосредственно предшествовавшие переходу Татлина к разработке трехмерной конструкции, он тесно сотрудничал с Ларионовым и Гончаровой и представил 50 своих работ на организованной ими выставке «Ослиный хвост», которая прошла в марте 1912 года в Московском училище живописи, ваяния и зодчества. Впрочем, сотрудничество Татлина с группой «Ослиный хвост» продлилось сравнительно недолго. Как уже было отмечено в предыдущей главе, Ларионова и Гончарову интересовало прежде всего осознанное противопоставление разных эстетических систем и намеренное размывание границ между «высокими» и «низкими» формами искусства, «утонченной» и «примитивной» тематикой, древними и современными изобразительными традициями. Друг и коллега Ларионова и Гончаровой художник А. В. Шевченко (1883–1948) в своей брошюре «Неопримитивизм: Его теория. Его возможности. Его достижения» формулирует смысл неопримитивизма следующим образом:

> Мы стремимся к исканию новых путей нашему Искусству, но не отвергаем вполне и старого, и из прежних форм его признаем превыше всех — примитив, волшебную сказку старого Востока. <...>

> Примитивы, иконы, лубки, подносы, вывески, ткани востока и т. д., вот образцы подлинного достоинства и живописной красоты. <...>
> Слово «Нео-примитивизм» свидетельствует, с одной стороны, о нашей отправной точке, с другой — своей приставкой «Нео» напоминает также о причастности к живописным традициям нашей эпохи [Шевченко 1913: 9, 13].

Д. В. Сарабьянов же, напротив, утверждает, что «Татлин ни в коем случае не считал примитивизм своей главной художественной задачей» и был приверженцем «не народного извода русской иконописи, в отличие от Гончаровой и Ларионова, а классического» [Sarabianov 1988: 49, 53]. Сравнительный анализ «Матроса» Татлина (цв. илл. 11) и картины Гончаровой, «Христос во славе» (1917–1918) (рис. 53) помогает понять, в чем состоит принципиальное различие этих двух изводов. Яркая, калейдоскопическая живопись Гончаровой, с ее энергичными мазками, колоритными красками и дерзкой орнаментальностью, в равной мере далека и от традиционной палитры икон, и от более сдержанных образов Татлина. В отличие от «Матроса» с его многослойной структурой пространства, с четким разграничением ближнего и дальнего планов, «Христос» Гончаровой выражает гораздо более агрессивную двухмерность. Хотя престол, на котором восседает Христос, и его согнутые ноги предполагают некоторую пространственную глубину, стилизованные цветочные мотивы и бело-синие узоры выталкивают дальний план к самой поверхности изображения и тем самым нарушают соотношение фигуры центрального персонажа и фона. Манера Гончаровой подчеркивать декоративные свойства предметов и ярко выраженная орнаментальность ее работ ближе к визуальному синтаксису картин Матисса, таких как «Красная комната» (1908), «Натюрморт с голубой скатертью» (1909), «Испанский натюрморт» (1910) и «Севильский натюрморт» (1910–1911), чем к средневековой иконописи[24]. Эти параллели отмечали и некоторые

---

[24] Все эти четыре работы вскоре после их создания приобрел для своей коллекции Щукин, так что в начале 1910-х годов Гончарова, скорее всего, имела к ним непосредственный доступ.

критики того времени — не только в России, но и во Франции, причем нередко не в пользу Гончаровой, которую обвиняли в простом «подражании» пестрому сброду «молодых нигилистов», угнездившихся на «террасах Монмартра» [Vogüé 1906: 1; de Danilowicz 1906–1907: 320]. Кроме того, как пишет Шарп, «некоторые из работ [Гончаровой] на религиозные сюжеты попахивали кощунством», поскольку «стилистические особенности и элементы иконографии, свойственные западной религиозной живописи, сочетались в них с православными русско-византийскими». К тому же они отсылали ко множеству древних, модернистских и фольклорных источников, так что получались революционные гибридные формы, действующие разрушительно — и в визуальном плане, и в концептуальном [Sharp 2006: 186–187]. Так, например, у татлинского «Матроса» заломы ткани по вороту напоминают живописные складки на средневековых изображениях, между тем как у Гончаровой блики на одеянии Христа, похожие на осколки, тяготеют скорее к графической эстетике лубка. У Гончаровой намеренная стилизация и деформация обретает почти пародийный характер. Например, изображения четырех евангелистов, грубо очерченные, словно окутанные плотными ватными облаками, кажутся почти карикатурными и явно отсылают к «низкому искусству» хромолитографии, «краснушки» (крестьянской иконы) и городских вывесок, а не к «высокому стилю» «элитарной» новгородской иконы XIV века, памятники которой уже были тогда представлены в целом ряде национальных музеев и признаны высочайшими образцами русского искусства — именно такой взгляд на них Гончарова, очевидно, стремилась поставить под сомнение в собственном творчестве.

Таким образом, взаимоотношения Татлина с иконописью были гораздо ближе к иконофильской позиции Кандинского, хотя духовная или трансцендентальная природа иконописных изображений интересовала его меньше, чем их живописная структура. Подобный аналитический подход отчетливо проявился у Татлина в картине 1913 года «Композиционный анализ» (рис. 54) — работе, созданной под несомненным влиянием вы-

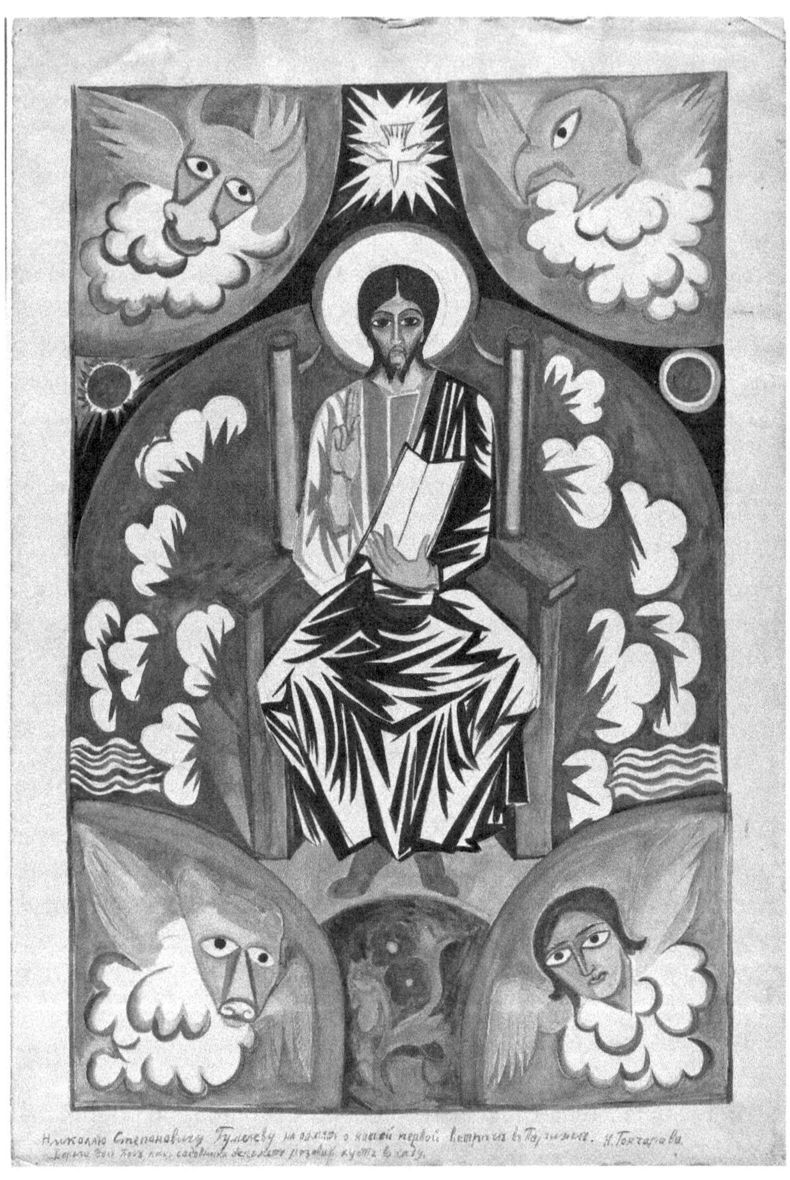

Рис. 53. Н. С. Гончарова. Христос во славе. 1917–1918. Бумага, гуашь. 56,5 × 39 см. Государственная Третьяковская галерея, Москва. © ADAGP, Paris, 2017

ставки древнерусского искусства, состоявшейся в том же году[25]. Во время выставки Татлин как раз был в Москве и, конечно же, имел все возможности, чтобы ее посетить, причем не один раз. Также он наверняка знал о том, какую живую полемику эта выставка вызвала в искусствоведческих кругах. Как следует из самого названия работы «Композиционный анализ», она представляла собой не самостоятельную и спонтанно созданную композицию, а скорее сознательную деконструкцию геометрии и пропорций, лежащих в основе некоего изображения Богоматери с Младенцем. Несмотря на существенные разногласия между исследователями по вопросу о конкретном источнике работы Татлина, представляется (учитывая легко узнаваемый наклон головы Богородицы, составляющей центр композиции, что характерно для иконографического типа «Умиление», или «Елеуса», который часто встречается в византийском и древнерусском искусстве), что картина Татлина основана на иконе Богоматери с Младенцем[26]. Жадова предполагает, что непосредственным источником в данном случае могла стать Донская икона Божией Матери XIV века, приписываемая обычно Феофану Греку [Zhadova 1988: 66]. Впрочем, это могла быть и более известная Владимирская икона Божией Матери XII века или копия с нее, выполненная в XV веке Андреем Рублевым.

---

25 У Стригалева и Хартена указано, что эта работа выполнена на бумаге (кат. 237, лист 64); кроме того, они упоминают одноименную картину маслом и, возможно, так же оформленную композиционно, которую Татлин представил в конце 1913 года в Петербурге, на выставке Союза молодежи, вместе с тремя рисунками тушью (кат. 235). См. [Strigalev, Harten 1993: 228–229].

26 Опираясь на некоторые высказывания Татлина, Жадова выдвигает предположение о том, что источниками для этих работ могли стать несколько вариантов «Мадонны с Младенцем» Лукаса Кранаха Старшего. Кроме того, она предположила, что в картине «Композиционный анализ» могли быть синтезированы как русские иконописные, так и ренессансные источники. См. [Zhadova 1988: 63–66, plates 99–102]. Сарабьянов же, напротив, указывает на «Мадонну» неизвестного итальянского художника, датируемую концом XVI — началом XVII века. См. [Sarabianov 1988: 56]. Наконец, Стригалев отвергает обе эти версии, предлагая считать в данном случае источником просто работы «старых мастеров». См. [Стригалев 2006: 128, 141].

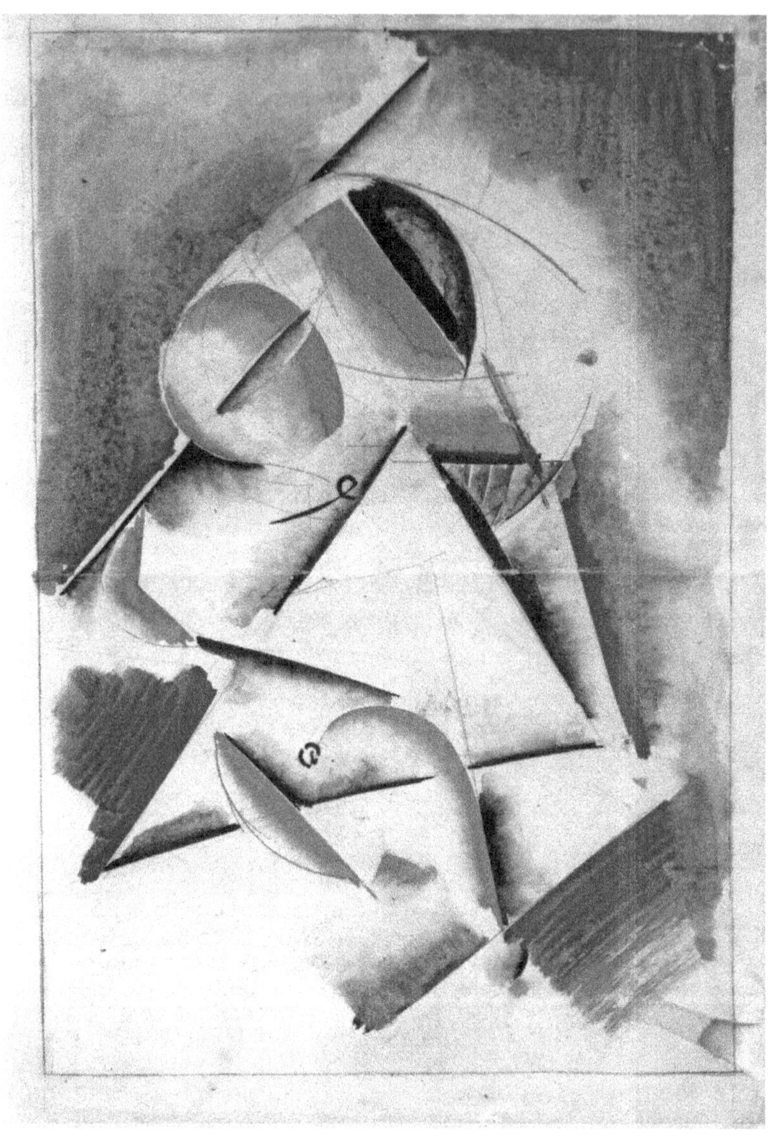

Рис. 54. В. Е. Татлин. Композиционный анализ. 1913. Бумага, карандаш, гуашь, акварель. 49 × 33 см. Частная коллекция

В этом эскизе Татлин полностью отказался от любых иллюзионистических приемов и свел изображение к простейшей геометрической структуре. Тело Девы Марии представлено крупным пустым треугольником, а черным полукругом, прикрепленным к фигуре, близкой к прямоугольнику, цвета охры, намечена голова. Подобным же образом изображен и Младенец — с помощью ряда взаимосвязанных закругленных линий и сферы, рассеченной иссиня-серой чертой, что представляет голову и глаза соответственно. Растекание акварели внутри округлой формы как бы дает намек на нимб вокруг двух фигур, между тем как взаимное наложение разных форм, а также тональные и отчасти светотеневые переходы создают ощущение объема и глубины. Однако в то же время в этом изображении есть и заявка на двухмерность: в самом центре композиции большая поверхность белой бумаги оставлена нетронутой. И тем не менее в работе Татлина, даже при такой степени редукции и минимализма, структурное единство, свойственное иконописному прототипу, сохраняется, так что образ остается узнаваемым: это мать, обнимающая ребенка. Работа «Композиционный анализ» ознаменовала собой отказ Татлина от экспрессивной, живописной манеры раннего периода в пользу нового аналитического и систематического подхода к созданию произведений искусства — подхода, который в своем стремлении к деконструкции, очевидно, восходит к аналитическому кубизму.

Примечательно, что Татлин начал работать над своими первыми живописными рельефами в том же 1913 году. Как убедительно показали Шарлотта Дуглас и А. А. Стригалев, еще до судьбоносного посещения мастерской Пикассо в 1914 году Татлину уже были известны некоторые его трехмерные ассамбляжи, такие как «Гитара и бутылка» (1912–1913) и «Натюрморт со скрипкой» (1912–1913) — обе эти работы были представлены в выпуске журнала «Les soirées de Paris» за 1913 год[27]. Эти произведения,

---

[27] Экземпляры этого и других европейских журналов хранились в личной библиотеке В. В. Лебедева, близкого друга и соратника Татлина. См. [Стригалев 2006: 138; Дуглас 1993: 433].

собранные из картона, бумаги, шнура, листового металла и проволоки, несомненно сыграли важную роль в переходе самого Татлина к работе с реальным пространством[28]. Показательно, что в 1928 году, отвечая на вопросы официальной государственной анкеты, Татлин назвал Пикассо в числе трех художников, оказавших наибольшее влияние на его собственное творческое развитие. Двумя другими были Ларионов и А. Ф. Афанасьев (1850–1920) (о которых подробнее будет сказано ниже)[29]. Тем не менее, несмотря на это прямое указание, свидетельствующее о влиянии испанского художника, Татлин, по всей видимости, предпочитал усматривать истоки своей «конструктивной идеи» в русско-византийской традиции, а не в кубистической скульптуре и ассамбляже — такая стратегическая переориентация давала ему возможность утверждать свое первенство по отношению к французскому модернистскому канону и независимость от него [Стригалев 1996: 429]. Так, по словам архитектора Бертольда Любеткина, Татлин утверждал, что, «если бы не иконы, [он] бы экспериментировал с водяными брызгами, губками, тряпками и акварелью»[30]. Соответственно, и современники Татлина, а затем и исследователи, как правило, обнаруживали в «живописных рельефах» явную связь с иконами. Например, Любеткин связывал новое направление в творчестве Татлина с выставкой древнерусского искусства

---

[28] Долгое время считалось, что посещение Татлиным мастерской Пикассо в Париже, на бульваре Распай, 242, ставшее теперь легендарным, состоялось в начале лета 1913 года. Эту дату называют и Магрит Роуэл, и Джон Милнер, и Кристина Лоддер (см. [Rowell 1978: 88–89; Milner 1984: 70; Lodder 1983: 9]). Стригалев, впрочем, оспаривает эту датировку, показывая, что поездка Татлина на Запад состоялась весной 1914 года. В день открытия Русской кустарной выставки, 14 февраля 1914 года, Татлин находился в Берлине. Эта выставка закрылась 19 марта, а 7 или 8 апреля Татлин был в Париже и в Россию возвратился только около 14 апреля. См. [Стригалев 1989]. Характер визита Татлина в мастерскую Пикассо также определяют по-разному. Одни исследователи говорят о нескольких посещениях, другие — только об одном (см. [Milner 1984: 70; Lynton 2009: 33]).

[29] ЦГАЛИ. Ф. 1938. Оп. 1. Д. 59. Л. 1. Анкета. См. [Zhadova 1988: 262].

[30] Lubetkin B. The Origins of Constructivism (lecture given to Cambridge University School of Architecture, May 1, 1969). Tape recording. Цит. по: [Lodder 1983: 12].

1913 года, указывая, что, «вдохновленный иконами», Татлин «стал сверлить доски, крепить к ним кольца, шурупы, колокольчики, размечать и крепить шурупами фон, приклеивать кости от счетов, куски зеркального стекла, парчи и создавать в итоге мерцающую, звенящую и звучную композицию» [Lodder 1983: 12]. Также и С. К. Исаков утверждал, что «рельефы Татлина свидетельствуют, что он независимо сложившийся художник, а не подражатель Пикассо» [Исаков 1915][31], а по словам Мейерхольда, именно иконопись привела Татлина к концепции «культуры материалов», к «ощутимости материалов в игре их поверхностей и объёмов» [Мейерхольд, Бебутов 1920: 10][32].

Той же точки зрения придерживается и Эндрю Спира, который в своей книге «Икона в авангарде» («Avant-Garde Icon») пишет, что рельефы Татлина были «составлены из материалов, свойственных иконописи», и, соответственно, «очень напоминали» иконы. В своем описании татлинского «живописного рельефа» (1913–1914) (рис. 55) Спира отмечает, что на одной из металлических пластин, закрепленных на основе из деревянной доски, выгравирован «неразборчивый орнамент», похожий на текст, и он напоминает греческие и церковнославянские надписи на иконах. Более того, Спира даже обнаруживает в расположении металлических элементов на «живописном рельефе» те же фигуры, которые присутствуют в «Композиционном анализе», тем самым давая понять, что между выставкой древнерусского искусства 1913 года и генезисом теории и практики татлинской «конструктивности» есть прямая связь [Spira 2008: 110]. Подобным же образом, интерпретируя работу Татлина «Май месяц» (1916), Спира указывает, что деревянная доска с тыльной стороны скреплена шпонками или деревянными брусками, какими традиционно крепятся с тыльной стороны и иконы, чтобы деревянная основа не трескалась и не деформировалась, а поверхность иконы не разрушалась. Отмечая, что Татлину было вовсе не обязательно использовать шпонки для укрепления живописных

---

[31] Приводится по: [Zhadova 1988: 334].

[32] Цит. по: [Золотницкий 1976: 103].

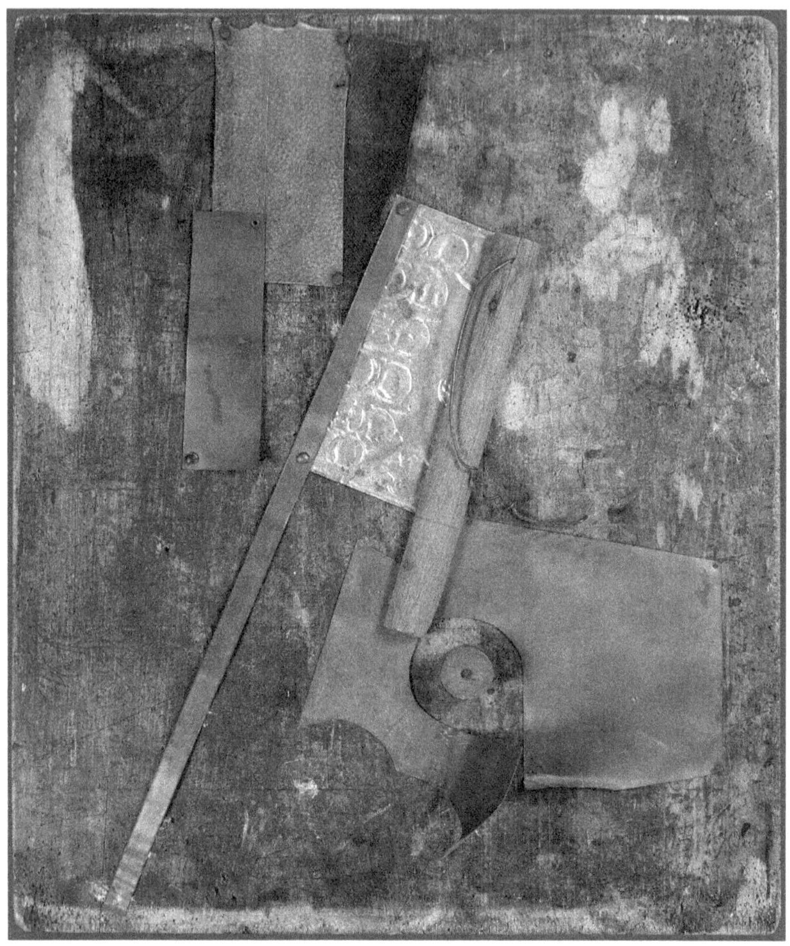

Рис. 55. В. Е. Татлин. Живописный рельеф. 1913–1914. Металл, дерево, масло. 63 × 53 см. Государственная Третьяковская галерея (Москва)

рельефов, Спира приходит к выводу, что «вряд ли художник бы стал это делать, <...> если бы не хотел подчеркнуть сходство своих работ с иконами» [Spira 2008: 111].

Мария Гоф в своей основополагающей статье о фактуре прямо анализирует тройственные взаимоотношения между Пикассо, Татлиным и иконописной традицией и утверждает, что скульптуры Пикассо 1912 и 1913 годов очень глубоко повлияли на Татлина именно потому, что укрепили и даже утвердили его в собственных начинающихся исканиях в области трехмерного ассамбляжа. Это очень близко к тому катализирующему воздействию, которое оказали слова Матисса об иконах на эксперименты Кандинского с русско-византийским искусством. Таким образом подтверждается справедливость прозорливого замечания А. В. Грищенко, отметившего «странные» переклички между Парижем XX века и средневековой Московией [Gough 1999: 44–45; Грищенко 1913: 26]. Гоф выдвигает предположение о том, что еще до поездки в Париж Татлин мог прочитать обширное, с книгу размером, исследование В. Маркова о фактуре, озаглавленное «Принципы творчества в пластических искусствах», где он сравнил «подлинную» и явную гетерогенность иконописной фактуры с «монотонной» гомогенизацией или «уравниловкой» (буквальной и метафорической), возникающей в результате интернационализации европейских стилей, начиная с неоклассицизма и заканчивая современными течениями в искусстве, такими как кубизм и футуризм [Gough 1999: 40]. Гоф выдвигает гипотезу о том, что рассуждения Маркова могли подтолкнуть Татлина к поиску русско-византийских истоков собственного творчества, не в последнюю очередь потому, что Марков обнаруживал в многозначной гибридности иконы некое высшее качество по сравнению с окончательной подчиненностью «реальных» материалов миметической «изобразительной» логике у Пикассо:

> ...Вспомним иконы; их украшают венчиками, оплечьями, басмой, инкрустациями; самую живопись — каменьями, металлами, и т. д. — всем этим разрушается наше современное понимание живописи. <...> Шумом красок, звуком ма-

> териалов, набором фактур мы призываем народ к красоте, к религии, к Богу. <...> Как известно, русский народ пишет свои иконы, будь это изображение Бож. Матери, святых или каких-либо сцен в нереальных образах; реальный же мир вносится в его творчество только набором и инкрустациями реальных, ощущаемых предметов. И тут будто происходит борьба двух миров, внутреннего, нереального мира и мира внешнего, осязаемого нами. Эти два мира и тут надвигаются один на другой... Пикассо <...> [и некоторые футуристы] <...> дают довольно смелый набор материалов. <...> Но при наборе подобных материалов эти художники руководствовались только тем, чтобы вызвать различные реальные ассоциации, не заботясь о какой-либо пластической идее, и поэтому такие наборы нельзя сравнивать с наборами пластического характера, завещанными нам стариной [Марков 1914: 54–63].

Здесь Марков подчеркивает принципиальное различие между использованием неоднородного материала в модернизме и в древней иконописной традиции. Между тем как Пикассо и футуристы сознательно изменяли и трансформировали сущность найденных ими предметов ради иллюзорности изображения, русско-византийская традиция отвергала «виртуальность» ради симуляции божественного «присутствия» путем представления «реальных» форм в «реальном пространстве»[33]. Гоф, таким образом, приходит к выводу о том, что «икона была важным прецедентом не только для гетерогенности материала Татлина, но и для его стремления к индексической форме творчества» [Gough 1999: 52]. В отличие от Пикассо, чей подход к творчеству был «семиотическим» и «метафорическим», Татлин следовал принципу «материалогической детерминации». Иначе говоря, Татлин подвергал материал лишь незначительной обработке, стараясь по возможности сохранить его природные свойства и разрабатывая как бы «индексирующий» подход к творчеству:

---

[33] Подробный теоретический анализ создания виртуальных пространств в сравнении с реальными пространствами в истории искусства см. в [Summers 2003].

> Согласно определению американского философа Чарльза Сандерса Пирса, «индекс» — это знак <...> и существует «реальная» или «физическая» связь между знаком и его референтом. <...> Хотя икона, безусловно, принадлежит ко второй категории знаков в рамках трехчастной схемы Пирса (к категории тех «икон», где знак схож со своим референтом, как, например, портреты и звукоподражания) <...> о ней тем не менее можно сказать, что она разделяет индексирующую модальность авангардной фактуры, учитывая индексирующую связь, существующую между иконой и ее прототипом в богословских писаниях православной церкви [Gough 1999: 19–52].

Как уже было сказано выше, одним из самых ярых сторонников теории, согласно которой произведения Татлина восходят к иконописи, был Пунин. В своей монографии 1921 года «Татлин (Против кубизма)» Пунин утверждал, что художественное новаторство Татлина восходит к древней иконописной традиции, а не к современному европейскому искусству [Пунин 1994: 27–42]. По словам Пунина, рельефы Татлина и на теоретическом, и на формальном уровне принципиально отличаются от образцов парижского кубизма и особенно от работ Пикассо. Пунин считал, что творчество Пикассо являет собой пример последнего этапа в развитии западноевропейской живописной традиции, которая подчеркивала индивидуализм, эстетизм и субъективность, между тем как Татлин в своих работах противопоставлял этим свойствам материализм, объективность и специфическое понимание «реализма», унаследованное напрямую от русско-византийской традиции. Как было сказано в первой главе, эта трактовка Пунина перекликалась с идеями его современника Флоренского, который также подчеркивал, что для иконы важна идея «реального» воплощенного присутствия, противопоставленная «ложной» виртуальной реальности двумерного иллюзионистического изображения. По Флоренскому, масляная живопись в целом выражала мировоззрение римско-католического Возрождения; гравюра отражала идеалы протестантского рационализма; а иконопись была порождением православной метафизики [Флоренский 1996a: 474–484]. Таким образом, в живописных рельефах подчеркивалась их «предметность», а не изобразительность — именно для того, чтобы современники Татлина могли увидеть в них светское, модернистское осуществление православной философии образа.

Соответственно, Пунин пришел к провокационному выводу о том, что кубистические работы Пикассо знаменуют собой конец художественной эпохи, начавшейся с итальянского Возрождения, между тем как рельефы Татлина отмечают начало новой эпохи в искусстве:

> Пикассо не может быть понят, как день новой эры. <...> Пикассо все-таки по ту сторону перелома <...>. Старая школа живописи, завершенная Пикассо, принимала форму как элемент, дающий нам цвет и пространство. Старая живопись, заключенная Пикассо, принимала форму как элемент, дарящий цвет и пространство. Мы утверждаем первичность цвета (материала) и пространства (объема), во взаимодействии дающих форму. <...> Французская школа живописи погибает в своих традициях <...> [Кубисты] ограничили себя теми же иллюзиями, какими были ограничены натуралисты. Глубина на холстах Пикассо нисколько не менее условна, чем на картинах какого-нибудь передвижника. <...> Надо было искать выхода по ту сторону не только холста, но всех традиций европейского искусства. Этот выход был найден художниками, оказавшимися достаточно сильными, чтобы исследовать объемы в реальных пространственных отношениях. На этом принципе сложились первые контррельефы Татлина <...> Мир личности и воображения — там [во Франции], здесь [в России] начинается мир коллективный и реальный [Пунин 1994: 28–34, 41].

Пунин утверждал, что «культура материалов» у Татлина основывалась на том, как работали с цветами и пигментами иконописцы, а они это делали принципиально иначе, чем европейские художники. «Краска для Сезанна, — писал Пунин, — не более чем цвет, а цвет он все время держит в хроматических отношениях». В отличие от него,

> русская живопись допетровской эпохи разрабатывала цвет, как живописный материал, как результат красящих пигментов; правда она склонялась к плоскостному, даже декоративному красочному построению, но никогда, за некоторыми единичными исключениями, цвет не понимался иконописцами, как отношения хроматической гаммы, как валер [Пунин 1994: 31].

Пунин утверждал, что, поскольку Татлин работал как иконописец, он понимал цвет как свойство материала, а не как выразительное средство, которым художник может манипулировать произвольно:

> Для Татлина окрасить означало прежде всего изучить красящий пигмент; окрасить специфическим образом, значит живописно обработать поверхность. Цвет объективно дан, это реальность и это элемент; цветовые отношения не стоят в зависимости от пространственных отношений, существующих в действительности. <...> Но поверхность, — как и краска, — есть материал, окрашенный, протяженный, емкий, фактурный, жидкий или твердый, ломкий или тягучий, упругий, плотный и весомый, и, как всякий материал, он ищет свою форму [Пунин 1994: 32].

Пунин пришел к выводу о том, что, опираясь в своем творчестве на древнерусскую эстетическую традицию, Татлин смог совершить «неизбежный» концептуальный рывок и перейти от «цвета, понятого как материал», к «работе над материалом вообще» и, как следствие, к трехмерной конструкции в реальном пространстве [Пунин 1994: 32].

Угловые контррельефы как «пространственные иконы»

Важно подчеркнуть, что в 1910-е годы Татлин был не единственным русским художником, экспериментировавшим с объемными конструкциями. На выставке «0,10» были представлены объемные работы еще нескольких авторов, в частности «Белый шар» (1915) Пуни, «Кубистка за туалетом» (1914–1915) Клюна, «Велосипедист (Devil's Panel)» (1915) и «Автомобиль» (1915) Розановой. Однако в выставочном каталоге эти работы были обозначены как «летящие скульптуры», «скульптуры на плоскости» и «живописные скульптуры» [Стригалев 2001: 24]. Таким образом, тот факт, что Татлин использует термин «рельеф», заслуживает особого внимания, в особенности потому, что в православии с ним связаны вполне определенные богословские представления. Как известно, в православии существовал запрет на «телесность» и помещение в храмах «резных изображений», таким образом под запретом находились и все разновидности трехмерной скульптуры[34]. Однако из этого правила были исключения, — например, разрешалось использование барельефов, обычно из драгоценных металлов, эмали, слоновой кости, дерева или мрамора. Таким образом, в православной традиции «рельеф» понимался как приемлемый компромисс между плоским изображением и объемной скульптурой. В самом деле, по утверждению Бисеры Пенчевой, «в Византии после периода иконоборчества (730–843) рельефная икона из металла обрела особый статус»:

> Этот переход от живописи к рельефу был отмечен в начале IX века в трактатах сторонников иконопочитания. В частности, Феодор Студит в своих трудах определял икону как отпечаток («typos») подобия («homoiosis») на поверхности материала. Такое механическое воспроизведение изображения в технологии глубокой печати обеспечивало правильность и неизменность передачи исходного образа. А поскольку именно через подобие икона была связана со своим прототипом, то сохранение этого подобия обеспечивало авторитетность образа, созданного человеком... После периода иконоборчества в Византии «zographia» [или жизнеподобие изображения] стала понимать-

---

[34] Как уже было сказано в первой главе, некоторые из этих церковных запретов были отменены во время правления Екатерины II и Александра I, поскольку они противоречили пристрастию монархов к эстетике барокко и неоклассицизма.

> ся не как «живопись с натуры», а как «материальный отпечаток, или печать, исполненная Духа», — «empsychos graphe» [Pentcheva 2010: 11, 14].

Пенчева утверждает, что в византийском искусстве рельефные иконы из различных материалов занимали весьма значительное и важное место, и в Константинополе они производились в большом количестве, так что к IX веку составили основное направление в искусстве [Pentcheva 2010: 11–12]. Однако, поскольку именно живописи неизменно уделялось повышенное внимание (такое предвзятое отношение, существовавшее на протяжении многих веков, объясняется особенностями постренессансного мировоззрения), этот значительный контингент произведений средневекового искусства почти не изучался, и в результате сложилось ошибочное представление, что якобы в византийском и древнерусском искусстве писаные иконы преобладали над рельефными.

Стоит отметить, что Кондаков полемизировал с этим широко распространенным заблуждением в своей фундаментальной работе 1892 года о византийских эмалях, отмечая, что «во времена Константина эмалевые работы были, должно быть, очень многочисленны. Императорская казна, так же как и ризницы столичных церквей, изобиловали подобными изделиями...» [Кондаков 1892: 86]. В той же работе он сетовал на то, что в хромолитографии «значительно утрачена <...> красота оригинала. Вместо блестящей поверхности, оживленной искрящимися, светящимися глубинами прозрачных тонов, мы имеем мертвое матовое поле», так что читатели получают неверное представление о тактильных свойствах предметов искусства [Кондаков 1892: 300]. Широкое распространение рельефной иконы в России Кондаков относил к XIV веку, когда,

> испытывая греческое влияние, русские начали покрывать даже фигуры полосками серебра, в какой-то степени выделявшими рельеф очертаний и складок одежды и облачения. <...> Золотой нимб раньше был плоским, теперь ему придали рельефность в виде сияния (венчика), украшенного че-

канной работой или филигранью витой золотой проволоки (скан), иногда отделанной эмалью (финифтью). Позднее нимб обрел форму короны. <...> Естественно, еще больше украшались моленные иконы, находящиеся в частных домах... [Кондаков 2009a: 48].

Для Татлина термин «рельеф», по всей видимости, подразумевал наличие подобных же свойств — сочетания разных материалов и преодоления плоскостности изображения, и художник впервые стал использовать это слово в отношении своих живописных рельефов, созданных в 1913 году, обозначив тем самым свой отход от станковой живописи и от плоской, однородной поверхности холста. Затем, в 1914 году, он ввел термин «контррельеф», чтобы обозначить произведения нового типа, еще более интенсивно выходящие за пределы холста в окружающее пространство. Помимо прочего, рельеф также содержит и важные архитектурные коннотации, поскольку часто крепится к некоей основе, и таким образом подразумевается, что он призван существовать в более обширном сконструированном пространстве. Татлин интересовался архитектурой задолго до того, как спроектировал памятник Третьему интернационалу (1919–1920), — именно поэтому угловые контррельефы должны были функционировать в как бы расширенном поле и «“оборачивать” вокруг себя инертное пространство и агрессивно в нем доминировать» [Shatskikh 2012: 108].

Тот факт, что Татлин намеревался включить негативное пространство угловых контррельефов в их структуру, подтверждается особенностями развески в экспозиции выставки «0,10». Эти рельефы, сделанные в основном из листового железа и алюминия, стекла, дерева, веревки и гипса, представляли собой подвесные трехмерные конструкции. Некоторые из них были ориентированы диагонально, что усиливало их визуальный динамизм и создавало ощущение легкости и движения. Как видно на рисунке 50, сгруппированные фрагменты листового металла разного размера складывались в ряд ритмично пересекающих друг друга плоскостей, которые, в свою очередь, создавали сложную игру света, тени и отражений. Как показывают свидетельства современников, а также сохранившиеся черно-белые фотографии, Татлин оклеил стены выставочного зала большими листами белой бумаги, на фоне которых и были выставлены угловые контррельефы. Это предельно усиливало оптические эффекты от теней, падающих на стены от выступающих частей рельефов, так что прилегающие к ним стены оказались задействованы в качестве дополнительных плоскостей. Гоф указывает, что переосмысление пустого пространства как «материальной единицы» стало для Татлина ключевым фактором перехода от живописных рельефов к угловым контррельефам [Gough 1999: 45]. Вместо прямоугольных рам и однонаправленной плоскости изображения, как в живописных рельефах, угловые контррельефы были организованы как разнонаправленные агломерации компонентов, разрушающих границы между негативным и позитивным пространством.

К сожалению, сохранился лишь один из трех угловых контррельефов, представленных Татлиным на выставке «0,10»[35]. Остальные были утрачены, и сегодня у нас есть возможность увидеть их только на размытых черно-белых фотоснимках, которые впервые были опубликованы в небольшой брошюре-путеводителе к той части выставки «0,10», где демонстрировались произведения Татлина. Таким образом, в значительной мере нам остается только предполагать, каковы были размеры оригинальных рельефов, какие цвета и текстуры в них были использованы, — хотя недавно предпринимались попытки их воссоздания[36]. В результате наше восприятие этих сложных объемных работ ограничено единственной статической точкой зрения, зафикси-

---

[35] В данной работе 1925 года Татлин воссоздал оригинальный угловой контррельеф 1915 года, использовав при этом некоторые материалы из первоначальной работы. Теперь она хранится в Государственном Русском музее в Санкт-Петербурге.

[36] Некоторые рельефы Татлина были воссозданы в 1993–1996 годах Д. Н. Димаковым, Е. Г. Лапшиной и И. Федотовым под руководством А. А. Стригалева. В настоящее время эти реконструкции хранятся в Государственной Третьяковской галерее в Москве.

рованной в виде чисто визуальной информации. Как видно из критических замечаний Кондакова по поводу хромолитографий, парадоксальным образом тот же «сглаживающий» эффект привел к тому, что восприятие византийского и древнерусского искусства у модернистов оказалось искаженным. Так, например, Рико Фрэнсис утверждает, что фотографии византийских изображений, в которых использовано золочение, — будь то мозаики, иконы или иллюминированные рукописи, — часто создают эффект неподвижности и двухмерности, так что совершенно теряется «способность сусального золота видоизменяться, подобно хамелеону» [Franses 2015: 312]. В результате и визуальный динамизм произведения, и его эмпирическое воздействие на зрителя полностью нейтрализуются. Схожее наблюдение встречается и у Роберта Нельсона, который утверждает, что «византийская икона существует в пространстве, в физическом присутствии религиозного наблюдателя, будь то маленькая переносная икона в руках верующего или большая мозаика на стене, зрительно наблюдаемая и оптически воспринимаемая на расстоянии» [Nelson 2000: 158][37]. Так, например, на репродукциях подкупольной мозаики из храма Успения Пресвятой Богородицы XII века в монастыре Дафни Христос Вседержитель «кажется плоским и двухмерным, будто он изображен на плакате, приклеенном к золотому церковному своду». Однако на самом деле поверхность купола вогнута и края изображения ближе к зрителю, чем его центр, так что возникает впечатление, будто Христос спускается «с небес в реальное пространство, чтобы предстать перед глазами зрителя» [Nelson 2000: 156]. Средневековые представления о природе зрительного восприятия основывались преимущественно на эмиссионной теории, которая предполагала, что между субъектом и объектом возникает прямой физический контакт. Согласно этой теории, глаза зрителя испускают световые лучи, которые направляются на видимый предмет, а затем возвращаются к зрителю. Поэтому Нельсон приходит к заключению о том, что жители Византии считали зрение процессом «динамическим,

---

[37] См. также [Лидов 2009: 7–35; Pentcheva 2010: 5–9; James 2004].

полностью телесным и осязательным», предполагающим наличие активного зрителя [Nelson 2000: 155]. Именно такое, осязательное, зрение Татлин стремился спровоцировать у тех, кто наблюдал его угловые контррельефы: «Выразив недоверие глазу, мы ставим глаз под контроль осязания» [Татлин и др. 1921: 11]. Склонность Татлина считать зрение прежде всего не оптическим явлением, а телесным шла вразрез с авторитетными научными представлениями конца XIX — начала XX века. Зато в этой своей склонности он предвосхитил возникшие позже феноменологические представления Мориса Мерло-Понти, согласно которым «взгляд ласкает вещи [с которыми сталкивается], впитывает их контуры и фактуру, и мы замечаем, что между ними возникают сложные отношения» [Merleau-Ponty 1968: 76].

Мысль о том, что византийские изображения представляют собой своеобразные «пространственные иконы», функционирующие в реальном пространстве, впервые высказал в 1940-х годах Отто Демус. В своем фундаментальном исследовании мозаик средневизантийского периода Демус предположил, что изображения Христа, Девы Марии, апостолов, святых и других персонажей взаимодействовали друг с другом в «реальном» пространстве византийского храма:

> Определять эти мозаики, вписанные в купола, апсиды, паруса, арки, своды и ниши, как плоские или двухмерные изображения было бы неверно. Действительно, за «изобразительной плоскостью» этих мозаик нет пространства. Однако оно есть перед этой плоскостью — это физическое пространство, заключенное в нишу, и это пространство включено в картину. Между изображением и зрителем нет «воображаемой стеклянной перегородки», представляющей плоскость изображения, за которой находится иллюзионистическая картина, — оно раскрывается вперед, в реальное пространство, где живет и движется зритель. Пространство зрителя идентично пространству, в котором существуют и действуют святые, точно так же, как и сама икона чудесным образом оказывается идентична соответствующему святому или событию священной истории. Сам же византийский храм составляет «изобразительное пространство»

> икон... [зритель] буквально физически оказывается включен в великую икону храма... <...> Иконы всегда остаются элементами пространства, заключенными в собственные, индивидуальные границы; их связи друг с другом определяются не тесной близостью образов, представленных на поверхности, а сложной системой пространственных взаимоотношений [Demus 1955: 13–14].

«Искусство Татлина» наделяет «новые произведения <...> реальными пространственными отношениями», и точно так же византийское монументальное искусство было по сути своей эмпирическим: подобно угловым контррельефам, оно функционировало «в материалах и объемах живого опыта» [Пунин 1994: 33].

Теории Демуса и Мерло-Понти возникли почти сорок лет спустя после того, как Татлин создал свои первые экспериментальные угловые контррельефы, таким образом они не могли быть источниками татлинской идеи осязательного зрения и подтолкнуть художника к работе с реальным пространством. Однако в студенческие годы, во время учебы в Пензенском художественном училище (1905–1910), Татлин серьезно изучал художественную технику монументального искусства, и в краткой автобиографии он упоминает, что «фрески тогда очень интересовали» его [Димаков 1987: 6]. Он даже копировал фрески из храмов Новгорода и нескольких других древних городов: известен, например, его набросок апостола Фомы (рис. 56) из купола церкви Святого Георгия в Старой Ладоге (рис. 57). И хотя работа Татлина выполнена в черно-белых тонах, она тем не менее передает всю живость и динамизм оригинальной фрески. В частности, Татлин уделил большое внимание экспрессивной линейности и энергичности движений, и эти особенности он в точности воспроизвел в своем рисунке. Учитывая неизменный интерес Татлина к семантике русско-византийских изображений (о котором свидетельствует его «Композиционный анализ»), вполне можно предположить, что опыт непосредственного взаимодействия со сложной пространственной динамикой средневекового монументального искусства мог сыграть важную роль в переходе художника к созданию конструкций в реальном пространстве.

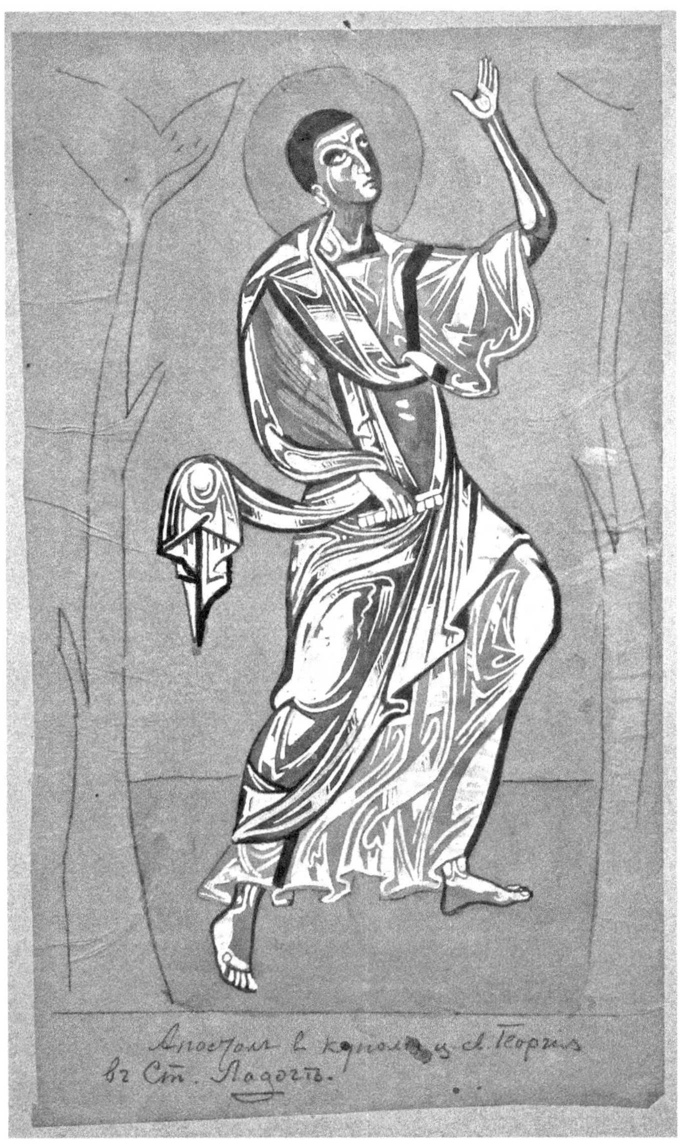

Рис. 56. В. Е. Татлин. Апостол Фома. Эскиз фрески из купола церкви Св. Георгия в Старой Ладоге. 1905–1910. Бумага, акварель, белила. 24 × 15,5 см. Российский государственный архив литературы и искусства (Москва)

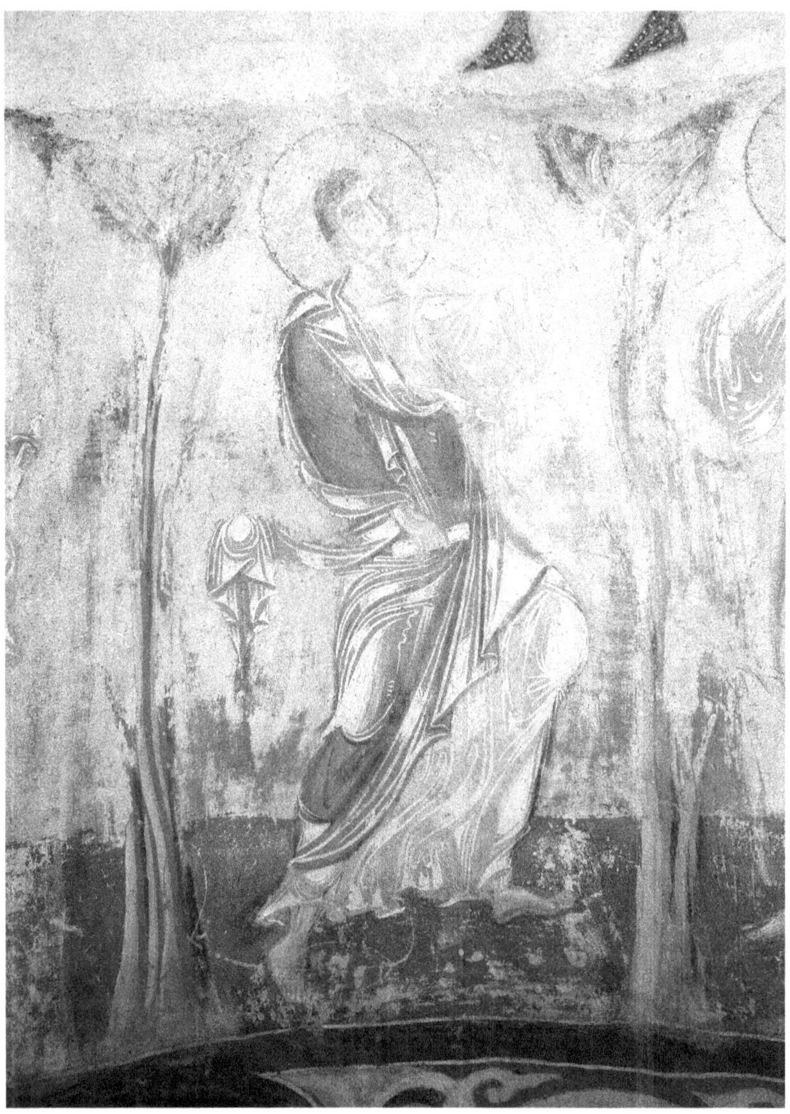

Рис. 57. Апостол Фома. Фреска. XII в. Церковь Св. Георгия (Старая Ладога)

Справедливость такого предположения подкрепляется тем, что единственный сохранившийся угловой контррельеф, который был представлен на выставке «0,10», достаточно велик: 71 на 118 сантиметров. Такой масштаб, почти соразмерный человеку, наводит на мысль о том, что Татлин хотел, чтобы зрители взаимодействовали с его произведением непосредственно и на телесном уровне, а не только отстраненно, «ретинально».

Тем не менее ошибочные представления о «плоскостности» и «статичности» русско-византийского изображения оказались очень устойчивы, и, опираясь на них, некоторые исследователи модернизма, в том числе Жадова, пришли к выводу о том, что, только «преодолев двухмерность иконописи», Татлин «смог прийти к созданию пространственных материальных конструкций, составленных из сложных геометрических фигур» [Zhadova 1988: 66]. Таким образом, разговоры о влиянии иконописной традиции на творчество Татлина, как правило, ограничивались обсуждением его живописных картин и ранних живописных рельефов 1910-х годов и очень мало было написано о том, каким образом пространственный динамизм и эмпирическая направленность монументального русско-византийского искусства могли воздействовать на его позднее творчество, в том числе на замысел памятника III Интернационалу. Как свидетельствуют различные заявления Татлина, уроки одного из его первых учителей Афанасьева во многом определяли его эстетические взгляды и воззрения даже в зрелые годы. В 1928 году Татлин по-прежнему заявлял, что влияние Афанасьева на его творчество не менее важно, чем влияние Ларионова и Пикассо[38]. Взаимоотношения Татлина с двумя последними художниками тщательно изучались целым рядом исследователей, однако указаний на Афанасьева почти никто не заметил. Возможно, это объясняется тем, что, в отличие от Пикассо и Ларионова, Афанасьев — почти совершенно забытый художник XIX века, известный преимущественно как реалист, автор жанровых картин, а также карикатур для журналов «Шут», «Огонек» и «Осколки». Любопытно, что на

---

[38] ЦГАЛИ. Ф. 1938. Оп. 1. Д. 59. Л. 1. Анкета. См. в [Zhadova 1988: 262].

одной из немногих его картин, написанных маслом и дошедших до нашего времени, изображена пожилая дама, зажигающая свечи перед домашним иконостасом в «красном углу»[39].

Как и многие другие художники с академическим образованием, в 1880–1890-е годы Афанасьев лично участвовал в реставрационных работах и в создании ряда произведений в духе ревивализма. Так, например, в 1896 году он выполнил четыре мозаики для фасадов храма Спаса-на-Крови в Санкт-Петербурге: изображения апостола Павла, евангелиста Луки, Серафима Саровского, а также святых Иакова, Евфимия и Евстафия. Кроме того, он автор восьми мозаичных панно для интерьера собора. То были святые Варлаам Хутынский и Александр Свирский, Макарий Египетский и Моисей Мурин, Андроник Паннонийский и Аполлос, мученики Лукиан Антиохийский и Агафодор Сардийский, Авериан и Порфирий, апостолы Никанор и Флегонт Марафонский, Иродион и Урбан Македонский, Иоанн Богослов и Иаков Старший (рис. 58). Занимаясь преподаванием, Афанасьев советовал всем своим студентам пристально изучать и копировать фрески и мозаики из Византии, Равенны и Древней Руси — либо непосредственно с натуры, либо по хорошим репродукциям. В результате за годы, проведенные в Пензе, у Татлина образовался большой архив изображений на религиозную тематику — как византийских, так и русских, — который художник затем хранил всю жизнь [Стригалев 1993: 369]. Такие неожиданные связи между ревивалистскими устремлениями XIX века и авангардизмом XX века ясно показывают, что взаимодействие между этими, казалось бы, совершенно разными и даже противоположными направлениями художественного творчества было гораздо более сложным и разнообразным, чем представляется в большинстве работ о модернизме.

Наконец, как было отмечено в первой главе этой книги, теории, затрагивающие проблемы средневековой визуальности и сложности организации пространства иконы (предвосхитившие позднейшие исследования таких ученых, как Демус), активно

---

[39] Подробнее об Афанасьеве см. [Брук, Иовлева 2006, I: 52].

обсуждались несколькими современниками Татлина еще в середине 1910-х годов. Например, Тарабукин в своей «Философии иконы» говорил об иконописном изображении как о «вывернутом наизнанку» [Тарабукин 1999: 125]. Он считал, что, вместо того чтобы «втягивать» зрителя в свое изобразительное пространство, иконописное изображение проецируется со своей поверхности наружу, в пространство зрителя:

> Иконописец мыслит не по-евклидовски. Он отвергает перспективу, как форму выражения бесконечного пространства. Мир иконописи конечен. <...> Конечным представляется пространство иконы, если воспринимать его и со стороны зрителя, ибо, развертываясь в так называемой «обратной перспективе», оно должно замкнуться где-то за рамкой иконы на глазах у зрителя. <...> Если перспектива втягивает в свои глубинные недра зрителя, то иконописное пространство, благодаря «обратной перспективе», отталкивает зрителя, не пускает его в пределы того мира, где находятся Христос, Богоматерь и святые. <...> Вещий мир становится как бы прозрачным, ибо повертывается всеми своими гранями одновременно. <...> Храм «вывернут наизнанку» при одновременном созерцании его внешности [Тарабукин 1999: 124–125].

Кроме того, Тарабукин утверждал, что иконопись — самый «архитектонический» из всех видов изобразительного искусства, поскольку она отказывается от иллюзионизма и подражания в пользу самодостаточной, конкретной и «конструктивной» трактовки пространства [Тарабукин 1999: 48]. Таким образом, он приходит к выводу о том, что по своей философской сути иконопись особенно близка к архитектуре. Как и Демус в своих более поздних работах, Тарабукин рассматривал иконописный образ как принадлежащий к единому континууму с реальным пространством, а не как подражающий ему. В период написания книги «Философия иконы» Тарабукин познакомился с Пуниным, который тогда уже дружил с Татлиным и регулярно участвовал в теоретических дискуссиях и авангардных мероприятиях объединения «Квартира № 5», как и Флоренский, Грищенко, Попова,

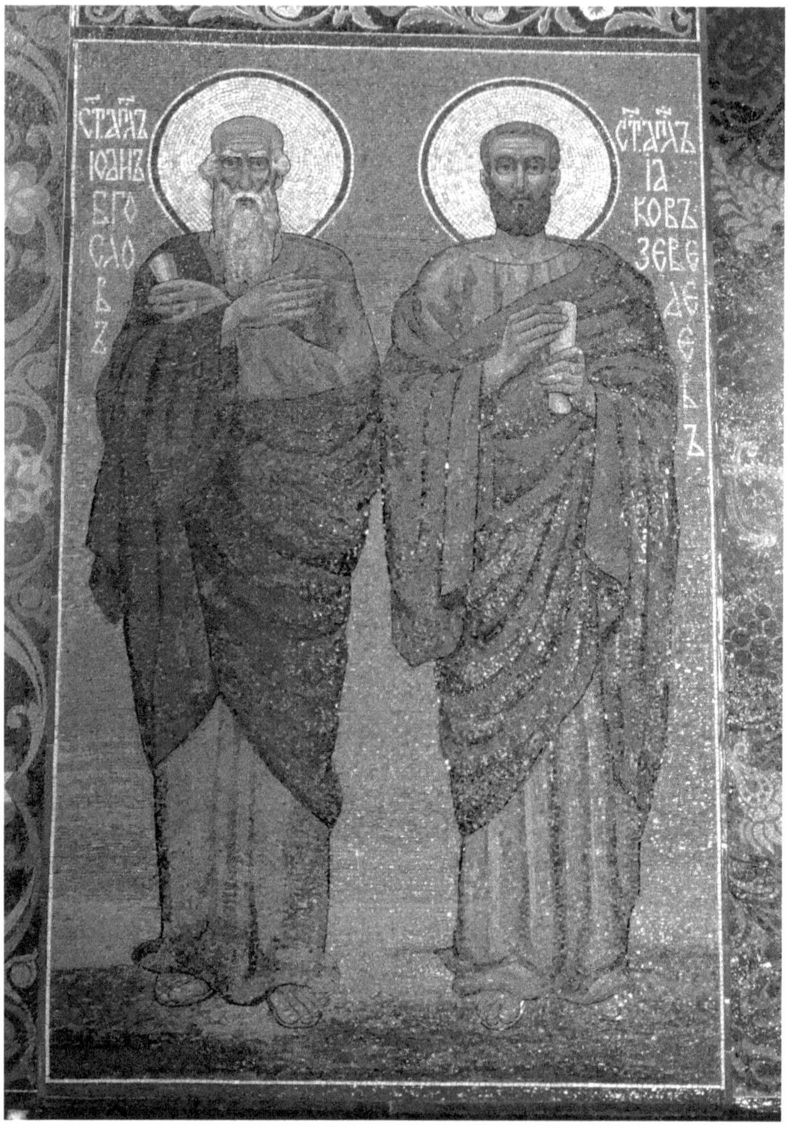

Рис. 58. А. Ф. Афанасьев. Св. Иоанн Богослов и апостол Иаков Зеведеев. 1894–1897. Мозаика. Собор Воскресения Христова на крови («Спас-на-Крови»), Санкт-Петербург

Пестель, Удальцова, Веснин и другие [Вздорнов, Дунаев 1999: 9; Стригалев 1996: 428]. Поскольку Пунин в то время работал в Древлехранилище памятников иконописи и церковной старины в Русском музее, а также писал свой объемный очерк творчества Андрея Рублева для журнала «Аполлон», очевидно, что среди ближайших друзей и коллег Татлина активно обсуждалась идея пространственной динамики в иконописи и в русско-византийском монументальном искусстве. Таким образом, эксперименты Татлина с угловыми контррельефами зарождались в контексте бурных, разносторонних дискуссий, посвященных сложным пространственным, теоретическим и онтологическим вопросам изучения иконописной традиции, и эти дискуссии, несомненно, во многом определяли характер творчества Татлина.

«Бог не скинут». К новой теологии искусства

В своих отзывах об экспозиции Малевича на выставке «0,10» большинство современников заключали, что на «Последней футуристической выставке картин» супрематизм бесспорно одержал победу над «татлинизмом». Так, М. В. Матюшин пришел к выводу о том, что Малевич почувствовал идею «самостоятельности краски в живописи <...> сильно по-новому», между тем как новые работы Татлина оказались «слабее» выставленных годом ранее [Матюшин 1916: 17–18]. Точно так же три года спустя после «0,10» Пунин сокрушался:

> Супрематизм расцвел пышным цветом по всей Москве. Вывески, выставки, кафе — все супрематизм. И это чрезвычайно показательно. Можно с уверенностью сказать, что наступает день супрематизма. <...> В то время как Москва празднует таким образом великий супрематический праздник — в тиши, номинально признаваемый, но фактически оставшийся до сих пор вне сферы широкого влияния, живет другой мастер московского художественного мира — В. Татлин [Пунин 1919а][40].

---

[40] Цит. по [Малевич 2004а, 2: 152].

Что еще более важно, в отличие от угловых контррельефов Татлина, в «Черном квадрате» Малевича сразу увидели новую «голую икону»[41]. Возмущенный Бенуа назвал эту картину «чудовищным кощунством» и «утверждением культа пустоты, мрака, “ничего”» [Бенуа 1916: 514–517]. Как проницательно отметила Шарп, Бенуа отвергал «Черный квадрат» не из эстетических соображений, а скорее из религиозных. До сих пор его «критика авангардного искусства строилась на обвинениях в эпигонстве и эклектизме», теперь же речь шла о «богохульстве». Для Бенуа «Черный квадрат» «представлял собой не просто подобие иконы, наделяемое по аналогии свойственным иконе авторитетом, но фактическую замену иконы». Следовательно, «Черный квадрат» был как бы «иконой смертного греха», прославлявшей «высокомерное самовозвышение человечества (и машины) над природой и Богом» [Sharp 1992: 42]. В отличие от Татлина, который преобразовал иконописный образ в пространстве и получил в результате угловой контррельеф, применив по существу структурную аналическую художественную стратегию, Малевич воссоздал «Черный квадрат» как некий материалистический «нуль формы», себя же представил создателем «нового реализма» и (как он упорно утверждал в 1920-х) «новой религии». Иными словами, Малевич применил концептуальную онтологическую стратегию, поставив ее на службу диалектике оригинальности. Через несколько лет после выставки «0,10» он даже задним числом теоретически обосновал наличие значимой связи между трансцендентальным первенством угла и геометрическими размерами куба, символически связав «Черный квадрат» с «красным углом»:

> Отсюда я вижу оправдание и истинное значение православного угла, в котором стоит образ, образ святой, в отличие от всех других образов — изображений грешников. Святейший занимает угол, менее святые занимают стену по бокам. Угол символизирует, что нет другого пути к совершенству, как только путь в угол. Это конечный пункт движения. Все пути, по которым бы ты ни шел, если ты идешь к совершен-

---

[41] К. С. Малевич — А. Н. Бенуа, май 1916 года [Малевич 2004а, 1: 83–87].

> ству, сойдутся в угол; будешь ли ты идти по выси (потолку), по низу (полу), по бокам (стенам) — результатом твоих путей будет куб, <так> как кубатура — полнота твоих достижений и совершенство [Malevich 1976: 354][42].

Претензия Малевича на новую «иконичность» очень напоминает — и во многом предвосхищает — «живописный номинализм» Марселя Дюшана, который принципиально расширил философские границы искусства[43]. Как и «Фонтан», созданный в 1917 году, «Черный квадрат», вместо главного вопроса кантианской эстетики: «Что красиво?», выдвигает на первый план другой вопрос: «Что составляет произведение искусства?» [de Duve 1991: XX–XXII]. Бенуа, критик весьма проницательный, сразу распознал в «новой иконе» Малевича угрозу для устоявшейся сферы эстетического опыта: эта икона отображала «разрушение определенной системы ценностей и установление новой иерархии — преобладания форм над природой». В результате Бенуа попытался дискредитировать «Черный квадрат» с помощью

> квазирелигиозной, квазисоциополитической риторики <...> его формулировки ясно указывают на нежелание признать, что творчество Малевича эволюционировало; стремление разоблачить богохульство Малевича мешает ему увидеть связь между супрематизмом и иконой [Sharp 1992: 42].

Фактически, задействуя здесь икону, Малевич не только создал миф о «Черном квадрате» как о «первой» супрематической картине (по ходу дела переписав историю), но и самоутвердился в роли «создателя» или «первооткрывателя» геометрической абстракции как таковой. Таким образом, «Черный квадрат»

---

[42] Книга Малевича «Мир как беспредметность» была написана в 1924–1925 годах, но свет увидела только в 1927 году: она была опубликована на немецком языке под заглавием «Die gegenstandslose Welt» как одиннадцатая книга в книжной серии Баухауса, под редакцией Вальтера Гропиуса и Ласло Мохоли-Надя.

[43] См. [de Duve 1991].

символизировал одновременно и конец старой изобразительной традиции, и начало новой.

Поменяв задним числом датировку «Черного квадрата» на 1913 год, Малевич вводил исследователей в заблуждение почти семьдесят лет[44]. Эта дата была выбрана не случайно: через нее рождение супрематизма оказалось связано с рядом важных исторических и культурных событий, таких как открытие выставки древнерусского искусства и апогей русско-византийского возрождения[45]. Как отмечает А. С. Шатских, Малевич будто бы «предчувствовал, что 1913 год окажется очень важным, [поскольку он] настаивал на датировке своей главной картины именно этим годом» [Shatskikh 2012: 2]. Несмотря на устроенную художником мистификацию, недавние исследования однозначно датируют «Черный квадрат» июнем 1915 года: их авторы показывают, что его созданию предшествовал ряд других полихромных и многокомпонентных абстрактных работ [Shatskikh 2012: 37–53]. С помощью рентгеновских снимков под «Черным квадратом» удалось обнаружить еще одну супрематическую композицию, составленную из множества разноцветных, диагонально расположенных элементов, которые художник впоследствии закрасил. «Черный квадрат» не был ни первой супрематической работой, задуманной Малевичем, ни первой супрематической работой, представленной публике. Малевич показал несколько сложных геометрических композиций на Выставке современного декоративного искусства (первой выставке «Вербовка») в Москве, которая проходила с 6 ноября по 10 декабря 1915 года[46]. Однако, в отличие от этих работ, «Черный квадрат» обладал выраженной строгостью, сдержанностью и минимализмом и благодаря этому

---

[44] Создание «Черного квадрата» датировали 1913 годом вплоть до 1980-х годов.

[45] В 1913 году произошел ряд важнейших исторических и культурных событий, в том числе празднование трехсотлетия дома Романовых, успешное окончание Балканских войн, а также премьеры дягилевской «Весны священной» в Париже и футуристической оперы «Победа над солнцем» в Санкт-Петербурге. См. [Bowlt 2008: 319–346].

[46] См. [Shatskikh 2012: 85–98; Douglas 2007: 99–101].

ознаменовал собой гораздо более важную веху в истории модернизма, так что Малевичу пришлось кое-какие события опустить, а кое-какие — поменять местами [Shatskikh 2012: 47]. Соответственно, обыгрывая отсылку к иконе, Малевич поместил «Черный квадрат» в экспозиции выставки «0,10» таким образом, чтобы визуально подчеркнуть его «превосходство» над всеми прочими картинами (рис. 49). Таким образом, это произведение обрело метафорическую функцию «божественного прототипа» или «нуля формы», из которого родились все прочие супрематические работы. Более того, как проницательно отмечает Лоддер, картины размещались на стенах нерегулярно и были развешены на всем пространстве от пола до потолка, так что складывались в «супрематическую фреску», которая «окружала зрителя, формируя совершенно супрематическое пространство», в высшей точке которого находился «Черный квадрат» [Lodder 2015: 94]. В православных храмах изображения на стенах и в куполе обычно располагаются в соответствии с божественной иерархией: святые и мученики находятся в нижнем ряду, над ними разворачиваются сцены земной жизни Христа; еще выше помещаются пророки, апостолы и Дева Мария; и, наконец, на самом верху — архангелы и Христос Вседержитель. В подражание этой символической духовной иерархии Малевич поместил «Черный квадрат» не только на самом высоком и важном месте в экспозиции, но и символически уравнял его с образом Христа, в то же время намекая на легенду о Мандилионе (это специально задуманная и важная концептуальная параллель, к которой я вернусь позже). Благодаря своему давнему увлечению монументальным русско-византийским искусством Малевич, как и Татлин, очевидно, уже привык мыслить трехмерными, архитектурными формами — и впоследствии, в 1920-х годах, этот интерес привел его к разработке «архитектонов» и «планитов». Малевич вновь использовал замысел экспозиции «0,10» на выставках общества «Бубновый валет» в 1916 и 1917 годах и тем самым не только подтвердил свой окончательный переход к супрематизму, но и утвердил «символический приоритет или “первородство” “Черного квадрата”»

[Fer 1997: 7]. Кроме того, в 1920 году Малевич опубликовал «34 рисунка» — литографический альбом, в котором прослеживается становление и эволюция супрематизма. В этой работе он вновь выделил мысль о том, что именно «Черный квадрат» положил начало супрематизму: художник поместил его первым в ряду супрематических работ.

Малевич даже придумал несколько историй о «чудотворном» рождении замысла «Черного квадрата», чтобы усилить ощущение экстраординарности создания картины. Например, по свидетельству Клюна, Малевич утверждал, что, «когда он писал “Черный квадрат”, то перед ним все время по полотну проходили какие-то “огненные молнии”» [Малевич 2004а, 1: 78]. Точно так же, когда молодые последователи Малевича в Витебске и Смоленске попросили его рассказать, как он пришел к мысли о создании «Черного квадрата», художник сообщил им, что всё случилось «спонтанно», когда он посмотрел в окно «и был потрясен контрастом между только что выпавшим, ослепительно-ярким снегом и черным ранцем за спиной у мальчика, который вышел из дома, направляясь в школу» [Rakitin 1992: 30]. Наконец, одна из учениц Малевича, А. А. Лепорская, вспоминала, что «он считал “Черный квадрат” событием такого огромного значения в своем творчестве, что после его создания не мог ни есть, ни пить, ни спать целую неделю» [Shatskikh 2012: 45]. Это последнее свидетельство содержит явный намек на религиозные обряды, связанные с постом и совершаемые иконописцами при написании священных образов. Все эти рассказы указывают на то, что Малевич, по всей видимости, намеренно использовал средневековый жанр историй о чудесах, связанных с иконами, представляя создание «Черного квадрата» как некое чудо, свершившееся благодаря божественному вмешательству, что опять заставляет вспомнить византийскую легенду о Мандилионе. На самом деле Малевич (во многом подобно Кандинскому) намеренно создавал себе образ «провидца» или «визионера», во многих своих теоретических трудах используя «профетический» стиль и библейские отсылки. Он часто использовал образы очищающего «космического пламени», «царства небесного», «пустыни Слова», «Иоанна Богослова»,

«Бога Сына» и «Страшного суда» и прочие подобные[47]. Себя же он называл «началом всего», а весной 1916 года явился на выставку «Магазин» в странном виде: «На лбу нарисовано “0,10”, а на спине приклеена бумажка с воззванием <...> “Я — апостол”» [Степанова 1994: 61]. Таким образом, Малевич, скорее всего, следовал совету своего друга и одного из авторов сборника «Вехи» — философа и литературоведа М. О. Гершензона (1869–1925), который утверждал, что для того, чтобы построить новую систему мышления, отражающую дух нового времени, «нужно найти слова, равные по своей значительности словам Библии» [Гершензон-Чегодаева 2000: 127].

В самом деле, многие высказывания Малевича свидетельствуют о его знакомстве с богословскими сочинениями Соловьева, Булгакова и Флоренского и не только. Как отмечает А. А. Курбановский, некоторые идеи Малевича о человеческом сознании, о природе реальности и о современной эпистемологии очень напоминают идеи Флоренского [Kurbanovsky 2007: 363–364]. Так, в своей знаменитой статье 1922 года «Бог не скинут: искусство, церковь, фабрика» Малевич писал:

> Человек определил существование вещей, заранее для него непонятных, несуществующих, и хочет исследовать их, взять любую из вещей, определенных человеком, и попробовать ее исследовать, и мы увидим, что она сразу под напором исследующего орудия распадается на множество составных вещей, вполне самостоятельных, и исследование докажет, что вещи не существовало, существовала только сумма вещей [Малевич 1995: 241].

Несколькими годами ранее Флоренский сформулировал похожую мысль в своей книге «Столп и утверждение истины». Он писал:

---

47 См., например [Malevich 1978]; а также следующие письма: М. В. Матюшину, 12 апреля 1916 года [Малевич 2004, 1: 80–81]; М. О. Гершензону, 21 декабря 1919 года [Малевич 2004, 1: 115–119]; М. О. Гершензону, 11 апреля 1920 года [Малевич 2004, 1: 127–129]; М. О. Гершензону, 13 октября 1924 года [Малевич 2004, 1: 164–165]; П. Д. Эттингеру, 3 апреля 1920 года [Малевич 2004, 1: 125–126].

> За что бы мы ни взялись, мы неизбежно дробим рассматриваемое, раскалываем изучаемое на несовместные аспекты. Смотря на одно и то же с разных сторон, т. е. действуя разными сторонами духовной деятельности, мы можем прийти к антиномиям, к положениям несовместным в нашем рассудке [Флоренский 2003: 147].

Точно так же и представление Малевича о вечном стремлении человечества «в бесконечный путь беспредметного» как о средстве достижения «Бога, или совершенства <...> как абсолютного конца, на котором он уже не как человек будет действовать, но как Бог», напоминает соловьевскую концепцию Богочеловечества, согласно которой двойственная природа Христа присуща и человеку и высшая цель человечества состоит в достижении теозиса, или единения с Богом [Малевич 1995: 241; Соловьев 1988]. В теологии Соловьева этого идеала можно достичь через «свободное единство» трех основных областей человеческой жизни: «свободной теократии», или «цельного общества»; «свободной теософии», или «цельного знания»; и «свободной теургии», или «цельного творчества» [Соловьев 1988: 177][48]. Это близко к формулировкам самого Малевича: «Человек разделил жизнь свою на три пути, на духовный, религиозный, научный, фабрику и искусств. Что означают эти пути? Означают совершенство, по ним движется человек, движет себя как совершенное начало к своей конечной представляемости, то есть к абсолюту, три пути, по которым движется человек к Богу» [Малевич 1995: 258–259].

Точно так же многие друзья, ученики и соратники Малевича утверждали, что «он не был религиозным» и не верил в существование божества или в то, что есть некая «разумная Воля, которая все организует», но ему было свойственно «какое-то космическое супрематическое чувство вселенной»[49]. Малевич живо интересовался достижениями теоретической физики и изучал астрономию, которая, по его мнению, подтверждала правильность его

---

[48] Хороший анализ этих понятий см. в [Poole 2010].

[49] Рождественский К. И. «Гинхук»; «Малевич — это неисчерпаемая тема» [Малевич 2004а, 2: 296, 305].

представлений о «бытии» и «небытии» мироздания[50]. Он утверждал, что его «мало интересует пророчество», понимает «все искусство как свободную деятельность от всех экономическо-практических и религиозных идеологий» и что в конечном счете он «за ненадобностью» отказывается «от души и интуиции», провозглашая: «Да здравствует новый мир вещей!»[51] Кроме того, в годы, непосредственно предшествовавшие его переходу к беспредметности, Малевич создал ряд «алогичных» картин, таких как «Корова и скрипка» (1913) и «Англичанин в Москве» (1914), которые должны были подрывать рациональный взгляд на мир и прославлять его абсурдность[52]. 19 февраля 1914 года на собрании группы «Бубновый валет» Малевич прочел лекцию, в которой публично «отверг разум»[53]. Из этого следует, что, в отличие от Кандинского с его искренним желанием создать новое духовное искусство, влияющее на человеческую душу, Малевич, заигрывая с иконописью и религиозной образностью, действовал с расчетом на успешный авангардный гамбит вне всяких притязаний на оккультизм или мистику. В этом смысле интересно свидетельство Клюна:

> Отношение к Богу у него было тоже какое-то своеобразно-странное: в Бога он не верил, но и не относился к нему враждебно. Свое отношение к Богу выразилось у него в одном эскизе, который мне у него довелось видеть; в этом эскизе он изобразил себя стоящим на каком-то возвышении с поднятой кверху рукой, к облаку; в руке у него какой-то сосуд — не то чаша, не то рюмка. На облаке сидит Бог в сиянии, как и подобает Ему, и наливает Малевичу в чашу водку из бутылки. В этом эскизе я не почувствовал насмешки, издевательства, сатиры, совсем наоборот, — ощущается какое-то дружеское, приятельское отношение к Богу, — дескать, Ты творец и Я творец, оба мы творцы [Клюн 1999: 132].

---

50 К. С. Малевич — М. О. Гершензону, 1 января 1921 г. [Малевич 2000: 347].

51 К. С. Малевич — Эль Лисицкому, 6 сентября 1924 года [Малевич 2003: 302, 56, 222].

52 См. [Bowlt 1998: 137–163; Shatskikh 2012: 1–33].

53 Речь Малевича была напечатана в газете «Речь» (1914. № 32. 20 февраля. С. 5.).

Хотя этот эскиз не сохранился, из описания Клюна видно, что аллегорическое обращение Малевича к Богу как к «равному» или «приятелю-творцу» свидетельствовало о его собственном стремлении стать в глазах современников визионером, учителем, колоссом модернизма — гениальным художником, который в 1913 году единолично «изобрел» геометрическую абстракцию. Вместо того чтобы просто «подражать» Божьему творению, копируя его, изображая иллюзионистически, Малевич «претендовал на абсолютную свободу, присущую Богу», создавая совершенно новые формы, не существующие в природе [Summers 2003: 640]. В письме М. В. Матюшину от 24 сентября 1915 года он объяснил, что хочет назвать свое новое направление в искусстве «супрематизмом» потому, что это слово «означает господство», и потому, что он и его последователи «превыше» всего и «отдают первенство» своему «я»[54]. В русском языке слово «господство» имеет двойное значение: это и власть («господствовать»), и божественность («Господь Бог»).

Кроме того, Малевич провокационно заявлял, что, созерцая «Черный квадрат», занимаясь «вглядыванием в тайну его черного пространства», он видит в нем «то, что когда-то видели люди в лице Бога»[55]. Если бы большевистская революция пошла по иному пути — кто знает, возможно, «иконам» Малевича в конечном счете нашлось бы место в настоящих действующих храмах точно так же, как огромные абстрактные полотна Марка Ротко оказались в 1970-х годах в часовне Ротко в городе Хьюстоне (США, штат Техас). Интересно, что, по словам Шатских,

> после того как в конце XX века наследие супрематиста [Малевича] получило признание на различных выставках в Советском Союзе, его экспозиционное решение для выставки «0,10» воспроизводили несколько раз, и «Черный квадрат» вешали в «красном углу» зала <...> когда в музеях повторяли оригинальную развеску, происходила принци-

---

[54] К. С. Малевич — М. В. Матюшину, 24 сентября 1915 года [Малевич 2004а, 1: 69]; см. также [Малевич 1995: 65].

[55] К. С. Малевич — П. Д. Эттингеру, 3 апреля 1920 года [Малевич 2001: 465–466].

> пиальная подмена: обычные углы становились «красными» просто потому, что в них помещалась икона, «Черный квадрат» [Shatskikh 2012: 109].

Иными словами, присвоив сакральное положение иконы, «Черный квадрат» сам, по аналогии с нею, обрел способность освящать светское по своей природе пространство советского и постсоветского музея. В начале 1920-х годов Малевич уже задействовал этот парадокс в своих экспериментах. Например, на выставке ГИнХуКа 1926 года в Ленинграде он подвесил большой крестообразный макет архитектурного сооружения между двумя колоннами, а по трем сторонам от макета поместил «Черный квадрат», «Черный крест» и «Черный круг» — свою супрематическую «Троицу», так что по большому счету вся композиция «больше всего походила на алтарь» [Gough 2015: 62]. Таким образом, в советской истории был краткий миг, когда «Черный квадрат» оказался парадоксальным образом способен поменять местами полюса бинарной оппозиции сакрального и профанного, светского и религиозного искусства, намекая на трансцендентное и оставаясь при этом своеобразным манифестом беспредметного материализма. По словам самого Малевича, под властью большевиков

> уже икона не может быть тем смыслом, целью и средством, которым была раньше, она отошла в музей, где может еще спасаться под новым смыслом не религиозного понятия, а искусства; но по мере нашего углубления в новый творческий смысл она потеряет и это значение, в нее ничто нельзя вложить, ибо она будет бездушным манекеном прошлой духовной и утилитарной жизни [Малевич 1995: 212].

Фабио Рамбелли и Эрик Рейндерс в своей фундаментальной статье об иконоборчестве отмечали, что устранение священных предметов от взгляда верующих и помещение их в музейный контекст с целью сохранения культурно-исторического наследия часто обращается «семиоклазмом» или разрушением «значений, отношений между означающим и означаемым, более или менее крупных фрагментов семиотической системы, составляющей основу существования знака-объекта» [Rambelli, Reinders 2007: 31]. И наоборот, якобы «иконоборческая» природа «Черного квадрата» может пониматься как имплицитное признание могущества русско-византийской иконы, «утверждение через отрицание» [Faure 1998: 785]. Таким образом, «Черный квадрат» функционировал «как своеобразный сплав очарования и разочарования, священного, выраженного в зыбких, но мощных формах <...> в “противоположной” ему форме десакрализации» [Taussig 1999: 13]. Иначе говоря, «Черный квадрат» мог функционировать сразу в нескольких регистрах: как икона и антиикона, предмет светский и церковный, акт разрушения и одновременно созидания. Как отмечает Брайони Фер, «по прошествии времени иконоборческий пафос этой картины смягчился и видоизменился; ибо картина, олицетворявшая разрыв модернизма с художественной традицией, вскоре сама стала священным образом в рамках модернистского канона» [Fer 1997: 7]. В результате «Черный квадрат» оказался парадоксальным образом выражением одновременно идей иконоборчества и иконопочитания, всем обликом своим непрестанно и разрушая, и воссоздавая средневековую русско-византийскую икону.

Малевич продолжал обыгрывать эту смысловую двойственность, завещав своим близким в будущем на собственных похоронах и поминках вместо традиционной православной иконы использовать «Черный квадрат» (рис. 59). Клюн пишет:

> В завещании Малевич писал, что гроб должен быть крестообразной формы и лежать он должен в нем с распростертыми в стороны руками <...> причем на верхней белой стороне крышки были вписаны: в головной части — черный квадрат, в ногах — красный круг. <...> Тело Малевича положили в гроб и перенесли в большую комнату, которая вся была увешана его картинами разных направлений; на средней стене висел в раме большой черный квадрат, написанный на белом фоне. Гроб был поставлен головой к квадрату. <...> Гроб поставлен был на большой стол, покрытый белой материей; с одной стороны на материи нарисован был

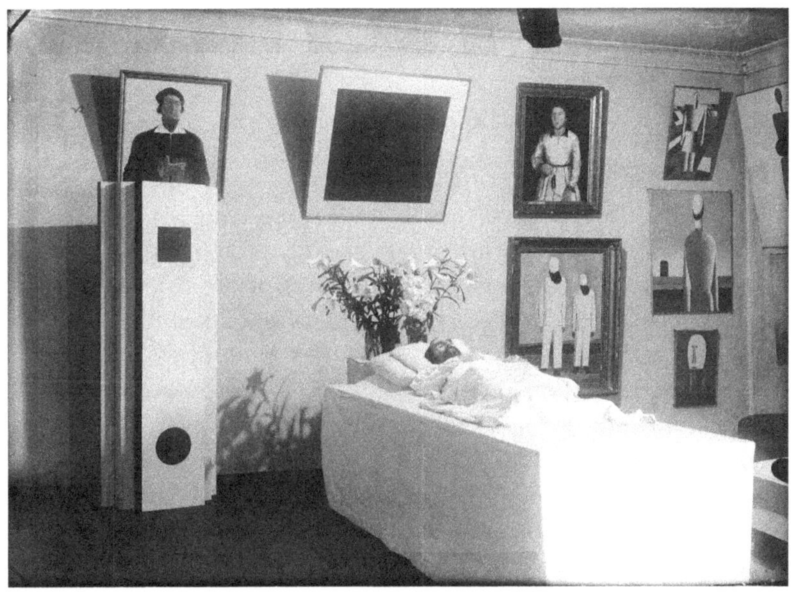

Рис. 59. Тело Малевича в траурном зале (17 мая 1935 года). Государственный Русский музей (Санкт-Петербург)

> черный квадрат и с другой — красный круг. <...> Все это вместе с нарядным покойником представляло очень красивое, стильное, красочное, чисто супрематическое зрелище [Клюн 1999: 154–156].

Опираясь на рассказ Клюна, можно предположить, что, когда «Черный квадрат» оказался задействован в ритуале похорон Малевича, он играл двойную роль — как «синтез живописного произведения» и как «мистический символ», исходя из чего Шарп сделала следующий вывод:

> Картина, тело и гроб оказались связаны друг с другом как икона, частица мощей и реликварий; всё это представлялось как бы физическим выражением отсутствующего присутствия художника, обеспечивающим его творческому наследию будущее <...> для следующих поколений художников

> эти похороны стали квинтэссенцией модернистской субъективности — того пафоса и надменности, в которых Малевича обвинял еще в 1916 году в своей первой рецензии Александр Бенуа [Sharp 2015: 283].

Более того, превратив свои похороны в «супрематическое зрелище», а собственное тело — в произведение искусства, Малевич использовал самую суть иконописного образа как олицетворения воплощенного Христа, сопричастного той реальности метафизического мира, которая была на нем представлена.

Фактически еще в 1915 году Малевич эксплицитно отождествлял себя со своим главным творением — «Черным квадратом». На выставке «0,10» он, в частности, представил картину под названием «Супрематизм. Автопортрет в двух измерениях» (цв. илл. 13), где на сплошном белом фоне, который Мудрак сравнила с золотым фоном икон, Малевич изобразил несколько абстрактных геометрических фигур. Это были в том числе синий четырехугольник и под ним — черная полоса в правом нижнем углу холста, желтый прямоугольник и под ним — маленький красно-коричневый квадрат, сбоку от них, слева и ближе к центру, — широкое кольцо того же цвета и, наконец, большой черный квадрат, помещенный на самое видное место в верхней части картины, там, где обычно находится лицо портретируемого [Mudrak 2015: 54–55]. По словам Мудрак,

> наиболее характерные черты человеческой фигуры, выделенные супрематизмом, представляют своего рода изобразительный кеносис — «выхолащивание» необязательных физических особенностей и признаков натурщика, позволяющее выявить самую суть его личности [Mudrak 2015: 55].

Если таким образом трактовать супрематический «Автопортрет в двух измерениях», можно сказать, что в нем буквально реализовалось утверждение Малевича о том, что он «преобразился в нуль формы» и символически занял место Бога, превратившись в «иконописное» изображение; точно так же, как Мандилион стал автопортретом воплощенного Христа, так и «Черный квадрат» стал метафорическим воплощением Малевича. Иными словами, точно так же, как Бог создал человека по своему образу и подобию, как единственное существо на земле, задуманное ради него самого и во свидетельство вечной благости Бога, так и «Черный квадрат» служил образом сущности Малевича в беспредметной вселенной, был создан ради него самого и как символ непревзойденного гения. Малевич прямо высказал эту мысль в своем стихотворении 1913 года «Я Начало всего...»:

> Я Начало всего, ибо в сознании моем Создаются миры. Я ищу Бога я ищу в себе себя. Бог всевидящий всезнающий всесильный будущее совершенство интуиции как вселенского мирового сверхразума. Я ищу Бога ищу своего лика, я уже начертил его силуэт и стремлюсь воплотить себя [Малевич 2004б: 440].

Если принять во внимание дату написания этого стихотворения, станет очевидно, что для Малевича было важно перенести время создания «Черного квадрата» именно в 1913 год, так чтобы эта картина стала синонимична личности самого художника и рождению абстрактного искусства. Последующее десятилетие показало, что такая стратегия вполне успешна. «Черный квадрат» стал функционировать и как обозначение самого Малевича, и как парадигматическая эмблема супрематизма и авангардного искусства в целом.

Понимая всю сложность и глубину православного образа и его исторической роли, Малевич неоднократно повторил свой «Черный квадрат» в разных форматах и в результате добился для этой картины важного места в модернистском каноне. В своей новаторской статье «Оригинальность авангарда: Повторение в постмодернизме» Розалинда Краусс указывает, что эффективность мифологизации удваивается, если миф об оригинальности не только закреплен в себе самом, но и символически поддержан множественными повторениями:

> Ибо оригинальность становится органической метафорой, относящейся не столько к формальному изобретению, сколько к жизненным истокам. Источник в себе самом на-

> дежно защищен от проникновения традиции, поскольку ему присуща некая первозданная наивность. <...> Или, опять же, источник в себе самом содержит потенциал для бесконечного самовоссоздания, непрерывного самопорождения. Отсюда следующее высказывание Малевича: «Жив только тот, кто отвергает свои вчерашние убеждения». Источник в самом себе дает возможность провести четкое разграничение между настоящим, переживаемым *de novo*, и прошлым, отягощенным традицией. И авангард претендует именно на это — на оригинальность.
> Получается, что если само понятие авангарда можно рассматривать как функцию дискурса оригинальности, то непосредственная практика авангардного искусства, как правило, показывает, что «оригинальность» — это рабочая гипотеза, возникающая на основе повторения и воспроизведения [Krauss 1981: 53–54].

С точки зрения Чарльза Барбера, в том же состояла и логика средневековой иконы, которая тоже опиралась на богословское учение о воплощении, божественном происхождении и художественном повторении:

> Для средневековых людей <...> икона могла быть копией чудесного оригинала и при этом претендовать на тот же статус, что и оригинал. <...> Ее двойственная природа такова, что подразумевает присутствие объекта в изображении его прототипа, так что зритель должен одновременно взаимодействовать с «поверхностью изображения» и созерцать его прототип [Barber 2007: 29].

Известны по меньшей мере три авторские копии «Черного квадрата», созданные в 1923, 1929 и 1932 годах. Кроме того, Малевич повторил его в миниатюре на архитектурных макетах, а также на фарфоровой и керамической посуде. Находясь в Витебске, он использовал «Черный квадрат» в эскизах монументальных фресок, трамвайных вагонов, фасадов зданий и агитационных плакатов, из которых многие хотя и не сохранились до наших дней, но были воплощены в жизнь в 1920-х годах. Об этом свидетельствует фотография того времени, где представлено здание «Белых казарм», на фасаде которого отчетливо видны черные квадраты. Даже когда в конце 1920-х — начале 1930-х годов под растущим политическим давлением большевистской власти Малевича все чаще принуждали к созданию фигуративных картин, он по-прежнему оставлял на них подпись в виде маленького «Черного квадрата», бесстрашно заявляя о своей неизменной приверженности абстрактному искусству (цв. илл. 14). Как пишет Ахим Борхардт-Юм,

> складывается такое впечатление, что чем больше усиливалось политическое давление на эстетику авангарда и чем больше был риск, что его позднее творчество ошибочно станут воспринимать как «возвращение к старым порядкам», тем больше Малевич стремился добиться того, чтобы имя его стало неотделимо от этой иконы супрематизма — от «Черного квадрата» [Borchardt-Hume 2015: 29].

Предлагая нетрадиционную и очень интересную трактовку последнего автопортрета Малевича, написанного в 1933 году (цв. илл. 14), Жан-Клод Маркадэ отмечает, что положение художника анфас, иератическая монументальность позы и выразительное движение руки — все эти особенности заставляют вспомнить иконографию Одигитрии (по-гречески буквально «Путеводительницы») — образа Божией Матери (рис. 60), где она представлена указующей на Младенца Христа как на единственный «путь» ко спасению всего рода человеческого [Маркадэ 2000: 171]. Малевич же на этом автопортрете, наоборот, указывает на пустоту или, скорее, нарочитое отсутствие собственного «царственного младенца». Присутствие «Черного квадрата» отмечено только его миниатюрным повторением в правом нижнем углу в качестве подписи Малевича. Получается, что «Черный квадрат» парадоксальным образом ощутимо присутствует на этой картине, присутствие его обозначено нарочитым отсутствием, и это «утверждение через отрицание» позволяет Маркадэ сделать вывод о том, что Малевич «метонимически присвоил себе этот метафорический образец [иконы]; что путь, на который указывает Малевич <...> это беспредметный мир, который он всю жизнь раскрывал...» [Меркадэ 2000: 171–172].

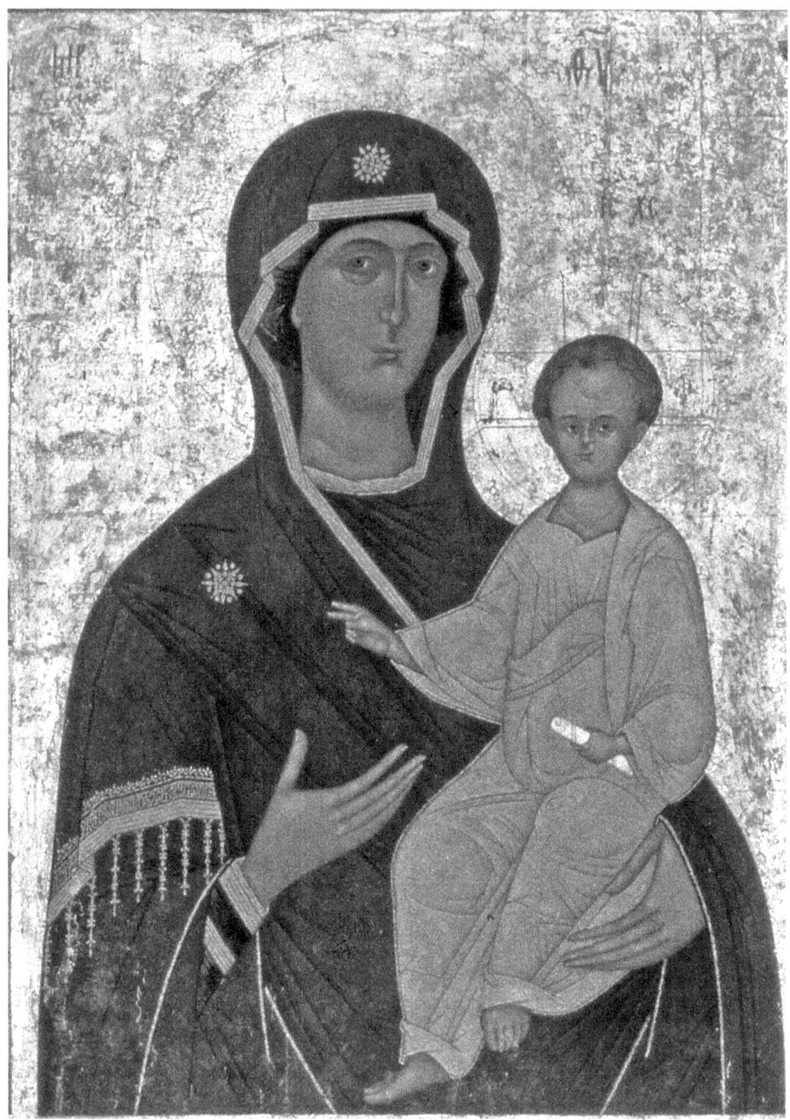

Рис. 60. Смоленская икона Божией Матери (Одигитрия). Ок. 1450. Дерево, левкас, темпера. 139 × 105 см. Государственная Третьяковская галерея (Москва)

Возможно, еще важнее оказалось то, что многие ученики Малевича восприняли «Черный квадрат» как авангардный лейтмотив, который переходил из одного произведения в другое на всем протяжении 1920-х годов. Например, в 1922 году Эль Лисицкий сделал «Черный квадрат» главным героем своей иллюстрированной детской книжки — «Супрематического сказа про два квадрата в шести постройках». Кроме того, он изобразил «Черный квадрат» в центре своей знаменитой картины 1920 года «Без названия (Роза Люксембург)», а также в нескольких своих «проунах», например в «Проуне 99» (1920) и «Проуне 1Е» (1919–1920). В. М. Ермолаева, Н. М. Суетин и И. Г. Чашник в 1920-е годы использовали «Черный квадрат» в дизайне тканей, архитектурных сооружений, фарфоровой посуды и агитационных материалов. В Средние века иконописные изображения Христа, Девы Марии и святых также были чрезвычайно многочисленны, возникали в разных видах искусства: и в монументальных произведениях, и в миниатюрных, на архитектурных сооружениях, монетах, ювелирных изделиях, церковном облачении и энколпионах. Как отмечает О. Ю. Тарасов, «Черный квадрат» стал «основной “иконой” УНОВИСа» [Тарасов 1995: 453]; члены этого объединения нашивали маленькие черные квадраты на рукава в знак своей приверженности принципам супрематизма, так что один из критиков презрительно назвал их «юродивыми монахами», чей «монастырь» следовало бы лишить государственного финансирования[56]. В результате его множественного воспроизведения в разных контекстах и форматах «Черный квадрат» не только стал катализатором нового эстетического сознания, но и его собственное влияние и авторитет укреплялись всякий раз, как кто-то воспроизводил его, — а значит, укреплялись также влияние и авторитет его создателя.

Для Малевича доминирующее положение в изобразительном искусстве раннесоветского времени было только началом более масштабного проекта «миростроения» в соответствии со всеобъ-

---

[56] Серый Г. Монастырь на госснабжении // Ленинградская правда. 1926. 10 июня. Цит. по: [Малевич 2004а, 2: 536–537].

емлющим супрематическим *Weltanschauung*. В 1920-е годы Малевич написал ряд статей и теоретических трактатов, в которых обосновывал супрематизм как новый, беспредметный миропорядок — единую, всеобъемлющую систему сигнификации, призванную преобразить жизненный опыт и человеческое сознание, подобно тому как внедрение византийской религии и визуальной культуры преобразило Древнюю Русь, принеся на смену языческим верованиям и традициям новый, православный образ мысли и восприятия. Однако, вместо того, чтобы поставить искусство на службу богословию, Малевич предполагал поставить религию на службу эстетике. В 1920 году в письме Гершензону он объяснил:

> Я уже Супрематизм не рассматриваю как живописец или как форму <...> я стою перед ним как посторонний, созерцающий явление. Много лет я был занят движением своим в красках, о<т>ставив в сторону религию духа, и прошло двадцать пять лет, и теперь я вернулся или вошел в Мир религиозный. <...> Я посещаю церкви, смотрю на святых и на весь действующий духовный мир и вот вижу в себе, а может быть, в целом мире, что наступает момент смены религий. Я увидел, что как живопись шла к своей чистой форме действа, так и Мир религий идет к религии Чистого действа...[57]

Иными словами, Малевич считал, что пришло время заменить все религии — и христианство, и коммунизм — новой абсолютной, материалистической идеей, которая преобразила бы мир по собственному супрематическому образу и подобию, создала бы мир как беспредметность.

Хотя изначально Малевич полагал, что Советское государство предоставит ему необходимые средства и стимул к достижению этих высоких целей, вскоре он испытал разочарование из-за того, что считал реакционным возвращением большевизма

---

[57] Казимир Малевич — Михаилу Гершензону, 11 апреля 1920 г. [Малевич 2000: 341].

к регрессивным представлениям о роли искусства в обществе. После смерти и похорон Ленина, в 1924 году, Малевич рассуждал:

> Всякая религия есть статика. Мы верим в Ленина, верим в его учение и больше ни во что не верим. <...> Но в силу какого-то закона произошло то, чего никто не ожидал: Ленин преобразился, как Христос. <...> Ленин боролся с образом, противился образу, т. е. не хотел отражать в себе образы, не хотел быть зеркалом идей, не хотел отражаться в материи <...> Ленин искал утилитарного предмета, предполагая направить исторический материализм в форму коммунизма, чтобы утвердить материализм его, но не идею; хотел сделать его беспредметным... [Малевич 2004б: 236–237].

Впрочем, «ученики» Ленина не смогли понять и реализовать его «беспредметное» мировидение и вместо этого пришли к установлению социалистической «теократии», так что Малевичу пришлось заключить, что коммунизм внутренне близок к религии, поскольку для того и другого «вопрос одинаков, цель одинакова и смысл — искание Бога». К великому разочарованию Малевича, Советское государство не выработало принципиально новых онтологической и философской парадигм, а попросту воскресило стратегии и архетипы прошлого, так что «Фабрика» и «Церковь» оказались по сути одинаковы «как в глубоком [, так] и внешнем смысле»: «обрядность, святое отношение, поклонение, вера, надежда на будущее»:

> Как церковь имеет своих вождей, изображателей совершенных религиозных систем, так и фабричный техникум своих, первая чтит и почитает своих, второй — своих. Также стены обоих украшены ликами или портретами, также по достоинству и рангу как в первом [, так] и [во] втором существуют мученики или герои, также имена их заносят в святцы [Малевич 1995: 248].

И марксистский материализм, и православное богословие «призывают искусство, чтобы оно их облачило в ризу красоты, как бы не доверяя своей завершенности» и тем самым признавая свои идеологические недостатки и несовершенство. Современное искусство, с другой стороны, стало полностью автономным и самодостаточным. Супрематизм, в частности, функционировал как самодостаточная философская и «трансметафизическая» система мышления и визуальности, стремящаяся к «новым отношениям» и с Богом, и с природой. Соответственно, можно сказать, что Малевич разработал новую «теологию искусства» и на протяжении всей своей жизни утверждал, что только через «таинственный лик “Черного квадрата”» человечество может надеяться достичь «абсолюта», ибо «в искусстве Бог мыслится как красота, и потому только, что в красоте Бог» [Малевич 1995: 259].

Итак, можно сказать, что и Татлин, и Малевич были хорошо знакомы с той полемикой, которая велась в связи с русско-византийским возрождением, и использовали соответствующий дискурс для достижения собственных художественных задач. Подходы этих художников к взаимодействию со средневековыми иконами и к их цитированию были во многом противоположны друг другу, и тем не менее для обоих был важен уникальный онтологический статус икон, который они использовали для обоснования «нового реализма» в искусстве — каждый по-своему. Татлин исследовал материальную неоднородность и эффект «мнимого присутствия» русско-византийских изображений и воссоздал их в новой феноменологии современного искусства, между тем как Малевич преобразовал философию их образности в новую систему современной иконичности. В экспозиции «Последней футуристической выставки картин “0,10”» и «Угловые контррельефы», и «Черный квадрат» были помещены в углы залов, и такая развеска явно намекала именно на русско-византийскую художественную генеалогию и в риторическом плане декларировала разрыв с изобразительной традицией западноевропейского авангарда. Однако, в отличие от пришедших им на смену «производственников», Малевич и Татлин никогда полностью не принимали стремление к полному растворению искусства в технологии. Так, Тарабукин в своей работе «От мольберта к машине» утверждал, что Татлин остался по сути «кустарем», не приемля механистическую природу более позднего художественного движения, и что для него «всякое произведение, создаваемое художником, срабатывается им руками и представляет уникум» [Тарабукин 1923: 28]. Подобным же образом Родченко отвергал творчество Малевича как чрезмерно теоретизирующее и недостаточно материалистичное: «У Малевича — не живопись, а философия живописи» [Степанова 1994: 67]. Иными словами, хотя оба художника утверждали, что ступили в своем искусстве на совершенно новую почву, они тем не менее оставались преданы индивидуальному творчеству и его способности преобразовывать мир. Точно так же, как икона на протяжении многих веков оставалась средоточием духовного самосознания и богословского вероучения, так и произведения Татлина и Малевича претендовали на то, чтобы перевоспитать население и сформировать новое визуальное и философское восприятие. Соответственно, в той же мере, в какой Татлин и Малевич считались пионерами новой эры беспредметного искусства, их творчество одновременно ознаменовало собой кульминацию и завершение другой эпохи — той, которая началась в середине XIX века с переоценки русско-византийской изобразительной традиции и драматически закончилась в 1917 году, с наступлением большевистской революции.

Эпилог

21 февраля 2012 года пять участниц феминистского коллектива «Pussy Riot» исполнили свой панк-молебен «Богородица, Путина прогони!» на солее храма Христа Спасителя в Москве, построенного в русско-византийском стиле. Этот молебен был основан на известной молитве С. В. Рахманинова «Богородице Дево, радуйся!» 1915 года, которая представляет собой часть его «Всенощного бдения» (Opus 37). Музыка Рахманинова перебивалась фрагментами в стиле панк-рока. В процессе перформанса участницы коллектива яростно пинали воздух ногами и размахивали кулаками, чередуя эти действия с другими — ритуальными, традиционными для православия: клали земные поклоны и осеняли себя крестным знамением. Видеозапись перформанса впоследствии была размещена в Интернете, где ее посмотрели несколько миллионов человек[1]. Огромный общественный резонанс, а также сомнительный с правовой точки зрения арест молодых женщин и последующее тюремное заключение получили широкое освещение и в российской, и в зарубежной прессе. С тех пор «панк-молебен» стал общеизвестным образцом политического активизма и феминистского перформанса [Kizenko 2013; Гапова 2012].

Как отмечалось в первой главе, храм Христа Спасителя был изначально спроектирован в 1830-х годах в русско-византийском стиле архитектором К. А. Тоном, приверженцем ревивализма. Созданный специально для этого храма цикл фресок и икон должен был прославлять «Святую Русь» как преемницу и закон-

---

[1] Глубокий и подробный анализ «панк-молебна» см. в [Shevzov 2014; Bernstein 2013; Uzlaner 2014].

ную наследницу раннехристианского Рима и Византии, а царь Николай I представлялся как гарант православной веры в современном мире. Хотя на строительство собора потребовалось полвека, простоял он недолго и в декабре 1931 года был разрушен советской властью. После распада СССР, в середине 1990-х годов, его воссоздали в точном соответствии с первоначальным обликом XIX века [Ширшова 2012]. Таким образом, этот храм дважды воплотил в себе идею ревивализма. Получается, что для своего выступления участницы «Pussy Riot» выбрали не просто сакральное место, но и многозначное диалектическое пространство, отягощенное множеством разных коннотаций и связей, соотнесенное с непростым политическим, религиозным и художественным прошлым России, а не только с ее тревожным и зыбким настоящим. Так, например, многие православные верующие восприняли выступление «Pussy Riot» как акт иконоборчества, вызывающий глубокое беспокойство и восходящий к «ожесточенным антирелигиозным кампаниям 1920–1930-х годов, которые сопровождались массовым разрушением церквей и жестоким уничтожением миллионов верующих» [Shevzov 2014: 133]. В то же время многочисленные сторонники «Pussy Riot» утверждали, что «панк-молебен» следует понимать как подлинно христианское действо — искреннюю молитву, совершённую перед лицом репрессивного политического режима и «лицемерного <...> коммерческого суррогата православия», духовный лидер которого, Патриарх Московский и всея Руси Кирилл, печально известен тем, что назвал правление В. В. Путина «чудом Божиим»[2]. Были и такие, кто воспринимал действия коллектива прежде всего в светском контексте политического, художественного и феминистского дискурса: они увидели в «панк-молебне» громкую критику со стороны прогрессивной либеральной элиты, направ-

---

2 Сестра Ольга. Патриарх Кирилл против молитвы в храме? // Арсеньевские вести. 2012 (27 марта). № 13. С. 3; Стенограмма встречи председателя Правительства РФ В. В. Путина со Святейшим Патриархом Кириллом и лидерами традиционных религиозных общин России // Patriarchia.ru, 8 февраля 2012 года. URL: http://www.patriarchia.ru/db/text/2005767.html (дата обращения: 09.07.2022).

ленную против все более авторитарного руководства Путина и роста агрессивной, реакционной новой православной религиозности.

Точно так же, как «чудовищное кощунство» Малевича привело к размыванию границ между светским музейным миром и священным миром церкви, вторжение «Pussy Riot» в ревивалистское религиозное пространство создало угрозу для четкого разделения священного и профанного и вызвало в XXI веке такую же бурю общественного негодования, как и «Черный квадрат» в веке двадцатом [Бенуа 1916][3]. На самом деле было бы даже справедливо сказать, что полемика по вопросам веры, власти, национальной идентичности и радикальных форм художественного выражения в современной России только обострилась. В конце концов, в 1915 году модернистский шедевр Малевича не стоил художнику свободы, в отличие от участниц «Pussy Riot» в 2012 году. Следовательно, как я пыталась показать в этой книге, насыщенные и многогранные пересечения между авангардным искусством, ревивалистскими тенденциями и религиозной направленностью не только были ключевыми особенностями русского модернизма, а не мимолетными веяниями или случайными эпизодами в истории России, но и по сей день продолжают находить отклик в культуре и политической жизни эпохи постмодерна.

В 1990-е годы, после восстановления православия в качестве основной религии в Российской Федерации, по всей стране и по соседним регионам прокатилась вторая волна русско-византийского возрождения. В период с 1990 по 2015 год тысячи церквей и соборов были либо восстановлены, либо отстроены заново[4]. По официальной статистике, в 1905 году в Российской империи насчитывалось 48 375 церквей [Клибанов 1989: 380]. По прошествии семидесяти лет советской власти, к 1986 году, это число сократилось до 6800 церквей, но к 2006 году вновь увеличилось

---

3 Цит. по: [Малевич 2004a, 2: 524].

4 Подробный анализ церковной архитектуры в постсоветской России см. в [Рындина 2004; Лайтарь 2012].

почти в четыре раза и составило около 27 000[5]. Художественный институт имени В. И. Сурикова в Москве и Институт живописи, скульптуры и архитектуры имени И. Е. Репина в Санкт-Петербурге вновь ввели занятия по иконописи и монументальной фресковой живописи, чтобы обучить новое поколение художников искусству создания церковных изображений. Точно так же и академическое книгоиздание в России пережило всплеск популярности монографий, антологий и статей о религиозном искусстве и о месте ревивалистской архитектуры в современном обществе[6].

Как свидетельствуют хвалебные отзывы патриарха Кирилла о путинском правлении, православная церковь снова официально объединилась с государством ради общего дела — постсоветского государственного строительства, как было и в Российской империи. Как отмечали многие современники, политические решения Путина, как кажется, нередко восходят к идеологии царя Николая I, а именно к формуле «Самодержавие, православие, народность» [Service 2014; Aslund 2007; Gautheret 2014; Figes 2016]. Соответственно, благодаря систематическому строительству и реконструкции соборов в русско-византийском стиле, а также активному поощрению иконописи и намеренному «насыщению» «публичной сферы православными образами, символами, ритуалами и дискурсом» церковный истеблишмент вновь стал играть видную роль в расширении культурного и политического влияния России на бывших советских территориях под знаменем общей истории, религии и эстетической системы [Shevzov 2014: 136]. Так, например, в 2008 году под эгидой Московского патриархата Государственная Третьяковская галерея организовала крупную выставку русско-византийского искусства под названием «Православная икона. Россия, Украина, Беларусь» — якобы неполитизированное культурное мероприятие, империалистический

---

5 Патриарх Алексий II. Цит. по: «Interfax Religion» от 10.11.2006. URL: http://www.interfax-religion.ru/orthodoxy/?act=news&div=15024 (дата обращения: 09.07.2022).

6 См., например [Кутейникова 2007; Бусева-Давыдова 2004].

подтекст которого после аннексии Крыма и военного вторжения в Украину представляется все более зловещим.

Если правительство и церковь приняли иконописную традицию как средство формирования постсоветского сознания и религиозной и социальной целостности, то новое поколение художников-авангардистов в той же мере восприняло ее как стратегию для выражения несогласия и как способ политического протеста и критики государственных институтов. Помимо коллектива «Pussy Riot», такие художники, как А. С. Косолапов, И. Г. Макаревич, Е. В. Елагина, А. С. Тер-Оганьян, Д. Г. Гутов и «Синие носы», проверяли границы публичной сферы, задействуя для этого трансгрессивные, разоблачительные и критические возможности искусства, испытавшего влияние православия. Например, печально известная «Икона-икра» (1996) Косолапова, на которой зернистая черная поверхность, похожая на осетровую икру, помещена в позолоченный оклад иконы, так что вырисовывается силуэт Божьей Матери, держащей Младенца Христа, явным образом отождествляет веру и власть с роскошью и показным, чрезмерным потреблением. Как и «панк-молебен», эта работа намекает на то, что православную церковь охватили жадность, коррупция и лицемерие. Точнее, в этой работе критикуются способы, которыми церковный истеблишмент стратегически извлекает выгоду из сотрудничества с государством, расширяет свое влияние и наживает материальные богатства в то время, когда другие государственные учреждения, например школы и больницы, находятся в состоянии глубокого упадка и разложения. Художник Тер-Оганьян избрал еще более радикальную стратегию в своем перформансе 1998 года под названием «Юный безбожник»: он развесил в выставочном центре «Манеж» дешевые массовые репродукции икон и стал предлагать зрителям осквернить их за небольшую плату. Кульминацией перформанса стало нападение художника на иконы с топором и обращенное к зрителям приглашение последовать его примеру.

Подобно перформансу «Pussy Riot» в 2012 году, работы Косолапова и Тер-Оганьяна вызвали широкое возмущение в церковных кругах, что привело к официальным обвинениям в «разжигании национальной и религиозной вражды», крупным штрафам, а в случае Тер-Оганьяна — к отъезду из Российской Федерации. По иронии судьбы, один и тот же федеральный судья председательствовал на слушаниях по делам Тер-Оганьяна и «Pussy Riot». Рассыпая обвинения в «богохульстве», «хулиганстве» и «аморальном поведении», власти успешно подвергали цензуре, подавляли и в конечном итоге заставили замолкнуть целый ряд несогласных и критически настроенных деятелей российского искусства, чем в целом нанесли ущерб гражданскому обществу и здоровому публичному дискурсу. Следовательно, как ясно показывают эти и другие примеры — от иконоборческих споров в средневековой Византии до современной России, — икона продолжает поднимать острые вопросы о природе традиции и новаторства, сакрального и профанного, присутствия и репрезентации, а также, как следствие, ставит непростые вопросы о легитимности, подлинности, личной свободе и динамике власти.

Тем не менее научные амбиции этой книги не ограничиваются составлением предыстории нынешних споров о тройственном взаимодействии искусства, политики и религии в современной России. Скорее, в «Иконе и квадрате» автор стремится показать, что если тщательно пересмотреть общепринятые представления о модернизме через призму ревивалистских тенденций, основанных на историзме, а также устремлений, связанных с переоценкой иконной художественной традиции, то складывается гораздо более неоднозначная и сложная картина многочисленных художественных течений, которые, пересекаясь друг с другом, охватили всю Европу в начале XX века. И, что еще более важно, в этой книге показаны необычайная широта и разнообразие самого модернизма — в самых разных пространственно-временных контекстах. Вместо того чтобы выстраивать вереницу последовательно сменяющих друг друга «-измов», в «Иконе и квадрате» высвечивается сложность и симбиотический характер взаимоотношений между тенденциями последних двух десятилетий XIX века, с одной стороны, и первых двух десятилетий века XX — с другой; в результате создается циклическое, а не линейное представление об истории искусства. В частности, обращается внимание на то, что Россия преднамеренно и осознанно сформировала целую художественную традицию, причем очень быстро — всего за несколько десятилетий, и в конечном итоге это оказало влияние на развитие модернизма и на международном уровне — влияние весьма существенное и глубокое. В России модернизм вовсе не следовал идеям горстки просвещенных провидцев и единомышленников — сторонников прогресса; основы русского модернизма были заложены множеством людей — выходцев из разных слоев общества, с совершенно разнящимися и даже противоположными ценностями и целями — это были и царь, и церковь, и академические круги, и официальные и неофициальные художественные учреждения, коллекционеры, критики и многочисленные художники с самыми разными стилистическими предпочтениями.

Движимые не только национальной идеей, но также и горячим желанием участвовать в общеевропейском художественном процессе, и художники, и критики пытались переосмыслить различные способы выражения смыслов, свойственные многовековой, исконно русской художественной традиции и самым передовым модернистским экспериментам парижского авангарда. В результате возникла целая серия в высшей степени новаторских произведений искусства, созданных в смешанных техниках, в которых местное и общемировое сплавлялись в единое целое, порождая новые способы художественного выражения, дающие импульс к смене художественных парадигм. Таким образом, икона функционировала одновременно и как универсальный катализатор формальных изменений, и как динамический медиатор между региональными особенностями и международной значимостью. Монументальные проекты Врубеля, которые так и не были воплощены в жизнь, беспредметные картины Кандинского, трехмерные конструкции Татлина и «Черный квадрат» Малевича, открывший новую эру в искусстве, — во всех этих произведениях художники ставили себе целью преодолеть герметизм модернистской эстетики и стремились проникнуть в повседневную жизнь, затронуть проблемы национальной идентичности, религиозных убеждений, культурной гегемонии и политики за счет постоянного нарушения главного принципа модернизма — принципа абсолютной независимости искусства от жизни.

Поэтому в этой книге предлагается пересмотреть преобладающие представления о зарождении и распространении межнационального модернизма, на сей раз принимая во внимание вопросы, связанные с ревивализмом, религией, регионализмом и романтическим утилитаризмом — как в рамках различных национальных школ, так и за их пределами. Например, многое может дать анализ ревивалистских, в неовизантийском стиле, проектов Отто Вагнера и Мориса Дени, созданных для церквей Святого Леопольда (Ам-Штайнхоф) (1905–1907) в Вене и Сент-Эспри (1928–1935) в Париже, наряду с архитектурными проектами Ле Корбюзье, тем более что последний искренне восхищался Айя-Софией как воплощенной парадигмой протомодернистской эстетики, напоминая определение модернизма как возвращения к византийским формам, которое ранее дали Роджер Фрай и А. Н. Бенуа[7]. Как показывают теоретические труды П. А. Флоренского, Н. Н. Пунина и Н. М. Тарабукина, в отсылках к прошлому не следует видеть тенденции реакционные или противоречащие решительному формальному новаторству и прогрессивным идеалам. Напротив, они могут способствовать обогащению и расширению нашего понимания многочисленных и разнообразных модусов модернистского творчества, которые обнаруживаются и в центре Парижа, и на периферии Европы. Соответственно, автор этой книги надеется, что такая стратегическая переоценка как сложившегося модернистского канона, так и его теоретического осмысления может способствовать разработке гораздо более широкой и всеобъемлющей модели, которая позволит выстроить подлинно глобальную историю современного искусства.

---

[7] Подробнее о глубоком и длительном интересе Ле Корбюзье к Айя-Софии см. [Atak 2015].

Источники

Аввакум 1934 — Аввакум Петрович (протопоп). Беседа четвертая. Об иконном писании // Житие протопопа Аввакума им самим написанное и другие его сочинения. [М.]: Academia, 1934. С. 209–214.

Айналов 1914а — Айналов Д. В. О значении и задаче настоящего съезда // Труды Всероссийского съезда художников в Петрограде, декабрь 1911 — январь 1912: В 3 т. Т. 1. Пг.: Т-во Р. Голике и А. Вильборг, 1914.

Айналов 1914б — Айналов Д. В. О некоторых современных течениях в русской живописи // Труды Всероссийского съезда художников в Петрограде, декабрь 1911 — январь 1912: В 3 т. Т. 1. Пг.: Т-во Р. Голике и А. Вильборг, 1914.

Айналов, Редин 1889 — Айналов Д. В., Редин Е. К. Киевско-Софийский собор: Исследование древней мозаической и фресковой живописи собора. СПб.: Типография Императорской академии наук, 1889.

Айналов, Редин 1899 — Айналов Д. В., Редин Е. К. Древние памятники искусства Киева. Софийский собор, Златоверхо-Михайловский и Кирилловский монастыри. Харьков: Типография «Печатное дело» К. Н. Гагарина, 1899.

Анисимов 1911а — Дополнение к каталогу выставки XV Всероссийского археологического съезда в Новгороде: Отдел 2 (церковный) / Ред. А. И. Анисимов. Новгород: Типография М. О. Селиванова, 1911.

Анисимов 1911б — Каталог выставки XV Всероссийского археологического съезда в Новгороде: Отдел 2 (церковный) / Ред. А. И. Анисимов. Новгород: Типография М. О. Селиванова, 1911.

Аплаксин 1911 — Аплаксин А. П. Казанский собор: Историческое исследование о соборе и его описание. СПб., издано на средства Казанскаго собора, 1911.

Арватов 1922 — Арватов Б. Две группировки // Зрелища. 1922. № 8.

Беляшевский 1899 — Беляшевский Н. Ф. Археологический съезд в Киеве // Киевская старина. 1899. № 10. С. 116–120.

Беляшевский 1902 — Беляшевский Н. Ф. Археологический съезд в Харькове // Киевская старина. 1902. № 11. С. 326–334.

Бенуа 1903 — Бенуа А. Н. Врубель // Мир искусства. 1903. № 10–11. С. 175–182.

Бенуа 1910 —Бенуа А. Н. Врубель // Речь. 1910. Апрель. № 91.

Бенуа 1913а — Бенуа А. Н. Русские иконы и Запад // Речь. 1913. Апрель. № 97. С. 2.

Бенуа 1913б — Бенуа А. Н. Художественные письма. Иконы и новое искусство // Речь. 1913. 5 апр. № 93. С. 2.

Бенуа 1916 — Бенуа А. Н. Последняя футуристическая выставка // Речь. 1916. 9 января. № 8.

Бенуа 1980 — Бенуа А. Н. Мои воспоминания: В 5 кн. Кн. 4 и 5 (в одном томе). М.: Наука, 1980.

Бенуа 2006 — Бенуа А. Н. Художественные письма 1908–1917, газета «Речь». Петербург. Т. 1: 1908–1910. СПб.: Сад искусств, 2006.

Бердяев 1914 — Бердяев Н. А. Пикассо // София. 1914. № 3. С. 57–62.

Бердяев 2001 — Бердяев Н. А. Самопознание: Сочинения. М.: ЭКСМО-Пресс, 2001.

Бердяев и др. 1909 — Бердяев Н. А. и др. Вехи: Сборник статей о русской интеллигенции Н. А. Бердяева, С. Н. Булгакова, М. О. Гершензона, А. С. Изгоева, Б. А. Кистяковского, П. Б. Струве, С. Л. Франка. Изд. 2-е. М.: Типо-лит. т-ва И. Н. Кушнерева, 1909.

Блок 1910а — Блок А. А. Памяти Врубеля // Искусство и печатное дело. 1910. № 8–9. С. 307–309.

Блок 1910б — Блок А. А. О современном состоянии русского символизма // Аполлон. 1910. № 8. С. 21–30.

Богословский 1909 — Богословский И. Н. Описание икон, хранящихся в Ростовском музее церковных древностей. Ростов-Ярославский: Типография С. П. Сорокина, 1909.

Булгаков 1915 — Булгаков С. Н. Труп красоты // Русская мысль. 1915. № 8. С. 91–106.

Бурлюк и др. 1912 — Бурлюк Д., Бурлюк Н., Крученых А., Кандинский В., Лившиц Б., Маяковский В., Хлебников В. Пощечина Общественному Вкусу. М.: Г. Л. Кузьмин, 1912.

Вакар, Михеенко 2004 — Малевич о себе. Современники о Малевиче. Письма. Документы. Воспоминания. Критика: В 2 т. / Сост. И. А. Вакар, Т. Н. Михиенко. М.: RA, 2004.

Васнецов 2004 — Васнецов В. М. Письма. Новые материалы / Автор-составитель Л. Короткина. СПб.: 2004.

Викторов 1871 — Викторов А. Е. Каталог славяно-русских рукописей, приобретенных Московским публичным и Румянцевским музеями, в 1868 г., после Д. В. Пискарева. М.: Типография В. Готье, 1871.

Военский 1898 — Военский К. А. Русский музей императора Александра III. СПб., 1898.

ВХУТЕМАС 1923 — ВХУТЕМАС // Леф. 1923. Апрель-май. № 2. С. 174.

Выставка 1913 — Выставка древнерусского искусства, устроенная в 1913 году в ознаменование 300-летия царствования дома Романовых. М.: Императорский Московский археологический институт имени Императора Николая II, 1913.

Гагарин 1856 — Гагарин Г. Г. Краткая хронологическая таблица в пособие истории византийского искусства. Тифлис: Типография Канцелярии Наместника Кавказского, 1856.

Гегель 1993 — Гегель Г. В. Ф. Лекции по философии истории / Пер. А. М. Водена. СПб.: Наука, 1993.

Гегель 1998 — Гегель Г. В. Ф. Лекции по эстетике: В 2 т. Т. 1. СПб.: Наука. 1998.

Георгиевский 1915а — Георгиевский В. Т. Каталог выставки древнерусской иконы и художественной старины // Труды Всероссийского съезда художников в Петрограде, декабрь 1911 — январь 1912: В 3 т. Т. 3. Пг.: Т-во Р. Голике и А. Вильборг, 1915. С. 169–175.

Георгиевский 1915б — Георгиевский В. Т. Обзор выставки древнерусской иконописи и художественной старины // Труды Всероссийского съезда художников в Петрограде, декабрь 1911 — январь 1912: В 3 т. Т. 3. Пг.: Т-во Р. Голике и А. Вильборг, 1915. С. 163–168.

Герцен 1987 — Герцен А. И. Былое и думы. Ч. 5 (окончание) — 8 / Коммент. Г. Елизаветиной и С. Гурвич. М.: Художественная литература, 1987.

Гершензон-Чегодаева 2000 — Гершензон-Чегодаева Н. М. Первые шаги жизненного пути (воспоминания дочери Михаила Гершензона). М.: Захаров, 2000.

Гиббон 2008 — Гиббон Э. Закат и падение Римской империи: В 7 т. / Пер. В. Н. Неведомского. Т. IV. М.: Терра, 2008.

Гомберг-Вержбинская и др. 1976 — Врубель: переписка, воспоминания о художнике / Сост. Э. П. Гомберг-Вержбинская, Ю. Н. Подкопаева, Ю. В. Новиков. Изд. 2-е. Л.: Искусство, 1976.

Грабарь 1909–1914 — Грабарь И. Э. История русского искусства: В 6 т. М.: Изд-во И. Кнебель, 1909–1914.

Грановский 1900 — Грановский Т. Н. Сочинения. М.: [товарищество типографии А. И. Мамонтова], 1900.

Грищенко 1913 — Грищенко А. В. О связях русской живописи с Византией и Западом XIII–XX. М.: Поставщик Двора его величества Т-во А. А. Левенсон, 1913.

Грищенко 1917 — Грищенко А. В. Русская икона как искусство живописи. М.: Издание автора, 1917.

Гурьянов 1906 — Гурьянов В. П. Две местные иконы Св. Троицы в Троицком соборе Свято-Сергиевой лавры и их реставрация. М.: Печатня А. И. Снегиревой, 1906.

Дамаскин 1913 — Иоанн Дамаскин, св. Три защитительных слова против порицающих святые иконы // Полное собрание творений св. Иоанна Дамаскина. Перевод с греческого. Т. 1. Изд. Имп. С.-Петербургской Духовной Академии. СПб.: Тип. М. Меркушева, 1913. С. 347–441.

Данилевский 1889 — Данилевский Н. Я. Россия и Европа. Изд. 4-е. СПб.: Издание Н. Страхова, 1889.

Димаков 1987 — Татлин Владимир Евграфович (1885–1953): Кат. выст. / [Сост. Д. Н. Димаков; предисл. А. А. Стригалева]. Пенза: Б. и., 1987.

Дмитриев 1913 —Дмитриев В. Заветы Врубеля // Аполлон. 1913. Май. № 5. С. 15–18.

Жигарев 1896 — Жигарев С. А. Русская политика в восточном вопросе. Т. 1. М.: Университетская типография, 1896.

Иванов 1994 — Иванов Вяч. Две стихии в современном символизме // Иванов Вяч. Родное и вселенское. М.: Республика, 1994. С. 143–170.

Исаков 1915 — Исаков С. К. К «контррельефам» Татлина // Новый журнал для всех. Пг., 1915. № 12. С. 46–50.

Кандинская 2017 — Кандинская Н. Н. Кандинский и я. М.: Искусство — XXI век, 2017.

Кандинский 1913 — Кандинский В. В. Письмо в редакцию // Русское слово. 1913. № 102.

Кандинский 1918 — Кандинский В. В. Текст художника. М.: Издание Отдела изобразительных искусств Народного комиссариата просвещения, 1918.

Кандинский 1967 — Кандинский В. В. О духовном в искусстве. Нью-Йорк: Международное литературное содружество, 1967.

Кандинский 2001 — Кандинский В. В. Избранные труды по теории искусства. Т. 1: 1901–1914. М.: Гилея, 2001.

Карамзин 2003 — Карамзин Н. М. История Государства Российского / Послесл., коммент. А. Ф. Смирнова. М.: ОЛМА-ПРЕСС, 2003.

Карамзин 2013 — Карамзин Н. М. Письма русского путешественника. М.: Директ-Медиа, 2013.

Каталог 1890 — Каталог выставки VIII археологического съезда в Москве. М.: Типография Л. и А. Снегиревых, 1890.

Каталог 1896 — Каталог выставки типов Христа. М.: Типография А. И. Мамонтова, 1896.

Каталог 1899 — Каталог выставки XI-го археологического съезда в Киеве. Киев: Типография И. Н. Кушнерева, 1899.

Каталог 1902 — Каталог выставки XII археологического съезда в Харькове. Харьков: Типография губернского правления, 1902.

Кестнер 1882 — Кестнер К. Сборник материалов для истории Румянцевского музея. М.: Типография Э. Лисснера и Ю. Роман, 1882.

Клюн 1999 — Клюн И. В. Мой путь в искусстве. Воспоминания, статьи, дневники / Сост., авт. вступ. статьи и коммент. А. Сарабьянова. М.: Изд-во RA, литературно-художественное агентство «Русский авангард», 1999. (Серия «Архив русского авангарда»)

Козлов 1910 — Козлов Б. Художественный сезон в Екатеринославе // Аполлон. 1910. Сентябрь. № 11. С. 39–40.

Кондаков 1876 — Кондаков Н. П. История византийского искусства и иконографии по миниатюрам греческих рукописей. Одесса: Тип. Ульриха и Шульце, 1876.

Кондаков 1886 — Кондаков Н. П. Византийские церкви и памятники Константинополя. Одесса: Тип. А. Шульца, 1886.

Кондаков 1888а — Кондаков Н. П. О фресках лестниц Киево-Софийского собора // Записки Императорского Русского археологического общества. 1888. Т. III, № 3–4. С. 287–306.

Кондаков 1888б — Кондаков Н. П. Сообщение о памятниках византийской древности в Феодосии и о странных русских образах // Записки Императорского Русского археологического общества. 1888. Т. III, № 3–4. С. 102–103.

Кондаков 1891 — Кондаков Н. П. Императорский Эрмитаж. Указатель отделения Средних веков и эпохи Возрождения. СПб.: Типография Министерства путей Сообщения [А. Бенке], 1891.

Кондаков 1892 — Кондаков Н. П. История и памятники византийской эмали. СПб.: А. Звенигородский, 1892.

Кондаков 1896 — Кондаков Н. П. Русские клады: Исследование древностей великокняжеского периода. СПб.: Издательство Императорской археологической комиссии, 1896.

Кондаков 1904 — Кондаков Н. П. Археологическое путешествие по Сирии и Палестине. СПб.: Императорская академия наук, 1904.

Кондаков 2002 — Кондаков Н. П. Воспоминания и думы / Ред. И. Л. Кызласова. М.: Индрик, 2002.

Кондаков 2004 — Кондаков Н. П. Русская икона: В 4 т. Т. III. М.: Культурно-просветительный фонд им. народного артиста Сергея Столярова, 2004.

Кондаков 2006 — Кондаков Н. П. Византийские церкви и памятники Константинополя. М.: Индрик, 2006.

Кондаков 2009а — Кондаков Н. П. Иконы / Ред. О. А. Дыдыкина. М.: Бертельсманн Медиа, 2009.

Кондаков 2009б — Кондаков Н. П. Иконы. New York: Parkstone International, 2009.

Кондаков, Толстой 1889–1899 — Кондаков Н. П., Толстой И. И. Русские древности в памятниках искусства, издаваемые графом И. Толстым и Н. Кондаковым: В 6 т. СПб.: А. Бенке, 1889–1899.

К предстоящей… 1911 — К предстоящей археологической выставке // Новгородская жизнь. 1911. 17 июля. № 259. С. 16.

Кульбин 1915 — Кульбин Н. И. Кубизм // Стрелец. 1915. № 1.

Ларионов 1913 — Ларионов М. Вступление // 1-я выставка лубков, организована Д. Н. Виноградовым, 19–24 февраля. М.: т./д. «Печатное Дело», 1913.

Маковский 1913 — Essem [Маковский С. К]. Маковский С. К. Выставка древне-русского искусства // Аполлон. 1913. № 5. С. 38–39.

Малевич 1995 — Малевич К. С. Собрание сочинений: В 5 т. Т. 1: Статьи, манифесты, теоретические сочинения и другие работы. 1913–1929. М.: Гилея, 1995.

Малевич 1998 — Малевич К. С. Собрание сочинений: В 5 т. Т. 2: Статьи и теоретические сочинения, опубликованные в Германии, Польше и на Украине. 1924–1930. М.: Гилея, 1998.

Малевич 2000 — Малевич К. С. Собр. соч.: В 5 т. Т. 3: Супрематизм. Мир как беспредметность, или Вечный покой. М.: Гилея, 2000.

Малевич 2001 — Малевич К. С. Черный квадрат. СПб.: Азбука, 2001.

Малевич 2003 — Малевич К. С. Собр. соч.: В 5 т. Т. 4: Трактаты и лекции первой половины 1920-х годов. М.: Гилея, 2003.

Малевич 2004а — Малевич К. С.: Малевич о себе. Современники о Малевиче. Письма. Документы. Воспоминания. Критика: В 2 т. М.: Литературно-художественное агентство «RA», 2004.

Малевич 2004б — Малевич К. С. Собр. соч.: В 5 т. Т. 5: Произведения разных лет: Статьи. Трактаты. Манифесты и декларации. Проекты. Лекции. Записи и заметки. Поэзия. М.: Гилея, 2004.

Мальмгрен 1898 — Мальмгрен А. Выставка церковных древностей в Археологическом институте // Археологические известия и заметки. 1898. Вып. 6, № 11–12. С. 389–390.

Мальмгрен 1899 — Мальмгрен А. Выставка Археологического института в Санкт-Петербурге // Археологические известия и заметки. 1899. Вып. 7, № 1–2. С. 21–26.

Марков 1914 — Марков В. Принципы творчества в пластических искусствах: Фактура. СПб.: Союз молодежи, 1914.

Материалы 1872 — Материалы для проекта нового устава и штаба Московского публичного и Румянцевского музея. М., 1872.

Матюшин 1916 — Матюшин М. В. О выставке «Последних футуристов» // Очарованный странник. Пг.: изд-во, 1916.

Мейерхольд, Бебутов 1920 — Мейерхольд В. Е., Бебутов В. М. К постановке «Зорь» в 1-м театре РСФСР // Вестник театра. 1920. 7 ноября. № 72–73.

Монтескье 2002 — Монтескье Ш. Л. Персидские письма. Размышления о причинах величия и падения римлян / Пер. с фр.; вступ. ст. и коммент. Н. Саркитова. М.: Канон-Пресс-Ц; Кучково поле, 2002.

Муратов 1901 — Муратов П. П. О высоком художестве // Золотое руно. 1901. № 12. С. 75–84.

Муратов 1906а — Муратов П. П. О нашей художественной культуре // Московский еженедельник. 1906. № 38. С. 32–36.

Муратов 1906б — Муратов П. П. Парижские весенние выставки // Зори. 1906. № 9–14.

Муратов 1906в — Муратов П. П. Письмо из Лондона: художественные выставки // Весы. 1906. № 7. С. 47–51.

Муратов 1907а — Муратов П. П. Выставки Московского товарищества и независимых // Весы. 1907. № 6. С. 99–100.

Муратов 1907б — Муратов П. П. Выставки «Союза» и «Передвижная» в Москве // Весы. 1907. № 2. С. 109–111.

Муратов 1908а — Муратов П. П. Выставка картин «Салон Золотого Руна» // Русское слово. 1908. № 81. С. 5.

Муратов 1908б — Муратов П. П. Выставка картин «Стефанос» // Русское слово. 1908. № 3. С. 4.

Муратов 1908в — Муратов П. П. Старое и молодое на последних выставках // Золотое руно. 1908. № 1. С. 87–90.

Муратов 1910 — Муратов П. П. Врубель // Московский еженедельник. 1910. 10 апр. № 15. С. 45–50.

Муратов 1913 — Муратов П. П. Выставка древнерусского искусства в Москве // Старые годы. 1913. Апрель. № 4–6. С. 24–36.

Муратов 1914а — Муратов П. П. Ближайшие задачи в деле изучения иконописи // Русская икона. Сб. 1. СПб., 1914. С. 8–12.

Муратов 1914б — Муратов П. П. Древнерусская иконопись в собрании И. С. Остроухова. М.: Издательство К. Ф. Некрасова, 1914.

Муратов 2005 — Муратов П. П. Древнерусская живопись. Истории, открытия и исследования. М.: Айрис-пресс, 2005.

Отчет 1865 — Отчет Московского публичного и Румянцевского музея за 1864 год. М., 1865.

Отчет 1877 — Отчет Московского публичного и Румянцевского музея за 1873–1875 год. М., 1877.

Отчет 1884 — Отчет Московского публичного и Румянцевского музеев за 1879–1882 г. М., 1884.

Отчет 1902 — Отчет Московского публичного и Румянцевского музеев за 1901 год. М., 1902.

Отчет 1904 — Отчет Московского публичного и Румянцевского музеев за 1903 год. М., 1904.

Отчет 1912 — Отчет Московского публичного и Румянцевского музеев за 1911 год. М., 1912.

Отчеты 1864–1917 — Отчеты Московского общественного и Румянцевского музеев. М.: Типография Рогальского, 1864–1917.

ПВЛ 1993 — Се повести временных лет. (Лаврентьевская летопись) / Редкол. Г. Ш. Сагателян (пред.) и др.; вступ. ст. и пер. А. Г. Кузьмина; сост., авт. примеч. и указ. А. Г. Кузьмин, В. В. Фомин. Арзамас: АГПИ, 1993.

Перечень 1898 — Перечень предметов древности на выставке в Археологическом институте. СПб.: Типография Лопухина, 1898.

Пестель 2004 — Пестель В. Е. Фрагменты дневника: воспоминания // Амазонки авангарда / Отв. ред. Г. Ф. Коваленко. М.: Наука, 2004.

Письмо 1862 — Письмо из Москвы // Русский инвалид. СПб., 1862. 22 мая. № 112.

Полное собрание 1899 — Полное собрание законов Российской империи: Собрание 3-е. СПб.: Государственная типография, 1885–1916. Т. 15. СПб.: Государственная типография, 1899.

Половцов 1900 — Половцов А. В. Прогулка по Русскому музею императора Александра III в С. Петербурге. М.: Типография И. Н. Кушнерева, 1900.

Прахов 1882 — Прахов А. В. Каталог выставки копий с памятников искусства в Киеве X, XI и XII в., исполненных А. В. Праховым в течение 1880, 1881 и 1882 гг. СПб.: Типография Императорской академии наук, 1882.

Прахов 1883 — Прахов А. В. Открытие фресок Киево-Кирилловской церкви XII века, исполненное в 1881 и 1882 гг. А. В. Праховым, действительн. Членом Русского археологического общества. СПб.: Тип. В. С. Балашева, 1883.

Прахов 1896 — Прахов А. В. Киевский Владимирский собор: К истории его постройки. Киев, 1896.

Прахов 1958 — Прахов Н. А. Страницы прошлого: Очерки-воспоминания о художниках. Киев: Державне видавництво образотворчого мистецтва і музичноі літератури УРСР, 1958.

ПСРЛ 1885 — Летописный сборник, именуемый Патриаршею или Никоновскою летописью // Полное собрание русских летописей. Т. X. СПб.: 1885.

Пунин 1913а — Пунин Н. Н. Выставка древне-русского искусства // Аполлон. 1913. Май. № 5. С. 40.

Пунин 1913б — Пунин Н. Н. К проблеме византийского искусства // Аполлон. 1913. № 3. С. 17–25.

Пунин 1913в — Пунин Н. Н. К рисункам М. А. Врубеля // Аполлон. 1913. Май. № 5. С. 5–14.

Пунин 1913г — Пунин Н. Н. Пути современного искусства // Аполлон. 1913. № 9. С. 52–61.

Пунин 1913д — Пунин Н. Н. Пути современного искусства и русская иконопись // Аполлон. 1913. № 10. С. 44–50.

Пунин 1914а — Пунин Н. Н. Заметки об иконах из собрания Н. П. Лихачева // Русская икона. 1914. № 1. С. 21–47.

Пунин 1914б — Пунин Н. Н. Эллинизм и Восток в иконописи (по поводу собрания икон И. С. Остроухова и С. П. Рябушинского) // Русская икона. 1914. № 3. С. 181–197.

Пунин 1917 — Пунин Н. Н. В защиту живописи // Аполлон. 1917. Январь. № 1. С. 60–63.

Пунин 1919а — Пунин Н. В Москве. О новых художественных группировках // Искусство коммуны. 1919. 9 февраля. № 10.

Пунин 1919б — Пунин Н. Н. Мера искусства // Искусство коммуны. 1919. 2 февраля. № 9. С. 2.

Пунин 1921 — Пунин Н. Н. Татлин (против кубизма). СПб.: Гос. издательство, 1921.

Пунин 1994 — Пунин Н. Н. О Татлине / Ред. И. Н. Пунина, В. Ракитин. М.: Литературно-художественное агентство «RA», 1994. С. 27–42.

Пунин 1999 — Пунин Н. Н. Первые футуристические бои. Глава из мемуаров «Искусство и революция» (1930–1932) / Ред. Л. Зыков // Русская мысль. 1999. 6–12 мая. № 4268–4270.

Пунин 2000 — Пунин Н. Н. Мир светел любовью: Дневники, письма / Ред. Л. А. Зыкова. М.: Артист, 2000.

Пушкин 1954 — Пушкин А. С. Евгений Онегин // Пушкин А. С. Сочинения: В 3 т. Т. 3. М.: Государственное издательство художественной литературы, 1954. С. 5–176.

Пятидесятилетие 1913 — Пятидесятилетие Румянцевского музея в Москве, 1862–1912: Исторический очерк. М.: Скоропеч. А. А. Левенсон, 1913.

Ровинский 1856 — Ровинский Д. А. История русских школ иконописания до конца XVII века. М.: Типография второго отделения собственной Е. И. В. канцелярии, 1856.

Сахаров 1849 — Сахаров И. П. Исследования о русском иконописании. Кн. 1–2. СПб.: Тип. Я. Трея, 1849.

Сборник 1878 — Сборник Императорского русского исторического общества. Т. 23. Письма Императрицы Екатерины II к Гримму (1774–1796). СПб.: Типография Императорской академии наук, 1878.

Свечников 1913 — Свечников В. Творчество В. М. Васнецова и его значение для русской религиозной живописи // Светильник: Религиозное искусство в прошлом и настоящем. М.: 1913. № 67. С. 2–19.

Сизов 1899 — Сизов В. Исторический музей в Москве // Искусство и художественная промышленность. 1899. Май. № 8. С. 623–638.

Собрание 1879 — Собрание рукописей В. И. Григоровича. М.: Типография М. Н. Лаврова, 1879.

Собрание 1881а — Собрание рукописей И. Д. Беляева. М.: Типография Е. Лисснер и Ю. Роман, 1881.

Собрание 1881б — Собрание рукописей П. И. Севастьянова. М.: Типография Е. Лисснер и Ю. Роман, 1881.

Солнцев 1849–1853 — Солнцев Ф. Г. Древности Российского государства. М.: Типография А. Семена, 1849–1853.

Соловьев 1911 — Соловьев В. С. Собрание сочинений Владимира Сергеевича Соловьева / Под ред. и с примеч. С. М. Соловьева и Э. Л. Радлова. СПб.: Книгоиздательское Товарищество «Просвещение», 1911.

Соловьев 1966 — Соловьев В. С. Собрание сочинений В. С. Соловьева: В 12 т. Брюссель: Foyer oriental chretien, 1966.

Соловьев 1988 — Соловьев В. С. Философские начала цельного знания // Соловьев В. С. Сочинения: В 2 т. Т. 2. М.: Мысль, 1988. С. 139–288.

С. С. 1896 — С. С. Московская выставка изображений Христа // Археологические известия и заметки. 1896. Вып. 4, № 7–8. С. 213–215.

Стасов 1894 — Стасов В. В. Собрание сочинений В. В. Стасова, 1847–1886. Т. 2. Ч. 4. СПб.: Типография М. М. Стасюлевича, 1894.

Стасов 1898 — Стасов В. В. Выставки // Новости и биржевая газета. 1898. № 27.

Степанова 1994 — Степанова В. Ф. Человек не может жить без чуда: Письма, поэтические опыты, записки художницы / Ред. А. Н. Лаврентьев и В. А. Родченко. М.: Сфера, 1994.

Судейкин 1945 — Судейкин С. Ю. Две встречи с Врубелем: Воспоминания о художнике // Новоселье. 1945. № 19. С. 29–38.

Сычев 1916 — Сычев Н. П. Древлехранилище памятников русской иконописи и церковной старины имени императора Николая II при Русском музее императора Александра III. СПб., 1916.

Тарабукин 1923 — Тарабукин Н. М. От мольберта к машине. М.: Работник просвещения, 1923.

Тарабукин 1974 — Тарабукин Н. М. Михаил Александрович Врубель. М.: Искусство, 1974.

Тарабукин 1999 — Тарабукин Н. М. Смысл иконы. М.: Изд-во Православного Братства Святителя Филарета Московского, 1999.

Татлин и др. 1921— Татлин В. Е. и др. Наша предстоящая работа // VIII Съезд советов. 1921. № 13.

Тренев 1902 — Тренев Д. К. Иконостас Смоленского собора Московского Новодевичьего монастыря: Образцовый русский иконостас XVI–XVII веков, с приб. краткой истории иконостаса с древнейших времен. М.: Изд. при Церковно-археол. отд. О-ва любителей духовного просвещения, 1902.

Труды 1914–1915 — Труды Всероссийского съезда художников в Петрограде, декабрь 1911 — январь 1912: В 3 т. Пг.: Т-во Р. Голике и А. Вильборг, 1914–1915.

Тугендхольд 1913а — Тугендхольд Я. Выставка древней иконописи в Москве // Северные записки. 1913. Май-июнь. № 5–6. С. 215–221.

Тугендхольд 1913б — Тугендхольд Я. Современное искусство и народность // Северные записки. Литературный ежемесячник. 1913. Ноябрь.

Уваров 1916 — Уваров А. С. Устав музея имени его императорского высочества государя наследника цесаревича // Отчет Императорского российского исторического музея имени Императора Александра III в Москве за XXV лет (1883–1908). М.: Синодальная типография, 1916.

Ундольский 1870 — Ундольский В. М. Славяно-русские рукописи В. М. Ундольского описанные самим составителем и бывшим владельцем собрания. М.: Изд. Московского публичного и Румянцевского музеев, 1870.

Успенский 1902 — Успенский А. И. История стенописи Успенского собора в Москве // Древности. Труды Имп. Московского археологического общества. Т. 19. Вып. 3. М.: Т-во тип. А. И. Мамонтова, 1902.

Успенский 1997 — Успенский Л. А. Богословие иконы Православной Церкви. Переславль: Издательство братства во имя святого князя Александра Невского, 1997.

Устав 1864 — Устав Общества древнерусского искусства при Московском публичном музеуме, высочайше утвержденный в 22-ой день мая, 1864 года. М., 1864.

Уфимцев 1973 — Уфимцев В. И. Говоря о себе. М.: Советский художник, 1973.

Хомяков 1900 — Хомяков А. С. Голос грека в защиту Византии // Полное собрание сочинений Алексея Степановича Хомякова. Т. 3. М.: Университетская типография, 1900. С. 366–368.

Чаадаев 1991 — Чаадаев П. Я. Полное собрание сочинений и избранные письма. Т. 1. М.: Наука, 1991.

Филимонов 1873 — Филимонов Г. Д. Симон Ушаков и современная ему эпоха русской иконописи. М.: Университетская типография, издано Обществом древнерусского искусства при Московском публичном музее, 1873.

Флоренский 1913 (1917) — Флоренский П. А. Напластования эгейской культуры // Богословский вестник. 1913. 11/6. С. 346–389. (Переизд.: Первые шаги философии. Из лекций по истории философии. Т. 1. Сергиев Посад: Тип. Свято-Троицкой Сергиевой Лавры, 1917. С. 33–75.)

Флоренский 1914 — Флоренский П. А. Смысл идеализма. Сергиев Посад: Типография Свято-Троицкой Сергиевой Лавры, 1914.

Флоренский 1996а — Флоренский П. А. Иконостас // Флоренский П. А. Сочинения: В 4 т. Т. 2. М.: Мысль, 1996. С. 419–526.

Флоренский 1996б — Флоренский П. А. О реализме // Флоренский П. А. Сочинения: в 4 т. Т. 2. М.: Мысль, 1996. С. 527–531.

Флоренский 1996в — Флоренский П. А. Троице-Сергиева Лавра и Россия // Флоренский П. А. Сочинения: в 4 т. Т. 2. М.: Мысль, 1996. С. 352.

Флоренский 2000а — Флоренский П. А. Анализ пространственности и времени в художественно-изобразительных произведениях // Флоренский П. А. Исследования по теории искусства. Статьи и исследования по истории и философии искусства и археологии. М.: Мысль, 2000.

Флоренский 2000б — Флоренский П. А. Итоги // Флоренский П. А. Сочинения: в 4 т. Т. 3. Ч. 1. М.: Мысль, 2000. С. 364–372.

Флоренский 2000в — Флоренский П. А. Обратная перспектива // Флоренский П. А. Сочинения: в 4 т. Т. 3. Ч. 1. М.: Мысль, 2000. С. 46–103.

Флоренский 2003 — Флоренский П. А. Столп и утверждение истины: опыт православной теодицеи. М.: АСТ, 2003.

Флоренский 2008 — Флоренский П. А. Обратная перспектива. Имена: Сочинения. М.: Эксмо, 2008.

Франк 1956 — Франк С. Л. Биография П. Б. Струве. Нью-Йорк: Издательство им. Чехова, 1956.

Чижов 1846 — Чижов В. Ф. О иконопочитании. (С одобрения духовной цензуры) // Москвитянин. 1846. Т. 7. С. 117–119.

Шевченко 1913 — Шевченко А. В. Неопримитивизм: Его теория. Его возможности. Его достижения. М.: Типография 1-й Московской трудовой артели, 1913.

Яремич 1911 — Яремич С. П. Михаил Александрович Врубель: Жизнь и творчество. М.: Кнебель, 1911.

Aslund 2007 — Aslund A. Unmasking President Putin's Grandiose Myth // Moscow Times. 2007. November 28.

Darcel, Basilewsky 1874 — Darcel A., Basilewsky A. Collection Basilewsky: Catalogue raisonné. Paris: Vve A. Morel, 1874.

de Danilowicz 1906–1907 — de Danilowicz C. L'exposition russe // L'art et les artistes. 1906–1907. Octobre–mars. № 4.

Figes 2016 — Figes O. Geopolitik wie im zaristischen Russland // Kölner Stadt-Anzeiger. 2016. January 1.

Florensky 2002 — Florensky P. Beyond Vision: Essays on the Perception of Art / Ed. by N. Misler; transl. by W. Salmond. London: Reaktion, 2002. P. 142–143.

Freeman 1849 — Freeman E. A History of Architecture. London: J. Masters, 1849.

Fry 1996 — Fry R. Letter to the Burlington Magazine, March 1908 / Ed. by Ch. Reed. Repr. in: A Roger Fry Reader. Chicago: University of Chicago Press, 1996.

Gagarin 1847 — Gagarin G. Le Caucase pittoresque dessiné d'après nature. Paris: Imprime par Plon frères, 1847.

Gautheret 2014 — Gautheret J. Poutine, dans l'ombre de l'impitoyable Tsar Nicolas Ier // Le Monde. 2014. May 12.

Hegel 1900 — Hegel G. W. F. Lectures on the Philosophy of History / Transl. by J. Sibree. London: G. Bell & Sons, 1900.

Hetherington 1974 — The «Painter's Manual» of Dionysius of Fourna: An English Translation [from the Greek] with Commentary of Cod. Gr. 708 in the Saltykov-Shchedrin State Public Library, Leningrad / Ed. by P. Hetherington. London: Sagittarius Press, 1974.

Kandakoff, Raoult 1883 — Vues et antiquités du Sinai par M. le professeur Kandakoff et photographe J. Raoult. Odessa, 1883.

Kandinsky 1976 — Kandinsky N. Kandinsky und ich. Munich: Kindler, 1976.

Kandinsky 1994 —Kandinsky: Complete Writings on Art / Ed. by K. C. Lindsay, P. Vergo. New York: Da Capo Press, 1994.

Kondakov 1886–1891 — Kondakov N. Histoire de l'art byzantin considéré principalement dans les miniatures: In 2 vol. / Traduit par M. Trawinsk. Paris: Librairie de l'art, 1886–1891.

Kondakov, Tolstoy 1891 — Kondakov N., Tolstoy I. Antiquités de la Russie méridionale / Traduit par S. Reinach. Paris: E. Leroux, 1891.

Kondakov 1892a — Kondakov N. Geschichte und Denkmäler des byzantinischen Emails. Frankfurt am Main, 1892.

Kondakov 1892b — Kondakov N. Histoire et monuments des émaux byzantins. Frankfurt am Mein, 1892.

Lecky 1870 — Lecky W. E. H. History of European Morals from Augustus to Charlemagne. New York: D. Appleton, 1870.

Malevich 1976 — Malevich K. The World as Non-Objectivity: Unpublished Writings 1922–1925. Vol. 3 of Essays on Art / Ed. by T. Andersen; transl. by X. Glowacki-Prus, E. T. Litte. Copenhagen: Borgen, 1976.

Malevich 1978 — Malevich K. I Am the Beginning // The Artist, Infinity, Suprematism: Unpublished Writings, 1913–1933. Vol. 4 of Essays on Art / Ed. by T. Andersen; transl. by X. Hoffmann. Copenhagen: Borgen Verlag, 1978. P. 12–26.

Newmarch 1916 — Newmarch R. The Russian Arts. New York: E. P. Dutton, 1916.

Panofsky 1927 — Panofsky E. Die Perspektive als «symbolische Form» // Vorträge der Bibliothek Warburg 1924/1925. Leipzig: Teubner, 1927. S. 258–330.

Proffer et al. 1987 — Russian Literature of the Twenties: An Anthology / Ed. by C. Proffer et al. Ann Arbor: Ardis, 1987.

Punin 1999 — The Diaries of Nikolay Punin, 1904–1953 / Ed. by S. Monas, J. Greene Krupala; transl. by J. Greene Krupala. Austin: University of Texas Press, 1999.

Rodchenko 2003 — Rodchenko A. Slogans (December 12, 1920) // Art in Theory, 1900–2000: An Anthology of Changing Ideas / Ed. by C. Harrison, P. Wood. Malden, Mass.: Blackwell, 2003.

Ruskin 1853 — Ruskin J. The Stones of Venice. Vol. 2. London: Smith, Elder, 1853.

Service 2014 — Service R. Putin's Czarist Folly // The New York Times. 2014. April 6.

Verneilh 1851 — Verneilh F. de. L'architecture byzantine en France: Saint-Front de Périgueux et les églises à coupoles de l'Aquitaine. Paris: V. Didron, 1851.

Vogüé E.-M. Peintres russes // Figaro. 1906. 4 novembre. № 308.

Voltaire 1829 — Voltaire [François-Marie Arouet]. Le Pyrrhonisme de l'histoire. Stuttgart: L'expédition de l'histoire de notre temps, 1829.

Von Sydow 1920 — Von Sydow E. Die deutsche expressionistische Kultur und Malerei. Berlin: Furche-Verlag, 1920.

Zhadova 1988 — Tatlin / Ed. by L. Zhadova. New York: Rizzoli, 1988.

Библиография

Алленов 1996 — Алленов М. М. Михаил Врубель. М.: Слово, 1996.

Алпатов, Анисимов 2000 — Алпатов М. В., Анисимов Г. А. Живописное мастерство Врубеля. М.: Лира, 2000.

Антонова, Мнева 1963 — Каталог древнерусской живописи XI — начала XVIII вв.: В 2 т. / Ред. В. И. Антонова, Н. Е. Мнева. М.: Искусство, 1963.

Асеев 1995 — Асеев Ю. А. Русский музей, 1908–1922 // Из истории музея: Сборник статей и публикаций / Ред. И. Н. Карасик, Е. Н. Петрова. СПб.: Гос. Русский музей, 1995.

Банк 1959 — Банк А. В. Несколько византийских камей из собрания Эрмитажа // Византийский современник. 1959. Вып. 16, № 41. С. 206–215.

Баснер 1995 — Баснер Е. В. Начало // Из истории музея: Сборник статей и публикаций / Ред. И. Н. Карасик, Е. Н. Петрова. СПб.: Гос. Русский музей, 1995.

Богемская, Вздорнов 2010 — Эра Румянцевского музея: Из истории формирования собрания ГМИИ им. А. С. Пушкина / Ред. К. Г. Богемская, Г. И. Вздорнов. Т. 1: Картинная галерея. М.: Красная площадь, 2010.

Большаков, Климанов 1993 — Из коллекции академика Н. П. Лихачева: Каталог выставки / Ред. А. О. Большаков, Л. Г. Климанов. СПб.: Седа-С, 1993.

Брук, Иовлева 1995 — Брук Я. В., Иовлева Л. И. Государственная Третьяковская галерея: Каталог собрания. Сер. 1. Древнерусское искусство X–XVII веков: Иконопись XVIII–XX веков. М.: Красная площадь, 1995.

Брук, Иовлева 2006 — Брук Я. В., Иовлева Л. И. Государственная Третьяковская галерея: Каталог собрания. Сер. 2. Живопись XVII–XX веков. Т. 4: Живопись второй половины XIX века. М.: Красная площадь, 2006.

Бусева-Давыдова 2004 — Бусева-Давыдова И. Л. Современные храмовые росписи: Программа, традиция, стиль // Искусство в современном мире / Ред. О. Б. Дубова, М. А. Бусев, М. П. Лазарев. М.: Памятники исторической мысли, 2004. С. 258–278.

Бычков 1990 — Бычков В. В. Эстетический лик бытия (Умозрения Павла Флоренского). М.: Знание, 1990.

Важская 2010 — Важская М. А. П. И. Севастьянов // Эра Румянцевского музея: Из истории формирования собрания ГМИИ им. А. С. Пушкина. Т. 1: Картинная галерея / Ред. К. Г. Богемская, Г. И. Вздорнов. М.: Красная площадь, 2010.

Васильев 1960 — Васильев А. А. Андрей Рублев и Григорий Палама // Журнал Московской патриархии. 1960. № 10. С. 33–44.

Васильева 2006 — Васильева О. А. Иконы Пскова. М.: Северный паломник, 2006.

Вздорнов 1980 — Вздорнов Г. И. Искусство книги в Древней Руси: Рукописная книга Северо-Восточной Руси XII — начала XV веков. М.: Искусство, 1980.

Вздорнов 1986 — Вздорнов Г. И. История открытия и изучения русской средневековой живописи: XIX век. М.: Искусство, 1986.

Вздорнов 2006 — Вздорнов Г. И. Реставрация и наука: Очерки по истории открытия и изучения древнерусской живописи. М.: Индрик, 2006.

Вздорнов, Дунаев 1999 — Вздорнов Г. И., Дунаев А. Г. Николай Михайлович Тарабукин и его книга «Философия иконы» // Тарабукин Н. М. Смысл иконы. М.: Изд-во Православного Братства Святителя Филарета Московского, 1999. С. 5–25.

Гапова 2012 — Гапова Е. Дело «Pussy Riot»: Феминистский протест в контексте классовой борьбы // Неприкосновенный запас. 2012. № 5 (85). URL: http://magazines.russ.ru/nz/2012/5/g2.html (дата обращения: 09.07.2022).

Гринберг 2007 —Гринберг К. Модернистская живопись / Пер. с англ. А. А. Курбановского // Искусствознание. 2007. № 3–4. С. 546–553.

Гусакова 2008 — Гусакова В. О. Виктор Васнецов и религиозно-национальное направление в русской жизни конца XIX — начала XX века. СПб.: Аврора, 2008.

Гусев 1995 — Гусев В. А. Предисловие // Из истории музея: Сборник статей и публикаций / Ред. И. Н. Карасик, Е. Н. Петрова. СПб.: Гос. Русский музей, 1995.

Датиева 1998 — Датиева Н. С. О строительстве здания исторического музея // Историческому музею — 125 лет: Материалы юбилейной научной конференции / Ред. В. Л. Егоров и А. И. Шкурко. М.: Государственный исторический музей, 1998. С. 323–343.

Дмитриева 1984 — Дмитриева Н. А. Михаил Александрович Врубель. Л.: Художник РСФСР, 1984.

Дуглас 1993 — Дуглас Ш. Татлин и Малевич: История и теория, 1914–1915 // Vladimir Tatlin: Leben, Werk, Wirkung: Ein internationales Symposium / Hg. von J. Harten. Köln: Du Mont, 1993. S. 428–437.

Дурылин 1948 — Дурылин С. Врубель и Лермонтов // Литературное наследство. 1948. Т. 46–47. С. 541–622.

Жегин 1994 — Жегин Л. Ф. Воспоминания о П. А. Флоренском // Маковец, 1922–1926: Сб. материалов по истории объединений / Отв. ред. М. А. Немировская, Е. А. Илюхина. М.: Государственная Третьяковская галерея, 1994.

Живова 1957 — Михаил Александрович Врубель: Выставка произведений / Ред. О. А. Живова. М.: Искусство, 1957.

Залесская 1991а — Залесская В. Н. Византийские памятники в коллекции А. П. Базилевского // Византиноведение в Эрмитаже. К XVIII Международному конгрессу византинистов. Москва, 8–15 августа 1991 года / Ред. В. С. Шандровская. Л.: Государственный Эрмитаж. 1991. С. 10–13.

Залесская 1991б — Залесская В. Н. Русское археологическое общество; Православное палестинское общество; Археологическая комиссия // Византиноведение в Эрмитаже. К XVIII Международному конгрессу византинистов. Москва, 8–15 августа 1991 года / Ред. В. С. Шандровская. Л.: Государственный Эрмитаж. 1991. С. 24–27.

Захарова 1991 — Захарова Н. А. Начало создания византийской коллекции Эрмитажа // Византиноведение в Эрмитаже. К XVIII Международному конгрессу византинистов. Москва, 8–15 августа 1991 года / Ред. В. С. Шандровская. Л.: Государственный Эрмитаж. 1991. С. 5–10.

Золотницкий 1976 — Золотницкий Д. И. Зори театрального октября. СПб.: Искусство, 1976.

Иванова 2010 — Иванова Е. А. Московский общественный и Румянцевский музеи // Эра Румянцевского музея: Из истории формирования собрания ГМИИ им. А. С. Пушкина. Т. 1: Картинная галерея / Ред. К. Г. Богемская, Г. И. Вздорнов. М.: Красная площадь, 2010. С. 11–80.

Кальб 2022 — Кальб Д. Третий Рим: имперские видения, мессианские грезы, 1890–1940. СПб.: Библиороссика, 2022.

Карасик, Петрова 1995 — Из истории музея. Сборник статей и публикаций / Ред. И. Н. Карасик, Е. Н. Петров. СПб., 1995. С. 35.

Киркевич 2004 — Киркевич В. Г. Володимирський собор у Києві. Києв: Техніка, 2004 (на укр. языке).

Клибанов 1989 — Русское православие: Вехи истории / Ред. А. И. Клибанов. М.: Политиздат, 1989.

Ковалев 1990 — Ковалев А. А. Самосознание критики: Из истории советского искусствознания 1920-х годов // Советское искусствознание. 1990. № 26. С. 344–380.

Корнилова 1995 — Корнилова А. В. Из истории иконописного класса Академии художеств // Проблемы развития зарубежного и русского искусства: Сборник научных трудов / Ред. В. Раздольская. СПб.: Институт имени И. Е. Репина, 1995. С. 73–77.

Корнилова 2001 — Корнилова А. В. Григорий Гагарин: Творческий путь. От романтизма к русско-византийскому стилю. М. Искусство: 2001.

Корнилова 2009 — Корнилова А. В. Истоки русско-византийского стиля: Теоретический аспект // Труды Санкт-Петербургского государственного института культуры. 2009. № 186. С. 126–130.

Красноцветов 2001 — Красноцветов П. Г. Казанский собор: Исторический очерк строительства и церковной жизни. СПб.: Арт Деко, 2001.

Кутейникова 2007 — Кутейникова Н. С. Современная православная икона. СПб.: Знаки, 2007.

Кызласова 1985 — Кызласова И. Л. История изучения византийского и древнерусского искусства в России: Ф. И. Буслаев, Н. П. Кондаков: Методы, идеи, теории. М.: Издательство МГУ, 1985.

Кызласова 1988 — Кызласова И. Л. Русская икона XIV–XVI веков. Л.: Аврора, 1988.

Кызласова 2004 — «Мир Кондакова»: Публикации, статьи, каталог выставки / Ред. И. Л. Кызласова. М.: Русский путь, 2004.

Лазарев 1971 — Лазарев В. Н. Московская школа иконописи М.: Искусство, 1971.

Лазарев 1973 — Лазарев В. Н. Древнерусские мозаики и фрески XI–XV вв. М.: Искусство, 1973.

Лазарев 2000 — Лазарев В. Н. Русская иконопись от истоков до начала XVI века. М.: Искусство, 2000.

Лайтарь 2012 — Лайтарь Н. В. Современная православная церковная архитектура России. Тенденции стилевого развития и типология храмов: дис. ... канд. искусствовед. наук. СПб.: Государственный педагогический университет им. А. И. Герцена, 2012.

Лидов 2005 — Лидов А. М. Святой Мандилион: история реликвии // Спас Нерукотворный в русской иконе / Ред. Л. М. Евсеева, А. М. Лидов, Н. Н. Чугреева. М.: Московские учебники и картография, 2005. С. 12–39.

Лидов 2009 — Лидов А. М. Иеротопия: пространственные иконы и образы-парадигмы в византийской культуре. М.: Феория, 2009.

Лисовский 2000 — Лисовский В. Г. «Национальный стиль» в архитектуре России. М.: Совпадение, 2000.

Маркадэ 2000 — Маркадэ Ж.-К. Малевич и православная иконография // Поэзия и живопись: Сборник трудов памяти Н. И. Харджиева / Ред. Д. Сарабьянов, М. Мейлах. М.: Языки русской культуры, 2000. С. 167–173.

Муратова, Вздорнов 2008 — Возвращение Муратова: От «Образов Италии» до «Истории кавказских войн»: По материалам выставки «Павел Муратов — человек Серебряного века» в Государственном музее изобразительных искусств имени А. С. Пушкина, 3 марта — 20 апреля 2008 года / Ред. К. М. Муратова, Г. И. Вздорнов. М.: Индрик, 2008.

Нильссон 2000 — Нильссон Н. А. Архаизм как модернизм // Поэзия и живопись: Сборник трудов памяти Н. И. Харджиева / Ред. Д. В. Сарабьянов и М. Б. Мейлах. М.: Языки русской культуры, 2000. С. 75–82.

Панова 2006 — Панова Л. Г. Русский Египет. Александрийская поэтика Михаила Кузмина. М.: Водолей; Прогресс-Плеяда, 2006.

Петрова, Киблицкий 1995 — «Пречистому образу твоему поклоняемся...»: Образ Богоматери в произведениях из собрания Русского музея / Ред. Е. Петрова, Й. Киблицкий. СПб.: Palace Editions, 1995.

Петров, Стрижова 2003 — Петров Ф. А., Стрижова Н. Б. У истоков создания исторического музея: Н. И. Чепелевский // Исторический музей — энциклопедия отечественной истории и культуры. М.: Государственный исторический музей, 2003. С. 6–15.

Петрова 2009 — Коллекции и коллекционеры. Сборник статей по материалам научной конференции. Вып. XVI / науч. рук. Е. Петрова. Русский музей, Санкт-Петербург, 2008. СПб.: Palace Editions, 2009.

Плешанова, Лихачева 1985 — Плешанова И. И., Лихачева Л. Д. Древнерусское декоративно-прикладное искусство в собрании Государственного Русского музея. Л.: Искусство, Ленинградское отделение, 1985.

Пятницкий 1991а — Пятницкий Ю. А. П. И. Севастьянов и его собрание // Византиноведение в Эрмитаже / Ред. В. С. Шандровская. Л.: Государственный Эрмитаж, 1991. С. 14–19.

Пятницкий 1991б — Пятницкий Ю. А. Русский археологический институт в Константинополе (РАИК) // Византиноведение в Эрмитаже / Ред. В. С. Шандровская. Л.: Государственный Эрмитаж, 1991. С. 28–31.

Руднева 1993 — Руднева Л. Владимир Татлин — тридцатые годы // Vladimir Tatlin: Leben, Werk, Wirkung; Ein internationales Symposium / Hg. von J. Harten. Köln: DuMont, 1993.

Русаков 2000 — Русаков Ю. А. Избранные искусствоведческие труды. СПб.: Алетейя, 2000.

Рындина 2004 — Русское церковное искусство нового времени / Ред. А. В. Рындина. М.: Индрик, 2004.

Савельев 2005 — Савельев Ю. Р. «Византийский стиль» в архитектуре России: Вторая половина XIX — начало XX века. Лики России — Проект-2003. СПб., 2005.

Савельев 2006 — Савельев Ю. Р. Искусство историзма в системе государственного заказа второй половины XIX — начала XX века: На примере византийского и русского стилей. Докторская диссертация, СПбГУ, 2006.

Савельев 2008 — Савельев Ю. Р. Искусство историзма и государственный заказ: Вторая половина XIX — начало XX века. М.: Совпадение, 2008.

Савина 1991 — Савина С. Г. Н. П. Кондаков // Византиноведение в Эрмитаже. К XVIII Международному конгрессу византинистов. Москва, 8–15 августа 1991 года / Ред. В. С. Шандровская. Л.: Государственный Эрмитаж, 1991. С. 34–38.

Сарабьянов 1971 — Сарабьянов Д. В. Русская живопись конца 1900-х — начала 1910-х годов: Очерки. М.: Искусство, 1971.

Сарабьянов 1973 — Сарабьянов Д. В. Русские живописцы начала XX в.: Новые направления. Л.: Аврора, 1973.

Сарабьянов 1998 — Сарабьянов Д. В. Кандинский и русская икона // Многогранный мир Кандинского / Ред. Д. Сарабьянов, Н. Автономова, В. Турчин. М.: Наука, 1998. С. 42–49.

Сарабьянов 2001 — Сарабьянов Д. В. Модерн. История стиля. М.: Галарт, 2001.

Синицина 1998 — Синицына Н. В. Третий Рим: Истоки и эволюция русской средневековой концепции, XV–XVII вв. М.: Индрик, 1998.

Соловьева, Булкин 2006 — Святой Николай Мирликийский в произведениях XII–XIX веков из собрания Русского музея / Ред. И. Д. Соловьева, В. А. Булкин. СПб.: Palace Editions, 2006.

Стасов 1906 — Стасов В. В. Собр. соч.: В 4 т. Т. 4. СПб., 1906.

Степанова 1991 — Степанова Е. В. Коллекция Н. П. Лихачева // Византиноведение в Эрмитаже. К XVIII Международному конгрессу византинистов. Москва, 8–15 августа 1991 года / Ред. В. С. Шандровская. Л.: Государственный Эрмитаж, 1991. С. 54–62.

Стригалев 1989 — Стригалев А. О поездке Татлина в Берлин и Париж // Искусство. 1989. № 2–3. С. 39–44, 26–31.

Стригалев 1993 — Стригалев А. А. Значение традиции древнерусского и народного искусства в творчестве Татлина // Vladimir Tatlin: Leben, Werk, Wirkung: Ein Internationales Symposium / Hg. von J. Harten. Köln: Du Mont, 1993. S. 368–372.

Стригалев 1996 — Стригалев А. А. Университеты художника Татлина // Вопросы искусства. 1996. № 9. Ч. II. С. 405–431.

Стригалев 2001 — Стригалев А. А. О последней футуристической выставке картин «0,10» [Ноль-десять] // Научно-аналитический информационный бюллетень фонда К. С. Малевича. М., 2001. С. 12–38.

Стригалев 2006 — Стригалев А. А. Татлин и Пикассо // Пикассо и окрестности: Сб. статей / Ред. М. А. Бусев. М.: Прогресс-Традиция, 2006. С. 111–144.

Суздалев 1991 — Суздалев П. К. Врубель. М.: Советский художник, 1991.

Тарасов 1995 — Тарасов О. Ю. Икона и благочестие: Очерки иконного дела в императорской России. М.: Прогресс-Традиция, 1995.

Толмачева 2004 — Толмачева Н. Ю. Исаакиевский собор: Структурно-исторический анализ архитектурного памятника: дис. ... докт. наук. СПб.: Российский институт истории искусств, 2004.

Турчин 2001 — Турчин В. С. Александр I и неоклассицизм в России: Стиль империи или империя как стиль. М.: Жираф, 2001.

Шалина 2009 — Шалина И. А. Этапы формирования отделения христианских древностей Русского музея Императора Александра III // Коллекции и коллекционеры. Сборник статей по материалам научной конференции. Вып. XVI / Науч. рук. Е. Петрова. Русский музей, Санкт-Петербург, 2008. СПб.: Palace Editions, 2009. С. 7–24.

Шатских 2009 — Шатских А. С. Казимир Малевич и общество Супремус. М.: Три квадрата, 2009.

Шевеленко 2005 — Шевеленко И. Д. Модернизм как архаизм: Национализм, русский стиль и архитектурная эстетика в русском модернизме // Wiener slawistischer Almanach. 2005. Bd. 56. S. 141–183.

Ширшова 2012 — Ширшова Л. В. Современная монументальная живопись Русской Православной Церкви: По материалам воссоздания Кафедрального соборного храма Христа Спасителя в Москве: дис. ... докт. искусствовед. наук. СПб.: Санкт-Петербургская государственная художественно-промышленная академия, 2012.

Шуманова, Илюхина 2006 — Шуманова И. В., Илюхина Е. А. Пророк и мечтатель: М. А. Врубель и В. Е. Борисов-Мусатов // Наше наследие. 2006. № 77. С. 140–157.

Шурыгин 1964 — Шурыгин Я. И. Казанский собор. Л.: Лениздат, 1964.

Этингоф 2005 — Этингоф О. Е. Византийские иконы VI — первой половины XIII века в России. М.: Индрик, 2005.

Akinsha, Kozlov 2007 — Akinsha K., Kozlov G. The Holy Place: Architecture, Ideology, and History in Russia. New Haven: Yale University Press, 2007.

Antliff 1999 — Antliff M. The Rhythms of Duration: Bergson and the Art of Matisse // The New Bergson / Ed. by J. Mullarkey. Manchester: Manchester University Press, 1999. P. 184–208.

Antonova 2010 — Antonova C. Space, Time, and Presence in the Icon: Seeing the World with the Eyes of God. Burlington, Vt.: Ashgate, 2010.

Atak 2015 — Atak T. Abstraction's Economy: Hagia Sophia in the Imaginary of Modern Architecture // Byzantium / Modernism: The Byzantine as Method in Modernity / Ed. by R. Betancourt, M. Taroutina. Leiden: Brill, 2015. P. 135–162.

Barber 2007 — Barber C. Contesting the Logic of Painting: Art and Understanding in Eleventh-Century Byzantium. Leiden: Brill, 2007.

Bernstein 2013 — Bernstein A. An Inadvertent Sacrifice: Body Politics and Sovereign Power in the Pussy Riot Affair // Critical Inquiry. 2013. Vol. 40, № 1. P. 220–241.

Birnholz 1977 — Birnholz A. C. Forms, Angles, and Corners: On Meaning in Russian Avant-Garde Art // Arts Magazine. 1977. February. № 51. P. 101–109.

Boersma 1994 — Boersma L. S. 0.10: The Last Futurist Exhibition of Painting. Rotterdam: 010 Publishers, 1994.

Bonnell 1999 — Bonnell V. E. Iconography of Power: Soviet Political Posters Under Lenin and Stalin. Berkeley: University of California Press, 1999.

Borchardt-Hume 2015 — Borchardt-Hume A. An Icon for a Modern Age // Malevich / Ed. by A. Borchardt-Hume. London: Tate Publishing, 2015.

Bowlt 1976a — Bowlt J. E. Rodchenko and Chaikov // Art and Artists. 1976. October. № 11.

Bowlt 1976b — Bowlt J. E. Russian Art, 1875–1975: A Collection of Essays. New York: MSS Information, 1976.

Bowlt 1979 — Bowlt J. E. The Silver Age: Russian Art of the Early Twentieth Century and the «World of Art» Group. Newtonville, Mass.: Oriental Research Partners, 1979.

Bowlt 1980 — Bowlt J. E. Vasilii Kandinsky: The Russian Connection // The Life of Vasilii Kandinsky in Russian Art: A Study of «On the Spiritual in

Art» / Ed. by J. E. Bowlt, R.-C. Washton Long; transl. by J. E. Bowlt. Newtonville, Mass.: Oriental Research Partners, 1980.

Bowlt 1990 — Bowlt J. E. A Brazen Can-Can in the Temple of Art: The Russian Avant-Garde and Popular Culture // Modern Art and Popular Culture: Readings in High and Low / Ed. by K. Varnedoe, A. Gopnik. New York: Museum of Modern Art; Harry N. Abrams, 1990. P. 135–158.

Bowlt 1998 — Bowlt J. E. The Cow and the Violin: Toward a History of Russian Dada // The Eastern Dada Orbit: Russia, Georgia, Ukraine, Central Europe, and Japan / Ed. by S. C. Foster. New York: Hall, 1998. P. 137–163.

Bowlt 2000 — Painting Revolution: Kandinsky, Malevich, and the Russian Avant-Garde / Ed. by J. E. Bowlt. Bethesda, Md.: Foundation for International Arts and Education, 2000.

Bowlt 2007 — Bowlt J. E. Kazimir Malevich and Fedor Rerberg // Rethinking Malevich: Proceedings of a Conference in Celebration of the 125th Anniversary of Kazimir Malevich's Birth / Ed. by C. Douglas, C. Lodder. London: Pindar Press, 2007. P. 1–26.

Bowlt 2008 — Bowlt J. E. Moscow and St. Petersburg, 1900–1920: Art, Life, and Culture of the Russian Silver Age. New York: Vendome Press, 2008.

Bowlt, Washton Long 1980 — The Life of Vasilii Kandinsky in Russian Art: A Study of «On the Spiritual in Art» / Ed. by J. E. Bowlt, R.-C. Washton Long; transl. by J. E. Bowlt. Newtonville, Mass.: Oriental Research Partners, 1980.

Brumfield 2004 — Brumfield W. C. A History of Russian Architecture. Seattle: University of Washington Press, 2004.

Bullen 2003 — Bullen J. B. Byzantium Rediscovered. London; New York: Phaidon, 2003.

Cameron 1983 — Cameron A. The History of the Image of Edessa: The Telling of a Story // Harvard Ukrainian Studies. 1983. Vol. 7. P. 80–94.

Chlenova 2012 — Chlenova M. «0.10» // Inventing Abstraction, 1910–1925: How a Radical Idea Changed Modern Art / Ed. by L. Dickerman. New York: Museum of Modern Art, 2012. P. 206–208.

Clark 2003 — Clark K. Socialist Realism and the Sacralizing of Space // The Landscape of Stalinism: The Art and Ideology of Soviet Space / Ed. by E. Dobrenko and E. Naiman. Seattle: University of Washington Press, 2003. P. 3–18.

Corbett 2004 — Corbett D. P. The World in Paint: Modern Art and Visuality in England, 1848–1914. University Park: Pennsylvania State University Press, 2004.

Cormack 1985 — Cormack R. Writing in Gold: Byzantine Society and Its Icons. New York: Oxford University Press, 1985.

Cormack 2000 — Cormack R. Byzantine Art. Oxford: Oxford University Press, 2000.

Cutler 1992 — Cutler A. Recovering St. Sophia: Cameron, Catherine II, and the Idea of Constantinople in Late Eighteenth-Century Russia // An Architectural Progress in the Renaissance and Baroque: Sojourns In and Out of Italy; Essays in Architectural History Presented to Hellmut Hager on His Sixty-Sixth Birthday / Ed. by H. A. Millon and S. S. Munshower. University Park: Pennsylvania State University Press, 1992. P. 888–909.

Dabrowski 1992 — Dabrowski M. Tatlin and Cubism // Notes in the History of Art. 1992. Spring–Summer. Vol. 11, № 3–4. P. 39–46.

de Duve 1991 — de Duve T. Pictorial Nominalism: On Marcel Duchamp's Passage from Painting to the Readymade. Minneapolis: University of Minnesota Press, 1991.

Demus 1955 — Demus O. Byzantine Mosaic Decoration: Aspects of Monumental Art in Byzantium. Boston: Boston Book & Art Shop, 1955.

Douglas 1991 — Douglas C. Malevich and Western European Art Theory // Malevich: Artist and Theoretician / Ed. by C. Douglas, E. Petrova. Paris: Flammarion, 1991. P. 56–60.

Douglas 2007 — Douglas C. The Art of Pure Design: The Move to Abstraction in Russian and English Art and Textiles: A Meditation // Russian Art and the West: A Century of Dialogue in Painting, Architecture, and the Decorative Arts / Ed. by R. P. Blakesley, S. E. Reid. DeKalb: Northern Illinois University Press, 2007.

Drutt 2015 — In Search of 0,10: The Last Futurist Exhibition of Painting / Ed. by M. Drutt. Riehen, Basel: Fondation Beyeler, 2015.

Egorov, Yukhimenko 2006 — Egorov V., Yukhimenko E. The State Historical Museum: Treasures of History and Culture // The State Historical Museum / Ed. by A. Shkurko, E. M. Yukhimenko, V. Egorov; transl. by P. A. Aleinikov. et al. Moscow: Interbook Business Publishers, 2006.

Eichner 1957 — Eichner J. Kandinsky und Gabriele Münter: Von Ursprüngen moderner Kunst. München: Bruckmann, 1957.

Emerson 1990 — Emerson C. Russian Orthodoxy and the Early Bakhtin // Religious Thought and Contemporary Critical Theory. Special issue: Religion and Literature. 1990. Vol. 22, № 2–3. Summer–Autumn. P. 109–131.

Evans, Wixom 1997 — The Glory of Byzantium: Art and Culture of the Middle Byzantine Era, a. d. 843–1261 / Ed. by H. C. Evans, W. D. Wixom. New York: Metropolitan Museum of Art, 1997.

Faure 1998 — Faure B. The Buddhist Icon and the Modern Gaze // Critical Inquiry. 1998. Spring. Vol. 24, № 3. P. 768–813.

Fer 1997 — Fer B. Imagining a Point of Origin: Malevich and Suprematism // Fer B. On Abstract Art. New Haven: Yale University Press, 1997. P. 7–31.

Fineberg 1984 — Fineberg J. D. Kandinsky in Paris, 1906–1907. Ann Arbor: UMI Research Press, 1984.

Forrer 1894 — Forrer R. Die Zeugdrucke der byzantinischen, romanischen, gothischen und späteren Kunstepochen. Strassburg, 1894.

Franses 2015 — Franses R. Lacan and Byzantine Art: In the Beginning Was the Image // Byzantium / Modernism: The Byzantine as Method in Modernity / Ed. by R. Betancourt, M. Taroutina. Leiden: Brill, 2015. P. 311–329.

Gabo 1962 — Gabo N. Of Divers Arts. New York: Pantheon Books, 1962.

Gaonkar 2001 — Alternative Modernities / Ed. by D. P. Gaonkar. Durham: Duke University Press, 2001.

Gatrall 2010 — Gatrall J. J. A. Introduction // Alter Icons: The Russian Icon and Modernity / Ed. by J. J. A. Gatrall, D. Greenfield. University Park: Pennsylvania State University Press, 2010. P. 1–26.

Gatrall 2014 — Gatrall J. J. A. Pictorial Blasphemy // The Real and the Sacred: Picturing Jesus In Nineteenth-Century Fiction. Ann Arbor: University of Michigan Press, 2014. P. 62–89.

Gentile 2006 — Gentile E. Politics as Religion / Transl. by George Staunton. Princeton: Princeton University Press, 2006. P. 45–68.

Gough 1999 — Gough M. Faktura: The Making of the Russian Avant-Garde // RES: Journal of Anthropology and Aesthetics. 1999. Vol. 36. Autumn. P. 32–59.

Gough 2005 — Gough M. The Artist as Producer: Russian Constructivism in Revolution. Berkeley: University of California Press, 2005.

Gough 2015 — Gough M. Architecture as Such // Malevich / Ed. by A. Borchardt-Hume. London: Tate Publishing, 2015.

Gray 1986 — Gray C. The Russian Experimentin Art, 1863–1922 / Ed. by M. Burleigh-Motley. London: Thames & Hudson, 1986.

Gregor 2012 — Gregor A. J. Leninism: Revolution as Religion // Totalitarianism and Political Religion: An Intellectual History. Stanford: Stanford University Press, 2012. P. 87–114.

Greenberg 1986 — Greenberg C. The Collected Essays and Criticism / Ed. by J. O'Brian. Vol. 2. Chicago: University of Chicago Press, 1986.

Greenfield 2010 — Greenfield D. Florensky and the Binocular Body // Alter Icons: The Russian Icon and Modernity / ed. J. J. A. Gatrall, D. Greenfield. University Park: Pennsylvania State University Press, 2010. P. 191–206.

Grohmann 1958 — Grohmann W. Wassily Kandinsky: Life and Work. New York: Harry N. Abrams, 1958.

Heller 1983 — Heller R. Kandinsky and Traditions Apocalyptic // Art Journal. 1983. Spring. Vol. 43, № 1. P. 19–26.

Hilton 1969–1970 — Hilton A. Matisse in Moscow // Art Journal. 1969–1970. Winter. Vol. 29, № 2. P. 166–173.

Isdebsky-Pritchard 1982 — Isdebsky-Pritchard A. The Art of Mikhail Vrubel (1856–1910). Ann Arbor: UMI Research Press, 1982.

Isdebsky-Pritchard 1986 — Isdebsky-Pritchard A. Art for Philosophy's Sake: Vrubel Against «the Herd» // Nietzsche in Russia / Ed. by B. G. Rosenthal. Princeton: Princeton University Press, 1986. P. 219–248.

James 2004 — James L. Sense and Sensibility in Byzantium // Art History. 2004. Vol. 27, № 4. P. 523–537.

Jung 1970 — Collected Works of C. G. Jung. Vol. 8: The Structure and Dynamics of the Psyche / Ed. by M. Fordham; transl. by R. F. C. Hull. 2nd ed. Princeton: Princeton University Press, 1970.

Kalb 2008 — Kalb J. E. Russia's Rome: Imperial Visions, Messianic Dreams, 1890–1940. Madison: University of Wisconsin Press, 2008.

Karginov 1979 — Karginov G. Rodchenko. London: Thames & Hudson, 1979.

Kean 1983 — Kean B. W. All the Empty Palaces: The Great Merchant Patrons of Modern Art in Pre-Revolutionary Russia. New York: Universe Books, 1983.

Kelly 2016 — Kelly M. M. F. Unorthodox Beauty: Russian Modernism and Its New Religious Aesthetic. Evanston: North-western University Press, 2016.

Kennedy 1982 — Kennedy J. Lermontov's Legacy: Mikhail Vrubel's Seated Demon and Demon Downcast // Transactions of the Association of Russian-American Scholars in the U.S.A. 1982. № 15. P. 163–184.

Kizenko 2013 — Kizenko N. Feminized Patriarchy? Orthodoxy and Gender in Post-Soviet Russia // Signs. 2013. Vol. 38, № 3. P. 595–621.

Költzsch 1993 — Morozov, Shchukin: The Collectors; Monet to Picasso; 120 Masterpieces from the Hermitage, St. Petersburg, and the Pushkin Museum, Moscow / Ed. by G.-W. Költzsch. Bonn: Bild-Kunst, 1993.

Kornblatt 2009 — Kornblatt J. D. Divine Sophia: The Wisdom Writings of Vladimir Solovyov. Ithaca: Cornell University Press, 2009.

Kostenevich 1995 — Kostenevich A. Hidden Treasures Revealed: Impressionist Masterpieces and Other Important French Paintings Preserved by the State Hermitage Museum, St. Petersburg / Transl. by E. Kolesnikova, C. A. Fitzpatrick, S. Rabinovich. Moscow: Ministry of Culture of the Russian Federation; St. Petersburg: State Hermitage Museum; New York: Harry N. Abrams, 1995.

Krauss 1981 — Krauss R. The Originality of the Avant-Garde: A Postmodernist Repetition // October. 1981. Autumn. Vol. 18. P. 47–66.

Kunichika 2015 — Kunichika M. «Our Native Antiquity»: Archaeology and Aesthetics in the Culture of Russian Modernism. Boston: Academic Studies Press, 2015.

Kurbanovsky 2007 — Kurbanovsky A. Malevich's Mystic Signs: From Iconoclasm to New Theology // Sacred Stories: Religion and Spirituality in Modern Russia / Ed. by M. D. Steinberg, H. J. Coleman. Bloomington: Indiana University Press, 2007.

Lankheit 1974 — Lankheit K. A History of the Almanac // The Blaue Reiter Almanac / Ed. by V. Kandinsky, F. Marc; transl. by H. Falkenstein. New York: Viking Press, 1974.

Le symbolisme 1976 — Le symbolisme en Europe: Rotterdam, Museum Boymans-van Beuningen. Paris: Éditions des musées nationaux, 1976.

Levitt 2009 — Levitt M. C. Early Modern Russian Letters: Texts and Contexts. Boston: Academic Studies Press, 2009.

Lidov 2009 — Lidov A. Holy Face — Holy Script — Holy Gate: An Image-Paradigm of the «Blessed City» in Christian Hierotopy // Hierotopy: Comparative Studies of Sacred Spaces / Ed. by A. Lidov. Moscow: Indrik, 2009. P. 110–143.

Lodder 1983 — Lodder C. Russian Constructivism. New Haven: Yale University Press, 1983.

Lodder 2015 — Lodder C. Malevich as Exhibition Maker // Malevich / Ed. by A. Borchardt-Hume. London: Tate Publishing, 2015.

Lowden 1997 — Lowden J. Early Christian and Byzantine Art. London: Phaidon, 1997.

Lynton 2009 — Lynton N. Tatlin's Tower: Monument to Revolution. New Haven: Yale University Press, 2009.

Malmstad 1996 — Malmstad J. The Sacred Profaned: Image and Word in the Paintings of Mikhail Larionov // Laboratory of Dreams: The Russian Avant-Garde and Cultural Experiment / Ed. by J. E. Bowlt, O. Matich. Stanford: Stanford University Press, 1996. P. 153–173.

Markov 1968 — Markov V. Russian Futurism: A History. Berkeley: University of California Press, 1968.

Meier-Graefe 1904 — Meier-Graefe J. Entwicklungsgeschichte der modernen Kunst: Vergleichende Betrachtung der bildenden Künste, als Beitrag zu einer neuen Aesthetik: 3 Bdn. Stuttgart: Verlag Julius Hoffmann, 1904.

Merleau-Ponty 1968 — Merleau-Ponty M. The Visible and the Invisible / Ed. by C. Lefort. Evanston: Northwestern University Press, 1968.

Milner 1984 — Milner J. Vladimir Tatlin and the Russian Avant-Garde. New Haven: Yale University Press, 1984.

Misler 1996 — Misler N. Toward an Exact Aesthetics: Pavel Florensky and the Russian Academy of Artistic Sciences // Laboratory of Dreams: The Russian Avant-Garde and Cultural Experiment / Ed. by J. E. Bowlt, O. Matich. Stanford: Stanford University Press, 1996. P. 118–134.

Misler 2002a — Misler N. Pavel Florensky as Art Historian // Florensky P. The Stratification of Aegean Culture // Beyond Vision: Essays on the Perception of Art / Ed. by N. Misler; transl. by W. Salmond. London: Reaktion, 2002.

Misler 2002b — Misler N. Vasilii Kandinsky and the Russian Academy of Artistic Sciences // Experiment. 2002. Vol. 8, № 1. P. 173–185.

Mudrak 2015 — Mudrak M. M. Kazimir Malevich and the Liturgical Tradition of Eastern Christianity // Byzantium / Modernism: The Byzantine as Method in Modernity / Ed. by R. Betancourt, M. Taroutina. Leiden: Brill, 2015. P. 37–72.

Nakov 2010 — Nakov A. Malevich: Painting the Absolute: In 4 vols. Vol. 4. Farnham, Surrey: Lund Humphries, 2010.

Nelson 2000 — Visuality Before and Beyond the Renaissance: Seeing as Others Saw / Ed. by R. S. Nelson. Cambridge: Cambridge University Press, 2000.

Nelson 2004 — Nelson R. S. Hagia Sophia, 1850–1950: Holy Wisdom Modern Monument. Chicago: University of Chicago Press, 2004.

Nelson 2006 — Nelson R. S. Where God Walked and Monks Pray // Holy Image, Hallowed Ground: Icons from Sinai / Ed. by R. S. Nelson, K. M. Collins. Los Angeles: J. Paul Getty Museum, 2006. P. 1–38.

Nelson 2015 — Nelson R. S. Modernism's Byzantium Byzantium's Modernism // Byzantium / Modernism: The Byzantine as Method in Modernity / Ed. by R. Betancourt, M. Taroutina. Leiden: Brill, 2015. P. 15–36.

Partsch 2001 — Partsch S. Franz Marc, 1880–1916 / Transl. by K. Williams. Cologne: Taschen, 2001.

Pentcheva 2010 — Pentcheva B. The Sensual Icon: Space, Ritual, and the Senses in Byzantium. University Park: Pennsylvania State University Press, 2010.

Pevny 2010 — Pevny O. In Solntsev's Footsteps: Adrian Prakhov and the Representation of Kievan Rus // Visualizing Russia: Fedor Solntsev and Crafting a National Past / Ed. by C. Whittaker. Leiden: Brill, 2010. P. 85–108.

Piatnitskii et al. 2000 — Sinai, Byzantium, Russia: Orthodox Art from the Sixth to the Twentieth Century / Ed. by Iu. Piatnitskii et al. London: Saint Catherine Foundation, 2000.

Poole 2010 — Poole R. A. Vladimir Solov'ev's Philosophical Anthropology: Autonomy, Dignity, Perfectibility // A History of Russian Philosophy, 1830–1930:

Faith, Reason, and the Defense of Human Dignity / Ed. by G. M. Hamburg, R. A. Poole. Cambridge: Cambridge University Press, 2010. P. 131–149.

Popova 1992 — Popova O. Medieval Russian Painting and Byzantium // Gates of Mystery: The Art of Holy Russia / Ed. by R. Grieson. Cambridge: Lutterworth Press, 1992. P. 45–59.

Rakitin 1992 — Rakitin V. The Artisan and the Prophet: Marginal Notes on Two Artistic Careers // The Great Utopia: The Russian and Soviet Avant-Garde, 1915–1932. New York: Guggenheim Museum, 1992. P. 25–37.

Rambelli, Reinders 2007 — Rambelli F., Reinders E. What Does Iconoclasm Create? What Does Preservation Destroy? Reflections on Iconoclasm in East Asia // Iconoclasm: Con- tested Objects, Contested Terms / Ed. by S. Boldrick, R. Clay. Aldershot, Hampshire: Ashgate, 2007. P. 15–33.

Ringbom 1970 — Ringbom S. The Sounding Cosmos: A Study in The Spiritualism of Kandinsky and the Genesis of Abstract Painting. Åbo: Åbo Akademi, 1970.

Rosenthal 2007 — Rosenthal B. G. A New Spirituality: The Confluence of Nietzsche and notes to pages 103–116. Orthodoxy in Russian Religious Thought // Sacred Stories: Religion and Spirituality in Modern Russia / Ed. by M. D. Steinberg, H. J. Coleman. Bloomington: Indiana University Press, 2007. P. 330–357.

Rowell 1978 — Rowell M. Vladimir Tatlin: Form / Faktura // Soviet Revolutionary Culture (special issue). 1978. October 7 (Winter). P. 83–108.

Rusakov 1975 — Rusakov I. Matisse in Russia in the Autumn of 1911 / Transl. by John E. Bowlt // Burlington Magazine. 1975. May. Vol. 117. № 866 (special issue devoted to twentieth-century art). P. 284–291.

Salmond 1996 — Salmond W. R. Arts and Crafts in Late Imperial Russia: Reviving the Kustar Art Industries, 1870–1917. New York: Cambridge University Press, 1996.

Salmond 2000 — Salmond W. R. Moscow Modern // Art Nouveau, 1890–1914 / Ed. by P. Greenhalgh. New York: Harry N. Abrams, 2000. P. 388–397.

Salmond 2001 — Salmond W. R. Introduction // Experiment. 2001. Vol. 7. P. xvii–xxi.

Salmond, Whittaker 2010 — Salmond W., Whittaker C. H. Introduction // Visualizing Russia: Fedor Solntsev and Crafting a National Past / Ed. by C. Whittaker. Leiden: Brill, 2010. P. 1–16.

Sarabianov 1988 — Sarabianov D. Tatlin's Painting // Tatlin / Ed. by L. Zhadova. New York: Rizzoli, 1988.

Sarabianov 1990 — Sarabianov D. Russian Art: From Neoclassicism to the Avant-Garde, 1800–1917; Painting — Sculpture — Architecture. New York: Harry N. Abrams, 1990.

Sarabianov, Adaskina 1990 — Sarabianov D., Adaskina N. Popova / Transl. by M. Schwartz. New York: Harry N. Abrams, 1990.

Schapiro 1955 — Schapiro L. The Vekhi Group and the Mystique of Revolution // Slavonic and East European Review. 1955. Vol. 34, № 82. P. 56–76.

Scheijen 2009 — Scheijen S. Diaghilev: A Life / Transl. by J. Hedley-Próle, S. J. Leinbach. London: Profile, 2009.

Sharp 1992 — Sharp J. A. The Critical Reception of the 0.10 Exhibition: Malevich and Benua // The Great Utopia: The Russian and Soviet Avant-Garde, 1915–1932. New York: Guggenheim Museum, 1992. P. 38–52.

Sharp 2006 — Sharp J. A. Russian Modernism Between East and West: Natal'ia Goncharova and the Moscow Avant-Garde. Cambridge: Cambridge University Press, 2006.

Sharp 2015 — Sharp J. A. «Action-Paradise» and «Ready-made Reliquaries»: Eccentric Histories in / of Recent Russian Art // Byzantium / Modernism: The Byzantine as Method in Modernity / Ed. by R. Betancourt, M. Taroutina. Leiden: Brill, 2015. P. 271–310.

Shatskikh 2012 — Shatskikh A. Black Square: Malevich and the Origin of Suprematism / Transl. by M. Schwartz. New Haven: Yale University Press, 2012. P. 101–123.

Shevzov 2007 — Shevzov V. Russian Orthodoxy on the Eve of Revolution. Oxford: Oxford University Press, 2007.

Shevzov 2014 — Shevzov V. Women on the Fault Lines of Faith: Pussy Riot and the Insider / Outsider Challenge to Post-Soviet Orthodoxy // Religion and Gender. 2014. Vol. 4, № 2. P. 121–144.

Shkurko et al. 2006 — The State Historical Museum / Ed. by A. Shkurko, E. M. Yukhimenko, V. Egorov; transl. by P. A. Aleinikov et al. Moscow: Interbook Business Publishers, 2006.

Simmons 1978 — Simmons S. Kasimir Malevich's «Black Square»: The Transformed Self, Part Three; The Icon Unmasked // Arts Magazine. 1978. December. Vol. 53. P. 126–134.

Smith 2011 — Smith O. Vladimir Soloviev and the Spiritualization of Matter. Boston: Academic Studies Press, 2011.

Spira 2008 — Spira A. The Avant-Garde Icon: Russian Avant-Garde Art and the Icon Painting Tradition. Aldershot, Hampshire: Lund Humphries, 2008.

Stepanova 2015 — Stepanova V. Diary: 1919–1921 // Kazimir Malevich: Letters, Documents, Memoirs, Criticism: In 2 vols. / Ed. by I. Vakar, T. Mikhienko, C. Douglas. Vol. 2. London: Tate Publishing, 2015.

Stephenson 2010 — Stephenson P. Pioneers of Popular Byzantine History: Freeman, Gregorovius, Schlumberger // The Byzantine World / Ed. by Paul Stephenson. New York: Routledge, 2010. P. 462–480.

Strigalev, Harten 1993 — Vladimir Tatlin: Retrospektive / Hg. von A. Strigalev, J. Harten. Köln: Dumont, 1993.

Summers 2003 — Summers D. Real Spaces: World Art History and the Rise of Western Modernism. New York: Phaidon Press, 2003.

Tarasov 2001 — Tarasov O. The Russian Icon and the Culture of the Modern: The Renaissance of Popular Icon Painting in the Reign of Nicholas II // Experiment. 2001. Vol. 7. P. 73–101.

Tarasov 2011 — Tarasov O. Framing Russian Art: From Early Icons to Malevich / Transl. by R. Milner-Gulland, A. Wood. London: Reaktion, 2011.

Taroutina 2016 — Taroutina M. Second Rome or Seat of Savagery: The Case of Byzantium in Nineteenth-Century European Imaginaries // Civilisation and Nineteenth-Century Art: A European Concept in Global Context / Ed. by David O'Brien. Manchester: Manchester University Press, 2016. P. 150–177.

Taussig 1999 — Taussig M. Defacement: Public Secrecy and the Labor of the Negative. Stanford: Stanford University Press, 1999.

Tikkanen 1891 — Tikkanen J. Die Genesismosaiken von S. Marco // Venedig und ihr Verhältniss zu den Miniaturen der Cottonbibel, nebst einer Untersuchung über den Ursprung der mittelalterlichen Genesisdarstellung besonders in der byzantinischen und italienischen Kunst. Helsinki: Druckerei der finnischen Litteratur-gesellschaft, 1891.

Tsakiridou 2013 — Tsakiridou C. Icons in Time, Persons in Eternity: Orthodox Theology and the Aesthetics of the Christian Image. Farnham, Surrey: Ashgate, 2013.

Ugolnik 1989 — Ugolnik A. The Illuminating Icon. Grand Rapids, Mich.: Wm. B. Eerdmans, 1989.

Unger 1878 — Unger F. W. Quellen der byzantinischen Kunstgeschichte. Vienna: W. Braumüller, 1878.

Uzlaner 2014 — Uzlaner D. The Pussy Riot Case and the Peculiarities of Russian Post-Secularism // State, Religion, and Church. 2014. Vol. 1, № 1. P. 23–58.

Vejdle 2015 — Vejdle V. Art Under Soviet Power // Kazimir Malevich: Letters, Documents, Memoirs, Criticism: In 2 vols. / Ed. by I. Vakar, T. Mikhienko, C. Douglas. Vol. 2. London: Tate Publishing, 2015.

Walicki 1975 — Walicki A. Slavophile Controversy: History of a Conservative Utopia in Nineteenth-Century Russian Thought / Transl. by Hilda Andrews-Rusiecka. Oxford: Clarendon Press, 1975.

Walicki 1979 — Walicki A. A History of Russian Thought: From the Enlightenment to Marxism. Stanford: Stanford University Press, 1979.

Warren 2013 — Warren S. Mikhail Larionov and the Cultural Politics of Late Imperial Russia. Burlington, Vt.: Ashgate, 2013.

Washton Long 1980a — Washton Long R.-C. Kandinsky: The Development of an Abstract Style. Oxford: Clarendon Press; New York: Oxford University Press, 1980.

Washton Long 1980b — Washton Long R.-C. Vasilii Kandinsky, 1909–1913: Painting and Theory // The Life of Vasilii Kandinsky in Russian Art: A Study of «On the Spiritual in Art» / Ed. by J. E. Bowlt, R.-C. Washton Long; transl. by J. E. Bowlt. Newtonville, Mass.: Oriental Research Partners, 1980.

Weiss 1979 — Weiss P. Kandinsky in Munich: The Formative Jugendstil Years. Princeton: Princeton University Press, 1979.

Weiss 1984 — Weiss P. Kandinsky: The Development of an Abstract Style, by Rose-Carol Washton Long // Art Journal. 1984. Spring. Vol. 44, № 1.

Weiss 1995 — Weiss P. Kandinsky and Old Russia: The Artist as Ethnographer and Shaman. New Haven: Yale University Press, 1995.

Werenskiold 1989 — Werenskiold M. Kandinsky's Moscow // Art in America. 1989. March. Vol. 77. P. 96–111.

Winfield 1968 — Winfield D. C. Middle and Later Byzantine Wall Painting Methods: A Comparative Study // Dumbarton Oaks Papers. 1968. Vol. 22. P. 61–139.

Wolf 1959 — Wolf R. L. The Three Romes: The Migration of an Ideology and the Making of an Autocrat // Daedalus. 1959. Vol. 88, № 2. P. 291–311.

Worringer 1908 — Worringer W. Abstraktion und Einfühlung: Ein Beitrag zur Stilpyschologie. Munich: R. Piper, 1908.

Wortman 2003 — Wortman R. The «Russian Style» in Church Architecture as Imperial Symbol After 1881 // Architectures of Russian Identity, 1500 to the Present / Ed. by J. Cracraft and D. Rowland. Ithaca: Cornell University Press, 2003. P. 101–116.

Wortman 2006 — Wortman R. Scenarios of Power: Myth and Ceremony in Russian Monarchy from Peter the Great to the Abdication of Nicholas II. Princeton: Princeton University Press, 2006.

Wulff 1903 — Wulff O. Die Koimesiskirche In NicäA Und Ihre Mosaiken Nebst Den Verwandten Kirchlichen BaudenkmäLern: Eine Untersuchung Zur Geschichte Der Byzantinischen Kunst Im I. Jahrtausend. Strassburg: Heitz & MüNdel, 1903.

Zernov 1963 — Zernov N. The Russian Religious Renaissance of the Twentieth Century. London: Darton, Longman & Todd, 1963.

Предметно-именной указатель

Оглавление

Научное издание

Мария Тарутина

ИКОНА И КВАДРАТ

Русский модернизм и русско-византийское возрождение

Подписано в печать 27.12.2022.
Формат издания 60 × 90 $^{1}/_{16}$. Усл. печ. л. 26,75.
Тираж 300 экз.

Academic Studies Press
1577 Beacon Street, Brookline, MA 02446 USA
https://www.academicstudiespress.com

www.ingramcontent.com/pod-product-compliance
Lightning Source LLC
Chambersburg PA
CBHW070408290526
45791CB00005B/1679

* 9 7 9 8 8 9 7 8 3 7 8 5 4 *